地理野外综合实习指导丛书

黄山地区地理综合实习指导纲要

陆　林　凌善金　编著

科学出版社
北　京

内 容 简 介

本书在全面分析黄山地区地理综合实习背景的基础上，以实习目的与实习要求、实习线路与实习内容、背景资料与实习指导三大主干内容构建框架，自然地理与人文地理相结合，既对每一实习区的实习线路和实习内容进行精炼阐述，又通过相关背景资料帮助读者理解内容要点，以问题为引领，更加突出自主学习、研究性学习，更强调对实习的指导。重点突出、内容丰富、资料翔实、图文并茂。

本书既可作为高等院校地理科学、自然地理与资源环境、人文地理与城乡规划、地理信息科学、环境科学、旅游管理及其相关专业野外实习教学指导书，也可作为中学教师开展第二课堂活动的参考用书，还可供修学旅游、科普旅游及对黄山地区地理、历史、经济、社会和文化等感兴趣的人士参考使用。

图书在版编目(CIP)数据

黄山地区地理综合实习指导纲要/ 陆林，凌善金编著. —北京：科学出版社，2014.11

(地理野外综合实习指导丛书)

ISBN 978-7-03-042300-9

Ⅰ. ①黄… Ⅱ. ①陆…②凌… Ⅲ. ①黄山—地理学—教育实习—高等学校—教学参考资料 Ⅳ. ①K928.3

中国版本图书馆 CIP 数据核字(2014)第 250918 号

责任编辑：许 健 白 丹

责任印制：谭宏宇 / 封面设计：殷 靓

科学出版社 出版

北京东黄城根北街 16 号

邮政编码：100717

http://www.sciencep.com

南京展望文化发展有限公司排版

虎彩印艺股份有限公司印刷

科学出版社出版 各地新华书店经销

*

2014 年 11 月第 一 版 开本：B5(720×1000)

2014 年 11 月第一次印刷 印张：21 插页 1

字数：386 000

定价：50.00 元

总序

地理学是一门实践性很强的学科，野外实习是地理教学的重要环节。但是，受传统地理学课程体系课程分割的影响，地理野外实习的内容过于独立，特别是自然地理与人文地理内容的分割。随着学科的发展和地理学综合性在社会经济建设中的作用日益凸显，自然地理各要素之间的相互关系、自然地理要素与经济社会发展之间的相互关系越来越受到重视。

地理综合实习是以自然地理和人文地理等多方面要素的相互联系为主旨，将自然地理学与人文地理学的若干地理现象连贯起来，实现自然和人文的有机融合。以自然地理内容为基础，以人地关系为主线，把自然、经济、社会和生态等诸要素有机地结合起来进行综合分析，分析经济社会发展与地理环境的关系，以及人类活动对地理环境的影响，对培养学生的区域观点、综合观点和可持续发展意识具有非常重要的意义，是地理教育教学改革的重要方向与趋势。

长三角沿江地区、南京地区以及江苏沿海地区是开展地理综合实习的理想基地。长三角沿江地区包括南京、镇江、扬州、泰州、常州、无锡、苏州、南通、上海等城市，区域地势平坦，水网密布，发育了从震旦系到第四系一套完整的地层，其西部的宁镇山脉地质研究起步早，成果丰硕，被誉为"中国地质学的摇篮"，东部的太湖平原、长江河口平原是研究第四纪构造运动、平原地区河流水文特性、泥沙沉积规律以及河口区河海相互作用的重要场所。长三角区位优越，早在原始社会就有人类定居，是著名的"鱼米之乡"和"丝绸之乡"；近代工业发展早，基础设施齐全，交通发达，开放程度高。南京地区地貌典型丰富，地层发育齐全，构造现象清楚，并且研究程度高、资料完整；又是长三角经济区的重要城市，在江苏沿江、沿海、沿线开放战略中处于核心位置，无论从自然地理因素还是从人文地理环境来看，内容都十分丰富。江苏沿海拥有世界上独具特色的辐射沙脊，拥有我国面积最大的海岸滩涂，海岸类型比较齐全，长江、黄河和淮河三大河流交互影响该区，海陆交互作用也十分显著，具有典型代表性；处于我国沿海、沿江和陇海兰新铁路沿线三大生产力布局主轴线的交汇区域，经济社会发展适中并且具备一定梯度，江苏沿海开发战略已上升为国家战略。这些地区都具有较高的地理综合实习价值。庐山地区和黄山地区也一直是许多高校地理实习基地，具有丰富的自然和人文地理实习内容，且各有特色、各有侧重。

南京师范大学地理科学学院很早就开始重视地理综合实习，进行了大量的实践探索。《地理野外综合实习指导丛书》(以下简称《丛书》)就是在此基础上诞生的。《丛书》共分五册，即《长三角沿江地区地理综合实习指导纲要》、《江苏沿海地区地理综合实习指导纲要》、《南京地区地理综合实习指导纲要》、《庐山地区地理综合实习指导纲要》和《黄山地区地理综合实习指导纲要》，其中《黄山地区地理综合实习指导纲要》由安徽师范大学国土资源与旅游学院主编，其余四册由南京师范大学地理科学学院编写。

《丛书》突破以往的单一自然地理或者人文地理实习的模式，充分体现地理学的综合性特点，自然与人文相结合，对自然地理的实习落脚点也在引导学生探究自然地理环境对人类经济社会发展的影响，人文地理的实习则注重引导学生探究经济社会发展的自然与人文条件以及经济社会发展对自然环境的影响，帮助学生树立地理学的综合性、地域性观念；同时注重能力培养，更加突出学生的自主学习和研究性学习，并强化现代地理信息技术的应用。《丛书》力图为区域地理综合实习提供一套全新的参考资料，也期望能为推动我国地理教育教学向更高层次迈进作出一定的贡献。

赵 媛

2010 年 5 月于南京

前言

地理学是一门实践性很强的学科，实践教学是地理教学的重要环节，它能有效提高学生理解、掌握地理学基本知识、基本技术和基本技能的能力。教育部在《关于普通高等学校修订本科专业教学计划的原则意见》(教高[1998]2号文件)中指出，“要处理好理论教学与实践教学的关系，要加强理论联系实际，明确实践目标，加强教学、科研和社会实践的有机结合，丰富实践教学内容、方式和途径”，“实践教学根据各专业的实际情况采取分散与集中相结合的办法进行安排，但要制定明确的评价、监测标准和方式”。学生在课堂上所学的地理学基本知识、基本技术和基本技能，大多较抽象，靠学生的感性积累来把握有一定的困难。学生只有走出课堂、走向野外，进行地理野外实习，才能深入理解课本知识，做到理论联系实际，使抽象的理论和概念具体化、形象化。

实习区的选择是地理野外实习的重要环节。实习区是地理野外实习的大课堂和天然教材。实习区的选择应该有利于学生了解实习地区的自然与人文地理环境特征和发生发展过程，进而理解和掌握实习区地理环境整体特征和演化规律。黄山地区是理想的综合地理实习区，为了体现区域地理环境发生发展过程和区域地理特征的完整性，本书所指的黄山地区综合地理实习区包括安徽省黄山市、宣城市绩溪县、池州市九华山风景名胜区和江西省婺源县等行政单元。本区很好地体现了区域地理要素的丰富性、区域地理环境的整体性与差异性、区域地理环境的典型性以及区域发展的时代性，是颇为理想的地理综合实习区。

本书在对黄山地区地理综合实习背景分析的基础上，根据黄山地区自然地理环境、人文地理环境特点以及行政区划，将黄山地区地理综合实习区分为徽州、黄山、九华山、齐云山和太平湖五大实习区，各实习区特征典型、鲜明，差异性明显，重点突出。本书在提供较丰富的实习区背景资料和实习方法的基础上，对每一个实习区既提出了总体的实习目的和实习要求，又分线路提出了具体的实习点及其实习内容和实习思考的要求。本书力求三个方面的特色：其一，注重学生地理环境整体观的建立。在实习区提供代表性的样地重点进行地质地貌、气象气候、水文、土壤、植被和动物等自然地理要素的实习，提供典型的示范区重点进行人口、工业、农业、旅游、交通和城市、村落等人文地理要素的实习。使同学们进一步理解地理环境某要素、某部分的变化，引起其他要素、部分和整体变化的过程和机理；地理要素间物质与能量的交换、相互作用产生新功能的过程和机理；从而更好地掌握人地关系地域系统的结构、过程、机理以及调控的方法。这也是黄山地区地理综合实习明显区别于低年级学生地理课程实习和地理单要素实习之处。其二，注重培养学生的地理思维和分析、解决地理问题的能力。书中不仅提供了基础性背景资料，而且提供了比较丰富的研究性资料，图文并茂，使学生在实地考察的基础上，结合研究性的资料，更深刻地理解黄山地区不同实习区自然和人文地理要素的特点、成因以及各地理要素间的相互作用过程和机理。其三，注重教材的实用性和可操作性。以实习目的与实习要求、实习线路与实习内容、背景资料与实习指导三大主干内容构建教材框架，既有利于教师安排和指导实习，也有利于学生以实习小组为单位进行研究性的自主实习。黄山地区地理综合实习区面积大，实习内容丰富，考虑到学生实习时间等条件的约束，在章节内容安排上突出重点。

本书是安徽师范大学地理科学专业教师长期进行黄山地区地理研究和教学的成果。自20世纪50年代初，安徽师范大学地理科学专业创建以来，数十年，几代教师不断地在黄山地区开展科研和野外实习教学活动，积累了丰富的科研和教学成果，为本书的编写提供了指导思想和丰富的、有价值的资料。本书两位编者对黄山地区也有着特殊的情感和教学科研体验。陆林祖籍安徽六安，出生于芜湖，但中小学就读于歙县；凌善金为歙县人士，两人自儿时起就深受当地文化的熏陶，工作后经常带学生赴黄山地区实习，并在黄山地区开展了一些科研工作，获得了一点教学科研成果，部分成果书中也有引用。全书由陆林拟定编写思路，提出框架体系，并与凌善金商定。各章均由陆林执笔，全书地图均由凌善金负责完成，研究生吕丽、虞虎等在全书编写中做了大量的资料收集和整理工作。全书最后由陆林统稿，凌善金对全书内容作了审阅。

本书的出版得到了安徽师范大学国家级地理特色专业建设点(TS2254)和南京师范大学地理科学国家实验教学示范中心的支持。

本书在背景资料与实习指导中，力求尽可能多地将已有与黄山地区地理综合实习直接相关的研究成果提供给学生，以帮助学生更好地了解相关研究前沿和研究动态，参考、引用了大量公开发表的成果，其中黄山地区地理基础资料主要参考、引用了《黄山市志》、《婺源县志》、《黄山志—2008》、《九华山市志》和《齐云山志》；研究性资料主要参考、引用了顾也萍、王长荣、朱诚等老师以及编者和研究生们公开发表的研究成果。主要参考文献在每章均列出，其中难免有遗漏的。在此谨向所有提供参考资料的作者表示衷心的感谢，你们的辛苦工作为本书的编写提供了坚实的基础。

限于编者的学识和经验，书中难免有疏漏之处，敬请专家和读者指正！

陆 林

2014 年 6 月

目录

第1章　地理综合实习的意义与方法

“加强基础、拓宽专业、强化实践、培养素质”已成为21世纪高等教育改革的重要目标之一。地理综合实习是高等师范院校地理专业课程的一个重要组成部分，是进行野外考察、培养学生观察能力和独立思考能力的过程。地理综合实习对于地理专业学生的专业发展也具有重要意义。

黄山地区汇集了众多自然景观和人文景观，具有较高的地理实习价值。黄山地区地理综合实习，能够系统地将自然地理和人文地理实习内容相结合，帮助学生树立地理学地域性、空间性和综合性观念，对于地理专业的教育和科研具有积极的推动作用。

第一节　地理综合实习的意义

一、学习地理学基本知识、基本技术和基本技能的重要环节

地理学是一门实践性很强的学科，实践教学是地理教学的重要环节，能有效提高学生理解、掌握地理学基本知识、基本技术和基本技能的能力。教育部在《关于普通高等学校修订本科专业教学计划的原则意见》（教高[1998]2号文件）中指出，“要处理好理论教学与实践教学的关系，要加强理论联系实际，明确实践目标，加强教学、科研和社会实践的有机结合，丰富实践教学内容、方式和途径”，“实践教学根据各专业的实际情况采取分散与集中相结合的办法进行安排，但要制定明确的评价、监测标准和方式”。学生在课堂上所学的地理学基本知识、基本技术和基本技能，大多较抽象，靠学生已有的感性积累来把握有一定的困难。学生只有走出课堂、走向野外，参加地理综合实习，才能深入理解课本知识，做到理论联系实际，使抽象的理论和概念具体化、形象化；才能了解实习地区的自然与人文地理环境特

征。例如，黄山地区具有典型的花岗岩地貌、丹霞地貌以及丰富的徽州文化景观，学生只有置身其中，才能具体形象地把握这些地理学相关概念、相关理论，各地理要素之间的相互关系以及地理现象的形成机理，实现由感性认识到理性认识的升华。

二、学习地理学野外考察、获取地理资料的方法

地理学是研究地球表层地理环境结构、分布及其发展变化规律以及人地关系的科学，具有综合性、地域性、整体性、开放性和实践性等特征。地理学的地域性决定了其研究方法必然建立在观察法的基础之上。野外观察具有直观性、及时性、真实性等特点，有利于观察者获得生动的第一手材料。地理学中的很多理论都是学者们在大量的野外实践、野外观察中总结出来的。

野外考察是地理学学习和研究的最基本途径和方法之一。无论是整体的一般性研究，还是区域的特殊性研究，都要以实地考察为依据，用地理事实理解地理学知识。观察地理现象，收集和处理地理资料，能培养学习者的地理技术和技能，也是衡量学习者专业水平的重要标准。地理野外实习和考察是提高学习者地理技术和技能的基本能力的重要途径。以黄山地区综合实习为例，通过参加此地的自然地理实习，学生可以直观地了解黄山地区的自然环境特征，为学习和研究提供第一手资料；通过参加此地的人文地理实习，学生能够亲身感受历史上徽州人的生活方式，加深对徽州文化的理解，进一步了解黄山地区社会、经济的发展特征。

三、提高学生的综合素质

自然和经济社会文化中的诸多现实问题，可促使学生去思考、去探索，激活学生思维的灵感，激发学生创新的勇气和欲望。在野外实习中，学生往往会打破思维定势，不受条条框框的束缚，思维敏捷，思想活跃，有利于养成创新性的学习习惯。野外实习的一个重要目的是培养学生独立发现问题、分析问题和解决问题的能力。学生通过对自然和人文地理现象的实地观察与分析，并联系课堂学习的知识，找出问题，解决问题，从而达到锻炼学生独立分析问题和解决问题能力的目的。

另外，野外实习不同于校园生活，常常需要跋山涉水、风餐露宿、早出晚归，会遇到各种各样的困难。在这种情况下，学生的独立工作能力、自我管理能力、克服困难的能力等，都会得到不同程度的锻炼和提高。

地理综合实习是强化学生团队精神的重要方式。地理综合实习过程中存在多

种问题和关系需要协调、处理，在这一过程中，学生与人相处和沟通的能力能得到锻炼和提高，团队意识和协助意识能得到强化。

地理综合实习有利于培养学生的爱国主义情怀。例如，通过黄山地区野外实习，领略黄山地区的秀丽风光，品味底蕴浓厚的徽文化，学生会更加热爱祖国山河，热爱社会主义，也会热爱地理专业和从事地理教育工作，还可以提高审美鉴赏能力。

总之，地理综合实习不仅是高等师范院校开展地理专业教学的必要组成部分，也是地理学科建设和发展的需要，有利于学生认识自然地理、人文地理现象和规律。

第二节　地理综合实习方法

一、地理综合实习的一般步骤

(一) 实习准备阶段

精心的准备工作是地理综合实习顺利开展并取得成功的保证。第一，依据教学大纲编制详细的实习计划书和任务书，内容主要包括实习目的和任务、实习时间和地点、实习纪律、经费预算、综合考核等。第二，成立一支学术水平高、经验丰富、责任心强的实习教师队伍。第三，对学生进行培训与动员。召开实习动员大会，明确学生的实习任务和目标；鼓励学生通过多媒体、网络、图书馆等渠道获取实习区的背景资料，做好实习前的知识储备。

(二) 野外实习阶段

野外实习阶段是地理综合实习的主要阶段。首先要明确实习线路、实习方法和实习内容；其次确定若干个实习观察点，由观察点组成实习路线，再由观察点和实习路线形成实习网络。通过实习观察点—实习路线—实习网络的考察，了解实习区域的地理特征和地理过程。

地理野外综合实习方法主要包括观察法、观测法、问卷调查与访谈法等。地理学致力于研究某一特定地域的自然和人文现象特征、各种地理现象与地理过程之间的关系，因此，观察法是地理野外综合实习最基本的方法。例如，对某一植物群落进行实习考察时，我们可通过观察植物的外貌特征和生长状况来判断它的种类，了解其生长环境。

观测法通常适用于自然地理学(如水文学、地质学、地貌学、土壤学等)的野外考察,是运用一定的测量工具和仪器,对野外地理事物要素和现象进行定量测定的方法。它是观察法的深入,由定性过渡到定量。运用观测法进行地理考察时,应及时记录测量结果,以便测后整理。

问卷调查与访谈法是一种质性研究方法,主要适用于人文地理学实习考察。该方法通常由以下几个步骤构成:① 根据调查目标和任务设计合理的问卷,并确定调查地点和范围,做好充分准备;② 现场调研与访谈,做好记录。可以用录音笔、相机等设备来保存资料;③ 整理、分析资料,撰写初步报告。

地理综合实习改变以往地理野外实践教学内容"单科为主"、"各自为战"的局面,采取"学科交叉、内容综合、协调互补"的原则,实现自然地理要素与人文地理要素有机结合,使实习内容更全面、更综合。每个实习单元都设计针对性强的研究课题,培养学生的区域意识、综合分析能力和思维辩证能力。

区域地理野外综合实习要选择有代表性的实习区域,在实习区选择代表性的样地重点进行地质地貌、气象气候、水文、土壤、植被和动物等自然地理要素的实习;选择典型的示范区重点进行人口、工业、农业、城市、村落和交通等人文地理要素的实习,使同学们进一步理解地理环境某要素、某部分变化会引起其他要素、其他部分和整体的变化,地理要素间物质与能量的交换、相互作用会产生新功能的过程和机理,从而能更好地掌握人地关系地域系统的结构、过程、机理以及调控的方法(图 1－1)。

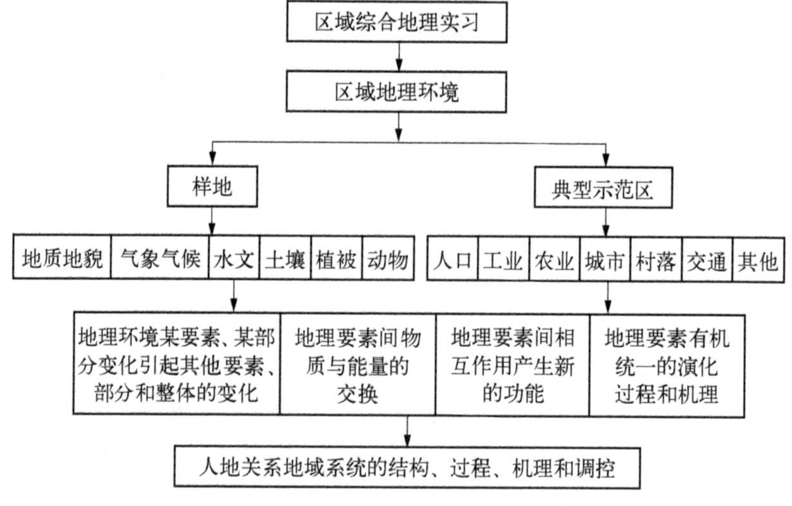

图 1－1　区域地理综合实习内容框架

(三) 总结阶段

实习后的地理综合实习总结阶段是实习的重要阶段。该阶段有三项任务。

1. 整理材料

整理实习所获资料，对观测记录结果、收集到的文字资料、照片及其他材料进行加工、分析，并采用数理和计算机的方法进行数据分析和建模。

2. 综合分析

对实习区域进行综合分析，了解和掌握实习区域的自然和经济社会文化特征及演化规律。

3. 撰写实习报告

实习报告通常由题目、前言、正文和总结等部分组成。

1) 题目：实习报告题目应该体现实习的基本内容，前面要冠以实习地区的名称。例如，“黄山地区综合地理野外实习考察报告”等。

2) 前言：主要叙述实习时间、目标和任务，实习区域的地理位置和行政区划、自然地理和社会文化概况、经济和交通状况等。

3) 正文：包括实习过程、实习线路与实习内容，实习所得资料和数据的整理与分析。

4) 结论：全面概要地总结实习成果，提出实习过程中的新发现、新见解；认真归纳实习经验与不足，提出今后实习的建议。

二、地理综合实习模式

地理综合实习内容丰富、形式多样，可以根据不同的实习目的和任务，采取不同的实习模式。有的教师将其概括为灌输式实习与互动式实习，教师全程指导式实习与教师辅导、学生独立实习相结合式实习等实习模式。

(一) 灌输式实习与互动式实习

按实践教学方式，地理综合实习可以分为灌输式实习与互动式实习。灌输式实习是一种“由因导果”式的传统实践教学方式，类似于“讲解—接受”式教学模式。该模式通常是以教师为主，根据实习目标与任务，每到一个实习观察点，将学生召集起来，教师讲解，学生做笔记；回校后整理笔记、撰写实习报告；教师批阅实习报告，给出成绩。

与灌输式实习不同，互动式实习是一种“由果溯因”的探究式教学方式，类似于

"引导—发现"式教学模式。该模式不仅注重对书本知识的验证,而且更加注重理论知识的运用。互动式实习注重创设问题情境,以解决问题为核心,打破学生的思维定势,激发学生的创新意识。在野外实践教学过程中,教师要有意识地引导学生发现问题,有意识地培养学生运用已有的地理知识、技术和技能解决问题。

(二)教师全程指导式实习与教师辅导、学生独立实习相结合式实习

按组织形式,地理综合实习可以分为教师全程指导式实习与教师辅导、学生独立实习相结合式实习。多年来,地理野外综合实习多以教师全程指导式实习为主。教师全程指导式实习是一种认知型和验证型的教学模式,该模式多以巩固和验证理论知识、扩大地理科学视野为目的。这种教学模式对于培养学生运用所学的理论知识,解释实习中发现的地理问题,解决地理问题的锻炼较少。

实习中,教师可以变"全程指导"为"辅导",学生变"客体"为"主体",教师布置实习题目,由学生实习小组独立完成。这对于活跃教学气氛,发挥学生的主观能动性和互助学习的能力,提高学生实习兴趣,培养学生的独立工作和独立思考能力具有较大的促进作用。教师辅导与学生独立实习相结合的实习方式有利于学生能力的培养,具有验证性和研究性双重属性。通常有两种基本形式:一种是教师辅导学生熟悉实习地区、实习内容和实习方法,布置实习研究题目,由学生独立观察、查找资料,最终撰写实习报告;另一种是教师介绍实习地区情况和研究思路与方法,启发学生根据自己的兴趣和爱好提出实习研究课题,完成实习任务。这种研究性的实习模式对于提高实习效果和培养学生的学习能力具有重要作用。

地理综合野外实习是一项系统工程,教学中应充分发挥多种教学实践模式的优势,将自然地理与人文地理有机结合起来,观察法、观测法与问卷调查法结合起来,多种实习模式相结合,不断提高学生的综合素质和创新能力。

主要参考文献

陈克龙,周强,肖景义. 2009. 高师自然地理综合野外实习的实践与探索. 青海教育,9-10:72-73.

毛连水. 2010. 地理野外实习的一般步骤与方法探究. 山东教育,Z5:93-94.

赵媛,韩雪珍,诸嘉. 2006. 地理野外实践教学模式初探. 实验室研究与探索,25(2):238-240.

赵媛. 2010. 南京地区地理综合实习指导纲要. 北京:科学出版社.

甄江红. 2003. 区域地理野外实习设计研究. 内蒙古师范大学学报(自然科学版),32(3):286-290.

第2章 黄山地区综合地理实习区地理特征

第一节 综合地理实习区地域范围及地理概况

为了体现区域地理环境发生发展过程和区域地理特征的完整性，本书所指的黄山地区综合地理实习区包括安徽省黄山市、宣城市绩溪县、池州市九华山风景名胜区和江西省婺源县等行政单元。除九华山风景名胜区外，综合地理实习区在地域上与徽州文化生态保护区相同。

《国家"十一五"时期文化发展规划纲要》指出，在"十一五"期间，我国要"确定10个国家级民族民间文化生态保护区"，对文化遗产内容丰富、集中的区域实施整体性保护。在2012年前，已先后建立了闽南文化生态保护实验区、徽州文化生态保护实验区、热贡文化生态保护实验区、羌族文化生态保护实验区等10多个文化生态保护试验区。

徽州是一个历史地理概念。徽州地处安徽省南端皖南丘陵地带，是历史上地理区划郡、州、路、府的名称。数千年中由障郡、新都郡、新安郡、歙州组成，而在宋、元、明、清，辖歙县、黟县、休宁县、婺源县、绩溪县、祁门县六县。到民国元年(公元1912年)，裁府留县。婺源县于1934年划归江西省，抗日战争胜利后划回安徽省，1949年再度划归江西省。1949年5月成立徽州地区，1987年撤销徽州地区，成立地级黄山市，古徽州府的歙、黟、休宁、祁门四县为其辖区的主体部分，绩溪县划归安徽省宣城地区(现宣城市)。古徽州"一府六县"与相关的周边地带，是徽州文化孕育和发展的主要空间。随着中国社会历史发展的进程，时至今日，徽州作为一个独立的行政区划的概念已被徽州文化概念所取代。徽州文化生态保护实验区就是在徽州文化产生、发展、传承的区域对其所承载的文化的表现形式进行保护，以清末的徽州府行政区域及其相关地域为徽州文化生态保护实验区的保护范围，与其相对应的现今的行政区划范围是：安徽省黄山市的全境，宣城市绩溪县和江西省婺源县。徽州文化生态保护实验区总面积为13 881 km²，总人口约 200 万。

2009 年 7 月，安徽省政府批准设立皖南国际旅游文化示范区，包括黄山、池州、宣城、芜湖、马鞍山、铜陵 6 市及潜山县。2012 年 8 月，国务院出台的《关于大力实施促进中部地区崛起战略的若干意见》中，明确提出“打造皖南国际文化旅游示范区，培育新的经济增长带”。随后安徽省政府成立了皖南国际文化旅游示范区规划建设领导小组，配合国家发展和改革委员会启动了编制皖南国际文化旅游示范区建设发展规划纲要。将示范区范围界定为黄山、池州、宣城、马鞍山、芜湖、铜陵、安庆 7 市，其中黄山、池州、宣城 3 市为核心区，区域面积 5.7 万 km²，占全省面积的 40.7%，力争到 2020 年，将示范区打造成“美丽中国”建设先行区和世界著名文化旅游目的地。黄山地区综合地理实习区位于皖南国际旅游文化示范区的核心区(图 2－1)。2014 年 3

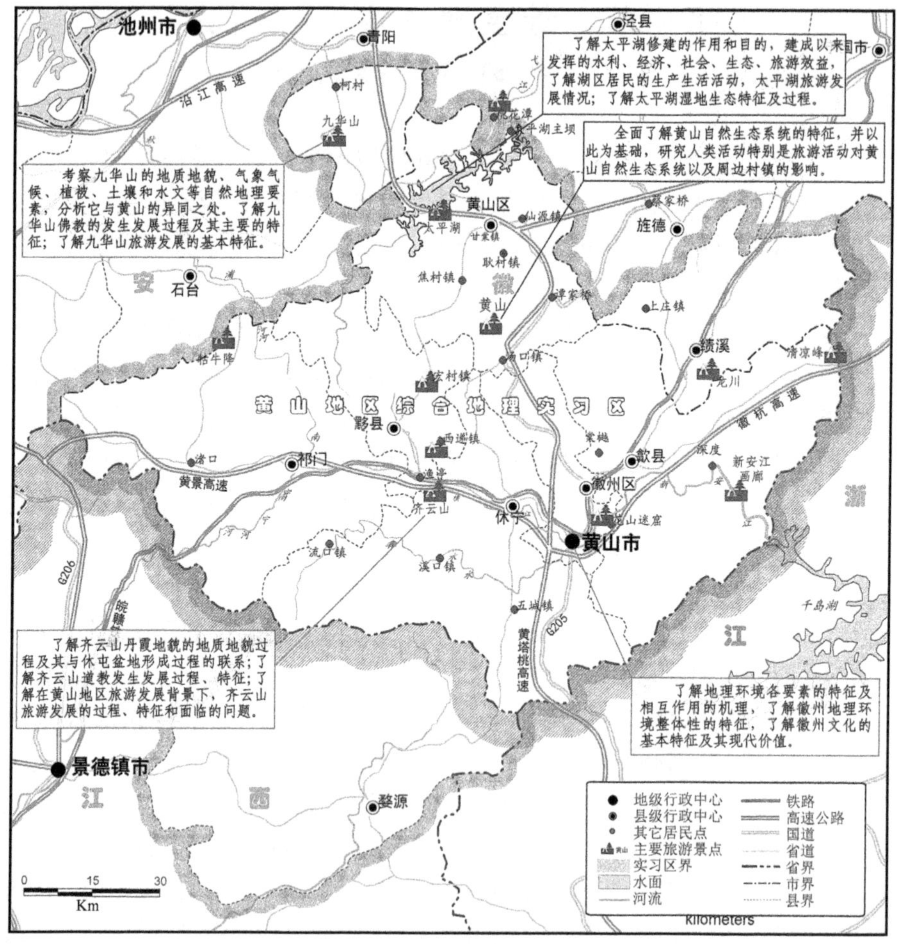

图 2－1　黄山地区综合地理实习区图

月经国务院同意，国家发展和改革委员会正式批复《皖南国际文化旅游示范区建设发展规划纲要》。国家发改委在批复中指出，规划建设皖南国际文化旅游示范区，有利于加快转变经济发展方式，推动优秀文化传承创新，巩固华东地区重要生态屏障，打造世界一流旅游目的地，为美丽中国建设提供示范。

可见，就区域地理要素的丰富性、区域整体性与差异性、区域典型性以及区域发展的时代性而言，将黄山地区作为综合地理实习区颇为理想，是正确的选择。

一、黄山市

黄山市位于安徽最南部新安江上游，市中心（屯溪）位于 29°43′N，118°16′E，市域东西长 164.14 km，南北长 123.35 km，东北与宣城市的绩溪县、旌德县、泾县相接；西北与池州市的青阳县、石台县、东至县毗连；西南与江西省的景德镇市、婺源县为邻，东南与浙江省的开化县、淳安县、临安县交界。现辖三区（屯溪区、黄山区、徽州区）、四县（歙县、休宁县、黟县、祁门县）和黄山风景名胜区，总面积为 9 807 km^2。截至 2010 年末，黄山市户籍人口为 148.05 万人。

黄山市地处华东腹地，东临上海、杭州、宁波，西临南昌、九江，北靠合肥、南京，南至福州、厦门，以黄山市为中心的 4 小时车程可辐射皖、浙、沪、苏、赣、鄂等省市3 亿人口。

黄山市山水秀美、文化灿烂，实习内容丰富。市域内拥有世界文化与自然遗产、世界地质公园、国家重点风景名胜区、国家 5A 级旅游区黄山；世界文化遗产、国家 5A 级旅游区西递宏村；国家重点风景名胜区、国家地质公园、全国四大道教圣地之一、国家 4A 级旅游区齐云山；国家重点风景名胜区、国家 4A 级旅游区花山谜窟—渐江；国家 4A 级旅游区太平湖和国家级自然保护区、国家地质公园牯牛降，“山水画廊”新安江等，宛如一座巨大的天然公园。

黄山市是徽商故里、徽文化的主要发祥地，徽文化以儒家文化为内核，涵盖政治、哲学、经济、历史、医学、科技、艺术、生活等诸多领域。徽学、徽商、新安理学、徽州朴学、新安医学、新安画派、徽派建筑、徽派版画、徽派篆刻、徽剧、徽菜等经济社会文化流派博大精深，源远流长。

二、九华山风景名胜区

九华山系为皖南斜列的三大山系（黄山、九华山、天目山）之一，是黄山山系支脉。九华山风景名胜区是国家重点风景名胜区、国家文化遗产地，中国四大佛教名山和国家 5A 级旅游区，位于安徽省池州市青阳县境内，西北隔长江与天柱山相望，东南太平湖与黄山同辉，是安徽“两山一湖”（黄山、九华山、太平湖）旅游区的北部主入口、主景区。中心位置九华街地理坐标为30.5°N,117.8°E。

九华山是以佛教文化和奇丽的自然景观为特色,主体由燕山期花岗岩构成,以峰为主,盆地峡谷,溪涧流泉交织其中。山势嶙峋嵯峨,共有99峰,其中以天台、天柱、十王、莲花、罗汉、独秀、芙蓉等九峰最为雄伟。十王峰最高,海拔1 342 m。主要景区景点集中在100 km^{2}的范围内,有九子泉声、平冈积雪、天台晓日、闵园竹海、凤凰古松等。九华山是大愿地藏菩萨的道场,国际佛教道场,一千多年来僧侣及大众的朝圣地。山间古刹林立、香烟缭绕、古木参天,素有"莲花佛国"之称。现存寺庙78座,佛像6 000余尊。著名的寺庙有肉身宝殿、甘露寺、化城寺、祇园寺、旃檀林、百岁宫、上禅堂、慧居寺等,收藏文物达千余件。山中还有金钱树、叮当鸟、娃娃鱼等珍稀动植物。

三、绩溪县

绩溪县位于安徽省东南部,为古徽州府六县之一,徽州文化的发源地之一。绩溪县西与黄山市的黄山区、歙县接壤,东与浙江省临安市交界,南与歙县相连,北与宣城市宁国市、旌德县毗邻。为低山丘陵山区,主要山峰皆在千米以上。截至2008年,绩溪县人口18万人,总面积1 126 km^2,下辖11个乡镇。

绩溪县人杰地灵,人才辈出,被称为"徽厨之乡","无徽无成镇,无绩不成街"。绩溪县是原中共中央总书记、国家主席、中央军委主席胡锦涛的祖籍地,国家历史文化名城,旅游资源丰富。县城历史街区古建筑群、龙川胡氏宗祠、周氏宗祠、湖村门楼巷、上庄棋盘村、胡适故居等历史遗迹甚为珍贵。

四、婺源县

婺源县位于江西上饶市北部,为古徽州府六县之一,徽州文化的发祥地之一。东、西分别与国家历史文化名城——衢州市、景德镇市毗邻,南隔铜都德兴市与世界自然遗产三清山相望,北枕黄山市。截至2009年,婺源县人口为35.59万人,总面积为2 947.51 km^2,下辖16个乡镇。

婺源境内林木葱郁、峰峦叠嶂、峡谷深秀、溪流潺潺,奇峰、怪石、古树等构成了婺源美丽的自然景观。婺源不仅自然风光秀美,还有着深厚的文化底蕴,素有"书乡"、"茶乡"之称,是我国古村落、古建筑保存最完好、最完整的地方之一,是全国著名的文化旅游县、生态旅游县,青林古木之间处处掩映着飞檐翘角的民居,蓝天、青山、碧水、小桥、流水、人家、粉墙、青砖、黛瓦,一派天人合一的景象,相映成趣,被誉为"中国最美的乡村"。

第二节　区域自然地理概况

一、地质地貌

(一) 地质

1. 安徽黄山地区地质

黄山地区地质主要指黄山市(三区四县)及宣城市绩溪县的地质状况。

黄山地区是"原始江南古陆"的组成部分,是安徽省最早的成陆地区之一。前震旦纪末,本区与浙、赣相毗连地区上升为陆地,形成北东向和东西向展布的山地。震旦纪(距今6亿年前)上升更为显著,山地高度增加,范围扩大。早古生代末,全区地面复又上升,北部的绩溪县、黄山区形成大型水下隆起和坳陷,并在交接带发育了主干或深大断裂,三叠纪中期(2.1亿年前),黄山地区全部成陆,与江、浙连成一片。侏罗纪(1.4亿年前)区内发生大规模断裂活动,形成黄山胚胎,为山系格局和谷地、盆地展布奠定了基础。休宁县至歙县一线的附近地区,因受断裂影响而形成了断陷盆地,堆积了大量砂岩、砾岩等陆相沉积物。古近-新近纪中期的喜马拉雅运动和古近-新近纪以来的新构造运动时期,区内仍受断块式升降运动控制,表现为间歇性和振荡性的运动形式。黄山、白际山脉的最高峰顶面与隆起中心相吻合,从谷地到山地形成多层次地貌结构。由于受多次抬升的影响,不少山地海拔过千米,物理风化强烈,多次发生泥石流现象,气候转寒阶段发育了冰缘地貌。至今,除河谷地带外,仍表现为以抬升运动为主。黄山地区陆地受多次构造运动的锤炼,地壳刚性强度大。中生代以来的印支、燕山运动,表现以断块升降运动为主,全区发育了6条深大断裂,主要有东西向的休宁断裂,东北向的绩溪伏岭断裂、歙县汤口断裂,北北东向的旌德、绩溪断裂等。间歇性的断块升降运动,控制着区内的地质演变和地貌发育过程,也制约着区内的岩浆活动(侵入与喷发作用),沿深大断裂分布有不同时代的侵入岩体和火山岩系(黄山市地方志编纂委员会,2010)。

2. 江西婺源县地质

婺源县域处于扬子准地台之中,跨二级构造单元:江南台隆及下扬子——钱塘台坳。构造体系主要是北东向和东西向。北部受鄣公山东西向构造控制;中南部属萍乐凹陷构带北东崛起端,呈北东向形式展布。东西向构造带属北部中亚带、南亚带的一部分,前震旦纪双桥山群组成规模相当宽阔的复式背斜、复式向斜构造，各期侵入岩不同程度地受构造带控制和影响。北东向构造带由前震旦纪双桥山群浅变质岩系组成古老的褶皱基底，以规模大、分布广、活动强烈、多期活动等形式，呈成群、成带、复合出现之特征（婺源县地方志编纂委员会，1993）。

3. 安徽九华山地质

九华山为皖南斜列的三大山系之一。在大地构造上地处扬子准地台的下扬子台坳中部。九华山区的褶皱和断裂构造都十分发育，岩浆活动也很频繁。九华山主体是由花岗岩体组成的强烈断隆带，它的边缘地区除部分为沉积岩外，大部分是由花岗闪长岩组成的褶皱断块轻度隆起带。

九华山在漫长的地质长河中属多旋回构造运动地区。从古生代到中生代早期，九华山与皖南广大地区一样，处于稳定的滨海或浅海环境，海水深度不大，这一时期的沉积保持着连续性和呈整合接触关系，沉积岩的总厚度可逾万米。这一阶段没有显著的褶皱运动和岩浆活动。中生代早期的印支运动，不仅使九华山发生强烈的褶皱运动和岩浆活动，而且沧海随之成为陆地。中生代中、晚期，九华山又受燕山运动干扰，不仅断块活动显著，而且岩浆活动活跃，导致九华山花岗岩体侵入印支期的青阳岩体之中，发生强烈的穹形断块隆起，奠定了九华山的胚胎。新生代早晚期，九华山再度发生显著的间歇性断块运动，尤其喜马拉雅运动期，九华山发生数度隆起，高度明显增加。覆盖在九华山花岗岩岩体上的沉积岩被风化冲刷殆尽，深处的花岗岩脱颖而出，形成了九华山的雏形。新生代晚期至今，九华山的新构造运动极为活跃，九华山再度急剧隆起，并促使外力作用沿花岗岩的断裂、节理等薄弱环节加速切割，因此形成了九华山山地错落、险峰插云、怪石嵯峨、幽谷深邃的地貌景观（九华山志编纂委员会，1990）。

（二）地层与岩石

黄山地区地层与岩石主要指黄山市（三区四县）及宣城市绩溪县地层与岩石的状况。黄山地区地层为扬子地层江南地层分区。区内地层发育较全，总厚度为3.7万m。地层序列有中元古界、上元古界、下古生界、上古生界、中古生界和新生界。中元古界分布于西南部，出露面积为3 800 km^2。由一套区域动力变质形成的千枚岩、板岩及变质砂岩等组成，总厚度在1.33万m以上。上元古界分上、下两部分，下部由一套浅变质的粗屑岩和中酸性火山岩组成，厚度794～2 181 m，出露面积约600 km^2。上部为石英砂岩、砾岩、冰碛层和硅质岩等，出露面积约1 250 km^2，最大厚度为3 543 m。下古生界以黑色炭质页岩、灰岩夹钙质页岩、笔石页岩、瘤状灰岩为主，出露面积约2 950 km^2，厚度1 050～2 500 m。上古生界零星分布于东北部，出露面积约180 km^2，由灰岩、页岩、砂岩、白云岩和煤层组成，总厚度约2 200 m。中古生界主要出露于中部的断陷盆地带，出露面积约800 km^2，由灰岩、泥灰岩、砾岩、砂岩和火山岩等组成。新生界分布于现代河谷和山间盆地内部，以冲积的砾石、砂、粉砂和黏土为主，厚度仅 140 m（黄山市地方志编纂委员会，2010）。

婺源县境内自元古代震旦纪至新生代第四纪地层均有出露。其中，以元古代前震旦纪地层分布最广，余为石炭纪、二叠纪、三叠纪、侏罗纪和晚侏罗纪地层等。古元代为前震旦纪、震旦纪（距今约 8.5 亿至 6 亿年）地层。前震旦纪双桥山群浅变质岩广泛分布于境内，占全县总面积的 85%以上，呈北东、东西向展布。岩性有灰白、灰绿、紫红、棕红、棕黄色的千枚岩和变质砂岩、粉砂岩、变质火山岩、板岩、千枚状板岩、变余细屑沉凝灰岩及变余粉屑沉凝灰岩等。震旦纪，仅见下统井潭组，分布限于江湾以东。岩性为变质安山岩、安山质凝灰岩等。古生代有石炭纪（距今约 3.5 亿至 2.7 亿年）、二叠纪（距今约 2.7 亿至 2.3 亿年）地层。呈北东向继续分布于中部、中西和西北部，出露在赋春—石岭、中云、通元观一带。主要岩性有石灰岩、炭质页岩、粉砂岩、石英砂岩、煤层等。石炭纪自下而上分为梓山组、黄龙组、船山组。二叠纪下统分为栖霞组、茅口组，上统分为龙潭组、长兴组。中生代有三叠纪（距今约 2.3 亿至 1.8 亿年）、侏罗纪（距今约 1.8 亿至 1.4 亿年）地层。呈东北向断续分布于赋春—石岭、中云等地。出露岩性有泥灰岩、灰岩、含砾砂岩、石英砂岩与粉砂岩、黏土矿、炭质页岩、钙质砂页岩、泥质页岩、砂岩、砂砾岩等。晚侏罗纪地层，呈北东向分布于中云—高砂盆地。出露岩性有粉红色砂岩、紫红色砂岩、砂砾岩、粉砂岩等。三叠纪自下而上分为大冶组、安源组。侏罗纪分为林山组、冷水坞组。新生代有第四纪（距今约 250 万至 1.2 万年）地层。零星分布于思口、曹门、玉坦、赋春、中云等地。分属更新世中期、晚期和全新世三个时期的沉积，堆积物中积成黏土、亚砂土、砂层和砾石层。县内火成岩以古生代（即加里东期）、中生代（即燕山期）活动较为强烈。它分布于东部的江湾—街口挤压破碎带和北部的鄣公山东西向构造带中，出露面积约 180 km^2，约占全县总面积的 6%。加里东期以出露于东部的莲花山岩体（面积约 94.6 km^2）、灵山岩体（面积约 42.04 km^2）为代表。主要岩性为斑状花岗岩、中粒斑状花岗岩、细粒斑状花岗岩等。燕山早期出露的岩体以晓鳙岩体、邦彦坑岩体为代表。主要岩性为花岗闪长岩、斑状花岗闪长岩等。燕山晚期出露岩体以段莘岩体（面积约 20.8 km^2）、鸡头尖岩体（面积约 13.9 km^2）、平坦岩体（面积约 5 km^2）、香油尖岩体为代表。主要岩性为中细粒二云母花岗岩、中粗粒斑状二云母花岗岩、斑状白云母花岗岩等。加里东期、燕山期岩体，与境内钨、铜、钼、铅、锌、锡、镍、铁等金属矿产的形成有着密切的关系（婺源县地方志编纂委员会，1993）。

分布在九华山的地层，主要由古生代寒武纪到志留纪的黑色硅质炭质页岩、灰绿色页岩、泥质灰岩、泥质条带灰岩、灰色厚层灰岩、黄绿色粉砂质页岩、细砂岩等，它们都经褶皱或断块隆起构成九华山外围的低山、丘陵。九华山区的绝大部分地区由侵入岩体构成，主体部分由燕山期的九华山花岗岩体组成，它沿青阳岩体中心部位侵入，近东西向伸展。该岩体根据岩石的结构和成分可划分三个相带。中心部分以粗中粒斑状二长花岗岩为主；过渡部分绝大部分为中粒花岗岩，构成岩体的主体，分布面积最广；边缘部分不发育，以细粒花岗岩为主。九华山花岗岩体形成陡悬式中心峡谷区，九华山的奇峰、怪石多分布于此(九华山志编纂委员会，1990)。

(三) 地貌

1. 安徽黄山地区地貌

黄山地区地貌主要指黄山市(三区四县)及宣城市绩溪县的地貌状况。

黄山地区中部的断陷区形成两侧的断块隆起带，隆起中心南侧的白际山、天目山、五龙山等山脉和西北侧的黄山山脉、九华山山脉，构成绩溪县、歙县、屯溪区、休宁县等地的河谷平原，向南、向北演变为丘陵、低山和中山的地貌格局，地势逐渐上升，地貌成层性十分清晰。同时，沿着多条深大断裂及其派生的次一级断裂分割的河流发育，不断侵蚀丘陵、山地，形成了大小不同的山间盆地。

区内地貌类型因岩石性质而异。坚硬的中粗粒花岗岩，构成别具一格的气势雄伟、风光旖旎的黄山峰林地貌。红色砾岩、砂岩，形成玲珑纤削、跌宕多姿的齐云山丹霞风貌。灰岩、白云质灰岩和白云岩的分布区，形成鱼龙洞等岩溶地貌。

黄山地区地貌以山地、丘陵为主，山间谷地面积不大，处从属地位。

中山海拔 1 000 m 以上，相对高 800 m 以上，主要有黄山山脉、天目—白际山脉、九华山脉和五龙山脉等。按岩层组成，中山基本可分为两大类型：一是结晶岩组成的中山，如莲花峰(1 864.8 m)、天都峰(1 810 m)和清凉峰(1 787 m)等，山顶呈尖齿状，山坡悬陡如削，成为奇异的峰海；二是由浅变质岩组成的中山，顶脊宽缓，坡度较小，如五龙山(1 469 m)、牯牛降(1 728 m)等。

低山海拔 500～1 000 m，相对高 200 m 以上，是分布最广的山地类型，按其起伏度可分为中起伏低山(500 m 以上)和小起伏低山(200～500 m)。中起伏低山主要分布于中山外围地带，组成物质与中山相同，经多次节奏性抬升，山体显得陡峻，坡度多在 25°以上。小起伏低山主要分布于山地向丘陵的过渡地带或盆地，组成物质除浅变质岩、花岗岩、火山岩外，砂岩、石灰岩比重比中起伏低山明显增加。这类低山山体较小，坡度较为和缓，由于人为垦伐影响，水土流失严重，土地条件逐渐恶化。

高丘陵海拔 500 m 以下，相对高 100～200 m，主要分布于低山外沿和盆地、谷地内侧。由花岗岩、浅变质岩、石灰岩、砂岩和红色砂砾岩等组成，保持一定的丘脊方向，一般坡度在 20°左右。

低丘陵海拔500 m以下，相对高小于100 m，主要分布于山间盆地、谷地内侧和散落在盆底、谷底。组成物质以浅变质岩、石灰岩和红色砂砾岩为主，无一定的延伸方向，丘顶多呈浑圆状，坡度一般小于15°，最大不超过20°。丘间谷地底部多成"U"形或箱形，分为低谷地和高谷地两类，前者谷口与主谷相汇，主要种植水稻；后者谷口高于主谷地，辟为茶园和旱地。

山间谷地和山间盆地多发育在断陷带，呈北东至南西向或北西至南东向延伸，谷地和盆地边缘可见清晰的断崖和三角面，主要谷地有新安江、青弋江等。主要山间盆地有休(宁)屯(溪)盆地和祁门县、黟县、旌德县、休宁县五城盆地等，地势低下，为流水汇集之区，经长期流水侵蚀与堆积作用，形成宽广的沿河冲积平原(黄山市地方志编纂委员会，2010)。

休(宁)屯(溪)盆地又称休(宁)歙(县)盆地和徽州盆地，是黄山地区最大的盆地，位于黄山山脉、天目山和白际山脉之间，包括休宁、屯溪、歙县、绩溪的全部或一部。盆谷由盆底平原、台地和盆缘丘陵、低山地貌类型组成。盆底是长期发育的断陷带，随着断陷中心不断向北迁移和扩大，盆谷的规模日益增加，东部最宽处为20～25 km，西部最宽达12～18 km。新安江主支流流经其中，形成了相对较宽的平原。平原后缘有狭长台地，平原上散落了一些由紫红色砂岩、粉砂岩组成的浑圆状低丘。盆缘的丘陵、低山，海拔分别为300～400 m、500～600 m，坡度陡峻，为25°～30°。多由千枚岩、片岩和板岩等组成。

上述黄山地区地质和地层等章节解释了休屯盆地形成的地质背景。休屯盆地是三叠纪末印支运动在黄山地区形成的一系列断陷盆地中面积最大的一个，为中生代侏罗—白垩纪沉积场所。由于太平洋板块和亚欧板块相互碰撞，在北西—南东方向区域挤压应力作用下，导致黄山地区一些古老的断裂构造"活化"。侏罗纪开始发育了屯溪—休宁一带断陷盆地，白垩纪进一步扩大，同时地表流水携带着大量泥、沙、砾石到湖盆中沉积，经成岩作用，形成砾岩、砂砾岩和砂岩。因湖水流动的变化，岩层中常出现交错层理。当时气温炎热干燥，沉积物经受了强烈的氧化作用，大量红色高价铁离子富集在岩层中，岩层多呈紫红色。盆地内侏罗纪系内陆盆地粗屑建造，由紫色砂页(砾)岩组成；白垩纪系冲积湖泊相碎屑沉积，由棕红、紫红色砂页(砾)岩组成。这些沉积岩多构成盆地及盆缘的低丘或岗地，一般坡度不大。其残积或坡积物为紫色土的成土母质，母质中碎屑棱角清楚，部分具有石灰反应。

紫色岩属沉积岩，其组成矿物成分复杂，以长石、斜长石、黑云母、角闪石、辉石、磷灰石为主。胶结物为碳酸盐及少量铁质。紫色岩的丰富元素，经风化分解后，大多数残留在土壤中。因此，紫色土各种元素含量较高。由于紫色岩在风化过程中，物理风化强，化学风化弱，故风化度不深，加以母岩富含碳酸盐，土壤淋溶作用轻，盐基饱和度大，富铝化作用弱。因此，紫色土虽处于红黄壤地带，但仍然没有发育成红黄壤。

休屯盆地的中生代红色岩系，经喜马拉雅运动褶皱隆起和新构造运动的断块抬升，遂形成丘陵、低山和典型的丹霞地貌。齐云山山体由中生代晚白垩纪的陆相红色岩系组成。它们堆积在断陷盆地中，岩性强弱相间，岩层倾角不大，富有垂直节理。由于地处北亚热带气候环境，高温多雨，直接出露地面的红岩，在风化和流水切割与散流冲蚀作用下，形成了形态奇特的“丹霞地貌”。

丹霞地貌是指红色砂岩经长期风化剥离和流水侵蚀，形成孤立的山峰和陡峭的奇岩怪石，是巨厚红色砂、砾岩层中沿垂直节理发育的各种丹霞奇峰的总称。主要发育于侏罗纪至古近-新近纪的水平或缓倾的红色地层中，以中国广东省北部丹霞山最为典型，故名(图 2-2)。

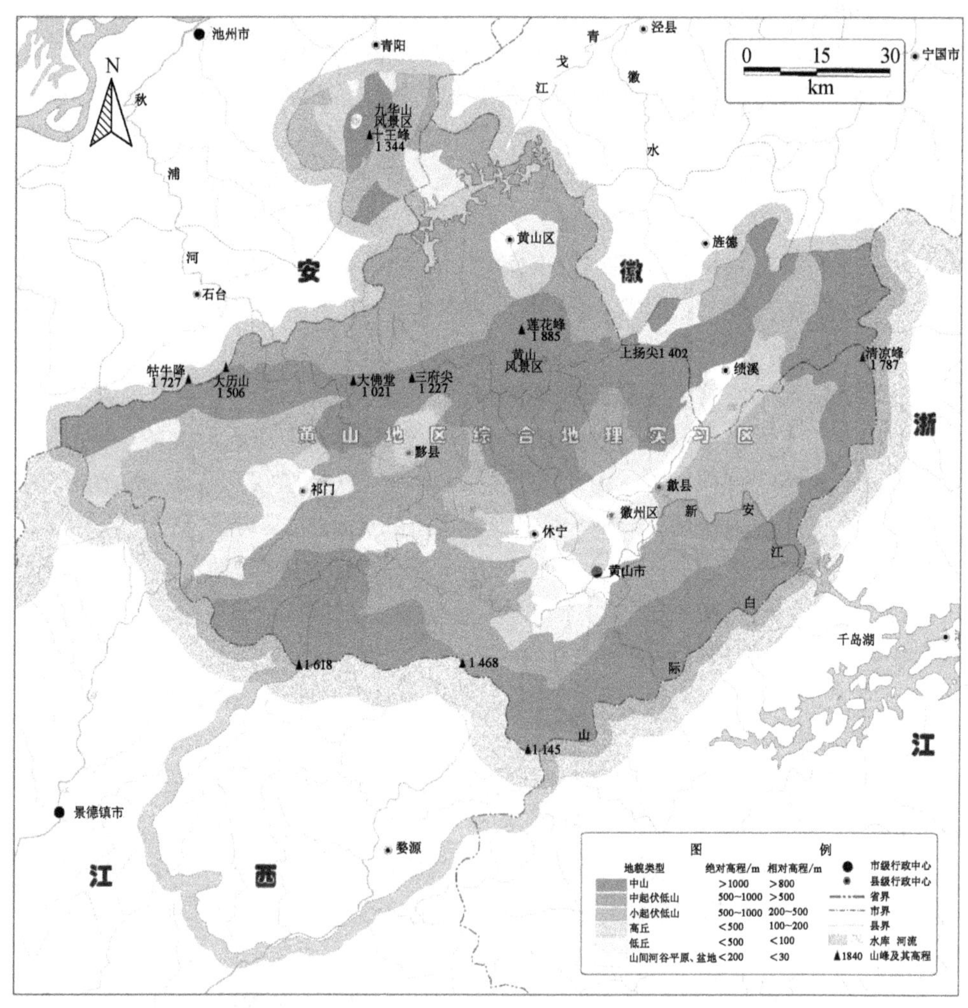

图 2-2 黄山地区综合地理实习区主体地区地貌类型图

2. 婺源县地貌

婺源县属于中低山与丘陵区，山地面积占总面积的83.09%。地域略呈椭圆形，地势由东北向西南倾斜。东北群山逶迤，峰峦叠嶂，鄣公山主峰擂鼓尖海拔1 629.8 m，为婺源最高峰，西南丘陵绵亘，平均海拔在100～150 m。本县按照成因，地貌大致可分为以下五种类型。

侵蚀构造中低山区分布在东、北部。由前震旦纪变质砂岩、粉砂质板岩和中生代花岗岩组成。因岩性及构造的影响，山体雄厚，山势陡峭，山峰海拔800～1 600 m。坡度一般在30°～40°，最大坡度达60°以上，切割深度500～1 000 m。河谷呈"V"形，谷底多基岩裸露，溪流湍急，植被茂密。

侵蚀剥蚀构造丘陵区广泛分布在中部和南部。由前震旦纪双桥山群浅变质岩和震旦纪凝灰岩、凝灰质板岩及石炭纪、二叠纪、三叠纪的砂岩、细砂岩、石英砂岩、砾岩等组成。山峰标高200～500 m。坡度20°～35°，切割深度100～300 m。河谷呈"V"形，谷底见有基岩。地表多见残坡积物覆盖，植被茂盛。

剥蚀堆积低丘垄岗地形主要分布在县城至中云一带。由侏罗纪紫红色泥质粉砂岩、泥质页岩等组成，因受断裂构造的影响，形成了中云断陷盆地。丘顶海拔100～150 m，相对高差30～50 m，坡度一般小于15°。放射形冲沟较为发育，河谷呈"V"形。地表有残疾坡积层覆盖，植被稀疏，仅生长一些稀落的灌木及茅草，有轻微水土流失。

溶蚀峰丛洼地丘陵地形呈条带状分布在西部与西北部的赋春、通元观等地。主要由石炭纪灰岩、夹碳质页岩、白云质灰岩、白云岩、碳酸盐岩等组成。山峰海拔300～500 m，切割深度100～200 m，因岩石受强烈溶蚀，多见溶沟、溶洞、石柱、石笋、孤峰拔地，陡壁飞崖，地下有暗河连通。

侵蚀堆积山间河谷地形呈狭长形分散于河流沿岸及其支流的两侧。由第四纪亚黏土、亚砂土、砂砾石组成三级堆积阶地。一级阶地分布面积广泛，二、三级阶地零星见于曹门、思口附近。地形较平坦，上层深厚，水源丰富，是较好的农耕地带（婺源县地方志编纂委员会，1993）。

3. 九华山地貌

九华山的隆起幅度，从核心部位向边缘逐级下降，外围山地由硬度较花岗岩小的花岗闪长岩和沉积岩组成，易被冲刷侵蚀。因此整个九华山由众多高度参差、错落有致、形态万千、大小悬殊的中山、低山和丘陵组成。

中山位于九华山体的腹地，海拔在1 000 m以上，如十王峰（1 342 m）、七贤峰（1 337 m）、天台峰（1 306 m）、中峰（1 291 m）、罗汉峰（1 280 m）等。由于九华山上升幅度大，受外力切割强烈，并且节理疏密不一，九华山的中山四周多为绝壁危崖，且山巅、坡上多有鬼斧神工的怪石。

低山位于九华山体的东部、北部和西南部，海拔 500～1 000 m，组成物质多变，岩石形态明显不同。花岗岩组成的低山，山势峭拔，多陡坡险壁。例如，插霄峰(871 m)、纱帽峰(907 m)、中莲花峰(937 m)、翠峰(738 m)等。与花岗岩组成的中山相比，最大的区别是山体小，山顶和山坡分布的怪石明显减少。花岗闪长岩组成的低山，岩性软弱，外形呈岭岗状。沉积岩——砂岩、页岩和灰岩等组成的低山，多呈连绵起伏态，主要分布在九华山体的西南部和北部。

丘陵主要分布在九华山体的南部和西北部，海拔小于 500 m，多呈浑圆状态，起伏度不大，风化物覆盖层厚达数米。主要由花岗闪长岩和灰岩、页岩、砂岩组成，前者组成的丘陵抗风化剥蚀弱，高度较低，主要分布在庙前、九华和杜村等地；而由灰岩、页岩和砂岩组成的丘陵，主要分布在南阳、沙济等地。

另外，在河流的源头偶尔有山间盆地的发育。例如，九华山盆地、老常住盆地等(九华山志编纂委员会，1990)。

二、山脉与水系

(一) 山脉

实习区内有黄山、天目山、白际山、五龙山和九华山五大山脉。

黄山山脉是皖南山地的中枢。主干沿北东向南西展布，绵延150 km，东接皖浙交界的天目山，西南蜿蜒至江西境内，北与九华山相连，南至休(宁)屯(溪)盆地。主要分布于旌德县、绩溪县、石台县、歙县、黟县和黄山区之间，是长江下游与钱塘江的分水岭。黄山风景名胜区横亘在黄山区、歙县、黟县和休宁县之间，面积为 154 km^2，中心位置的地理坐标为 30°1′N，118°1′E。风景区著名的山峰高程一般都在千米以上，其中莲花峰海拔 1 864 m，是安徽省最高峰。黄山有三大支脉：一是牯牛降支脉，二是大会山支脉，三是仙严岩支脉。主要山峰还有光明顶(1 840.4 m)、天都峰(1 810 m)、飞来石(1 730 m)、桃花峰(1 460 m)。

天目山脉位于东北部的绩溪县、歙县与浙江省临安县的交界处，由北东向南西带状展布，长约 25 km，最高峰清凉峰海拔为1 787.2 m。主要山峰有鸡冠岩(1 625 m)、银孔洞(1 624 m)、白云岩(1 380 m)、天子墓山(1 319 m)、石耳尖(1 172.6 m)。

白际山脉由北东向南西延伸，长约 100 km。东北端在歙县竹铺乡与天目山交会，西南抵休宁县岭南乡与五龙山相接。最高峰搁船尖海拔 1 481 m，境内主要山峰有啸天龙(1 395.6 m)、观音亭尖(1 309 m)、歙岭顶(1 265 m)、长岭尖(1 297 m)等。

五龙山脉是祁门县、休宁县与江西省婺源县的主要分界山。最高峰六股尖，海拔1 629 m，主要山峰有五股尖(1 618 m)、五龙山(1 469 m)、大禹尖(1 468.5 m)等。

九华山脉位于青阳县与池州市石台县、贵池区交界地区，从黄山区永丰乡绵延入境，在太平湖北岸形成自然屏障。主要山峰有斜山(830 m)、绍山(726 m)、丹山(760 m)、游山(867 m)等。

南干山脉分支从浙江开化县的大举源、古田山入境至婺源县的石耳山、大鳙山。大鳙山干脉向东延伸折北，突起大鄣山(今鄣公山)。大鳙山支脉向西，至婺源县城下游的寅川铺。鄣公山干脉北行迤东，入休宁县界。鄣公山支脉向南，至婺源县城附近的锦屏山、军营山，向西入江西景德镇市境内(黄山市地方志编纂委员会，2010；婺源县志编纂委员会，1993)。

(二) 水系

境内以黄山山脉为界，南坡有流向东南钱塘江流域的新安江水系，流向西南鄱阳湖流域的阊江水系、乐安江水系；北坡有直接流入长江的水阳江、青弋江、秋浦河和黄盆河水系。

新安江水系新安江位于钱塘江上游。其源头分为两大支流，南支称率水，为新安江正源，发源于五龙山脉的六股尖；北支称横江，源于黟县五溪山主峰白顶山。两支在屯溪区黎阳汇合，至歙县浦口一段，称渐江，今统称新安江。从源地六股尖到浙江省新安江水库，全长 242.31 km，流域面积 5 757.47 km^2。左岸上游有丰乐水、富资水、扬之水等较大支流，呈扇状分布，在歙县太平桥上游汇合后称练江，注入新安江。右岸上游主要支流有珮琅溪、桂溪、濂溪、街源等；歙县县城至街口之间还有棉溪、昌溪、大洲源诸水直入新安江。新安江在境内最大河流水面宽 180 m，最大底宽 80 m，汛期最大水深 14.5 m，枯水期水深小于 0.5 m。河流源短流急，坡度陡、落差大，流域面积仅占全省的 4.6%，水量却占全省的 10.3%，蕴藏着丰富的水力资源。

率水是新安江最大的一条支流，位于右岸，发源于休宁县五龙山，于屯溪入新安江，长 148.2 km，流域面积为 1 512 km^2，占新安江(黄山市境内)流域面积的 23.4%。

横江是新安江的较大的支流，位于左岸，发源于黄山南坡，从漳水河的枧溪，经黟县碧阳镇到渔亭，折向东南始称横江，再经休宁县至屯溪镇海桥下入新安江，全长 65.2 km，流域面积为 997 km^2，占新安江(黄山市境内)流域面积的 15.4%。

练江也是新安江上游一条较大的支流，位于左岸，发源于黄山的东麓。全长 65 km，流域面积为 1 576 km^2，占新安江(黄山市境内)流域面积的 24.4%。

阊江水系位于祁门县、石台县，发源于历山山麓，属鄱阳湖流域的饶河水系，境内流域面积为 1 893 km²，主要支流有大洪水、闪里河、新安河等。

乐安江水系发源于休宁县南部杨坑尖、向西流入江西省，在鄱阳县与阊江汇合后入鄱阳湖，境内流域面积仅 64 km²。

水阳江水系分布于绩溪县、旌德县境内，流域面积为 478 km²，主要支流有壁溪和姚溪，注入水阳江。

青弋江水系分布于绩溪县、旌德县、黟县、祁门县和石台县境内，发源于黄山北坡。汇入长江，流域面积为 1 586 km²，主要支流有徽水、秧溪河、麻川河、宏河和长河等。

秋浦河水系分布于石台县和祁门县境内，发源于祁门县大洪岭，注入长江，河流总长度为 180 km，流域面积为 2 235 km²，主要支流有梅溪河、公信河等。

饶河水系婺源县河流属饶河水系，为乐安河上游。河流总长度为 516.4 km，流域面积为 2 621.9 km²。干流有星江，主要支流有段莘水、古坦水、武溪水、江湾水等（黄山市地方志编纂委员会，2010；婺源县志编纂委员会，1993）。

三、土壤与植被

（一）土壤

黄山地区土壤主要指黄山市（三区四县）及宣城市绩溪县土壤的状况。

黄山地区中山为变质岩类和花岗岩类，土壤均呈酸性。海拔千米以下为山地黄壤，有机质层较厚，海拔千米以上主要为山地黄棕壤。分布在中山山顶平面和缓坡上的山地草甸土，多为花岗岩类风化发育而成；低山主要为黄红壤、黄壤、石灰土等，呈酸性，土壤质地较轻，保水保肥性能良好。分布在黟县、休宁县、歙县、绩溪等县的棕色石灰土、岗石灰土和灰质石灰土，呈中性或微碱性，有机质中等，土层浅薄，保水、保肥性能较差；丘陵地带为红壤类型中的黄红壤亚类和黄壤，呈酸性或强酸性，土层浅薄，保水、保肥力较差；旱地和岗地主要为黄红壤、紫色土和砂泥土；水田土主要有潴育型、淹育型和潜育型三种，沼泽型和侧渗型较少（黄山市地方志编纂委员会，2010）。

婺源县境内的土壤主要是酸性结晶岩、泥质岩、碳酸盐岩、红砂岩等发育的水稻土、红壤、黄红壤、山地草甸土、潮土、石灰土和紫色土。厚度一般多在 20 cm 左右，酸碱度在 4.5～6.5。土壤分布受地形的影响，呈现垂直分布和地域性分布规律：海拔 600 m 以下较大面积的丘陵和低丘岗地为红壤和水稻土；600～800 m 的中低山为黄红壤；800～1 200 m 的山区为黄壤；1 200 m 以上的为黄棕壤和草甸土；

盆地为紫色土和红砂岩红壤；河流沿岸为壤质潮土。经土壤普查，县内土壤有红壤、水稻土、山地红壤、山地草甸、潮土、石灰土、紫色土等（婺源县志编纂委员会，1993）。

九华山有较好的土壤条件，600 m 以下主要分布黄红壤、红壤性土及交错其间的粗骨土；600 m 以上主要分布暗黄棕壤、黄棕性土，在岩缝中分布着石质土，山脊附近有小面积的山地草甸土零星分布；沟谷和盆地还分布着水稻土。土壤厚度一般 0.6～0.7 m，较厚处可达 1～1.5 m（九华山志编纂委员会，1990）。

（二）植被

黄山地区植被主要指黄山市（三区四县）及宣城市绩溪县植被的状况。

黄山山脉以北主要是常绿与落叶阔叶混交林以及针阔叶混交林，以南主要是次生的常绿与落叶阔叶混交林和沟谷常绿林。灌丛多属次生植被类型，高草灌丛和草丛多零星分布。草甸只在中山顶部以及河滩外侧有少量分布。祁门县、休宁县南部人迹罕至处有小块原始森林植被。此外，还有多树种相混杂的松杉、松杂、杉杂林等。

植被垂直分布情况是：海拔 400 m 以下的山地，多是垦殖栽培带，主要有法国梧桐、白杨、刺槐、柳树、樟树、银杏等树种以及大量的马尾松、杉树人工林，油桐、油茶、干果等经济林，茶、桑、果、麻等经济作物和竹类；400～700 m 主要有杉木、马尾松、毛竹、园竹、三尖杉、枫香、甜槠等用材树种和香榧、猕猴桃等经济树种；700～1 000 m主要有马尾松、麻栎、栓皮栎、锥栗、化香、青冈栎、猕猴桃等；1 000～1 300 m主要有黄山松、华东黄杉、黄山木兰、山毛榉、黄山杜鹃和猕猴桃等；1 300～1 600 m 主要有卫茅、小叶黄杨、黄山松、华东箬竹、天女花等（黄山市地方志编纂委员会，2010）。

婺源县森林资源丰富，树种繁多。以马尾松、杉木、毛竹和常绿阔叶树为主，阔叶树约占 50%，马尾松约占 40%，杉木约占 10%。林木树种主要有松、杉、栲、桧、槲、槠、枫、橡、栎、木荷、青冈栎、油桐、乌桕等 200 种；珍贵树种有樟、楠、梓、柏、檀、红豆杉等四十余种；古代残存的孑遗植物银杏，零星散布境内；鄣公山有黄山松分布。灌木主要有茶叶、油茶、檵木、杜鹃、黄端木、茅栗、白栎、乌饭、山胡椒、山苍子等，其中茶叶最为大宗，油茶次之（婺源县志编纂委员会，1993）。

九华山植物分布的大概情况是：海拔 200 m 以下为次森林、小片马尾林、竹林和灌丛；200～700 m 为常绿与落叶混交林，竹林，杉木林、竹杉混交林；700～1 100 m为落叶与常绿阔叶混交林，有零星分布的黄山松林；1 100 m 以上为山地矮林及山地灌丛（九华山志编纂委员会，1990）。

四、气候与气象灾害

(一) 气候成因

由于实习区总体范围所跨纬度不大，地形特征相似，因此黄山市的气象气候情况基本能代表实习区的气象气候情况。

黄山市地处亚热带湿润性季风气候区，气候温和、四季分明，春秋短、夏冬长，热量丰富、雨水充沛、光照充足。

黄山市气候主要受辐射作用、海陆作用、地形作用和人类活动等因素的影响。黄山市地处30°N附近，纬度较低，太阳辐射强度适中，太阳辐射年总量在105～113 kcal/cm^2；黄山市受海洋影响较大，以一年为周期，随着冬夏季节的交替，夏季多偏南风，将海洋暖湿空气带到大陆，形成潮湿、多雨、炎热的气候特征；冬季多偏北风，将极地大陆的干冷空气吹向东南海洋。黄山市远离冷空气原地，沿途山岳阻挡，冷空气逐渐变性，影响本地时，虽有大风和降温，但强度一般不大。黄山市地形复杂，沟壑纵横，四面高山环抱，黄山、九华山、天目山三大山脉斜置在黄山市中央及两侧，构成一系列盆地和山间谷地，使得各种气候要素的水平分布很不均匀，垂直差异明显，从而使黄山市气候多样性、复杂性明显；人类活动如城市建设、工业发展、砍伐森林、开垦荒地、兴建水库和灌溉等对气候也有影响。

(二) 气候

黄山市年平均气温为15～17℃，年平均气温值最高17.3℃(1998年)，年平均气温最低值为15.6℃(1956年)。黄山区与歙县相差约1℃。年内变化表现为：1月份最低，7月份最高；秋季温度高于春季温度，春季升温率较大，秋季降温率较大，冬夏两季变化较小。年际变化规律是：冬季冷暖变化最大，春秋相当，夏季最小。气温日较差大，各地均在6月份最小，休宁、屯溪10月份最大，其他各地11月份最大，且有盆地地区小、黄山以北大的趋势(表2-1)。

表2-1 1953～2006年各气象站气温月平均值 (单位:℃)

站名\月份	1	2	3	4	5	6	7	8	9	10	11	12	平均气温
屯溪	4.1	6.1	10.3	16.4	21.0	24.5	28.0	27.4	23.3	17.5	11.5	5.9	16.3
休宁	4.0	6.0	10.3	16.2	21.1	24.4	27.9	27.3	23.3	17.7	11.6	5.8	16.3
黟县	3.9	5.8	10.0	15.9	20.8	24.0	27.1	26.7	22.8	17.2	11.2	5.7	15.9

续　表

站名＼月份	1	2	3	4	5	6	7	8	9	10	11	12	平均气温
祁　门	3.6	5.5	9.9	15.8	20.4	24.0	27.2	26.8	22.7	16.8	10.8	5.4	15.7
歙　县	4.1	6.1	10.4	16.3	21.1	24.5	27.9	27.5	23.5	17.9	11.8	6.1	16.4
黄山区	3.1	5.0	9.5	15.8	20.6	24.1	27.6	26.7	22.2	16.5	10.5	4.9	15.5

资料来源：黄山市地方志编纂委员会，2010

黄山市境内年平均降水量在 1 400～2 000 mm，是安徽省降水量最多的地区。降水量变化表现为多雨期和少雨期交替出现，年最多降水量为 2 708.4 mm(1954 年，屯溪)，最少降水量为 839.1 mm(1978 年，黄山区)，最大降水量约是最少降水量的三倍多。降水量空间分布特点是：降水量从西南向东北递减，黄山以南的祁门、黟县和屯溪等地的降水量多于北部的黄山区等地；山地降水量多于丘陵、河谷地带，黄山至祁门北部地区、皖赣交界山区为市境内两个雨量中心；降水量随着海拔高度的升高而增大，黄山光明顶由于地势抬升，年降水量达 2 300 mm 以上(表 2-2)。

表 2-2　1953～2006 年各气象站月平均降水量　　(单位：mm)

站名＼月份	1	2	3	4	5	6	7	8	9	10	11	12	累　计
屯　溪	74.4	105.5	165.5	214.7	251.1	320.5	182.7	120.8	96.2	72.1	63.1	48.1	1 714.7
休　宁	75.9	105.8	166.6	213.7	231.8	32.2	181.6	129.4	96.4	72.2	64.5	50.3	1 710.1
黟　县	67.5	99.3	162.1	212.4	249.4	349.5	223.6	137.7	87.1	74.8	60.2	45.2	1 768.6
祁　门	69.6	103.1	168.7	218.9	257.2	337.4	205.8	144.1	84.7	71.2	63.1	45.1	1 768.9
歙　县	68.5	97.4	156.4	200.6	22.4	308.2	176.1	115.3	85.2	66.2	60.6	45.8	1 604.2
黄山区	65.5	88.9	145.2	170.9	188.3	268.7	179.7	1 558.8	111.5	74.1	66.5	46.9	1 565.1

资料来源：黄山市地方志编纂委员会，2010

境内年平均日照时数在 1 750～1 960 h，年最多日照时数为 2 290.5 h(1979 年，休宁)，年最少日照时数为 1 273.2 h(1997 年，休宁)。境内平均日照时数东南部多、西北部少，是安徽省日照时数最少的地区。日照时数在一年中的变化，各地均为夏季最多、春季次于夏、秋次于春、冬季最少。日照时数最大值出现在 7 月、8 月，月最低值出现在 2 月、3 月(表 2-3)。

江西婺源县同处亚热带湿润性季风气候区，气候温和、雨量充沛、霜期较短，四季分明。历年平均气温为 16.8℃，以 1998 年、2006 年的 17.9℃为最高，1965 年、1976 年、1980 年的 16.3℃为最低。最热月为 7 月，月平均气温为 28.0℃。极端最高气温为 41.0℃，出现在 1967 年 8 月 28 日；极端最低气温为－11.0℃，出现在

表 2-3 1953～2006 年各气象站日照月平均表 (单位：h)

站名＼月份	1	2	3	4	5	6	7	8	9	10	11	12	年累计
屯 溪	109.9	98.4	105.7	125.6	149.3	151.7	230.7	220.8	177.5	166.8	137.4	130.3	1 804.1
休 宁	116.6	102.5	106.4	119.7	148.4	141.3	217.7	220.3	175.1	165.3	136.8	134.4	1 784.5
黟 县	114.8	100.0	105.6	121.4	150.4	141.7	209.3	209.4	171.3	162.7	142.6	140.7	1 769.8
祁 门	116.2	100.4	101.8	120.8	148.8	146.8	222.1	220.1	180.0	167.5	146.3	141.5	1 812.3
歙 县	115.6	105.0	112.2	132.5	161.8	155.9	232.7	226.4	182.1	169.6	144.1	140.6	1 878.4
黄山区	110.2	100.2	110.3	122.3	146.0	143.6	205.4	189.1	142.7	140.5	128.7	130.8	1 669.8

资料来源：黄山市地方志编纂委员会，2010

1967 年 1 月 16 日。历年总降水平均为 1 962.3 mm，其中 1～6 月降水呈递增趋势，7～12 月呈递减趋势；上半年占全年降水量的 69%，4～6 月为明显雨季，称为汛期，平均月雨量在 200～300 mm 以上，占全年降水量的 47.9%。年最大降水量为 3 036.8 mm，出现在 1998 年。月最大降水量为 970.4 mm，出现在 1998 年 7 月。婺源县境内雨量空间分布规律为：四周多，中间少；东北多，西南少。全年平均日照时数为 1 715.1 h。境内山峦起伏，走向不一，由于云雾、雨日较多，高山挡光，林木蔽荫，使各地日照时数差异较大，总体上，西南乡多于东北乡，平原低丘多于山区。

九华山气候凉爽。九华山从山脚到山顶全年平均气温分别为：一天门15.3℃、龙池庵 14.4℃、九华街 13.4℃、百岁宫 12.5℃、拜经台 11.5℃、天台10.6℃、十王峰 9.9℃。夏凉冬温，年较差不大，适宜人们生活和旅游。九华山阴雨天气多，日照时间比山下短。九华街日照时数平均为 1 746.6 h，日照百分率为 40%。九华山相对湿度高于山下青阳县城，12 月至次年 2 月相对湿度最小，6 月至 10 月相对湿度最大。九华山是全省多雨地区之一，根据九华街 1959～1987 年的记录统计，年平均降水量为 2 167.8 mm，最大降水量在 1983 年，达到 2 715.6 mm，最小降水量在 1978 年，仅 1 278.6 mm。九华山无风时间很少，大风以 5 月份出现最多，年平均为 19.4 天。九华山四季多云，尤其是春季，九华山常年有雾，有雾日多达 168 天。

(三) 气象灾害

受境内气候和地形影响，水旱灾害是黄山市主要气象灾害，特点如下：旱灾平均 2～3 年一遇，水灾平均 4～5 年一遇，旱灾出现的频率大于水灾，水灾重于旱灾；也有些年份一年内既出现干旱又出现洪涝，比较常见的是先洪后旱；伏秋旱比较明显，洪涝主要出现在 6～7 月份。其他灾害有低温、连阴雨、暴雨、冰雹和雷电等。

水灾　按发生的时间，水灾大致可分为春涝、夏涝和秋涝。黄山市水灾频繁，且洪水多发生在梅雨季节，沟满河平，成灾条件充分。但一段时间内的总降水量，如汛期5～7月，总降水量的多少往往并不与水灾成正比。有时降水量虽小而强度大，落区集中，便易产生水灾。水灾中又主要是由暴雨造成的山洪灾害。20世纪中叶，特别是1990年后，受人类活动影响，基础设施建设加快，水土流失加剧，河道填堵，水灾频繁。出现较大洪涝灾害的年份有1954年、1959年、1969年、1971年、1973年、1980年、1996年、1998年、2001年和2002年。

旱灾　按发生的时间，旱灾大致可分为：春旱、夏旱、秋旱和冬旱。旱灾是黄山地区多发灾害，并且受灾范围大。伏旱、秋旱明显。旱灾程度与前期降水有密切的联系，若前期梅雨明显，沟、塘、水库蓄水充足，利于抗旱；反之，旱情出现后，则会迅速发展，对农业生产和人民生活造成较大影响。

低温连阴雨　低温连阴雨是黄山市春季常出现的一种灾害天气。阴雨持续时间长、日照少、气温低，经常造成旱稻烂种烂秧，小麦、油菜受渍发芽。黄山市每年3天或3天以上的连阴雨天气有6次左右，5天或5天以上的近3次，10天或10天以上的连阴雨天气比较少见。

暴雨　暴雨是黄山市主要灾害性天气之一。暴雨日年平均数为4～7天，西部偏多，北部、东部偏少，其中祁门多，有6.6天，而歙县只有4.4天。一年四季都有发生暴雨的可能性，4～8月份出现暴雨的机会较多，占全年暴雨日的81.5%。

冰雹　冰雹出现的范围一般较小，但来势很猛，有时还伴有狂风暴雨，常使农作物遭受毁灭性的打击，严重的甚至造成房屋倒塌，人畜受伤，危害很大。黄山市各地平均出现过9次以上的冰雹，平均2～3年一遇，黄山市东部、北部冰雹出现的频率高于其他县、区。

雷暴　黄山市属亚热带季风气候，冷暖空气经常在市域范围内激烈交锋而产生雷暴；另外，山地易发生局部雷暴。平均初雷日在2月22日，平均终雷日在10月13日，强雷暴的初日出现在3月下旬，强雷暴的终日出现在9月初。雷暴除季节性变化外，还有一定的日变化规律，特别在夏季，常在午后出现雷暴（黄山市地方志编纂委员会，2010）。

第三节　区域资源与环境

一、矿产资源与开发

黄山市是安徽省重要的成矿带之一，相继发现和查明各类矿产46种，矿产地210处，其中，能源矿产6种，有煤、沥青煤、石煤、铀、钍和地热等，矿产地10处；金属矿产 23 种，矿产 132 处，其中钨、钼、铋、铜、锌、铅和锑等有色金属矿产地 73 处，金、银等贵重金属矿产地 13 处，铁、铬和锰等黑色金属矿产地 35 处；非金属矿产 15 种；水汽矿产 2 种；有资源储量的矿产 36 种。

能源矿产 煤炭资源不足，已知矿点有徽州区梅岭煤矿探明 122b 级储量 36.69 万t，休宁流塘煤矿探明 2M22 级储量 7.36 万 t。沥青煤主要分布在黄山区新明乡。石煤资源丰富，分布广泛，厚度大，埋藏浅。除屯溪区以外，各县区均有分布。已发现地热两处，均分布在黄山风景区。

黑色金属矿产 发现铁矿点 4 个，矿化点 19 个。铬矿已发现矿产地 2 处。钒矿已发现矿产地 9 处。

有色金属矿产 铜矿分布广、产地多，矿床类型复杂，主要有热液型、隐爆角砾岩筒型、矽卡岩型、斑岩型，已发现矿产地 35 处。已发现铅、锌矿产地 16 处。黄山市铅、锌矿虽然规模不大，但多数矿床、矿点品位高，具有一定工业价值和远景储量。已发现钼矿产地 7 处、钨矿产地 8 处、锑矿产地 8 处。

非金属矿产 境内有瓷石矿产地 21 处，探明储量 756.56 万 t，祁门、休宁、黄山区均有矿点分布。境内膨润土资源十分丰富，主要分布在屯溪区、休宁县、徽州区。花岗岩、大理石矿分布广泛，主要有太平岩体、黟县岩体、祁门岩体（黄山市地方志编纂委员会，2010）。

江西婺源县目前已发现的矿种有 20 多种，具体有：① 能源矿产：煤；② 金属矿产：金、钨、锑、铁、锰、银、铜、铅、锌；③ 非金属矿产：石灰岩、砚石、花岗岩、大理石、高岭土、钾长石、建筑用砂、砂岩、石英、板岩、黏土、水晶、硅石等；④ 水气矿产：矿泉水。金属矿产多分布在县东部、北部、中部和西南部，非金属矿产分布广、种类多。有开发价值的矿产资源：金、煤、石灰岩、花岗岩、大理石、砚石、钾长石、高岭土、瓷石矿、石英、砂石和黏土（婺源县地方志编纂委员会，1993）。

二、水资源

黄山市共有河流 600 多条，其中长度 10 km 以上的河流有 108 条。由于黄山山脉横贯黄山市，将黄山市分为南、北两坡，南坡流域面积大于北坡流域面积，分别为 7 569.93 km^2 和 2 264.1 km^2，各占总面积的 76.98% 和 23.02%。南坡有流向钱塘江流域的新安江水系和流向鄱阳湖流域的昌江水系、乐安江水系；北坡有直接入长江的青弋江、秋浦河两大水系。黄山市水资源来自天然降水。黄山市多年平均降雨量为 1 775.9 mm，地区分布以黄山风景区为最大，是全国有名的暴雨中心之一。降雨年内分布极不均匀，最大月雨量一般出现在 5 月、6 月、7 月，曾高达 1 037 mm（黄山温泉站 1954 年 6 月）；最小月雨量一般出现在 12 月份，记录出现过

0 mm。境内降雨的年际变化也相当悬殊，最大、最小年份的比值达 2.5 以上，甚至达到 3.0。黄山市地表水资源总量丰富，多年平均年径流量达 99.28 亿 m^3，地表径流的地区和时空分布与降雨的时空分布基本一致，地表径流年内分配也极不均匀，每年 5～7 月份降雨量大，径流量也大；年际分配不平衡，年降雨量越大，年产流量也越大，最小年径流量与最大年径流量之比约为 1∶5(黄山市地方志编纂委员会，2010)。

绩溪县境内地表径流总量为 10.3 亿 m^3，人均年占有量 6 042 m^3，相当于全省的 4.3 倍，全国的 2.2 倍。耕地亩①均可供量为 8 900 m^3。县境地势高于四邻，地表径流 96.6%流出境外。全县蕴藏水力资源总量为 7.5 万 kW，其中钱塘江水系 5.4 万 kW，长江水系 2.1 万 kW。地表泉水约百处，深山、隘谷、岭径路旁均有出露，水量小，四时不竭，著名的有高枧山石枧泉、石榴村温泉、罗昆罗公泉、石照山白泉、瀛洲龙山泉、灵山灵沧泉、大屏山挂屏泉、黄会山黄会泉和幕山泉、船形山水洞泉(绩溪县地方志编纂委员会，1998)。

江西婺源县境内天然地表水系发育旺盛，河流溪涧纵横，流域面积 2 621.9 km^2，占土地总面积的 88.95%。地表水多年平均径流深 1 058 mm，径流总量约为31.78 亿 m^3。按每平方千米计算产水量，枯水年约 55 万 m^3，平水年约 103 万 m^3，丰水年约 138 万m^3；每人年平均占有地表水资源约 5 700 m^3，高于全国人年平 2 700 m^3 和全省年人平 4 900 m^3 的水平。全县理论蓄能总量有 15.6 万 kW，实际可开发能量为 5.8 万 kW。流域内植被覆盖良好，流水清澈见底，含沙量少。地下水资源较贫乏(婺源县地方志编纂委员会，1993)。

三、土地资源与土地利用

黄山市土地资源情况基本上反映了实习区的土地资源情况。

(一) 土地利用现状

1. 农用地

2005 年，黄山市农用地面积为 894 330.13 hm^2，占土地面积的 92.40%。其中：

耕地 63 371.82 hm^2，占土地总面积的 6.55%，人均耕地 0.043 hm^2。耕地以灌溉水田为主，其中歙县、休宁、祁门和黄山区所占比例较大，主要分布在沿河平畈区和中低丘陵冲积河谷。旱地主要分布于低山丘陵及低岗。

---

① 1 亩≈666.67 m^2。

园地 7 889.70 hm^2，占土地总面积的 8.15%，比重相对较小。园地以茶园为主，主要分布于歙县、祁门和休宁等县中低丘陵区。

林地 722 203.00 hm^2，占土地总面积的 74.62%，其中以有林地面积最大。由于黄山市地形多样，造成林地的分布不均衡，主要分布在西部、南部和北部中低丘陵区。

牧草地 4 959.49 hm^2，占土地总面积的 0.51%。均为天然草地，分布在黄山区、歙县、黟县和祁门县。

其他农用地 24 906.11 hm^2，占土地总面积的 2.57%。其中田坎面积最大，为 16 534.91 hm^2，占其他农用地总面积的 66.39%。

2. 建设用地

2005 年，黄山市建设用地面积为 46 888.63 hm^2，占土地总面积的 4.84%。其中：

城市和建制镇 5 278.50 hm^2，占土地总面积的 0.55%，农村居民点用地 13 450.35 hm^2，占土地总面积的 1.39%，独立工矿用地 2 327.29 hm^2，占土地总面积的 0.24%。

交通用地 4 464.09 hm^2，占土地总面积的 0.46%。其中，铁路 433.93 hm^2，公路 3 876.11 hm^2，机场 153.71 hm^2。

水利设施用地 8 811.08 hm^2，占土地总面积的 0.91%。其中，水库水面 8 650.27 hm^2，水工建筑用地 160.51 hm^2。

特殊用地、盐田地 12 557.31 hm^2，占土地总面积的 1.30%。

3. 未利用地

未利用土地 26 665.16 hm^2，占土地总面积的 2.75%。其中，河流水面和荒草地所占比例较大。

（二）土地利用存在的问题

1. 土地后备资源严重不足

黄山市未利用土地 26 665.16 hm^2 中可供开发利用的资源量较少，荒草地 9 579 hm^2，且零星分布，开发利用难度较大，土地后备资源严重不足。

2. 城乡用地结构不尽合理

近年来黄山市城镇化进程加快，黄山市农村居民点用地不减反增，未能有效地实现城乡建设用地增减挂钩。2005 年黄山市农村居民点用地 13 450.35 hm^2，占城乡建设用地总面积的 63.88%，比例较高，布局分散。同时，黄山市多山地丘陵，农村居民点整理难度大，成本较高。城乡用地结构有待进一步优化。

3. 建设用地节约集约利用水平有待提高

在城镇化快速发展过程中，黄山市土地利用存在粗放现象，土地节约集约利用水平与周边发达地区仍然有一定的差距。2005年黄山市单位建设用地二、三产业产值28.54万元/hm^2，低于周边芜湖市(42.62万元/hm^2)和铜陵市(105.96万元/hm^2)的水平，土地集约节约利用水平有待进一步提高。

4. 局部地区土地生态建设有待加强

化肥农药施用量、工业“三废”排放量的逐年增加，局部地区土地遭受一定程度的污染。地质环境较脆弱，土地生态环境易受破坏。需加强土地生态建设。

(三) 土地利用功能分区

根据黄山市土地利用现状和前景，可以将黄山市土地利用功能区分为基本农田集中区、城镇村发展区、林业发展区、一般农业发展区、自然与历史文化遗产保护区和生态环境安全控制区。

1. 基本农田集中区

指基本农田分布集中度较高、优质基本农田占比例较大，需要重点保护和进行基本农田建设的区域。以行政村为单元，现有基本农田面积超过村域总面积60%的连片区域。本区气候温和、水资源丰富、土质优良，土地现状以农用地为主，区域土地面积为100 843 hm^2，占黄山市土地总面积的10.42%。不含城镇村发展区、自然与历史文化遗产保护区和生态环境安全控制区。

2. 城镇村发展区

城镇村发展区指以城镇功能为主导用途、非农产业和人口集聚的区域。包括黄山市中心城区、甘棠城区及各县级中心城区、重点建制镇发展区。中心城区包括屯溪组团、岩寺组团、新城组团；县级中心城区包括歙县的徽城镇、休宁县的海阳镇、黟县的碧阳镇、祁门县的祁山镇等城关镇地区；重点建制镇发展区，包括黄山区的汤口、焦村、谭家桥、耿城、太平湖、仙源，歙县的深渡、北岸，休宁县的万安、齐云山、五城、溪口，黟县的西递、宏村、渔亭，祁门县的金字牌、平里。区域土地面积为22 557 hm^2，占黄山市土地面积的2.33%。

3. 林业发展区

林业发展区指为林业生产发展和保护、改善生态环境条件划分的用地区域。主要为林地以及宜林后备土地资源。区内林地主要分布在黄山区、歙县、休宁县、祁门县等。区域土地面积为576 722 hm^2，占土地总面积的59.59%。

4. 一般农业发展区

一般农业发展区，指市域范围内除城镇村发展区、基本农田集中区、自然与历史文化遗产保护区、生态环境安全控制区、林业发展区以外的区域。包括屯溪区、徽州区、黄山区、歙县、休宁县、黟县、祁门县等区域的部分乡镇。区域土地面积为138 921 hm²,占黄山市土地面积的14.35%。

5. 自然与历史文化遗产保护区

自然与历史文化遗产保护区是指已经依法认定的各种自然保护区的核心区、森林公园、地质公园以及其他具有重要自然与历史文化价值且规模较大的区域。主要包括黄山风景名胜区、太平湖风景名胜区、齐云山风景名胜区、黄山国家森林公园、牯牛降国家级自然保护区、清凉峰自然保护区、黟县五溪山国家森林公园、歙县历史文化名城景区、徽州区古民居景区、黟县桃花源景区、屯溪老街景区等。区域土地面积为23 848 hm²,占土地总面积的2.46%。

6. 生态环境安全控制区

生态环境安全控制区是指主要河湖及其泄洪滞洪区、重要水源地保护区、地质灾害危险区等基于生态环境安全目的需要进行土地利用特殊控制的区域。主要包括青弋江、新安江、阊江、太平湖等重要水源保护区,以及歙县昌溪—金川、歙县长陔—巨川、休宁五城—板桥、祁门彭龙—新安、屯黄公路汤口—琅斯等地质灾害高易发区。区域土地利用以水土流失防治和地质灾害为主。区域面积为86 252 hm²,占土地总面积的8.91%(黄山市人民政府,2011)。

四、旅游资源与旅游开发

(一) 旅游资源现状

黄山地区综合地理实习区旅游资源整体品位高,自然旅游资源、人文旅游资源类型多样,知名度高,集聚效应强。实习区安徽部分(黄山市、九华山风景区、绩溪县)就有多处的国家级和省级自然保护区、风景名胜区、重点文物、历史文化名城名镇名村、自然与文化遗产、非物质文化遗产。黄山市作为一个地级市拥有了两处世界遗产,全国少有。黄山地区综合地理实习区是名副其实的旅游资源富矿区(表2-4至表2-10)。

表2-4 实习区安徽部分(黄山市、九华山风景区、绩溪县)自然保护区名录

名称	级别	保护对象	类型	面积/hm²	地址
牯牛降自然保护区	国家级	中亚热带常绿阔叶林,珍稀动植物	森林生态	6 713	祁门县,石台县
清凉峰自然保护区	省级	中亚热带常绿阔叶林,珍稀动植物	森林生态	2 761	歙县

续　表

名　　称	级　别	保护对象	类　型	面积/hm^2	地　　址
清凉峰自然保护区	省级	中亚热带常绿阔叶林，珍稀动植物	森林生态	5 050	绩溪县
岭南自然保护区	省级	中亚热带常绿阔叶林，珍稀动植物	森林生态	2 771	休宁县
十里山自然保护区	省级	中亚热带常绿阔叶林，珍稀动植物	森林生态	1 936	黄山区
五溪山自然保护区	省级	中亚热带常绿阔叶林，珍稀动植物	森林生态	4 050	黟县
天湖自然保护区	省级	中亚热带常绿阔叶林，珍稀动植物	森林生态	4 500	徽州区
九龙峰自然保护区	省级	中亚热带常绿阔叶林，珍稀动植物	森林生态	2 720	黄山区
查湾自然保护区	省级	中亚热带常绿阔叶林，珍稀动植物	森林生态	1 600	祁门县
六股尖自然保护区	省级	华东黄杉等珍稀植物	森林生态	2 747	休宁县

资料来源：安徽省统计局等，2011

表 2－5　实习区安徽部分(黄山市、九华山风景区、绩溪县)风景名胜区

名称	级别	主 要 特 点	类　别	面积/km^2	地　址
黄山	国家级	世界自然和文化遗产，中国十大风景名胜。以“奇松、怪石、云海、温泉”四绝而闻名	山岳型	154	黄山市
九华山	国家级	中国四大佛教名山之一，是地藏菩萨道场。始于唐开元年间，现存古寺庙 94 座，佛像一万余尊、文物五千余件	山岳型	120	池州市
齐云山	国家级	中国四大道教名山之一，始于唐，盛于明，兴于清，有道教墓葬 22 处和大量摩崖石碑刻，属丹霞地貌	山岳型	110.4	休宁县
花山谜窟—渐江风景区	国家级	人工石窟群，口小内大，有 36 处，最高 30 m。所建年代？为何建？何年成？为“千古之谜”	河流型	81	屯溪区、歙县
太平湖	省级	安徽最大的人工湖，有“西山观鱼，三峡水趣，桂林景色，龙门”等五大景区。堪与太湖媲美，漓江竞秀	湖泊型	260	黄山区

资料来源：安徽省统计局等，2011

表 2－6　实习区安徽部分(黄山市、九华山风景区、绩溪县)全国重点文物保护单位

名　　称	时　代	地　址	批　次	公布时间/年
龙川胡氏宗祠	明—清	绩溪县瀛洲乡	第三批	1988
潜口民宅	明—清	徽州区尘潜口村	第三批	1988
许国石坊	明	歙县	第三批	1988
棠樾石牌坊群	明、清	歙县郑村乡	第四批	1996

续 表

名 称	时 代	地 址	批 次	公布时间/年
老屋阁及绿绕亭	明	徽州区西溪南村	第四批	1996
罗东舒祠(宝伦阁)	明	徽州区呈坎村	第四批	1996
程氏三宅	明	屯溪区	第五批	2001
呈坎村古建筑群	明、清	徽州区	第五批	2001
渔梁坝	唐至清	歙县	第五批	2001
宏村古建筑群	明、清	黟县	第五批	2001
西递村古建筑群	明、清	黟县	第五批	2001
溪头三槐堂	明	休宁县	第六批	2006
郑氏宗祠	明	歙县	第六批	2006
南屏村古建筑群	明至清	黟县	第六批	2006
祁门古戏台	明至清	祁门县	第六批	2006
许村古建筑群	明至民国	歙县	第六批	2006
竹山书院	清	歙县	第六批	2006
齐云山石刻	宋至清	休宁县	第六批	2006
徽杭古道绩溪段和古徽道东线郎溪段	宋至民国	绩溪县、郎溪县	第七批	2013
黄山登山古道及古建筑	唐至民国	黄山市	第七批	2013
长庆寺塔	宋	歙县	第七批	2013
程大位故居	明	黄山市	第七批	2013
黄村进士第	明	休宁县	第七批	2013
洪氏宗祠	明至清	歙县	第七批	2013
奕世尚书坊和胡炳衡宅	明至清	绩溪县	第七批	2013
棠樾古民居	明至民国	歙县	第七批	2013
九华山祗园寺	明至民国	青阳县	第七批	2013
上庄古建筑群	明至民国	绩溪县	第七批	2013
九华山化城寺	清	青阳县	第七批	2013
九华山月身殿	清	青阳县	第七批	2013
九华山百岁宫	清	青阳县	第七批	2013
北岸吴氏宗祠	清	歙县	第七批	2013
员公支祠	清	歙县	第七批	2013
昌溪周氏宗祠	清	歙县	第七批	2013
北岸廊桥	清	歙县	第七批	2013
兴村程氏宗祠	清	黄山市	第七批	2013
黄山摩崖石刻群	唐至中华人民共和国	黄山市	第七批	2013
洪家大屋	清	祁门县	第七批	2013
岩寺新四军军部旧址	1938 年	黄山市	第七批	2013

资料来源：安徽省统计局等，2011

表 2－7　实习区安徽部分(黄山市、九华山风景区、绩溪县)历史文化名城名镇名村

国家历史文化名城	歙县、绩溪县
国家历史文化名镇	歙县许村镇、休宁县万安镇
国家历史文化名村	黟县西递镇西递村、安徽省黟县宏村镇宏村、歙县徽城镇渔梁村、徽州区潜口镇唐模村、歙县郑村镇棠樾村、黟县宏村镇屏山村、徽州区呈坎镇呈坎村、黟县碧阳镇南屏村、休宁县商山乡黄村、黟县碧阳镇关麓村

资料来源：中华人民共和国国家文物局，http：//www.sach.gov.cn/col/col1660/index.html

表 2－8　实习区安徽部分(黄山市、九华山风景区、绩溪县)国家级非物质文化遗产

名　　称	批准时间/年	类　别	申报地区或单位
徽剧	2006	传统戏剧	安徽
目连戏・徽州目连戏	2006	传统戏剧	祁门县
徽州三雕	2006	民间美术	黄山市
万安罗盘制作技艺	2006	传统手工技艺	休宁县
徽墨制作技艺	2006	传统手工艺	绩溪县、歙县、屯溪区
歙砚制作技艺	2006	传统手工艺	歙县
徽州民歌	2008	传统音乐	黄山市
道教音乐・齐云山道场音乐	2008	传统音乐	休宁县
盆景技艺・徽派盆景技艺	2008	传统美术	歙县
漆器髹饰技艺・徽州漆器髹饰技艺	2008	传统技艺	屯溪区
绿茶制作技艺・黄山毛峰、太平猴魁	2008	传统技艺	徽州区、黄山区
红茶制作技艺・祁门红茶制作技艺	2008	传统技艺	祁门县
徽派传统民居营造技艺	2008	传统技艺	黄山市
珠算	2008	民俗	屯溪区
傩舞・祁门傩舞	2008	传统舞蹈	祁门县
中医诊法・张一帖内科疗法	2011	传统医药	黄山市
庙会・九华山庙会	2011	民俗	池州市九华山风景区

资料来源：中华人民共和国非物质文化遗产司，2008

表 2－9　实习区自然与文化遗产地

遗 产 地	名　　称	类　　型	批 准 时 间
世界遗产地	安徽黄山	自然与文化遗产	1990.12
世界遗产地	皖南古村落：西递、宏村	文化遗产	2000.11
国家遗产地	安徽省九华山	自然与文化双遗产	2006

资料来源：中华人民共和国国家文物局，2000

表 2-10 实习区中国历史文化名街

历史文化名街	批准时间	基本情况
黄山屯溪老街	2009 年，第一届	屯溪老街具有历史的真实性、风貌的完整性、生活的延续性，1997 年被确定为建设部历史文化保护区规划、管理综合试点单位，屯溪老街是徽文化生态保护试验区的一个重要节点，在历史街区的保护中有典型性和代表性。位于安徽省黄山市屯溪区老城中心的新安江畔，老街传统街区面积近 20 hm^2，核心保护区 4 hm^2，老街全长 832 m，两侧有三路 18 条巷，现有各类店铺 227 家
歙县渔梁街	2011 年，第三届	渔梁街距歙县（古徽州府）南门约 0.5 km，是歙县国家历史文化名城的重要组成部分，是皖南历史文化街区的典型代表。渔梁是徽商盛兴数百年的重要水路码头，至今还保存着古代街衢、水埠和码头的原始风貌，是徽商外出经商往返的必经之路，也是府衙官员们出门的必经之道，渔梁便显得尤为突出，被称为“徽商之源”。“欲识金银气，多从黄白游，一生痴绝处，无梦到徽州”，歙县这个让明代著名戏剧家汤显祖等文人雅士魂萦梦牵的地方，曾孕育了多少雄霸明清商界三百余年的徽州商帮，孕育了多少名震中外的徽州文化流派
休宁万安老街	2012 年，第四届	万安老街坐落在有 1 700 多年历史的全国历史文化名镇——万安古镇境内，主街道全长 1 000 m，总面积 0.17 km^2。万安老街是“小桥、流水、人家”江南水乡风貌典型代表，以商业功能为主的“街”和以交通功能为主的“巷”，构成了老街内部颇具特色的街巷空间。街区及周边现存明清古塔 3 座、古桥 4 座、民居（含店铺）38 处、古水埠码头 12 处；清末和民国时期传统民居建筑（含店铺）130 余处。老街还是全国仅存的手工制作罗盘的产地。位于万安老街入口处的“吴鲁衡老罗经店”是万安罗盘制作工艺重要的传习所。万安罗盘制作工艺 2006 年已被列入国家级非物质文化遗产名录
绩溪县龙川水街	2013 年，第五届	龙川水街位于安徽省级历史文化名村——绩溪县瀛洲乡龙川村，水街长约 500 m。水街之水源于石金山麓，南流经岭里至岭外。河岸陡直，沿河岸设有石踏步下河，以利居民浆洗取水，更有一处下河处，形同小码头，用青石和花岗岩砌成，是清代早期所建，至今完好。河两边街均为水街，北岸麻石条横铺，南岸青石直铺其中，两旁鹅卵石相衬，称之龙鳞。龙川水街及其附近的文物古迹、历史建筑主要有 49 处，如胡氏宗祠、奕世尚书坊、胡炳衡故居等

资料来源：中国文化报，2011；中国文化传媒网，2012；中国文化传媒网，2013

（二）旅游资源开发现状

实习区丰富优质的旅游资源为当地的产业发展提供了坚实的基础（图 2-3）。截止到 2011 年 5 月，黄山市兴建 A 级旅游景区 52 个（表 2-11）。

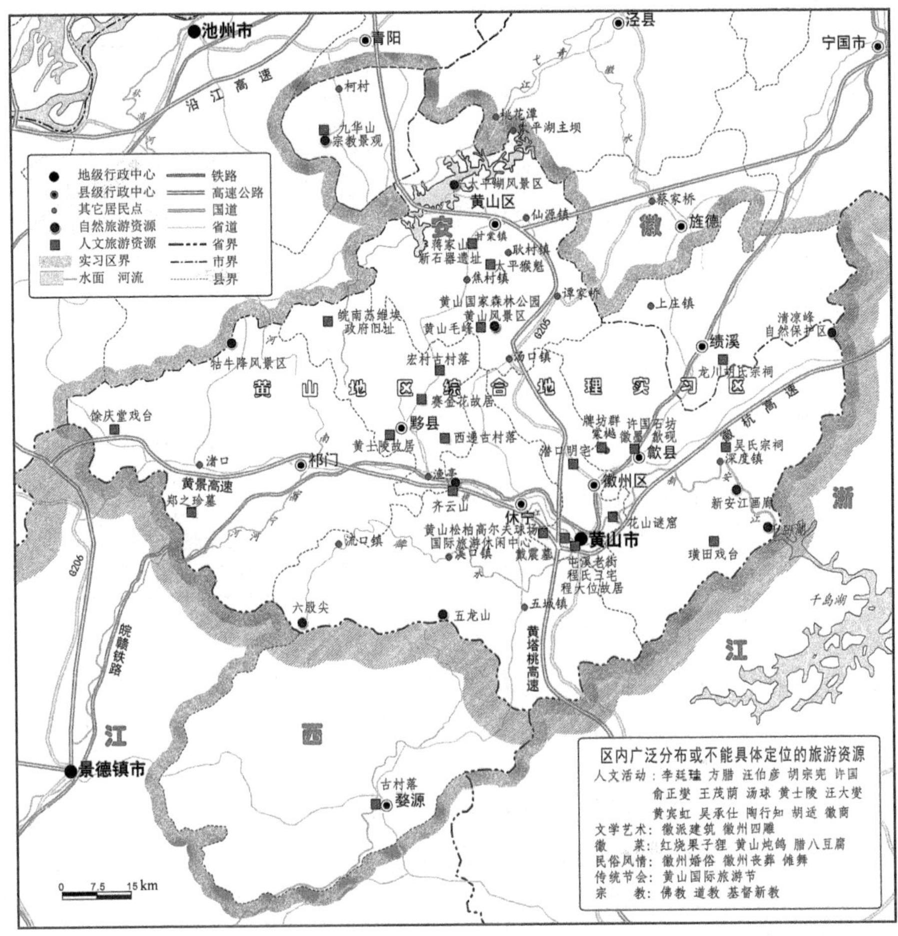

图2-3 黄山地区综合地理实习区主体区旅游资源分布图

表2-11 黄山市A级旅游景点(截至2011年5月)

序号	所处位置	景区名称	景区等级	序号	所处位置	景区名称	景区等级
1	黄山管委会	黄山风景区	5A	12	歙县	牌坊群·鲍家花园	4A
2	黟县	西递	5A	13	歙县	徽州古城	4A
3	黟县	宏村	5A	14	歙县	新安江山水画廊	4A
4	屯溪区	花山迷窟	4A	15	歙县	雄村景区	4A
5	黄山区	东黄山度假区	4A	16	休宁县	齐云山风景区	4A
6	黄山区	翡翠谷	4A	17	黟县	赛金花—归园景区	4A
7	黄山区	太平湖	4A	18	黟县	南屏景区	4A
8	黄山区	九龙瀑	4A	19	祁门县	牯牛降	4A
9	徽州区	唐模	4A	20	黄山区	芙蓉谷景区	4A
10	徽州区	呈坎	4A	21	徽州区	丰乐湖	4A
11	徽州区	潜口民宅	4A	22	屯溪区	新徽天地·醉温泉	3A

续 表

序号	所处位置	景区名称	景区等级	序号	所处位置	景区名称	景区等级
23	黄山区	普仁滩	3A	38	黄山区	肖黄山	2A
24	黄山区	石门峡景区	3A	39	黄山区	黄山民间艺术馆	2A
25	徽州区	徽州文化园	3A	40	屯溪区	程大位故居	2A
26	歙县	许村古村落	3A	41	歙县	上丰花果山	2A
27	歙县	霸王山景区	3A	42	歙县	昌溪古村落	2A
28	歙县	搁船尖景区	3A	43	休宁县	夹溪河漂流	2A
29	休宁县	休宁古城岩	3A	44	休宁县	盐铺民俗风情园	2A
30	休宁县	三溪风景区	3A	45	黟县	木雕楼	2A
31	黟县	塔川木坑	3A	46	祁门县	历溪景区	2A
32	黟县	龙池湾	3A	47	黟县	五里景区	2A
33	祁门县	九龙池	3A	48	黟县	深冲景区	2A
34	徽州区	新四军军部	3A	49	黄山区	知铭艺术苑	2A
35	屯溪区	新安江夜游	2A	50	屯溪区	龙山寺	2A
36	屯溪区	植物大观园	2A	51	歙县	北岸瞻琪景区	2A
37	屯溪区	戴震纪念馆	2A	52	歙县	凤凰湾生态农庄	2A

资料来源：黄山市旅游发展委员会，2011

婺源县的旅游资源也非常丰富，婺源的清华彩虹桥、婺源宗祠、理坑村民居、凤山查氏宗祠和新源俞氏宗祠被列为全国重点文物保护单位。沱川乡理坑村、江湾镇汪口村等被列为中国历史文化名村(表 2－12)。婺源"四宝"——徽剧、傩舞、歙砚制作技艺和徽州三雕被列为首批国家级非物质文化遗产名录。婺源县大鄣山卧龙谷旅游景区、灵岩洞旅游景区、文公山旅游景区、鸳鸯湖旅游景区和汪口旅游景区分别被评为国家 4A 级旅游景区，江湾旅游景区被评为国家 5A 级旅游景区。婺源被誉为"中国最美的乡村"。

表 2－12　江西婺源县中国历史文化名村

批　次	名　村	时　间
第二批	沱川乡理坑村	2005.9
第三批	江湾镇汪口村	2007.6
第四批	思口镇延村	2009.9
第五批	浙源乡虹关村	2010.12

资料来源：中华人民共和国国家文物局，http://www.sach.gov.cn/col/col1660/index.html

(三) 主要旅游资源简介

1. 名山

黄山　黄山古称黟山，是我国十大风景名胜区之一，5A 级旅游区，世界地质公园，世界著名的山岳旅游胜地，于1990年被评为世界文化与自然遗产，列入《世界遗产名录》。黄山雄伟秀丽，有36大峰，36小峰，层峦叠嶂，不可胜数。莲花峰、天都峰和光明顶三大主峰海拔均在1 800 m以上，千米以上的高峰有77座。黄山素以奇松、怪石、云海、温泉四绝著称于世，雄奇幻险，移步异景，变幻无穷。黄山胜景，以峰为体。大自然的鬼斧神工使黄山千峰竞列，山峦起伏，构成了黄山峰林如海、雄伟壮丽的整体态势。黄山奇松千姿百态，黄山怪石以奇取胜，黄山云海蔚为壮观，黄山温泉品位超群，黄山冬雪摄人心魄。黄山景色四季各异，朝夕有别。春季繁花似锦，五彩纷呈；盛夏翠谷涌泉，绿荫映地；金秋丹枫如火，山花溢芳；严冬雾凇冰挂，晶莹雅洁。黄山还是一座生物宝库，是一座天然的动、植物园。现已形成温泉景区、玉屏景区、北海景区、云谷景区、钓桥景区、松谷景区。

九华山　九华山是中国佛教四大名山之一，大愿地藏王菩萨道场，被誉为国际佛教道场。它以佛教文化和绮丽的自然景观为特色，是旅游观赏和开展科学文化活动的国家重点风景名胜区，国家自然与文化遗产地。5A级旅游区。九华山主体由燕山期花岗岩构成，以峰为主，盆地峡谷，溪涧流泉交织其中。山势嶙峋嵯峨，共有99峰，其中以天台、天柱、十王、莲花、罗汉、独秀、芙蓉等九峰最为雄伟。十王峰最高，海拔1 342 m。主要风景集中在100 km^2的范围内，有九子泉声、平冈积雪、天台晓日、闵园竹海、凤凰古松等景点。山间古刹林立，香烟缭绕，古木参天素有莲花佛国之称。现存寺庙78座，佛像六千余尊。著名的寺庙有甘露寺、化城寺、祇园寺、旃檀林、百岁宫、上禅堂、慧居寺等，收藏文物达千余件。山中还有金钱树、叮当鸟、娃娃鱼等珍稀动植物。

齐云山　古称白岳，因其"一石插天，与碧云齐"而改名为齐云山，是一处以道教文化和丹霞地貌为特色的山岳景区，位列中国四大道教名山之一，国家重点风景名胜区，4A级旅游区。境内峰峦四起，峭壁耸立。有36奇峰、72怪岩、24泉，以山奇、石怪、水秀、洞幽称胜。宫观道院点缀其间，碑铭石刻星罗棋布，构成了天开神秀、独具一格的山水画卷。据传清乾隆皇帝曾赞为"天下无双胜境，江南第一名山"。山上有摩崖石刻、碑铭等1 000余件，现尚存500余件。现有月华街景区、楼上楼景区、云崖湖景区。

牯牛降　位于石台县、祁门县的接壤处，最高峰海拔为1 727 m，峰顶一巨石酷似牯牛，由此得名，为国家级自然保护区，国家4A级旅游区。境内群峰竞秀，沟壑纵横，森林茂密，云雾缭绕。古木苍劲，多而集中，怪石、银藻甚多，并有独特的云海、云河、云湖景观。佛光经常可见，有时可持续1 h左右。晴日登山，可远眺黄山、九华山和长江。山上天然植被保存较好，资源丰富，有许多珍稀动植物，被誉为"动植物的天然基因库"、"未被开发的黄山"。

清凉峰　天目山脉的主峰，位于绩溪县、歙县和浙江临安县交界处，海拔

1 787 m，为省级自然保护区。从主峰到北隅的石柱峰一带，奇峰林立，海拔千米以上的山峰有三十余座。较为有名的有奇松岗、鲫鱼岭、戏台顶、黄石口崖等。动植物资源丰富。境内有奇岩、怪石、幽谷、古松等景观和山中台地、峰顶小平原等胜景。

江南第一关　又名逍遥岩，位于绩溪县伏岭乡东部，距县城 25 km，海拔 424 m，是一处天然的关隘。关内岩石陡峭，奇形怪状，高峰耸立，南北夹峙，大壑幽深，涧溪长流。北岩石壁凿有 1 400 多级的栈道，宛若天梯，顶端一孔现天，即为关口。右侧深涧中，一川乱石，涧水冲泄期间，跌宕喧啸。

大鄣山　位于婺源县北部，古有三天子都、率山、鄣公山、张公山等名。现为皖、赣两省界山，是饶河水系乐安河和钱塘江水系新安江的分水岭，主峰擂鼓峰海拔为 1 629.8 m。自然植被以常绿阔叶林为主，间有针阔混交林。为皖浙赣边区革命游击战争根据地的中心。

2. 穴洞

樵山神仙洞　是黄山市唯一天然形成的地下钟乳石溶洞，坐落在风景秀丽的太平湖畔、“太平猴魁”、“樵山贡榧”的原产地黄山区新明乡樵山。神仙洞风景区是以溶洞景观为主体，融洞外自然风光、人文景观为一体的综合性风景名胜区，溶洞内有着众多神奇的岩溶景观，溶洞外有着风光旖旎、独特的自然景观以及文化底蕴浓厚的人文景观。

梅家洞　位于绩溪县金沙乡。洞口向南，拱形，高 3.5 m，宽 2.5 m，似用黑砖卧砌，隙溢钟乳。洞有四进，四洞之间有窄道相连，形同莲藕。

灵岩洞　位于婺源县西部，现已辟为灵岩洞国家森林公园，被评为国家 4A 级旅游区，是集自然与人文景观为一体的风景名胜区，主要分为灵岩洞群景区、石城古树名木景区、生态茶园景区。有卿云、莲华、涵虚、凌虚、琼芝、萃灵等 36 个石灰岩溶洞群，洞体大者雄浑奇伟，小者玲珑秀丽。内泉潭澄清皎洁，水石相映成趣，石笋、石花、石柱、石幔琳琅满目，千姿百态。有蓬莱仙阁、金阙瑶池、云谷游龙、天池荷香、龙门泻玉等景观数百处。更为称绝的是洞群间保留有“岳飞游此”、“吴徽朱熹”等唐代以来的游人题墨两千多处。石城名木古树林景区有近百亩古松，村边有近百株古枫、山樱花、银杏、香榧树、红豆杉、三尖杉、楠木、槐树、青栲、糙叶树、杭州榆等。尤其是 17 棵玉兰树聚生一处，有的树龄已达千年，堪称中华之最，加之那里众山环抱，四季常青，潺潺流水，鸟语花香，为休闲、避暑、疗养、狩猎胜地。生态茶园景区茶园面积为 1 020 亩，分布在终年云雾缭绕的高山坡上。百亩石林镶入茶园中犹如“千军万马”，誉称“万马奔腾”。茶园四周高、中间低，形似脸盆，石林从小盆地中拔地而起，有的伟岸独立、有的相抱偎倚、有的堆叠成群。

花山谜窟　位于黄山市东郊，距中心城区 12 km。石窟群呈线性分布在新安江畔连绵的花山山麓中，全长约 5 km。现已探明的石窟有 36 座。二号石窟被称作地下长廊，是一座狭长的洞窟，窟内的温度宜人，与洞外有10℃左右的温差。三十五号石窟是中国现存的最大的古代人工石窟，有地下宫殿、清凉宫之称。石窟深170 m，最高处18 m，面积约1.2万m^2。内部有26根石柱呈品字形排列，起到支撑作用，顶上石壁上的精雕细刻的花纹清晰可见。虽然三十五号石窟位于新安江水面以下2 m，上下落差有25 m，但是洞内的通风状况良好。花山迷窟具有独特的历史研究及观赏价值。石窟规模之宏大、气势之壮观、特色之鲜明，实属国内罕见，令人叹为观止，堪称中华一绝。2001年5月20日，江泽民同志亲临景区视察，并为景区命名，题词为花山谜窟。

3. 秀水

太平湖　位于黄山、九华山之间，水面面积为88 km^2，是安徽省最大的人工湖(陈村水库)。国家4A级旅游区，省级风景名胜区。两岸群山蜿蜒，层峦叠嶂，郁郁葱葱。湖中岛屿、湖汊、港湾，星罗棋布，奇幻莫测。湖光山色，优美宜人，有"皖南翡翠"之称。不仅可供游客水上泛舟游览，还可开展垂钓、游泳等水上娱乐活动，是旅游、疗养胜地。

新安江　历史上是徽州连接浙江的重要水上通道，曾被誉为"徽州文明的摇篮"。江流清澈妩媚，千回百转于崇山峻岭之间，构成奇妙的山水画卷。历代文人雅士泛舟江上，留下了许多赞美的诗篇。游览新安江，即可领略沿岸风光，饱尝水乡风采。新安江上游有闻名的屯溪老街和众多的古迹。顺江而下有清代"父子尚书"曹文植、曹振镛的故里雄村等。新安江还造就了有利于花果生长的小气候，名花佳果遍布两岸，沿江有不少山翠果香的观光果园。从新安江乘船，可直抵千岛湖，是黄山至杭州的水上旅游线。

丰乐湖　又称丰乐水库，位于歙县丰乐河中上游，是一个狭长的人工湖。沿湖两岸，翠峰起伏，粮田梯地连绵。湖上泛舟，但见湖波荡漾，翠微倒映，绿洲芳甸，粉墙青瓦村居，掩映于葱郁的树丛之中。俯瞰坝下，羊肠小道绵延如带，一脉细流时隐时现。

4. 古建筑与古村落景观

(1) 宅居亭阁

三槐堂　又称王家大厅，民间俗称"金銮殿"，位于休宁县溪头村，为全国文物重点保护单位。大厅结构严谨，气势宏伟。采用砖木结构，有木柱182根，主柱围粗1.4 m。两进之间有一大天井，两侧配厅边各有一小天井。

程氏三宅　位于屯溪区，全国文物重点保护单位。三幢住宅的结构和艺术风格大体一致。每宅均为五开间两层穿斗式楼房，前后厢房中间有天井，类似三合院。门楼向内开，门罩朝里做，封火山墙高低错落，覆以小青灰蝴蝶瓦。室内地面为斜铺地面砖。外观简朴无华，内部装饰美观大方，整个建筑及其中的砖雕、木雕、石雕、彩绘等装饰显示出典型的徽州明代建筑的艺术特色。

檀干园 俗称小西湖，位于歙县潜口乡唐模村。因正门西旁沿溪堤岸曾种植檀花和紫荆，故名檀干园。该园依山傍水，风景秀丽。园门前建有双层八角亭，上层中空，四边有虚阁，八个角的飞檐上各悬铁马。园内有人工开凿的里外两湖，模拟杭州西湖风景。镜亭为全园中心，亭外为一石砌平台，亭内四壁嵌有书法石刻。

宝纶阁 位于歙县呈坎乡，全国文物重点保护单位。为罗氏宗祠后堂，是一座三个三开间的带楼阁厅。楼阁为监察御史罗应鹤所建，供收藏"御赐"珍品之用，故名宝纶阁。整个建筑雕工精细，石栏、斗拱、檐柱和瓜柱刻有精美图案和浮雕花带，梁栋上有彩绘，色彩鲜明，风格典雅。

魁星楼 位于绩溪县旺川乡。台基高于 60 cm，每边长近 7 m，采用磨光的花岗岩石建成。楼台四周是 4 根 60 多厘米见方的石柱。四边木梁雕有梁眉，安有梁托。楼顶采用花砖砌成一字脊，脊端有凤尾角，正中竖葫芦顶，两边排列着天狗、天马、麒麟一对，其建筑设计，处处隐寓着对明朝的思念之意。

老屋阁和绿绕亭 老屋阁，又名吴息之住宅，位于徽州区西溪南村，全国文物重点保护单位。建于明代中期，是一座占地 342 m^2的砖木结构两层楼房。住宅正面为水平形高墙，大门用铁皮包镶，并建有水磨砖砌成的门罩，厚实庄重，不事雕琢。楼上厅堂宽敞，沿天井四周有一圈齐整的栏板，雕有精美的飞禽走兽和花朵，还设有美人靠。楼上房壁均以芦苇编篱，表面敷泥及石灰，紧密牢固。现为安徽省重点文物保护单位。绿绕亭，亭名，位于徽州区西溪南村老屋阁东南墙脚下池塘畔，建于 1328 年，1456 年重修。亭平面近正方形，通面阔 4 m，进深 4.36 m，高5.9 m。亭结构与雕饰风格类老屋阁，唯月梁上绘有包袱锦彩绘图案，典雅工丽，有元代彩绘遗韵。

六角楼 原名"太宇亭"，位于黄山区甘棠镇。楼三层六角，砖木结构，高23 m，占地 65 m^2，古朴美观，气势雄伟。下层楼座镶嵌着 17 块青石麻布底浮雕，人物花鸟，风姿多彩。楼体造型典雅潇洒、华美，透射着古典文化凝重而深厚的内涵，各种装饰雕绘，显示了明代建筑的艺术特色。

(2) 宗祠牌坊

龙川胡氏宗祠 位于安徽省绩溪县大坑口村。祠内装饰精美，尤以保存完好的各类木雕为最，有"徽派木雕艺术宝库"之称。龙川在明代曾出过两任六部尚书，也是原国家主席胡锦涛的祖居地。龙川胡氏宗祠坐北朝南，前后三进，建筑面积为 1 146 m^2。祠前是一个约 100 m^2的广场。房屋场基和广场的地面、阶梯、栏杆全用清一色的花岗石石材砌成。前进是座 22 m 宽的高大门楼，门楼前后两向各有六根石柱、五根月梁和四根方梁，结构严谨，布局匀称。方梁梁面雕刻精致图案，中间前一根为"九狮滚球遍地锦"，后一根是"九龙戏珠满天星"。两旁的木梁雕刻均为戏文人物。门楼后面为天井，也是用花岗石铺成。20 根石柱同 20 根月梁衔接，排列在天井四周，擎起东西两廊和前中两进的南北房檐。过天井是中进，为祠堂正厅。

每根屋梁两端皆配有椭圆形梁托，梁托上雕有彩云、飘带，中间分别镂刻着龙、凤、狮、虎。梁间悬挂层层云朵，楔上镶嵌片片花雕，连梁钩（挂灯用）都衬以刻有蟋龙、孔雀、水仙花、万年青等动植物形象的钩托。正厅两侧各为高达丈余的落地窗门，每扇窗上截有镂空花格，下截是平板花雕，内容以荷为主体，间以水禽。正厅上首也是一排落地窗门，花雕画面以鹿为中心，衬以山光水色，竹木花草。后进是寝室，上下两档，中隔一个狭长的天井。寝室窗门雕刻的全是花瓶，采用浮雕和浅刻技法。窗门中间的小片花板上，分别镂刻着八仙道具、文房四宝、书案画卷、圆椅条桌等，精巧玲珑，立体感强。1988年被列为全国重点文物保护单位。

舒氏余庆堂　位于黟县屏山村，占地六百多平方米。大门朝南，正面是水平型高墙。用水磨砖砌成的双柱三楼大型贴墙牌坊，高约10 m，砖柱呈梭形。月梁砖雕细致精美，典雅大方。祠堂分下厅、中厅、后厅三进，布局得体，梁柱雄伟，主要构造全使用了银杏木。月梁硕大，略呈梭形。梁头柱间挑木，均以斗拱承托，丁头拱却镂有卷心花饰，梁下替木，细镂精雕。脊瓜柱下的平盘斗为仰张莲瓣，脊瓜柱两侧叉手，深雕成卷手纹。梁架突出，形似彩带，颇具宋代图案结构特色。檐下一排斗拱，层层叠承，气势富丽。后厅及中厅因年久失修霉烂改建，但中厅仍保留原来风貌。整个祠堂现基本完整，为安徽省重点文物保护单位。

许国石坊　俗称“八角牌楼”，位于歙县古城内，是全国重点文物保护单位。许国石坊是仿木构造建筑，有脊、吻、斗拱。由前后两座三间四柱三楼和左右两座单间双柱三楼式的石坊组成。石料全部采用青色茶园石，石料质地坚硬，粗壮厚重，有的一块就重达四五吨，石坊雕饰艺术更是巧夺天工。每一方石柱、每一道梁坊、每一块匾额，每一处斗拱和雀替，都饰以精美的雕刻。12只狮子，前后各四，左右各二，雄踞于石础之上，形态各异，栩栩如生。这些富有“个性化”的雕饰设计，巧妙地表达了牌坊主人许国的思想意识和社会成就。

棠樾牌坊群　位于歙县棠樾村，是全国重点文物保护单位。由东至西共有7座牌坊依次排列，明代3座，清代4座，分别旌表“忠、孝、节、义”和“贞洁”人士，宣扬封建社会“忠孝节义”伦理道德。牌坊群岿然伟立，集徽派石雕、砖雕为一体，具有不同时代的建筑特点。

胡文光刺史坊　位于黟县西递村前，是全国重点文物保护单位西递村古建筑群的主要古建筑之一。坊基周围占地100 m^2，坊高12.3 m，宽9.95 m，四柱三间五楼单体仿木结构。通体由质地坚实细腻的“黟县青”石料构成。全坊以四根60厘米见方抹角石柱为整体支柱，上雕菱花图案。柱下有长方形柱墩四个，各高1.6 m，东西长2.8 m，宽80 cm。中间二柱前后饰有两对高达2.5 m的倒匍石狮，为支柱支脚，造型逼真，威猛传神。一楼月梁粗壮，刻以浮雕，精美古朴，柱梁间均用石拱承托，两侧嵌以石雕漏窗。中间横梁前后均刻有“登嘉靖乙卯科奉直大夫朝列大夫胡文光”字样。二楼中间西面为“胶州刺史”、东面为“荆藩首相”斗大双钩楷字，书体遒劲，三楼中轴线上镌有“恩荣”二字，两旁衬以盘龙浮雕，二楼至四楼左右两侧和端点均流檐翘角，脊头吻兽雕为鳌鱼。檐下斗拱两侧饰有44个圆形镂空花翅，四根石柱的东西两面共有12个穿稗，托着12块八仙、文臣武士人物雕塑，精美绝伦。

汪口俞氏宗祠　位于江西婺源县汪口村，建于清乾隆九年，占地面积为1 116 m^2，是一所以细腻的木雕闻名于世的祠堂，现为全国文物重点保护单位。俞氏宗祠为三进院落，以细腻的雕刻工艺见长，凡梁枋、斗拱、脊吻、檐椽、驼峰、雀替等处均巧琢雕饰，有浅雕、深雕、圆雕、透雕形式的龙凤麒麟、松鹤柏鹿、水榭楼台、人物戏文、飞禽走兽、兰草花卉等精美图案百余组，被誉为“艺术殿堂”、“木雕宝库”。

（3）古村落

屯溪老街　坐落在黄山市屯溪区中心地段，镶嵌在青山绿水之间。北依四季葱茏的华山，南伴终年如蓝的新安江，被誉为流动的“清明上河图”，距今已有数百年历史。全长1 272 m，其中步行街长895 m，宽5～8 m，路面全为浅赭色石条，具有浓厚的山区古镇特色。街道两旁的店铺鳞次栉比，多为木柱、桁栅、楼板等组成的两层立体木质结构。店铺两侧多为马头墙封护，入内连续多进，以天井相连，是典型的前店后坊、前店后户的传统格局。屯溪老街是目前中国保存最完整的宋、明、清建筑风格的步行商业街。屯溪老街和北京市国子监街、苏州平江路等一同当选为“中国历史文化名街”。

西递村古建筑群　位于黟县县城东南的西递村，建于宋代。村落周围群山连绵，清溪萦回，宛如世外桃源。村内现存122幢清代民居建筑群，栉比联篇，全为三间、四合等格局的砖木结构楼房，马头粉墙，盖以小青瓦，多为八仙、财神、寿星、松鹤、麒麟、花鸟等吉祥图案。漏窗形状各异，嵌有松竹、蔓龙、八宝等石雕。大门前沿多设有稍低的雕刻精致的“莲花门”。横梁和天花板描金绘彩的装饰图案，梁枋和柱础上有祥云、波涛、旭日、仙鹤。花窗花门上的木刻以戏文为主，雕刻细腻，人物栩栩如生。清代知府胡文照故居“大夫第”的临街彩楼，飞檐翘角，栏杆窗扉玲珑剔透，尤引人注目。村中还保留了敬爱堂等多处明清古祠堂。西递古建筑群较集中地体现了徽派建筑的特色和水平，被国外学者誉为“古民居建筑艺术宝库”、“东方文化的缩影”，已被列为世界文化遗产和全国重点文物保护单位。

宏村古建筑群　宏村古称弘村，位于黄山西南麓，距黟县县城11 km，是一座奇特的牛形古村落。整个村落占地30 hm^2，枕雷岗面南湖，山水明秀，既有山林野趣，又有水乡风貌，享有“中国画里的乡村”之美称。全村现完好保存的明清民居多于140幢，承志堂“三雕”精湛，富丽堂皇，被誉为“民间故宫”。著名景点还有南湖风光、南湖书院、月沼春晓、牛肠水圳、双溪映碧、亭前大树、雷岗夕照、树人堂、明代祠堂乐叙堂等。已被列为世界文化遗产和全国重点文物保护单位。

潜口民宅　位于安徽省黄山市徽州区潜口镇紫霞山麓，由明代建筑群和清代建筑群组成。明代民居建筑群、清代民居建筑群分别于1990年、2007年建成并对外开放。按照“原拆原建、集中保护”的原则，潜口民宅将原散落于民间且不宜就地保护的明清建筑进行集中保护，荟萃了明清最具典型的民居、祠堂、牌坊、戏台、亭台、拱桥等24处古建筑，被誉为“我国明、清民间艺术的活专著”，是研究中国古建筑史和建筑学的珍贵实例。潜口民宅于1988年1月被国务院公布为全国重点文物保护单位，2007年8月被评为国家4A级旅游景区。

李坑古建筑群　李坑是一个以李姓聚居为主的古村落，距婺源县城12 km。李坑的建筑风格独特，给人一种安静、祥和的气氛。李坑自古文风鼎盛、人才辈出。村落群山环抱，山清水秀，风光旖旎。村中明清古建遍布、民居宅院沿溪而建，依山而立，粉墙黛瓦、参差错落；村内街巷溪水贯通、九曲十弯；青石板道纵横交错，石、木、砖各种溪桥数十座沟通两岸，更有两涧清流、柳碣飞琼、双桥叠锁、焦泉浸月、道院钟鸣、仙桥毓秀等景点在其中，构筑了一幅小桥、流水、人家的美丽画卷。

庆源古建筑群　庆源古村位于江西省婺源县东北部的段莘乡，整个村貌犹似一条小船，船身“依屏对镜”，船头、船尾随着山势的闭合形成狭窄的隘口，是进出村庄的咽喉之路，也将庆源村严严实实地遮蔽起来。这里峡谷深幽，宽如太行之盘谷，美如武陵之桃源，地处万山之巅，阻外而溢中，是始祖几经选择的避乱胜地，素有“小桃源”之称。庆源古村地貌极为奇特，狭长的山谷两侧，海拔600 m以上的两条山脉对面相峙，东侧山脉称“观音合掌”，五个山峦似合掌后的指尖，主峰脚下突起一座圆形小山，称其为“明镜山”。西侧山脉称“天边来龙”，蜿曲舒展如跃，云开雾散日与“明镜山”相呼应。一条宽约10 m的小溪穿村而过，把庆源古村一分为东、西两岸人家。

江湾古建筑群　始建于隋末唐初，最初有滕、叶、鲍、戴等姓人家在江湾河湾处聚居，始称“云湾”。北宋神宗元丰二年(1079年)，萧江第八世祖江敌始迁江湾，子孙逐渐繁衍成巨族，后改称江湾。自唐以来，江湾便是婺源通往皖、浙、赣三省的交通要塞，为婺源东大门。这里山水环绕、风光旖旎、文风鼎盛、群贤辈出，孕育了明代隆庆年间户部侍郎江一麟，明代工部主事江宏晚，明代朝廷太医江一道，清代著名经学家、音韵学家江永，清代户部主事江桂高，清末著名教育家、佛学家江谦等一大批学士名流，村人著述多达92部，其中15部161卷被列入《四库全书》。任七品以上仕宦者25人，是当之无愧的婺源“书乡”代表。村中至今还保存着三省堂、敦崇堂、培心堂、滕家老屋等一大批徽派古建筑和江永纪念馆、南关亭、东和门、徒戎桥、水坝井等景点，其中“仙人桥”是古人实践风水理论的杰出典范，“北斗七星井”体现了“天、地、人合一”的中国风水学最高原则，南侧梨园河呈太极图“S”形，古村古风古韵，极具历史价值和观赏价值。江湾已经被评为国家5A级旅游区。

五、生态环境与生态保护

黄山市的生态环境与生态保护情况基本反映了实习区的生态环境和生态保护情况。

(一) 大气环境

2006年，黄山市中心区城区“城市大气功能区代表性监测点位”和黄山风景名胜区“环境空气质量现状监测点位”的监测结果显示，中心城区空气优良率达100%，空气污染指数常年低于100，各监测点中的二氧化硫、氮氧化合物、大气总悬浮颗粒物均达标。黄山风景名胜区环境空气质量优，山上和山下两个监测点三项主要指标数值均达到大气GB3095—96一级标准，空气污染指数常年低于30。

2005年，黄山市年日均空气污染指数为56，空气质量优良，空气质量级别为2级。全年有138天空气质量达到优，占总天数的37.8%，比2004年增加了17%，优良率达100%。全年全市共有降水71次，酸雨频率73.2%，降水pH范围为3.84～6.58，平均值为4.75，与2004年相比，降水酸雨频率有较大幅度提高。降尘年月均值为25.24 t/(月·km)，达到执行标准，比2004年减少5.4%。2006年，全市降尘年月均值为4.8 t/(月·km^2)，达到应执行标准(表2-13)。

表2-13 黄山市中心城区1988～2006年大气环境质量监测主要项目均值表

(单位：mg/m^3)

年　份	二氧化硫日平均值	二氧化氮日平均值	大气总悬浮颗粒物日平均值
1988	0.027	0.027	0.356
1989	0.028	0.025	0.419
1990	0.05	0.025	0.347
1991	0.022	0.012	0.150
1992	0.014	0.007	0.110
1993	0.02	0.009	0.105
1994	0.014	0.014	0.090
1995	0.011	0.010	0.083
1996	0.014	0.018	0.110
1997	0.015	0.015	0.085
1998	0.012	0.016	0.091
1999	0.017	0.017	0.070
2000	0.013	0.016	0.114
2001	0.013	0.016	0.105

续　表

年　份	二氧化硫日平均值	二氧化氮日平均值	大气总悬浮颗粒物日平均值
2002	0.015	0.021	0.114
2003	0.007	0.022	0.072
2004	0.012	0.027	0.074
2005	0.020	0.021	0.062
2006	0.016	0.022	0.063

资料来源：黄山市地方志编纂委员会，2010

（二）水环境

从历年监测数据看，黄山市主要河流水质状况基本良好，但也有超标项目。首要超标项目为氨氮，主要超标段面在渔梁坝和太平湖、丰乐水库等人工湖泊，太平湖开展了例行水质监测，符合地面水环境质量评价2类标准，水质良好。

黄山市饮用水源水质良好，达标率均在90％以上，特别是2003年以后，饮用水源水质达标率均达100％。水质中超标项目为大肠菌群，主要是由生活污染造成的。黄山风景名胜区、新安江、阊江和太平湖水质标准合格率均达100％。全市县以上水源地水质达标率达100％（表2－14）。

表2－14　黄山市中心城区1991～2006年饮用水达标情况表

年　份	1991	1992	1993	1994	1995	1996	1997	1998
达标率/％	100	9 838	96.43	99.28	96.43	97.17	92.87	92.86
超标项目	无	大肠菌群						
年　份	**1999**	**2000**	**2001**	**2002**	**2003**	**2004**	**2005**	**2006**
达标率/％	92.86	99.68	99.11	99.78	100	100	100	100
超标项目	大肠菌群				无	无	无	无

资料来源：黄山市地方志编纂委员会，2010

（三）声环境

2005年，黄山市除屯溪区道路交通噪声超标外，其余地区均不超标。全市平均等效声级为51.0 dB，这表明市区区域声环境质量状况良好，但比2004年升高了0.8 dB。全市交通噪声等效声级为69.6 dB，符合应执行标准，但比2004年升高了0.2 dB。

2006年，黄山市城市区域环境噪声共设143个监测点，平均等效声级为52.9 dB，声音环境质量良好，达到2类区标准，噪声功能区达标率达100％。但与

2005 年相比,区域环境噪声上升了 1.9 dB。2006 年,全市道路交通噪声平均等效声级为 69.7 dB,较 2005 年上升了 0.1 dB。

(四) 土壤环境

黄山市土壤环境良好。20 世纪 80 年代尚存小面积山地草甸,但由于人为活动的影响,逐渐消失。大面积的滩涂因水土流失、人为开发和防洪大堤建设,生态功能严重衰退。一些山间谷地原来是少量的沼泽、水塘,经过农田基本建设和水利兴修大都改成人工农田或库、坝,湿地的水域屏障功能逐渐丧失。农村土壤所受到的影响主要来自化肥农药的使用、家禽饲养、水土流失等几个方面。

(五) 生物环境

黄山市森林繁茂,山川秀丽,自然条件优越,动植物资源丰富。虽然一些地方由于不合理的开垦种植,森林资源和生态环境遭到了不同程度的破坏,但境内黄山、齐云山等名胜区和自然保护区,如牯牛降、清凉峰、六股尖、五溪山等地,仍保存有一定面积的原始天然林和天然次生林。全市现存 30 万 hm^2 的天然森林,森林蓄积量约 1 600 万 m^3,分别占有林地面积和蓄积量的 42.8%和 68%。茂密的森林为多种动植物的生存、繁衍提供了良好的场所,成为生物基因库,并对维系该地生态平衡起着重要的作用。

第四节　区域经济与社会

一、悠久的历史与文化

实习区在历史上大部分属徽州府。徽州曾是一个行政区划概念。秦置黟歙二县,属鄣郡。三国属新都郡,晋属新安郡,隋改置歙州,大业三年(公元 607 年)复设新安郡,唐改置歙州,治歙县。唐大历五年(公元 770 年)歙州始领歙、休宁、黟、婺源、祁门和绩溪六县。宋宣和三年(公元 1121 年),改歙州为徽州,仍辖六县。自唐代中叶起,除婺源一度上升为州外,一直未曾发生过大变动,明清时期徽州府基本上也与上述地域相当。徽州一府六邑格局,一直维系到 20 世纪中叶,历经一千多年,形成稳固一体化的地域历史文化圈。目前,徽州作为行政区已大为弱化,婺源划归江西,绩溪划归宣城市,徽州主体成立黄山市。但徽州作为颇具地方特色的历史文化圈,并没有因为行政区划的变更而失去传统特色,而今学者和当地百姓仍习惯称一府六邑为徽州。

徽州文化的发生与发展有其特有的地理基础。一千多年来,徽州文化是一个极具地方特色的区域文化,其内容广博、深邃,深切透露了东方社会与文化之谜,包含了中国后期封建社会民间经济、社会、生活与文化的基本内容,被誉为中国封建社会后期的典型标本。徽州文化体现在三个层面。物质文化层面的徽州文化主要指徽州古建三绝(民居、祠堂、牌坊)、徽州三雕(砖雕、木雕、石雕)、徽州村落和徽州书画等有形的文化载体。精神层面的徽州文化主要指在徽州产生的哲学、宗教以及科学、艺术等思想文化。精神文化是徽州文化的内核,反映了古徽州的意识形态、思维方式和思想观念。制度层面的徽州文化主要指徽州宗族社会制度、教育制度等。这三个层面的文化融合为有机的、一体的徽州文化。

早在四百多年前,明代著名戏剧家、诗人汤显祖曾在一首诗中这样写道:欲识金银气,多从黄白游;一生痴绝处,无梦到徽州。古徽州土地上造就了文学家吴少微、活字印刷术发明者毕昇、理学家朱熹、新安医学奠基人汪机、珠算发明家程大位、新安画派创始人渐江、医学家汪昂,理财家王茂荫、哲学家戴震、“扬州八怪”中的汪士慎和工程技术专家詹天佑、郑复光等一大批历史名人。

二、人口与社会发展

黄山市的人口与社会发展情况基本反映了实习区的人口与社会发展情况。

(一) 人口数量

1949年,市域总人口约71万,1959年超过100万,10年间增加了30万人口,年均增长3%,形成新中国成立后的第一次人口高峰。1960年,天灾人祸造成人口减少。1962年,人口数量回升,至1972年达117万人,年均增长1.8%,形成第二次高峰。这次高峰较上次长,直到1979年才回落。1980年,市域人口突破130万。此后,开展计划生育,遏制了人口过快增长,平抑第三次人口高峰。受上一次人口高峰的影响,市域人口从1984年进入新的生育高峰期,1990年达到峰顶后平稳回落。此时,全市超过140万人,40年内人口数量翻了一番。

20世纪80年代,市域人口年均增长1.1%;1990年代,人口数量增长放慢,年均增长0.5%;2000年以后,人口数量稳定低速增长,体现了人口低出生、低死亡、低增长的“三低”现代人口转变模式(图2-4)。

2010年末,黄山市总人口达148.5万人,出生率为7.07‰,死亡率为5.96‰,自然增长率为1.11‰(图2-5)。

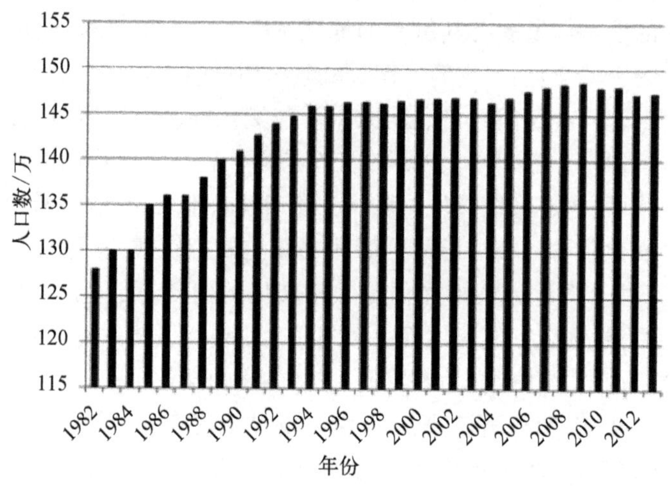

图 2-4　黄山市人口数量变化

资料来源：黄山市统计年鉴

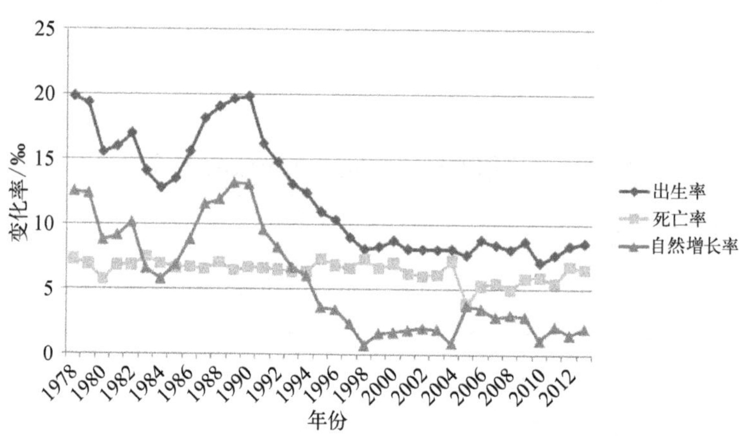

图 2-5　黄山市人口出生率、死亡率、自然增长率变化

资料来源：黄山市统计年鉴

(二) 人口结构

1. 人口年龄结构

根据黄山市 2010 年第六次全国人口普查主要数据公报，黄山市常住人口中，0～14 岁人口为 18.20 万人，占 13.39%；15～64 岁人口为 102.89 万人，占 75.71%；65 岁及以上人口为 14.81 万人，占 10.90%。同 2000 年第五次人口普查

相比，0～14岁人口比重下降了8.44个百分点，15～64岁人口比重上升了6.13个百分点，65岁及以上人口比重上升了2.30个百分点。

2. 人口教育结构

根据黄山市2010年第六次全国人口普查主要数据公报，黄山市常住人口中，具有大学(指大专及以上)程度的人口为9.75万人；具有高中(含中专)程度的人口为15.54万人；具有初中程度的人口为52.17万人；具有小学程度的人口为42.15万人(以上各种受教育程度的人包括各类学校的毕业生、肄业生和在校生)(图2-6)。

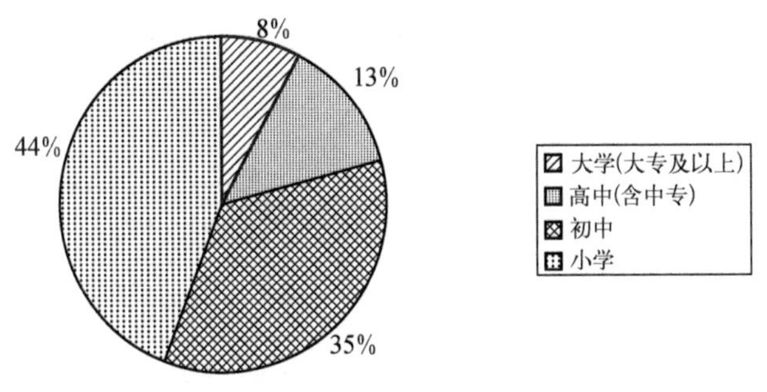

图2-6 黄山市人才学历状况

资料来源：黄山市统计年鉴

同2000年第五次人口普查相比，每10万人中具有大学程度的由2 554人上升为7 178人；具有高中程度的由8 980人上升为11 437人；具有初中程度的由30 803人上升为38 389人；具有小学程度的由41 473人下降为31 018人。

黄山市常住人口中，文盲人口(15岁及以上不识字的人)为8.50万人，同2000年第五次人口普查相比，文盲人口减少了2.90万，文盲率由8.35%下降为6.25%，下降了2.10个百分点。

3. 人口就业结构

1999年以来，黄山市从业人员就业结构发生了较大变化，第一产业就业率总体呈下降趋势，间有一定程度的波动，第二产业逐年上升，第三产业增长明显。三次产业就业结构由“一二三”次产业结构顺序发展成“一三二”次产业结构顺序(图2-7)，2009年，从业人员一、二、三次产业结构分别为45.4%、22.7%、31.9%。黄山市工业基础薄弱，经济社会发展更多依靠的是第一产业和第三产业，黄山市旅游业的发展对第三产业贡献大。

4. 人口城乡结构

改革开放以来黄山市农业人口占总人口的比重逐年下降，非农业人口逐年增

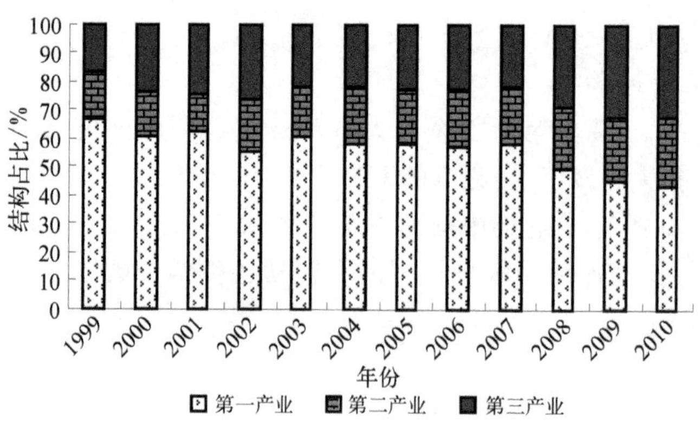

图 2-7　黄山市人口就业结构变化

资料来源：黄山市统计年鉴

长，至 2009 年，非农业人口占总人口的 24.26%，农业人口占总人口的 75.74%，城乡人口差距依然很大(图 2-6)。

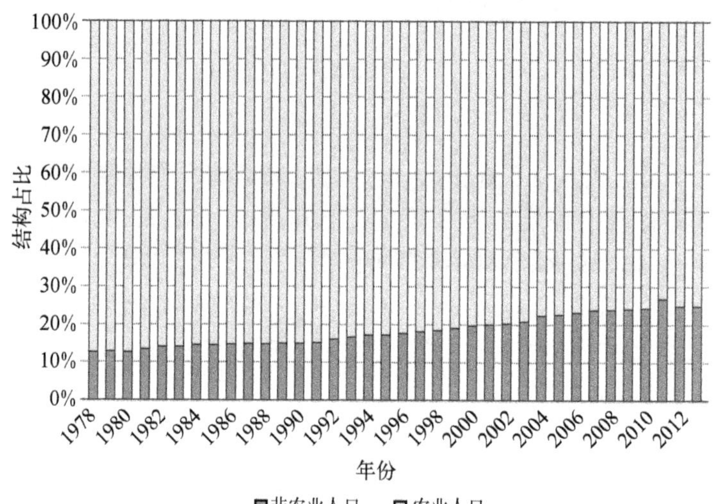

图 2-8　黄山市人口城乡结构变化

资料来源：黄山市统计年鉴

5. 人口地区分布结构

根据黄山市 2010 年第六次全国人口普查主要数据公报，黄山市三区四县的常住人口，排在前三位的是歙县、休宁县、屯溪区(表 2-15)。2000 年第五次人口普查数据，排在前三位的是歙县、休宁县、祁门县。

表 2-15　黄山市 2010 年人口普查各区县常住人口数

地　区	人口数/万人	比重/%	
		2000 年	2010 年
全市合计	135.90	100	100
屯溪区	21.76	11.31	16.02
黄山区	14.76	11.68	10.86
徽州区	9.55	6.64	7.03
歙县	40.93	33.21	30.11
休宁县	25.05	17.67	18.43
黟县	8.07	6.86	5.94
祁门县	15.78	12.63	11.61

资料来源：黄山市统计年鉴

(三) 人口迁移

远古土著先民即在此繁衍生息。秦汉时代,一部分闽越人移居本地,之后又有中原人口陆续迁入定居。古代中原人口南迁有三次高峰,分别发生在南北朝、唐、宋时期,对本地人口产生重大影响。西晋太康元年(280 年),当时的新安郡仅有 5 000户居民,人烟稀少。清康熙五十年(1711 年),徽州府属六县共有 217 489 丁,约 80 万人口。当时的黟县西递村有"三千锅灶三千丁"之说,人口达到鼎盛。由于人口日益增多,而本地又山多地少,在当时农业生产条件下,无法满足人口的温饱需求,人们纷纷外出务工经商,很大一部分人举家外迁。明代中叶以后,经商成为徽州人的"第一等生业"。徽州有句俗语:"前世不修,生在徽州;十三四岁,往外一丢",就是说人到了十三四岁,就要外出学徒学做生意。出外经商成为徽州人的习俗。清代中期以后,安庆等地大量贫民流入徽州,承租荒山开垦,沿山搭棚而居,时称"棚民"。

民国时期,长江水患迫使大批移民迁入徽州地区,以安庆府辖县人为多。抗日战争爆发后,沦陷区人口随着军政机关、学校、医院涌入本地,当时屯溪号称"小上海",出现畸形繁华,人口一度激增。民国 34 年(1945 年),外来人口回迁。

新中国成立后,从江北地区迁入部分人口开发山区。新安江水电站建设期间,浙江省淳安县有部分人口自行迁入。此外,行政区划变动,知识青年上山下乡,以及正常的升学、婚姻、工作调动等原因,引起人口迁徙流动。

改革开放后,人口流动随着经济大潮愈加频繁。人们纷纷外出经商务工。本地外出务工、经商人口主要流向省内、浙江、上海、江苏、北京、天津、广东、福建等地。1995 年,全市外出务工经商 66 363 人,2006 年,全市外出务工经商 244 242 人。1988～2006 年,黄山市人口总迁出 331 341 人,总迁入 310 282 人(表 2-16)。

表 2-16 黄山市 1988～2006 年人口迁徙流动情况 （单位：人）

年份	迁入	迁出	年份	迁入	迁出
1988	21 971	23 778	1998	13 775	16 426
1989	18 731	17 900	1999	17 977	17 555
1990	21 277	21 193	2000	14 747	14 698
1991	19 556	19 516	2001	11 667	13 232
1992	26 393	26 324	2002	13 019	14 521
1993	16 161	17 998	2003	10 972	13 720
1994	18 698	19 029	2004	11 802	15 912
1995	14 544	16 652	2005	11 954	12 750
1996	15 991	16 657	2006	16 453	16 477
1997	14 598	17 003	—	—	—

资料来源：黄山市地方志编纂委员会，2010

三、经济与交通

黄山市经济与交通的发展情况基本反映了实习区经济与交通的发展情况。

（一）经济发展特征

1. 经济发展迅速

黄山市是一个典型的“多山少地”的欠发达地区。自从 1979 年邓小平同志提出“把黄山的牌子打出去”之后，黄山市发生了很大的变化。黄山市经济从相对封闭、传统的农业经济逐步发展成为相对开放的现代经济。特别是近年来，黄山市充分立足自身的产业基础和比较优势，坚持以“旅游为中心，以工业为支撑”的发展理念，紧紧围绕“安徽旅游龙头、华东旅游中心、中国旅游名牌、世界旅游胜地”的要求，以旅游经济为中心，走大旅游、大开放、大市场、大发展之路，坚持不懈地打好黄山牌、做好徽文章。同时发展环境友好型、资源节约型产业，全市初步培育形成了新型印刷包装、新型精细化工、绿色食品精深加工、机械电子、茧丝绸服装、生物医药、旅游工艺品七大优势工业产业。2010 年黄山市实现生产总值 309.3 亿元，是改革开放初期的 100 倍，是 2000 年的 3.7 倍。财政收入 44.3 亿元。2013 年黄山市实现生产总值 468 亿元，同比增长 9%，财政收入 81.02 亿元，增长 5.4%（图 2-9）。

2. 产业结构不断优化

从新中国成立到改革开放之初，黄山市工业基础薄弱，农业主导地区经济。1979 年，三次产业结构比为 62.3∶21.4∶16.3。在改革开放以后，黄山市的经济

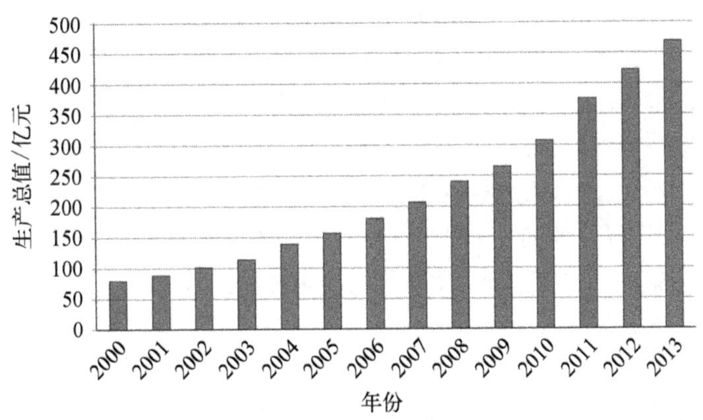

图2-9　黄山市地区生产总值变化

资料来源：黄山市历年国民经济和社会发展统计公报

增长方式不断转变，产业结构变化不断优化，特别是以旅游业为代表的第三产业在总产业中的比重不断提高，同时第二产业也全面提速，在“十五”、“十一五”期间，黄山市提出了“以旅游经济为中心，工业经济为支撑”的发展思路，加快调整经济结构和转变经济发展方式，经济步入了持续发展阶段。黄山市第一产业的比重从2000年的23%下降到2010年的12.7%，第二产业比重也从31%上升到44.1%。到2013年，黄山市三产业结构已调整为11.2∶46.4∶42.4(图2-10)。

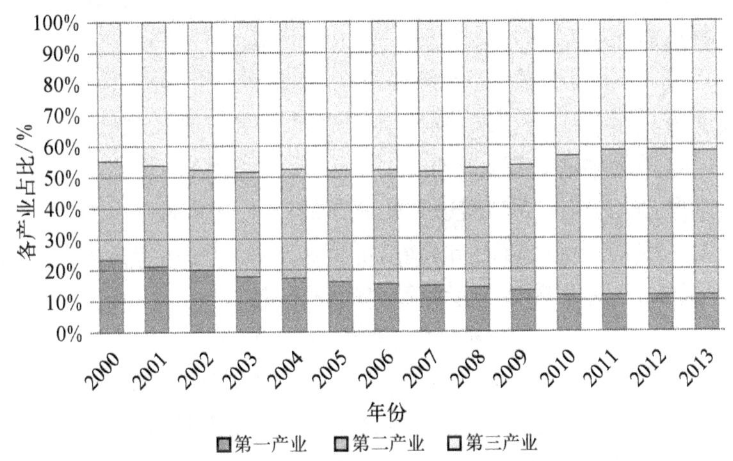

图2-10　黄山市三次产业结构变化

资料来源：黄山市历年国民经济和社会发展统计公报

3. 人民生活水平

城镇居民生活继续改善。2010年，黄山市城镇居民人均可支配收入为15 834

元，增长12.6%。城镇居民恩格尔系数为38.2%，比2009年上升了1.6个百分点。2013年全市城镇居民人均可支配收入为23 230元，增长了9.5%。

农村居民生活水平快速提高。2010年黄山市农村居民人均纯收入为6 716元，增长了17.7%。黄山市农村居民恩格尔系数为45.0%，比2009年下降了0.7个百分点；2013年农民人均纯收入为10 550元，增长了15%。

黄山市社会保障水平进一步增强，社会保障体系不断健全和完善，就业再就业工作成效显著，城乡居民的居住、交通等生活条件明显改善。

（二）交通状况

公路交通 2004年10月，徽（州）杭（州）高速正式通车，实现了黄山市高速公路零的突破，打通了皖东南地区的快速通道。2007年9月，黄山市第2条高速公路——合（肥）铜（陵）黄（山）高速全线贯通，拉近了黄山、太平湖、九华山和合肥的时空距离，为黄山市北上打开了一条快速通道。2008年12月，连接浙江衢州和江西婺源的黄塔桃高速（北起合铜黄高速公路终点屯溪枢纽，在小贺枢纽分为两支，一支往福州方向至皖浙省界的桃林结束，一支往瑞丽方向至皖赣省界的塔岭结束）是连接皖、浙、赣三省的重要运输通道。至2010年末，全市公路总里程达6 216 km，其中高速公路245 km。公路网密度为63.38 km/百 km^2，另有在建高速公路里程113 km。黄山市是交通运输部规划确定的国家公路运输枢纽城市之一，规划建设的黄山国家公路运输枢纽将形成“一环七射”的高速公路网络，由高速公路外环、合铜黄、徽杭、屯（溪）景（德镇）、黄（山）千（岛湖）、溧（阳）黄（山）、济（南）祁（门）等公路构成，其中合铜黄、徽杭高速公路和绩（溪）黄（山）、黄（山）祁（门）高速公路已建成通车。到“十二五”末，随着黄千高速公路安徽段、济祁高速（殷汇至祁门段）建成，以屯溪为中心，东连杭州，西接南昌，南通福州，北达合肥、南京的高速公路网已具雏形，届时将形成与周边重要城市的三小时交通经济圈。

铁路交通 皖赣线贯通黄山市全境，可直达北京、上海、青岛、南京、合肥、景德镇、南昌、厦门、鹰潭、福州等地。正在筹建的黄山北站位于在建的京福高速铁路和规划的皖赣复线、黄（山）杭（州）高铁“三条高铁”交汇点。

航空交通 黄山机场位于屯溪西郊5 km处，为国家一类航空口岸，扩建后将成为国家4E级机场，安徽省第二大空港，将成为皖南及皖浙赣毗邻区域重要的空中门户，并将推动黄山旅游的国际化进程。现开通有至北京、上海、天津、广州、合肥、海口、深圳、福州、杭州、武汉、西安、桂林、昆明、厦门、珠海、香港、澳门、首尔等城市的航线。

水路交通 航运集中分布在新安江航道至千岛湖一线。自歙县深渡以下可常年通航300吨级船舶，直达千岛湖。深渡以上可通航小型船只。规划在屯溪区花山附近建设航运码头，恢复新安江—深渡—街口的水运。

四、城市发展与规划

黄山市的城市发展情况基本反映了实习区城市的发展情况。

黄山市人民政府编制的《黄山市城市总体规划(2008～2030年)》,为黄山市确立了“世界著名的现代国际旅游城市、长三角旅游中心城市之一、皖浙赣省际中心城市”的城市性质。

规划中提出构建“一群二片两轴”的城镇体系空间结构。“一群”即黄山南部城镇群,包括黄山南部中心城区、歙县的徽城、郑村镇、王村镇等,休宁海阳、万安、齐云山镇等和岩寺的西溪南镇等。“二片”即环黄山城镇密集区、世界文化遗产地城镇密集区,环黄山城镇密集区。以黄山风景名胜区为核心,以汤口、谭家桥、甘棠、耿城、焦村、太平湖镇等黄山风景名胜区外围城镇,以旅游服务接待为核心,形成基础设施紧密联系的城镇建设区。世界文化遗产地城镇密集区以碧阳镇、宏村镇、西递镇、祁山镇为节点,围绕世界文化遗产的保护与开发利用,改善内外部交通条件,强化各城镇的服务功能。“两轴”指东西向、南北向两条城镇发展轴,东西向屯景高速公路沿线、慈张线、皖赣铁路、徽杭高速公路发展轴及南北向京福高速铁路、合铜黄高速公路、205国道沿线发展轴。规划中还提出了黄山市城镇等级规模结构(表2-17)。

表2-17　黄山市城镇等级规模结构

<table>
<tr><th></th><th>城镇名称</th><th>城镇人口/万人</th><th>功能定位与发展要点</th></tr>
<tr><td rowspan="4">中心城区</td><td>屯溪组团</td><td rowspan="4">近期2015年城市人口为41.5万人,远期2030年城市人口为70万人</td><td>传统的城市金融商贸服务、行政办公、文化娱乐、科研文教以及商业服务综合区;新兴的市域旅游经济增长点;重要的城市历史风貌保护区;环境优良的城市居住区。大力发展第三产业,强化、优化传统服务业,全面提升城市的综合服务职能</td></tr>
<tr><td>新城区组团</td><td>为黄山市的旅游接待、旅游集散中心、金融、商贸中心及高新技术产业基地。加快建设黄山铁路新客站及其附属设施,以居住、公共设施建设为主导,积极发展旅游业配套设施和无污染加工工业企业,同时带动物流业和第三产业的发展,是集旅、贸、居、工于一体的城市新区。站前区应以旅游接待、商务办公、商贸为特色,包含文化娱乐等综合功能,是黄山市现代城市风貌集中体现区,现代城市居住区</td></tr>
<tr><td>岩寺组团</td><td>中心城区重要的工业和物流基地,环境优良的城市住区,休闲观光旅游的接待基地
进一步完善公共服务设施和市政基础设施,充实城市职能,提升城区品质,提高城区的综合服务功能;提高产业的层次,提升产业结构;加强产业用地的潜力开发,节约使用土地</td></tr>
<tr><td>中部生态绿区</td><td>城市生态绿区,城市居民及游客不可多得的休闲、观光、游憩地
按绿线要求进行控制,建设城市生态公园</td></tr>
</table>

续 表

	城镇名称	城镇人口/万人	功能定位与发展要点
甘棠城区	—	近期 2015 年为9.5万人，远期 2030 年为 15 万人	黄山风景名胜区北部接待服务中心，集山水观光、会议商务、休闲度假、生态旅游于一体的综合旅游区 注重城市历史文化和地方特色的保护与发扬；注重城市各类风貌景观相协调；注重发展城市旅游业。形成四大景观区域——历史风貌景观区、旧区风貌景观区、新区风貌景观区、自然风貌景观区

资料来源：黄山市人民政府，2009

第五节　黄山地区地理综合实习区域划分

考虑黄山地区的自然地理环境、人文地理环境特点以及行政区划，将黄山地区地理综合实习分为徽州、黄山、九华山、齐云山和太平湖五大实习区。各实习区特征典型鲜明，差异性明显，重点突出，自然地理环境与人文地理环境有机结合，有助于学生了解黄山地区不同实习区自然和人文地理要素的特点、成因以及各地理要素间的相互作用，有利于学生认识自然和人文地理要素之间的相互作用，从而培养学生的地理思维和分析、解决地理问题的能力，实现理论学习与野外实践的有机融合。

1. 徽州实习区

徽州实习区在地域上包括黄山市的大部(不含黄山风景名胜区、齐云山风景名胜区和太平湖地区)和宣城市的绩溪县、江西省的婺源县。与历史上徽州府的地域大致相当，历史上徽州府不含黄山市的黄山区(原太平县)。徽州是中国历史上的经济文化重地，徽商源地，明清时期素有“无徽不成镇”、“徽商遍天下”之誉。徽州文化是学者们重点研究的中国地域文化。徽州地区自然资源丰富，境内深山、山谷、平原地貌景观遍布，具有“八分半山一分水，半分农田和庄园”的地理特征。该实习区以地质地貌、徽州文化和旅游发展实习为重点，了解徽州文化特征及形成原因，了解徽州地区文化旅游资源及发展特征。

2. 黄山实习区

黄山实习区主要包括黄山风景名胜区及周边乡镇。黄山地处亚热带季风气候区，地壳运动复杂，地层层序清晰，地质构造典型，地貌主要是花岗岩峰林地貌。植被类型多样，常绿阔叶林为地带性植被。土壤类型丰富。黄山优越的自然条件成就了奇松、怪石、云海和温泉黄山四绝。因此，黄山是进行地质、地貌、气候气象及植被、土壤等自然地理实习的理想场所。黄山不仅自然景观奇特，而且文化底蕴深厚。黄山人文景观资源主要包括宗教文化、古代建筑、摩崖石刻、名人游踪和大量以诗、词、歌、赋、画、影像等为主要内容的文学艺术作品，具有深厚的人文地理内涵，是人文地理实习以及旅游资源调查、评价及旅游环境保护实习的佳地。

3. 九华山实习区

九华山实习区主要包括九华山风景名胜区。九华山以佛教文化和绮丽的自然景观为特色，是游览观赏和开展科学文化活动的山岳型国家重点风景名胜区。九华山是中国佛教四大名山之一，著名地藏菩萨道场，国家首批5A级旅游区。九华山为皖南斜列的三大山系之一，属断块山体结构，主体由花岗岩组成。具有比较典型的地质地貌、气候气象、动植物、土壤和水文等自然地理实习内容。同时，考察佛教文化、旅游地演化规律也是人文地理实习的重要内容。

4. 齐云山实习区

齐云山实习区主要包括齐云山风景名胜区。齐云山，古称白岳，山体呈东北—西南走向，为红色沙砾沉积岩，受不同时期造山运动内外力影响，形成典型的丹霞地貌景观。在全国植被分区中，齐云山属北亚热带常绿阔叶林地带，水土丰润，深林苍蔚，古木参天，植物种类繁多，是进行地质地貌、动植物等自然地理实习的理想场所。齐云山为中国四大道教名山之一，国家4A级旅游区，具有丰富的人文地理内涵，也是人文地理实习的佳地。

5. 太平湖实习区

太平湖实习区包括太平湖及其周边地区。太平湖是安徽省最大的人工湖，具有防洪、灌溉、发电、航运、水产养殖和旅游等多重功能，同时，太平湖是国家水利风景名胜区，国家4A级旅游区。该实习区实习内容以了解太平湖的社会、经济、生态和旅游效益为重点，了解太平湖的建设背景、建设过程、主坝特征及基本现状（居民、水产等）；了解陈村水库的水力发电情况；考察太平湖旅游基础设施建设，了解其旅游发展的基本情况；考察太平湖国家湿地公园，了解草本植物的多样性特征。

主要参考文献

安徽省徽州地区地方志编纂委员会. 1989. 徽州地区简志. 合肥：黄山书社.

安徽省统计局. 2011. 安徽统计年鉴——2011. 北京：中国统计出版社.

黄山市(县级)地方志编纂委员会. 1992. 黄山市志. 合肥：黄山书社.

黄山市地方志编纂委员会. 2010. 黄山市志. 合肥：黄山书社.

黄山市国土资源局. 2011. 黄山市土地利用总体规划(2006－2020年).

黄山市人民政府. 2007. 黄山市土地利用总体规划(2006－2020).

黄山市人民政府. 2009. 黄山市城市总体规划(2008－2030).

黄山市人民政府. 2011. 黄山市土地利用总体规划(2006－2020).

黄山市统计局,国家统计局黄山调查队. 2014. 2013 年黄山市国民经济和社会发展统计公报. http://www.newshs.com/a/20140329/00104.htm[2014－4－12].

黄山市统计局,国家统计局黄山调查队. 黄山市历年国民经济和社会发展统计公报(2001～2014).

黄山市统计局. 2000(－2013). 黄山市统计年鉴——2000(－2013). 北京: 中国统计出版社.

黄山市统计局. 2011. 黄山市 2010 年第六次全国人口普查主要数据公报.

绩溪县地方志编纂委员会. 1998. 绩溪县志. 北京: 档案出版社.

九华山志编纂委员会. 1990. 九华山志. 合肥: 黄山书社.

吴媛媛. 2008. 明清以来徽州的雹、冷、风与地震灾害概述. 黄山学院学报,10(1): 22－27.

婺源县地方志编纂委员会. 1993. 婺源县志. 北京: 档案出版社.

杨礼玉. 2010. 徽州农业气象灾害的类型及布局. 宜春学院学报,32(4): 104－107.

中国文化报. 2011. "中国历史文化名街"成果展. http://epaper.ccdy.cn/html/2011－06/15/content_52211.htm[2013－8－20].

中国文化传媒网. 2012. 第四届"中国历史文化名街"评选结果揭晓. http://www.zhongguomingjie.com/zixun/201206/t20120611_308403.htm[2013－8－20].

中国文化传媒网. 2013. 第五届"中国历史文化名街"出炉. http://www.zhongguomingjie.com/zixun/201306/t20130609_677605.htm[2013－8－20].

中华人民共和国国家文物局. 2000. 世界遗产在中国. http://www.sach.gov.cn/col/col36/index.html[2013－8－20].

中华人民共和国国家文物局. 中国历史文化名镇村(第二批). http://www.sach.gov.cn/col/col1661/index.html[2013－8－20].

中华人民共和国国家文物局. 中国历史文化名镇村(第六批). http://www.sach.gov.cn/col/col1665/index.html[2013－8－20].

中华人民共和国国家文物局. 中国历史文化名镇村(第三批). http://www.sach.gov.cn/col/col1662/index.html[2013－8－20].

中华人民共和国国家文物局. 中国历史文化名镇村(第四批). http://www.sach.gov.cn/col/col1663/index.html[2013－8－20].

中华人民共和国国家文物局. 中国历史文化名镇村(第五批). http://www.sach.gov.cn/col/col1664/index.html[2013－8－20].

中华人民共和国国家文物局. 中国历史文化名镇村(第一批). http://www.sach.gov.cn/col/col1660/index.html[2013－8－20].

中华人民共和国文化部非物质文化遗产司. 2008. 第一批国家级非物质文化遗产项目 226 名. http://www.chinaich.com.cn/search_detail.asp? id=1712&nclass=%C9%EA%B1%A8%B6%AF%CC%AC[2013－8－20].

中华人民共和国文化部非物质文化遗产司. 2008. 第二批国家级非物质文化遗产项目 551 名代表性传承人名单. http://www.chinaich.com.cn/search_detail.asp? id=1826&nclass=%D0%C2%CE%C5%BF%EC%B1%A8[2013－8－20].

中山大学旅游规划与发展研究中心,黄山市旅游局. 2007. 黄山市旅游发展总体规划(2008～2020). 北京: 中国旅游出版社.

第3章 徽州实习区实习指导

第一节 实习目的与实习要求

一、实习区范围

徽州实习区在地域上包括黄山市大部分地区(不含黄山风景名胜区、齐云山风景名胜区和太平湖地区)和宣城市的绩溪县、江西省的婺源县。与历史上徽州府的地域大致相当,历史上徽州府不含黄山市的黄山区(原太平县)。

二、实习目的

徽州的自然地理要素相互作用,共同组成了有机的地理环境。徽州的地理环境充分展示了其地理环境的整体性和地域性。通过实习,了解地理环境各要素的特征及相互作用的机理,了解徽州地理环境整体性的特征,了解徽州文化的基本特征及其现代价值。

三、主要实习要素

1) 考察徽州自然地理环境,了解徽州自然地理基本特征。

2) 考察徽州的古城、古镇和古村,参观徽州文化博物馆,了解徽州文化的基本特征及其现代价值,了解徽州文化形成发展与徽州地理环境的关系。

第二节 实习线路与实习内容

一、主要实习线路与实习内容

主要实习线路：绩溪县上庄、龙川—歙县徽州古城、渔梁—徽州区棠樾—屯溪老街、花山迷窟—黟县西递、宏村。

1）考察徽州地区的地质地貌特征和水系发育特征。

2）考察黄山市的主要城镇，了解黄山市城镇体系的主要特征。

3）感受徽州文化的景观氛围。

二、主要实习点与实习内容

主要实习点：上庄、龙川、歙县徽州古城、渔梁、棠樾、屯溪老街、西递和宏村。

1）考察上述实习点，了解徽州文化发生发展的地理基础、了解徽州历史时期人居环境的特征、了解徽州古村落形成演化特征和过程、了解徽州古村落的景观特征以及旅游开发情况，感受徽州古村落景观意境。

2）考察屯溪老街，了解屯溪老街的历史文化过程、建筑特征及旅游开发情况，感受古街道的景观意境。

第三节 背景资料与实习指导(一)

本实习区在地域面积上，占了本书所涉及的黄山地区综合地理实习区的绝大部分，本实习区的自然地理特征和经济社会发展特征在第二章《黄山地区综合地理特征》中已有较详细的论述。在此，重点介绍徽州文化发生发展的地理基础、徽州村落的发生发展过程和徽州文化景观的特征。

一、徽州的地理环境基础及文化发生发展

(一) 徽州的自然条件

1. 自然地理条件

徽州在地质构造上属于“原始江南古陆”的组成部分,经过地质历史时期数次构造运动,徽州中部形成断陷区,断陷区两侧成为断块隆起带。断陷区形成了一系列山间盆地,主要山间盆地有休屯盆地、祁门盆地、黟县盆地、休宁五城盆地以及练江谷地等。自山间盆(谷)地向周边逐渐演变为丘陵、低山和中山。丘陵、低山和中山地貌类型在徽州占主导地位,山间盆(谷)地面积不大,处于从属地位。海拔1 000 m以上,相对高度800 m以上的中山分布在徽州的周边地区,主要有黄山山脉、天目—白际山脉、五龙山脉和九华山脉等。分布于徽州周边数百千米的中山位于新构造运动剧烈隆起地区,由于地表径流长期沿节理、断层强烈切割,整个地形具有山高谷深的特征。

徽州地属亚热带湿润性季风气候,四季分明,春秋短夏冬长,热量丰富,雨水充沛。年平均气温为15.5～16.4℃,年均降水量在1 400～1 700 mm。

四周高山、中部盆地的地形结构,会同湿润的气候、丰沛的降水等条件,使得徽州河系发育,河网密布。境内以黄山山脉为界,南坡有汇入钱塘江流域的新安江水系,有汇入鄱阳湖流域的阊江水系和乐安江水系,北坡有直接流入长江的青弋江。其中,新安江是境内的主要水系,新安江河系发达、河网密布,在汇入新安江的各级支流中,河流长度在10 km以上的有50多条,在10 km以下的有600多条。

2. 自然资源条件

徽州山地占绝对优势,山地约占土地总面积的70%,耕地包括宜茶、宜桑、宜果树的土地只占土地面积的10%左右。所以徽州素有“七山半水半分田,两分道路和庄园”之称。全区中低山地部分为黄壤、山地黄棕壤,土层较厚,石砾含量较高,透气透水性能良好,肥力较高,有利于木、竹、茶、桑和药材的生长。丘陵地带多为红壤和紫色土,质地黏重,酸性,肥力差,但光热条件好,适宜栎、松、油茶等生长;山间盆地、山间谷地多砂壤土,适于农业耕作。徽州地处山区,山高难以蓄水,易受洪涝灾害侵害,土地总体评价宜农土地数量少,比较贫瘠,洪涝灾害比较频繁。

植物资源丰富。各类植物资源达3 000多种,其中药用类尤为丰富,有1 400多种。徽州土地虽然不适合耕作农业的发展,但是土地和气候条件非常适合林茶生长,境内汇聚了大量中亚热带北部和暖温带南部的树种,形成了丰富多彩的森林植物群落,生长着千种左右的乔木、灌木树种。众多的乔木、灌木树种中不少具有

较高的经济价值，属于优良建筑用材的树种就有一百余种，如樟、楠、楮、椤、杉、松、棕、毛竹等。

得天独厚的生态环境使得徽州拥有丰富的动物资源。徽州至今仍保存着200多种野生动物，比较珍贵的有金钱豹、短尾猴、大鲵（娃娃鱼）、白颈长尾雉、穿山甲等。鱼类有130多种，其中新安江及其支流鱼类达100种左右。

蕴藏于徽州地下的矿产种类较多，金属矿主要有钨矿、钼矿、铜矿、铅锌矿、锑矿等。非金属矿主要有瓷土矿、砚石、黑色大理石以及石煤等。

先秦时期徽州处于山越时代，山越先民主要从事农业生产。20世纪50年代末徽州西周墓葬出土的文物中有碗、盂、钵、尊、盘、罐、鼎和陶器、釉陶器、青铜器，说明当时的农业和手工业已具有较高的水平。出土文物中的两件"钟形五柱乐器"和一只铜鼎上所绘的舞蹈图反映出当时先民们已经有了一定的精神生活。

徽州地处亚热带湿润季风气候区，黄山、天目山和白际山脉环绕徽州四周，山脉之间形成休屯、黟县、祁门等盆地，源于四周山脉的新安江及众多支流回环全境，形成闭塞而景色秀美的自然环境，为中原地区因战乱等原因形成的南迁人口提供了很好的迁徙地和避难所。中原大族迁徽以"晋、宋两南渡及唐末避黄巢之乱，此三朝为最盛"。中原人的不断迁入，反客为主，成为历史上徽州经济社会的主要建立者。

（二）徽州文化发生发展的人文地理学机制

1. "中原衣冠"徙徽对徽州发展的意义

绩溪胡家村等地出土的新石器遗址表明，大约四五千年前，徽州土著先民已经生活在这块土地上。1959年屯溪西郊出土的西周墓葬证明商周时期，这里的土著先民已经相当活跃。西周墓葬出土的青铜器、原始青瓷和几何印纹硬陶，在形制、纹饰和构图风格上，具有浓厚的南方特色，属古越文化。出土文物表明，先秦时期徽州古越先民已经有了一定的农业生产水平，手工业已经达到较高水平，同江南其他地区和中原有了贸易往来，有了比较丰富的精神文化。

秦置黟歙二县，强化对徽州古越人的统治，对古越人采取迁徙政策，"乌程、余杭、黟、歙、芜湖、石城县以南，皆故大越徙民也，始皇刻石徙之"。徽州当地土著人和迁徙而来的越人，凭借徽州山水的奇险多峻，形成了一支相对独立的与政权相抗衡的力量，古人称其为山越，"山越本亦越人，依山阻险，不纳王租，故曰山越。"汉至三国，特别是孙吴政权，常举兵征讨，于嘉禾年间（232～238年）平复徽州山越，此后，徽州山越走上了一条与汉族融合的道路。在此以前，徽州山越人过着刀耕火耨，仰给山场的粗放生活，形成了所谓的"山越文化"。徽州的山越文化时期，中原地区经济文化取得了迅速发展，形成了先进的中原文化。

中原既是经济文化发达地区，也是兵家必争之地，频繁的战乱导致中原人口大举南迁。饱受战乱之苦的中原名门望族、士宦人家、平民百姓无不渴望一块免遭战祸的太平之地。古人多有记载，“徽州其险阻四塞几类蜀之剑阁矣，而僻在一隅，用武者莫之顾，中世以来兵燹鲜焉”。山水险阻，少战祸，使徽州成为避乱的理想之地，因此“自昔丧乱，中原衣冠多避乱来此”。避乱成为“中原衣冠”徙徽的主要原因，相应地，历史上三次人口南迁也是徙徽人口最盛之时。“邑中各姓以程、汪为最古，族亦最繁……其余各大族，半皆由北迁南，略举其时，则晋、宋两南渡及唐末避黄巢之乱，此三朝为最盛”。

“山岭川谷崎岖”的自然环境使徽州远离战乱，同时拥有秀丽的景色。“人行明镜中、鸟度屏风里”，“一生痴绝处，无梦到徽州”成为秀色徽州的绝妙写照。徽州“黄山白岳相对峙，风景绮丽甲江南”的秀丽景色，使得许多“中原衣冠”“……官于此土，爱其山水清淑，遂久居之，以长子孙焉”。还有“爱其山水幽奇，遂解印终身不返；亦有乐其高山万仞，弃官以家间”。

2. 封建宗法观念的作用

大量中原人口的迁入，使徽州成为移民地区，中原移民将中原经济文化移植徽州，对徽州的社会经济文化产生了深远影响。例如，中原先进的农田灌溉技术与徽州多山的地形特点相结合，造就了古徽州“以堨塘为主”的农业水利设施，改善了农业生产条件，同时也改善了村落人居环境。徽州鲍氏，先居青州，“永嘉末，青州大乱，子孙避于江南”，“创兴水利，以资灌溉，功未就而卒，其后又复修先世水利，由富饶东下鲍屯之南，溉田三千余亩”，鲍氏修建的“鲍南堨”是徽州豪族开发、兴修水利工程的较早例证。梁大通元年(527年)由南阳迁来任新安内史的吕文达在歙县修筑了吕堨，可灌田万亩。明代洪武年元年(1368年)洪庆仁修建的庆丰堨位于歙县牌头附近扬之河上，可灌田2 000余亩。歙县还有富堨、条龙堨、雷堨、长湖堨、大姆堨等水利设施，均可灌田千亩左右。宋初，仅绩溪县就有塘95处，堨117处。

还有，许多身怀技艺专长的中原人迁入也促进了徽州手工业的发展。例如，唐末由河北易水因避战乱而举家迁至徽州的奚氏父子研制的徽墨就是典型例证。淳熙《新安志》载“延珪本易水人，其公超，唐末流离渡江，睹歙中可居造墨，故有名。”

中原文化的移植对徽州社会发展的影响更为深刻。迁入徽州的中原百姓、士族和官宦无不深受中原文化的教化，宗法观念根深蒂固，特别是携族人乡党佃客南迁的世家大族、仕宦之家，他们本来就有着强烈的宗法意识。北方大族移居江南，失去了原先的政治特权和经济优势，来到徽州为了生存，南迁的北方士族仍然坚持世家大族式的宗法组织，并组成以本宗族为核心的武装力量，一方面靠武力扩张其势力，另一方面以中原文化进行教化，封建宗法制度得到进一步强化。他们终于反客为主，以中原文化取代山越文化。宗族制成为徽州融入中华传统主流文化的有力工具，宗族组织成为徽州社会结构的基础。中原衣冠巨族迁居徽州，聚族而居、尊祖敬宗、崇尚孝道，讲究门第、追念显赫家世，通过种种方式，极力维护强化了宗法制度。

被强化的徽州宗法制度在理学的熏陶下得以进一步的加强。朱熹极力鼓吹"天理"，把封建社会的一切统治秩序都说是"天理"。他明确指出"未有这事，先有这理。如未有君臣，已先有君臣之理，未有父子，已先有父子之理"。朱熹以理为中心的哲学观念，为封建宗法制度的合理性提供了理论根据。徽州作为朱子故里对朱子极力推崇，朱熹几乎成为古时徽州人心目中的偶像。朱子撰写的《家礼》，制定的一整套宗法伦理的规范，成为徽州人的行为准则。"新安为朱子阙里，而儒风独茂"。经理学提升的宗法制度举措更加周全。"尊祖"必叙谱牒，"敬宗"当建祠堂、修坟墓，"睦族"需有族产以赈济。族谱、祠墓和族产成为实现尊祖、敬宗、睦族必不可少的举措，这些措施使得封建宗法制度在徽州更加典型。"新安各姓聚族而居，绝无一杂姓搀入者。其风最为近古。出入齿让，姓各有宗祠统之，岁时伏腊，一姓村中千丁皆集，祭用朱文公家礼，彬彬合度。父老尝谓新安有数种风俗，胜于他邑：千年之冢，不动一抔；千丁之族，未尝散处；千载谱系，丝毫不紊。主仆之严，数十世不改，而宵小不敢肆焉"。

3. 崇文重教思想的作用

"中原衣冠"给徽州带来封建宗法制度的同时，也促进了徽州的文风。迁居徽州的中原士族，许多有着高深的学问。有些迁居徽地的中原士族本是文职"教授"，施教于徽，后当地人敬慕之，从而留居。例如，歙县柯族"宋隆兴二年，曰万三公者，任徽州教授，诸生薰其德，留居之，卜地于徽城而家焉"。休宁陪郭叶氏"世居湖州苕溪，南唐日尚武，为新安教授，遂家此"。歙县谢氏"谢安十三世孙日杰，仕隋，为歙州教授，由会稽家歙之中鹄乡"。

还有迁居者及其后人均为饱学之士，隐居徽州，传授教育。休宁倪族"世以经学教授乡里，子士毅、世承家学，潜心求道，师朱敬与陈定宇，教授于黟下阜廿有三年，黟人化之。所著《四书辑释》、《历代帝王传授图》行世"。歙县芭蕉坦之王伯四"隐居教授，征辟不仕"。婺源考水，胡族世居，"其先出唐皇子明经李昌翼之后，避难于婺源考水胡氏，遂从其姓，登同光元年进士，隐而不仕，施教于斯。"

迁居徽州的士族，不乏著书立说，传播学术之士。明弘治三年程敏政编《新安文献志》载迄宋为止，本郡著者计 160 人，其中程族后裔有四十余人，约占 25%，汪族后裔 30 人，约占 21%，其他几乎为胡、吴、黄、方等大族的子孙。

魏晋南北朝时期特别重视门阀特权，宋以后，租佃契约制和科举制取代了门阀制度，迁居徽州的中原世族侨居他乡，更失去了恃其门第之崇高而取得官职、功名的特权。徽州望族要保持其崇高的社会地位，不但需要强化宗族制度，更需要猎取科举制功名。因此他们借大族家学渊源、文化优势，重视教育，培养人才，通过科举仕宦进入统治集团成为其共识，于是文风蔚然。古时文献中多有记载，如“婺人喜读书，虽十家村落，亦有讽诵之声。向科举未停，应童子试者，常至千数百人”。“四方谓新安为东南邹鲁，休宁之学特盛，岁大比与贡者至千人”。

“中原衣冠”迁居徽州，使徽州文化有了质的飞跃。“其(新安)人自昔特多以材力保捍乡土为称，其后寖有文士，黄巢之乱，中原衣冠，避地保于此，后或去或留，俗益向文雅，宋兴则名臣辈出”。“新安自南迁后，人物之多，文学之盛，称于天下。当其时，自井邑、田野以至远山深谷居民之处，莫不有学、有师、有书史之藏……，故四方谓东南邹鲁，其成德达材之出为世有用者，代有人焉”。

在朱子及朱子学说的深刻影响下，徽州在唐宋时期“文艺振兴”基础上，出现“元明以来，英贤辈出”的局面，“以才入仕，以文垂世者”愈多。所谓“连科三殿撰、十里四翰林”等佳话频传。

4. 徽商崛起的原因及对徽州文化发展的意义

中原人口迁入给徽州带来了先进的生产力和生产方式，带来了先进的文化，同时也带来大量的人口。但“吾徽居万山环绕中，川谷崎岖，峰峦掩映，山多而地少”。很少的土地，不仅贫瘠，而且易受自然灾害侵害。

移民造成的人口增长更是给徽州土地带来很大的压力，人地矛盾日益突出。南宋徽州人均耕地 15 亩，元代降至 4 亩，明万历年间徽州人均耕地 2.2 亩，清康熙年间 1.5 亩。而在当时“一岁一人之食，约得四亩，十口之家既须四十亩矣”。“绝无农桑利”的徽州，“百货皆仰于外……一旦饶河闭籴，则徽民仰屋；越舟不至，六邑无衣；荒旱偶乘，死亡立至”。地狭人稠的徽州“即丰年亦仰食江楚，十居六七，勿论岁饥也……一日米船不至，民有饥色，三日不至有饿殍，五日不至有昼夺”。

狭小、贫瘠的土地向古时徽州人昭示，农耕之路无疑是座独木桥，只有走出万山，方能柳暗花明。生计所迫的徽州人走上了“以贾代耕”的道路。“多难兴邦”，苛刻的自然既限制了徽州人又玉成了徽州人。

“徽处万山中、绝无农桑利”，但徽州山区有着丰富的自然资源，特别是林茶资源更是丰富。许多徽州人最初就是以经营本地物产起家的。据淳熙《新安志·物产》，休宁“山出美材，岁联为桴，下浙江，往者多取富”。

徽州崇山峻岭、“路皆鸟道、凿险缒出”，道路艰难险阻。但“天堑斗陡绝、奈我何哉”，婺源县志上记载的豪言壮语，道出了徽州人走出崇山峻岭之决心。徽州水系地处上游，滩多水急，但较之陆路，毕竟为徽州商人提供了比较便利的通道，特别是比较笨重的竹木产品，徽州商人通过新安江东下可达杭州，由绩溪境内的徽溪、乳溪顺流而下通长江可达江南，由祁门经阊江则可入鄱阳湖。

“人地矛盾”、“富饶物产”刺激了徽州人经商的积极性。到明清时期终于造就了徽商。徽商是一个专门概念，是指明清时期雄踞商界，由一大批徽州富商结成的商帮。它的形成有其历史的必然性。

明初，统治者推行一系列缓和阶级矛盾、发展社会经济的政策，到明中叶，社会经济有了长足进步，商品数量和品种增多，农业区域性分工进一步明确，手工业专业区逐步形成，刺激了区域间商品贸易的发展，形成了“燕、赵、秦、晋、齐、梁、江、淮之货，日夜商贩而南；蛮海、闽广、豫章、楚、瓯越、新安之货，日夜商贩而北”的商品流通局面，为商业发展提供了有利的条件。商人的作用和地位随之提高，从商观念有所转变，传统的“抑商”政策有所削弱，从商队伍得以壮大。明中叶以后，随着商品经济的发展，国家的赋役结构发生了相应的变化，进一步促进了商品经济的发展。

苏浙地区是明清时期全国商品经济最发达的地区。这里出产的丝绸、棉布及其他手工业品运销全国各地，而这里的粮食、棉花、木材等生产、生活资料又有很大一部分仰给于全国，因而苏浙地区与国内其他地区之间形成了相对稳定的商品供求关系。发达的商品经济使得苏浙地区形成了一批商业中心城镇。苏州则号称“江南首郡”，是苏浙地区的商业中心，所谓“天下之货莫(不)聚于苏州”。杭州作为江南重镇，也是全国商品重要的集散地，据史载，“欧越之竹木，三吴之谷帛，齐鲁燕之枣栗，川蜀闽广之珠玑、犀象、玳瑁，瑰奇之物，海汇山积”。有着经商传统的徽州人，抓住了历史机遇，并利用毗邻苏浙地区的优势，大举进军苏浙重镇，从事经商活动，获得空前的成功。例如，徽州的丝绸商、木商、盐商在杭州拥有极大势力，杭州侯潮门外，徽商用于堆放木材的场地达 3 600 亩之多。由于徽商在杭州人多势众，使杭州某些地名也与徽商有关，在杭州钱塘江畔，徽州人弃舟登岸处被称为“徽州塘”，徽州盐商居住的地方被称作“徽州弄”。苏州则有“新安六邑多懋迁他省，吴门尤夥”。扬州是两淮盐业的经营中心，也是徽州盐商称雄的地方，徽州盐商称雄扬州得益于明朝中叶盐业“折色制”经营政策的实施。

明中叶商品经济的发展，“折色制”经营政策的实施，毗邻苏浙为徽商的形成与发展提供了“天时”、“地利”。浓厚的宗族观念和严密的宗族制度则为徽商的形成与发展创造了“人和”的条件。宗族势力在资金和人力的积聚、商业竞争、投靠封建政权等方面，为徽商的形成与发展作出了不可估量的作用。

“天时”、“地利”与“人和”历史地相遇，造就了徽商。徽商的崛起，改变了明清时期徽州人的观念，改变了徽州的社会风俗，改变了徽州的文化景观。徽州人虽有经商之传统，但明正德以前，民间还是“妇人纺纱，男子桑蓬，藏获服劳”，“寻至正德末、嘉靖初，则稍异矣：出贾既多，土田不重、操资交，起落不常”。据研究，实际上在正德以前，徽人外出经商的事迹已大量见于记载，徽州人出贾之风大约于明成化、弘治之际形成。“大抵徽俗，人十三在邑，十七在天下”，“天下之民，寄命于农，徽民寄命于商”，“徽州风俗，以商贾为第一等生业”。经商习俗形成，大量徽州人外出经营，徽州社会经济基础更依赖于商业，徽州人的社会观念也随之变化，于是“商居四民之末，徽俗殊不然”。凭借“一贾不利再贾，再贾不利三贾，三贾不利犹未厌焉”的顽强进取精神，徽商终于取得了成功，成为非常富有的商帮。《五杂俎》中称“新安大贾，鱼盐为业，藏镪有至百万者，其他二三十万，则中贾耳”。使得“其所蓄聚则十一在内，十九在外”。徽商的成功极大地丰富了故土的财富，使得两宋以前还是比较贫穷的山区成为“富室之称雄者，江南则推新安，江北则推山右”的富庶之地。顾炎武甚至在《肇域志·江南十一·徽州府》称“新都勤俭甲天下，故富也甲天下”。胡适认为故乡绩溪人的移徙经商构成了绩溪疆界以外的“大绩溪”，“若无那大绩溪，小绩溪早已不成个局面”了。

徽商不仅使故乡富足，也带来了外界文化。徽商足迹遍天下，最活跃的地区首推苏浙地区，苏浙地区作为明清时期全国商品经济中心，同样也是文化中心，是一个远近仿效，影响及于全国之地。明已有“苏人以雅者，则四方随而雅之；俗者，则随而俗之”，徽商活跃其间，受其熏陶，进而将当地文化移植家乡，丰富发展了徽州的文化。

一般情况下，农业性村落规模取决于农业劳动力耕作半径大小。耕作半径越大，村落的规模也越大。据研究，中国在现代农业生产力条件下可耕地比较多的平原地区，村落人口规模少有超过一千人的。而山多地少的徽州明清时期已是“千丁乡村，他处无有也”，村落规模与徽州自然环境以及当时农业生产力水平不相符。这充分说明当时的徽州村落，特别是大族聚居的村落已经脱离了对土地的依赖，脱离了传统农业村落发展轨迹，村落建设和发展基本仰仗徽商的商业利润。

综上所述，徽州群山环抱的盆地地形为南迁中原士族提供了有利的庇护栖息空间，对徽文化的发生与发展具有基础性的作用。同时，盆地地形结构使得徽州与外界呈相对“隔绝”状态，这种因地形而产生的“隔绝机制”对徽文化得以保持、延续起到了巨大的作用。一方面，盆地为徽文化的形成、发展提供了长期稳定的环境，盆地居住者与生存环境之间建立了长期稳定、和谐的关系。盆地地形的内聚性、封闭性也使得徽文化发展过程中具有较强的稳定性；另一方面，盆地地形在相当的程度上阻隔战乱，使徽州文化没有受到或者很少受到战乱等激烈因素的冲击，而遭毁灭性的破坏。盆地的“阻隔”也在一定程度上减缓了外界强势文化对其直接的、剧烈的影响，使得徽州文化能够在不失去其本质特征的情况下，从容地与外界交流，不断丰富、发展自身。总之，两宋以前，徽州还是一个农耕山区，明中叶以后徽商的兴起，商业利润的回流，使之一跃成为“富接江南”的富庶之地。“秀丽山水”、“文风昌盛”和“富甲天下”逐渐成为明清时期徽州地区重要的区域地理特征。

二、徽州历史上人居环境的特征

（一）中国传统人居环境观

人居环境的选择和营造是中国传统文化的重要内容，在长期实践中形成了较为系统的准则，充分体现了“天人合一、师法自然、崇尚和谐、趋吉避凶和唯变所适的中国传统的人居环境观”。“天人合一”将天地万物作为一个有机的整体，人是自然的一部分。“天人合一”的人居环境观要求聚落选址应该注重地形地貌、水土质量和天文气象等因素，因而有“相形取胜”、“相土尝水”和“辨方正位”之说。“师法自然”讲究尊重自然，因任自然、取天地之理的天然之趣，要求人们利用自然，将自然作为人之居处的组成部分。“崇尚和谐”是中国文化之灵魂。人与自然构成一个和谐的整体，人之居处应该与自然相谐调、相一致。大千世界尽善尽美的自然环境不可能随处可得，在难以满足与自然和谐时，应该采取文化象征的方式强调其和谐氛围，以获得文化心理上的和谐与欣慰，做到“身心之和”。中国传统文化将有利于人生存发展和身心健康的看作“吉”，反之看作“凶”。中国传统建筑遵守这一原则，在选址、规划、取材等方面采取一系列措施，在文化环境和文化心理上进行多方位的调节，以求为人之居处创造有利的环境，将不利、有害降低到最低限度。“唯变所适”实质上是适应实际情况的应变思想，体现了人居环境的统一性和多样性。

中国传统的人居环境观一直指导着人们选择与营造人之居处与环境的关系，风水说是其重要的具体应用。“风水”很长时间与“封建迷信”相提并论，被视为“迷信”的同义词。毋庸置疑，风水思想十分玄奥，它源于阴阳、五行、八卦学说，其科学性如何，有待人类去做科学验证。剥去玄妙、迷信的成分，风水说有关选择、利用自然环境，构筑理想人居环境的内容体现在两个方面。其一，对基址的选择，追求环境的封闭、完整和均衡，寻求满足生理与心理要求的自然环境；其二，对不利人居环境的处理，包括对自然环境的利用和改造，形成一套系统的应对方法，以满足趋吉避凶之需求。

根据中国传统人居环境观的要求，理想人居环境应该是北有蜿蜒的群山峻岭，南有远近呼应的低山小丘，东西两侧有群山环抱。群山环绕之中的盆地或谷地，地势宽敞，源于群山的河溪蜿蜒流经盆地、谷地，河溪流出盆地、谷地之处，应用两山夹持。理想的人居环境模式有着良好的功能。其一，生产生活功能。四周山脉围合，中央地势开阔平展，适应村基的建立和拓展，流动的河水和山村资源，使居者耕则有地、饮藻有水、行则有道、薪则有山、艺则有圃。其二，生态功能。村基坐落于山地缓坡地带，坐北朝南，背山面水，取朝阳之势，夏授湿润的东南风，冬拒寒冷的西北风，可免淹涝之忧。其三，防御功能。四周山体环绕，形成层层围合的空间，围合空间通过两侧山峰形成的关口与外界相通，具有较强的防御性。最后，景观功能。慕山水之胜是人居环境选择和营造的重要内容。理想的人居环境为山有竹木之秀、谷有清静之幽、河有曲折之美。优美的景观既为村民提供了浓郁田园式的村居环境，也成为仕途、商贾之人“退隐田园”、“放啸山林”的世外桃源。

（二）中国传统人居环境观在徽州的体现

徽州古村落是徽州文化的主要载体，系指保存于原徽州地界，具有共同文化背景的历史传统村落。徽州古村落建设严格遵循了中国传统人居环境观的要求，具备宜居特性，并赋予了丰富的文化内涵。2000年徽州古村落的代表黟县西递、宏村被列为世界文化遗产，凸显了徽州古村落的历史地位和文化价值。由此，徽州古村落备受世人关注，其中人居环境的选址和营造是关注的重点。

村落人居环境的选址和营造实质是对自然生存环境的取舍和改善，直接关系到村落的生活生产条件。特别是在农耕社会，人类对自然环境、自然条件有着强烈的依赖，良好的人居环境为宗族的生存提供了坚实的基础，为宗族昌盛、人文发达提供了可能。村落人居环境的选择和营造在风水说中表现为“相地选址”。“相地选址”是风水说的重要内容，“相地选址”的理论和实践集中体现了中国传统人居环境观的思想。

徽州地处亚热带湿润性季风气候区，黄山、天目山和白际山环绕四周，山脉之间形成休（宁）歙（县）、黟县、祁门等盆地。源于四周山脉的新安江及其众多支流形成了闭塞但景色秀美的自然环境，为徽州村落人居环境的选择和营造提供了有利的自然条件，同时也为风水说的表现和发展提供了大好舞台。古时徽州有“风水之说，徽人尤重之”之说。

徽州崇尚风水的习俗由来已久，最早可以追溯到东晋时期，几乎与风水说创建同步。我国历史上第一次大规模人口南迁，不少中原世家大族迁居徽州，他们带来了中原文化，包括起源于中原地区的风水思想，迁居徽州后纷纷择吉壤良室作为本村本族的居处福地。宋时程朱理学与风水说有着一定的亲和关系。徽州作为“程朱阙里”，读朱子之书、取朱子之教、秉朱子之礼，在程朱理学倡导下，徽州更是重视风水之说。明清时期，徽商几执全国商界之耳，徽州大贾富积百万，衣锦还乡之际，往往不惜重金寻求风水佳地，志书家谱多有记载。徽商的行为无疑对古时徽州人崇尚风水的习俗起到了推波助澜的作用。同时，徽商的兴起推动了徽州刻书业的发展，使得明清时期徽州成为全国重要的刻书印刷中心之一。刻书业的兴起使得一大批风水书籍得以刊印、传播，助长了徽州的风水习俗。除书籍之外，罗盘也是风水说的必备工具。按罗盘的制造地，有徽盘和闽盘之分，闽盘是指福建彰州制造的罗盘，是沿海型的代表；徽盘，是指安徽徽州制造的罗盘，是内陆型的代表。徽州出产的罗盘曾获 1915 年巴拿马万国博览会金奖，从侧面反映了徽州人对风水的推崇程度。

(三) 徽州古村落的人居环境

1. 理想化的人居环境

前已述及，理想的人居环境有一定的要求，有人将其概括为“枕山、环水、面屏”。理想人居环境在许多地方难以寻觅，但山川秀美的徽州为古人提供了较多选择，许多村落选址符合“枕山、环水、面屏”的要求。“枕山、环水、面屏”也因此成为徽州村落人居环境的基本格局、基本模式。

风水说认为“相地选址”直接关系人的吉凶祸福及宗族的兴衰，有着迷信色彩。虽有夸大其词之嫌，但居者与环境之间相互影响、相互作用的辩证关系是不争的事实，良好的人居环境无疑有助于人文昌盛，所谓“物华天宝、人杰地灵”。黟县西递地处黟县盆地东南角，峰峦环抱，山高而不峻，险而不危，高低相间，森林茂盛，溪水常流，或绕村而流，或穿村走户，为生产生活提供了极大的方便。自北宋西递明经胡氏宗族卜居此地，数百年间名人辈出，明清时期出儒商巨贾 200 多人，入仕者 300 多人。自北宋到清中叶，西递胡氏宗族“孝悌为田，育子贻孙者，三十余余世；诗书学右，安民乐业者，七百五十年”，当今更是成为全人类共有的文化遗产。

唐末歙县呈坎罗氏宗族始祖认为“歙之呈坎，有田可耕，有水可渔，脉祖黄山，五星朝拱，可升百世不迁之族”。至今罗氏已传 30 多世，呈坎仍为罗姓聚居地。呈坎位于歙县洤川盆地西北隅，山地环绕的洤川盆地地势开阔，面积较大，旧有良田二千余亩，无霜期较长，很少有自然灾害，居者得以安居乐业，读书力田，进而文风昌盛，科举发达，人文荟萃。早在宋代就曾被中国两位历史名人苏轼、朱熹大加赞誉。

古时徽州人不仅努力寻求理想人居环境，也很注重村落人居环境的保护。许多宗族的族规家法都有保护林木的规定。例如，婺源肿麓齐氏族谱规定：村基的靠山是一村之命脉，不能伐山木；龙井明经胡氏族谱规定：各家爱护四周山水，培植竹木，以为庇荫，违者必讼于官府以罚之。有些村落还将保护山林的规定勒碑刻石，以警后世。黟县西递上村保存着三块清嘉庆十六年(1811 年)立的碑，这些碑是当时村中族长联名向县府禀告，由县府立的严禁开山取石、乱砍滥伐的禁碑。祁门环砂村保存的清嘉庆二年(1797 年)立的《永禁碑》，阐述了乱砍滥伐的危害性，并制定了多项奖惩措施。黟县蕴藏有较丰富的煤炭资源，许多人开采造成环境破坏，召至全县士绅的强烈反对，官府颁布禁令严禁开采。清嘉庆十年(1805 年)，黟县县府颁布《禁开煤烧灰示》，“邑境山环水抱，生齿日繁，生计亦裕。间值歉岁，尚义成风，亦多周恤，皆地气完固，政民风不至浇漓。一经开煤，烧一山之灰，用两山之石，山金被凿，地脉重伤。甚或开挖之处，逼近坟茔，更于土俗风水有碍。为此，预立明示，永行禁止，以全地脉，以保民命，以安恒业，以息讼端”。古时徽州出于风水考虑，对山场、林木的保护，客观上保护了徽州的生态环境，呵护了村落的人居环境，反映古时徽州人强烈的生态环境意识。

2. 唯变所适的人居环境

徽州山环水绕的自然条件为理想的人居环境选择提供了较大的空间，但是地形千姿百态，许多村落的人居环境并非完全符合理想模式。对于非理想的村落环境，古时徽州人不是一味放弃，而是在遵从自然的同时，对自然环境进行积极改造使之趋于理想，充分体现了古时徽州人唯变所适的人居环境观。

非理想村落人居环境改善与营造有许多方法，修建水利设施，改造自然水系是最常见的措施。最负盛名的范例当属黟县宏村，黟县宏村坐落在黟县县城盆地的北端，背负雷风山，怀抱新安江上游澹溪、羊栈河于村西、村南。明永乐年间，宏村汪氏宗族于村西上首筑石坝，抬升水位，设置水闸，开凿水圳数千米，引溪水入村，挖建了约 0.1×104 m^2的池塘。明万历年间，更购田数百亩，凿深成环状池塘，建成南湖。历经 150 多年的努力，全村形成了较完整的水系，这一水系迄今四百余年基本完好保留，仍在发挥作用。

村西上道石竭是全村水系之首，一泓碧水，珠花溅玉，既有理水功能，又具有观赏功能。水圳一般宽 0.6 m，由地势略高的村西北九曲十弯，沿巷穿室流向东南，潺潺流水，淙淙不断，连接百家，四通八达。月沼位于村落中央，北直、南曲，恰似一轮弯月，故名“月沼”，月沼活化了居住环境，成为乡民休憩、观赏、纳凉、交往的“共享水空间”，同时又具有浣汲、消防、排泄雨水、调节气温、净化水质的多重生活功能和保障功能。时至今日更是成为徽州古村落的标志性景观。南湖是全村水系的“高潮”，南湖兴建之时，道路、水体、建筑、绿化统筹考虑：湖之四岸砌石成岸，湖南两侧间种红杨、翠柳，春时柳丝，夏时杨花，秋有红杨金辉，冬有杨枝拂雪。濒湖一侧相继营建了书院、祠堂、绣楼、民宅。宏村引水入宅形成水园或水院，多种形式，各种手法，既新奇又自然，顺理成章，巧妙而又节俭地将科学与情趣、美观与实用有机结合。赋予村落每个建筑单体以活力。碧园是一个正房后侧水园，小巧的抱夏探入到尺度不大的水池之中，再接庭园。天、地、水、绿化融入人工构筑的宅居之中。德义堂天井水园，将一方池水设在正房前院内，一进大门就能感受到水的存在。透过东墙上的卷门和圆窗，又可隐约看见桑园和菜地。屋连着水，水连着天，生活空间丰富有序、协调一致，既注重了情趣，又注重了实用，美化了庭院，提升了文化层次。石竭—水圳—月沼—南湖，以及每家水园水院，形成一个完整的水系，极大地完善了宏村的人居环境。古人诗赞宏村“何事就此卜邻居，花月南湖通不知;浣及未妨溪路远,家家门前有清泉。”如今,世人已将其列入全人类文化遗产,世代保护。

宏村引河溪之水改善了村落的人居环境,绩溪宅坦则通过挖塘蓄水的方法,营造人居环境。宅坦地处高山山冈上,村落环境缺少“环水”要素,于是宅坦人在高山山腰筑一口深塘蓄积山水,并在村内、村外遍挖水塘,深塘与水塘、水塘与水塘之间有沟、渠相通,为了保证村内外的水塘水位,更换受污染的水,定期从深塘放水补充各水塘的水源,从水塘排出的水则用于灌溉农田。经过数代人努力,宅坦人修建了100多口水塘,民居环塘而筑,乡民临水而居,营造出独具特色的村落人居环境。

植树造林是改善非理想人居环境的又一重要措施。植树造林既可以保持水土,调节气候,又能营造出鸟语花香、风景优美的村落环境。同样在绩溪宅坦,先民们在村口山冈、水塘植林木,形成两条平行的绿色长廊,与村口林带相呼应。宅坦村内空地、土堆、塘边也广植林木,点状、片状的树林镶嵌在粉墙、黛瓦之间和谐动人。

在村口、背山等特殊地段,挑土增高或改变山的形状,也是改善村落环境的重要方法。例如,绩溪龙川胡氏宗族族规家法中规定,“宗族子弟生男孩,必须相土上山栽树一棵”;歙县瞻淇“喜得贵子人家必担土堆于案山秀峰之巅”;歙县棠樾东南角地势平坦,于是族人在此砌筑了7个高大的土墩,土墩上植树以障蓄水,至今尚存。

3. 自然和谐的水口环境

水口是徽州古村落的重要组成部分,一般位于封闭或半封闭的村落空间入口处,大多是两山夹溪的位置,是村落的门户,是村落人居环境营造的重点所在,最常用的方法是在水口建桥,并置以树、亭、堤、塘。在一些规模较大的村落,水口建筑还富有强烈的隐喻意义。例如,黟县西递在水口建文昌阁、魁星楼、文风塔,以求本村本族兴文运、发科甲。水口建筑与周围绿水青山融为一体形成水口园林。徽州水口园林不同于苏州等江南园林,后者多处市井,不易获得开阔的视野和借景条件,形成封闭的格局,造景遵照“虽由人作,宛自天开”的原则。而前者多建于水口,能剪裁真山真水,充分发挥新安山水的感染力,因地制宜,巧于因借,与山水、田野、村舍融成一体,自成天然之趣,不烦人事之工。保存较好的歙县唐模水口园林,村头耸立“同胞翰林”牌坊,八角路亭紧挨其旁。青石板小路引出俗有“小西湖”之称的“檀干园”,该园清初仿西湖美景建造,拥有“三潭印月”“湖心亭”“白堤”“玉带桥”等景点。檀干园小巧精致,汲取了江、浙园林理水造园、叠石置景和匾额篆刻的技艺。旧时,檀干园有长联“看紫霞西耸,飞布东横,天马南驰,灵金北倚,山深人不觉,全村同在画中居”。“山深人不觉,全村同在画中居”形象贴切地反映了徽州古村落人居环境的特征。

徽州古村落是中国传统村落的典型代表，充分体现了“天人合一”的整体观念、师法自然的哲学思想、崇尚和谐的理想境界、趋吉避凶的基本原则、唯变所适的辩证思想等中国传统的人居环境观，具有典型的文化生态型村落的特征，是徽州文化乃至中国传统文化的载体，为现代人居环境设计研究提供了难得的实物。现代社会人们更加注重生活质量、生活情趣，对徽州古村落的兴趣与日俱增，这不仅反映了对徽州古村落历史文物价值、艺术价值和科学文化价值的进一步认可，而且表现了对徽州人生活方式、居住方式价值的认可。

三、徽州古村落演化过程及特征

(一) 徽州古村落的产生与扩散

成因上，村落有定居型与移民型之分。定居型村落主要指因农业出现要求定居而形成的村落，真正意义上的定居型村落很少，村落大多是移民形成的。而事物发展是相对的，历史上某一地区某一时期发生大规模移民形成移民型村落，而随后很长一段历史时期保持相对稳定没有发生大规模移民，由于人口自然增长则可能自发地产生新的定居型村落。先秦时期徽州处于山越时代，山越先民主要从事农业生产。农业的出现说明先秦时期村落在徽州已经存在，此时期的村落应属于原始定居型村落。

黄山、天目山和白际山脉环绕徽州四周，山脉之间形成休(宁)屯(溪)、黟县和祁门等盆地，源于四周山脉的新安江及其支流回环全境，形成闭塞而景色秀美的自然环境，为历史上中原地区因战乱等原因形成的南迁人口提供了重要的迁徙地。据研究，徽州移民主要集中在中国历史上三次较大规模的人口南迁时期(表3-1)，南宋以后，很少有移民迁徽。位于徽州主要盆地休歙盆地的歙县岩镇、古溪、黄墩、潜口，休宁万安、阳湖等是迁徽移民早期聚居之地，是徽州早期的移民型村落(图3-1)。

表3-1　历史时期重要的迁徽大族

时　间	姓　　氏	合计数目
西汉	舒	1
新莽	方	1
东汉	汪	1
西晋	鲍、余、俞	3
东晋	黄、程、叶、戴	4
南朝	任、闵、徐	3
隋	谢、詹	2

续 表

时 间	姓 氏	合计数目
唐	姚、蒋、范、仰、吕、郑、凌、洪、祝、吴、查、冯、周、夏、陈、朱、周、江、梅、毕、罗、康、王、潘、顾、金、赵、金、施、齐、卢、张	31
五代	胡、何、李	3
北宋	韩、滕、苏、马、饶、臧	6
南宋	佘、庄、杜、葛、章、游	6
元	田、仇	2

资料来源：叶显恩，1983

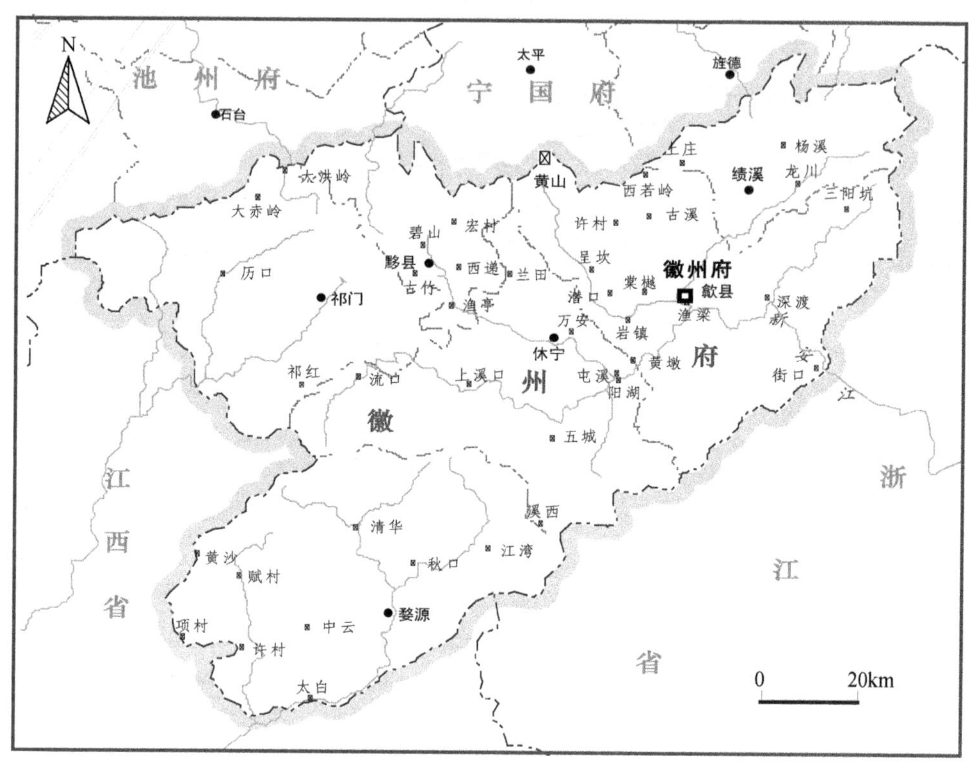

图 3-1 古徽州府村落分布图

资料来源：陆林等，2004a

南迁入徽的中原移民不少是中原世家大族，本有着强烈的宗法观念和严密的宗法组织，迁徽后为了生存的需求和文化的传承，保持着严密完整的宗族组织，世家大族无不聚族而居。徽州历史文献对此多有记述，“乡落皆聚族而居，族必有谱、世系数十代”，“深山大谷中人，皆聚族而居，奉先有千年之墓，会祭有万丁之祠，宗祐有百世之谱”。中原移民大规模地迁入徽州改变了徽州居民的人口构成，成为徽州居民的主体。外来移民形成最初的村落，之后随着人口不断地繁衍增长，村落发展到一定规模呈饱和状态，将过剩的人口析出，析出人口在徽州境内迁移，择地而居形成新的村落。村落这种演化如同细胞分裂，这种分裂是基于宗族组织的，即族中某一支或若干支独立而出建立新的定居点，新的定居点逐渐发展而形成小型村落，再成大型村落，随后再发生裂变，分出若干村落，开始新一轮的循环（图3－2）。经过数朝历代的发展演变，徽州终于形成世家大族散处于郡之四部，星罗棋布，远近相望的村落空间分布格局。

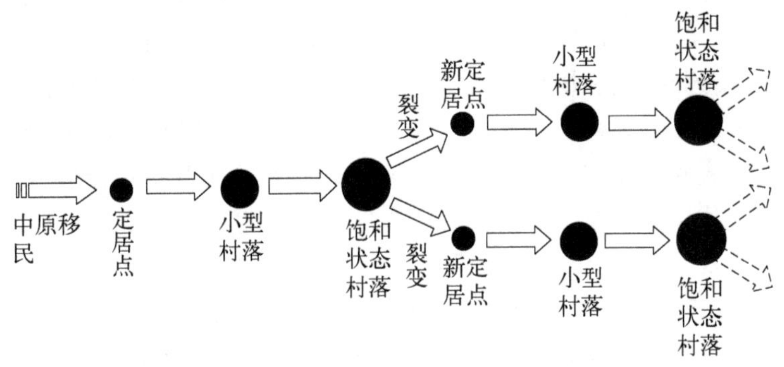

图3－2　徽州古村落产生与扩散的基本模式

资料来源：陆林等，2004a

东汉末年迁入徽州的汪姓大族孙子繁盛，遍及新安六邑。据研究，唐封越国公汪华生九子，长子建子孙世居歙县唐模、岩镇、府城西，休宁阳湖，黟县宏村等地；次子灿为培川汪氏始祖；三子达子孙世居绩溪尚田、歙县富溪府等地；七子爽子孙世居绩溪澄源、歙县慈菰，婺源还珠、大畈、梧村等地。四子、六子、八子后裔大多迁出徽州，五子、九子早年卒无传。汪氏后裔在境内不断迁居形成许多汪氏村落，仅休宁汪氏聚居地就达46处。

程氏亦为徽州大族，“邑中各姓以程汪为最古，族亦最繁”。首逾江南者东晋新安太守程元谭有善政，当地百姓拥戴留居歙县黄墩，子孙遂以此为桑梓之地。由此，程氏向境内不断迁居，形成许多程氏村落，据清雍正初年（1723年）统计，歙县、休宁、绩溪等县分布100多个程氏聚居地。黄墩程氏在徽州境内迁居的同时，也有不少程氏子孙迁徙境外谋生，宋代理学家程颐、程颢兄弟出生河南，其祖则为徽州黄墩程氏。

唐乾符五年（878年），徽州朱氏始祖朱涔因黄巢兵乱避地歙县黄墩，涔生四子，仅二子瓌、四子王革留居徽州，徽州朱氏基本为瓌、王革之后。朱瓌一支主要迁居婺源长田、潋溪、阙里，休宁临溪、月潭、西门、杨家源，歙县环溪，祁门福洲和黟县屏山。朱瓌八世孙朱松由徽州入闽为官，宋建炎四年（1130年）松生朱熹于福建尤溪，朱熹出生福建但常以“新安朱熹”自称，以寓不忘桑梓之意。朱王革一支主要迁居休宁首村、霓湖、朱村、双溪、回溪、伦堂、星洲、隐塘、黎阳、小川、石溪、梅里阐上、南渠、回口、南塘、溪口，歙县徽城、俞村、潭渡、石门、松源、宋村、榻子山、溪上、贵溪、富溪和绩溪八都、祁门朱溪等地。朱王革十八世孙朱升原居休宁回溪，后迁歙县石门，元至正十七年(1357年)朱元璋入徽，召见朱升，升献策“高筑墙、广积粮、缓称王”。

基于宗族组织的村落裂变是徽州村落产生与扩散的基本模式，但也有少数因交通等因素发展起来的村镇。歙县渔梁地处城南1 km处的新安江上游支流练江畔，因江中建渔梁坝形成良港，成为徽州经新安江通往杭州的重要码头，进而发展成为集商业、交通转运、货物集散为一体的非农业性的村镇。村镇人口由码头工、渔民和商家等组成多姓杂居，少有徽州多数村落常见的渲染宗法观念的牌坊等礼制建筑和世家大族的深宅大院。渔梁因坝而兴，渔梁坝因其历史价值2001年被列为全国重点文物保护单位。黄山市府所在地屯溪原为休宁县所辖村镇，同样因新安江水路交通发展起来。据考证，汉建安十三年(208年)屯溪作为地名已载入典籍，当时只是数户渔民集居的渔村。明中叶屯溪已发展成“十里樯乌”的村镇，晚清占有“地利”的屯溪逐渐成为徽州主要的客货集散地，屯溪历史上的商业街“老街”因历史地位和景观价值成为全国第一个历史文化保护街区。

(二) 徽州古村落的演化阶段

1. 村落的形成期

前述可知，徽州最初的村落为古越人的聚居之地，属原始定居型村落。历史上中原人不断迁入，反客为主成为徽州村落的主要建立者。中原大族迁徽“晋、宋两南渡及唐末避黄巢之乱，此三朝为最盛”。“三朝”迁居徽州的外来人口最多，相应地建立的村落也最多，东晋、唐末和南宋应为徽州村落的重要建立期。

东晋至南宋的800多年，不论是三次大规模人口南迁还是无数次境内迁居，有组织的举族迁移是徽州移民迁居的重要特点。他们多聚族而居往往选择易于守御之地屯聚为坞壁，“依山阻险以自安”成为这一时期徽州村落选址布局的主要特征。随着时间的推移，主客长期的斗争，唐代以后越人的习俗日渐泯灭，山越之称消失，在“辟陋一隅，险阻四塞”的徽州土地上，形成“播迁所至，荆棘初开，人皆古质，俗尚真淳，其卜筑山村，殆有人世桃源境界”，构化出早期徽州村落的基本轮廓。

2. 村落的稳定发展期

南宋经元到明中叶三百多年是徽州社会、经济、文化的稳定发展时期，也是徽州村落的稳定发展时期。历史文献记载“(徽州)成弘以前，……重土著，勤穑事，敦愿让，崇节险”，“家给人足，居则有室，佃则有田，薪则有山，艺则布圃。……妇人编织，男子桑蓬，藏获服劳，比邻郭睦”，体现了典型的男耕女织传统农耕社会的特征。

南迁入徽的“中原衣冠”多饱学之士，科举入仕是他们保持发扬家族地位、撰取功名的主要途径。南宋后徽州作为朱子桑梓之地，习尚知书、科举入仕更是蔚然成风，史书载，“四方谓新安为东南邹鲁，休宁之学特盛，岁大比与贡者至千人”，“婺人喜读书，虽十家村落，亦有讽诵之声。向科举未停，应童子试者，常至千数百人”。于是，“自井邑田野，以至远山深谷、居民之处，莫不有学、有师、有书史之藏”成为这一时期徽州村落的重要特征。同时，读书重教、科举入仕也是徽商崛起的重要因素，一直影响着徽州村落的文化景观。

农耕社会、习尚知书两个基本特征昭示着耕读文化是这一时期徽州村落的主流文化。“耕”体现了“农本”精神，“读”主要的一面是获取功名，次要的一面是一种自我价值的塑造。耕读文化在中国传统文化中具有重要地位，意味着高尚、崇德和超脱，是古代知识分子陶冶情操、追求独立意志的精神寄托。“耕以务本、读以明教”的思想促进了徽州的科甲成就，普遍提高了村民的文化素养，造成了徽州村落朴素、亲切的风格，洋溢着纯朴之风和乡土之情。在耕读文化背景形成的田园式村落是这一时期村落景观的主要特征。由于景观的继承性，田园化同样是明清时期徽州村落景观的主要特征之一。

徽州田园式的村落很早就被誉为“桃花源里人家”，位于黟县县城北 4 km 处的碧山就是其中一处。碧山历史悠久，公元 529 年一度是歙州州治所在地。碧山村沿山麓展开，背靠连绵的青山，前临开阔的田野，农夫耕田、妇女纺织、牧童放歌，一派浓郁的田园牧歌情趣。诗人李白南下黄山来到碧山求鹇，留下“问余何事栖碧山，笑而不答心自闲。桃花流水杳然去，别有天地非人间”的诗篇，表达了诗人对碧山秀丽风光的赞美之意。碧山人为纪念诗人，在山麓建李白楼和问余亭，楼亭遗址犹存。距碧山村约 2 km 的漳河上游有一处南宋摩崖石刻——章山题壁，题壁高 10 m 有余，宽约 5 m，共有楷书 166 字，是当时村中一些退隐官宦、乡绅和文人登山临水闲游的纪实。徽州多读书之人、退隐官宦，他们有着特有情趣，构筑私家园林、怡情山水是其表达特有情趣的重要方式，对村落景观往往产生重要影响。现仍残存于碧山村的安徽省唯一的宋代私家园林“培筠园”就是一例，该园为南宋碧山人汪勃所建，汪勃南宋绍兴二年(1132 年)进士，官至南宋签书枢密院兼权参知政事，封新安郡侯，后辞官回乡建造“培筠园”颐养天年。

3. 村落的勃兴鼎盛期

徽州村落的勃兴功在徽商。徽商形成于明成化、弘治之际，至清道光中叶以后衰落，前后相跨四百余年。四百余年徽商雄居全国商界赚得高额利润，受封建社会抑商政策、商品经济发展缓慢等因素影响，徽商“以末取财，用本守之”，将大量商业利润撤回故里，购置土地、兴建祠堂、营造园亭广厦，将商业利润转变为封建土地资本，这方面的事例史不绝书。于是，明清时期徽州迅速发展成为江南富饶之地，有"富室之称雄者，江南则推新安，江北则推山右"之称。

徽商输金故里使得明清时期徽州村落盛极一时，家谱志书有许多当时村落盛况的记载。徽州"每逾一岭、进一溪，其中烟火万家、鸡犬相闻者，皆巨族大家之所居也。一族所聚，动辄数百或数十里"，"今寓内乔木故家相望不乏，然而族大指繁，蕃衍绵亘，所居成聚，所聚成都，未有如新安之盛者"。清朝末代翰林歙县人许承尧在《歙事闲谭》中摘录了清康熙年间歙人程且硕《春帆纪程》描述的歙县村落盛况，"徽俗士夫巨室多处于乡，每一村落，聚族而居，不杂他姓。其间社则有屋，宗则有祠。……乡村如星列棋布，凡五里十里，遥望粉墙矗矗，鸳瓦鳞鳞，棹楔峥嵘，鸱吻耸拔，宛如城郭，殊足观也"。程且硕自祖父起已侨寓扬州，回归故里叹称家乡村落"宛如城郭"，可见当时徽州村落是何等辉煌。

据研究，在现代农业生产力条件下可耕地较多、耕作半径较大的平原地区，村落人口规模少有超过 1 000 人的，而山多地少的徽州明清时期已是"千丁乡村，他处无有也"。村落的空间规模、人口规模与自然环境、自然资源完全不相称，充分说明明清时期的徽州村落，特别是大族聚居的村落已脱离了对农业的依赖，脱离了传统农业村落的发展轨迹，村落发展基本仰仗徽商商业利润。学者胡适为徽州绩溪人，对此有过精辟的论述，"不可但见小绩溪，而不看见那更重要的'大绩溪'，若无那大绩溪，小绩溪早已饿死，早已不成个局面"。

4. 村落的衰落期

徽州村落的兴衰与徽商发展密不可分。徽商的衰落是从徽州盐商失势开始的，道光十二年(1832 年)清廷废除纲法改行票法，徽商丧失了世袭的行盐专利权。另外，清廷迫于财政困难严追盐商百年来积久的盐课，使得许多徽州盐商因之而破产。徽州盐商向来是徽商的中坚力量，盐商的失势使得整个徽商势力大为削弱。同时，西方列强侵略也给徽商以沉重打击。太平天国时期长江中下游是主要战场，而该地区是徽商重要行商地区之一。更甚者，徽州向来鲜遭战祸，但此时却成为太平天国起义军与清军激烈争夺的地带，前后持续 12 年几乎与太平天国在南京建国的时期相始终，战火蔓延徽州所辖各县，昔日辉煌的村落遭受巨大破坏。例如，绩溪的上川胡氏宗族"嘉道时人可五六千，居户鳞次，……继经粤冠，族人逃亡者十之七八，居室大半遭毁。迩来虽生养经营四五十年于兹，而四郊犹多残址，远不如嘉道时矣"；如婺源"乾嘉之间，五乡富庶、楼台拔地，栋宇连云。兵燹以来，壮丽之居，一朝颓尽，败垣破瓦，满目萧然。承平五十载，元气卒不可复"。

中原人口三次南迁，至晚清相隔千百年，徽州村落经历了形成期、稳定发展期，步入鼎盛，由于徽商失势、太平天国战争等因素的影响走向衰落。图 3－3 反映了千百年间徽州村落的演化轨迹。

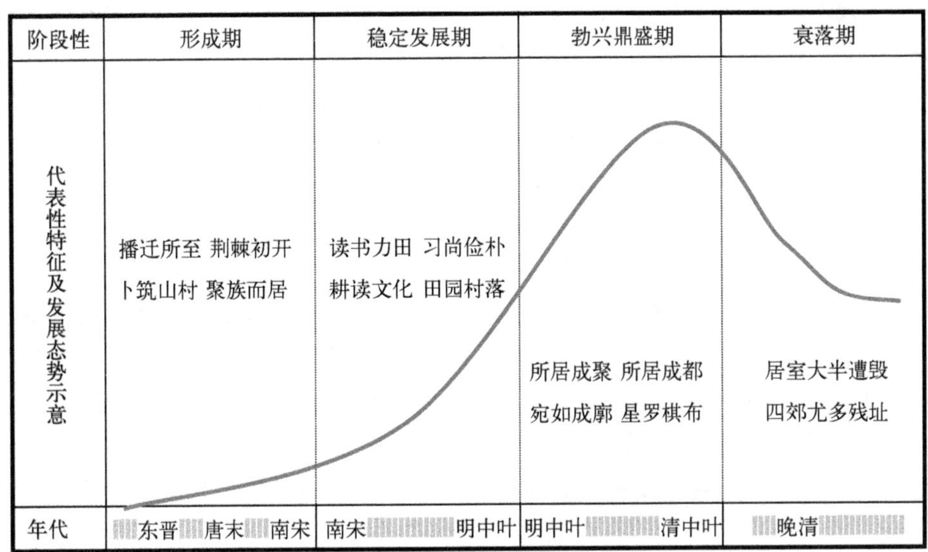

图 3-3　徽州古村落的演化过程

资料来源：陆林等，2004a

(三) 典型古村落的演化案例

徽州古村落演化特征及机理可从歙县呈坎、棠樾，黟县宏村、西递等典型村落的发展得到验证。呈坎位于歙县西北黄山脚下距县城约 20 km。唐末罗天真和罗天秩堂兄弟二人自江西洪都(今南昌)来歙定居呈坎，形成两个独立的罗氏宗族，前者被奉为前罗始祖，后者被奉为后罗始祖，前罗、后罗宗族都是到了北宋末第八、第九世时人丁兴旺，为宗族兴旺、村落发展提供了基本条件。据研究，前、后罗宗族发展各具特色，后罗发展的主要原因在于兴文重教、科举入仕。例如，后罗八世祖罗汝辑进士官至吏部尚书、龙图阁学士、新安开国侯、少师，生六子，四人为通判、二人为知州。明弘治十二年(1499 年)徽州知府为罗汝辑等 34 人建文献坊，表彰后罗宗族读书入仕的成就。与后罗相比前罗入仕者较少，走的是经商致富的道路，崛起于明中叶。后罗宗族诗书起家累官封侯，前罗宗族经商发达，共同将呈坎村推入鼎盛发展期。祠堂的兴建是呈坎鼎盛发展的重要标志之一。明中叶后，前、后罗氏两族修建祠堂十座，其中前罗氏宗族的贞靖罗东舒先生祠始建于明嘉靖年间，续建于明万历年间，气势恢宏、构造精细、装饰精美，1996 年被列为全国重点文物保护单位。鼎盛时期呈坎村有前街、后街、钟英街等 99 条街巷，两侧民宅鳞次栉比、纵横相接、扑朔迷离、宛如迷宫，20 世纪 90 年代全村仍保存有 30 幢明代民居、200 多幢清代民居。

棠樾位于歙县城西 7.5 km 处，距呈坎约 15 km，棠樾的产生可追溯到南宋建炎年间(约 1130 年)。棠樾始祖鲍荣世居府邑西门建别墅于棠樾，四世祖鲍居美自西门携家定居棠樾，从此，棠樾成为鲍氏聚居之地。宋末经元至明初棠樾以农耕为主业，元至正年间鲍氏族人建水利设施大母碣灌溉农田六百余亩，保证了农业生产。《宋史》卷四五六载该村“父慈子孝”事迹，棠樾村由此闻名。明永乐十八年(1420 年)建“慈孝里”坊称棠樾为慈孝之村。明中期棠樾鲍氏十六世祖鲍象贤明嘉靖八年(1529 年)进士，官至兵部左侍郎，誉为嘉靖朝“中兴辅佐”，明史列传。在其影响下，明中后期棠樾经历了第一次营建高潮，终明一代，棠樾已具有相当规模。清乾嘉年间棠樾出了鲍志道祖孙三代及其兄弟鲍启运等大盐商，他们输金故里，大兴土木，再次掀起村落建设高潮，将棠樾村发展推向鼎盛，在明代前街的基础上建成与之相平行的后街，形成村落两条主干道，清代建的大型民宅多集中于后街，其中有鲍志道宅保艾堂和鲍启运宅遵训堂。保艾堂是当时徽州最大的民宅，有 108 房、36 天井，村口在明代已在 3 座牌坊基础上陆续增建 4 座牌坊，按“忠”、“孝”、“节”、“义”排列，形成独具特色的棠樾牌坊群村口景观。棠樾牌坊群 1996 年被列为全国重点文物保护单位，成为徽州标志性文化景观。清末道光年间徽州盐商失势，棠樾失去经济支柱迅速衰落。太平天国时期战火重创遵训堂等精美建筑，棠樾鲍氏外流避乱，从此难现昔日辉煌。

宏村位于黟县城东北约 10 km 处，汪氏宗族聚居地。南宋前歙县唐模汪氏一支因遭火灾迁往黟县奇墅，南宋绍兴年间奇墅遇盗，汪彦济一支迁往宏村。宏村的发展与兴修水利、改善人居环境联系在一起。元中叶人口增多，村落规模扩大，需要开挖水塘、修建水圳，但当时无力兴修浩大的水利工程，只得将其记入宗谱传递后世。明初在前人基础上制定了村落水系改造规划，经过几代人努力在村中央开挖形如半月的水塘——月沼，修建水圳数百丈，引溪水入村。月沼建成 150 多年后，已有的水利设施已不能满足村落发展需要，于是汪氏族人于明万历丁未(1607 年)在村南又兴建了面积达 1.8×10^{2} m^{2}的南湖。月沼—水圳—南湖别具一格的村落水利系统改善了人居环境，促进了村落的发展。清乾嘉年间进入鼎盛发展时期，“我族自南宋迁居宏村，世德相承，人文蔚然，清乾嘉之季，阖族支丁实有三千余人，为最繁衍时代。村居拓展，绕抱南湖，栉比鳞次，密密如织，楼台近水，倒影浮光”，一派欣欣向荣景象。宏村现有的建筑多建于鼎盛时期，如曾任民国国务总理汪大燮启蒙处的南湖书院，安徽省重点文物保护单位三立堂、承志堂等。承志堂占地 0.28×10^{4} m^{2}，建筑面积 0.3×10^{4} m^{2}，拥有内房 28 间、天井 9 处，全宅雕刻精美，耗银数十万两，是目前徽州保存最好、规模最大、功能最齐全的民居。宏村西北方向约 5 km 的羊栈岭是徽州一处重要关隘，太平天国时期太平军与清军乡勇在此激战 20 多次，对宏村造成严重破坏，“洪杨劫后，族人流离转徙，村运大衰，浸至目下，调查阖族支丁全数，视畴昔仅足十成三而已”。

西递位于黟县城东 8 km，是明经胡氏宗族聚居地，明经胡氏原籍婺源，北宋元丰年间壬派胡士良一支迁居西递，之后近 300 年人口增长较慢，以务农为主业。明中叶宗族人丁兴旺，人口大增，科举入仕、经商者渐多，其中不乏佼佼者，如胡文光官居四品，功绩显著，明万历元年（1573 年）朝廷允准建坊旌表，此坊仍立于西递村口。入清，经商、入仕发迹者更多，如“江南六富之一”的胡贯三、其子杭州知府胡元熙等，他们衣锦还乡，建房屋、修祠堂、筑路桥、开学堂，村落日趋繁荣，到清中叶全村有宅院 600 多幢、街巷 99 条、祠堂 30 余座、牌坊 13 座、水井 90 多眼、各种店铺 20 余家。清道光元年（1821 年）胡元熙岳丈歙县雄村人曹振镛，时任军机大臣、太子太傅，作《胡氏族谱序》称“夫胡氏壬派一支，自宋历元明而今，更七百数十年，积三十余世，族姓蕃衍，支丁近五千余人”，可见当时西递之盛况。西递胡氏主要经营典当、南北杂货、丝绸布业等，清末清廷不断增加典税、茶叶税，西递胡氏商人遭重创，终于无力支撑西递的发展。太平天国时期，西递许多园林、别墅、书馆、祠堂毁于战火。西递现存古民居仅为全盛期的 1/3。

上述分析表明，4 处村落始建时期各不相同，但都经历了形成期、稳定发展期、鼎盛期和衰落期，科举入仕、经商是徽州村落走向兴旺的基本途径。做官发迹、经商发达的徽州人衣锦还乡置田园、修宅第、兴水利、建书院，村落因此繁荣，后都因徽商衰落、太平天国时期战火的破坏而走向衰落（表 3－2）。

表 3－2　典型徽州古村落的演化过程

类别		呈坎	棠樾	宏村	西递
形成期	时间	唐末至北宋末	南宋初	南宋绍兴年间	北宋中叶
	代表性人物、事件	始祖罗天真、罗天秩自洪都来歙定居呈坎，至北宋末人丁兴旺	始祖鲍荣建别墅于棠樾，四世祖鲍居美携室居棠樾	始祖汪彦济迁居宏村	始祖胡士良自婺源迁居西递，五世至十三世人口繁衍较慢
稳定发展期	时间	北宋末至明中叶	南宋至明中叶	南宋到明中叶	北宋中叶至明中叶
	代表性人物、事件	后罗宗族科举崛起，建“文献坊”	农耕为主业，兴建农田水利设施	月沼、水圳、南湖等设施建设、人居环境改善	农耕为主业、十四祖枝繁叶茂、人丁兴旺
勃兴鼎盛期	时间	明中叶至清中叶	明中叶至清中叶	明中叶至清中叶	明中叶至清中叶
	代表性人物、事件	前罗宗族经商崛起，代表性祠堂的兴建、“三街、九十九巷”村落格局形成	明嘉靖“中兴辅佐”鲍象贤开创第一次营建高潮，清乾嘉盐商鲍志道等兴起第二次营造高潮	阖族支丁实有三千余人。村居拓展，绕抱南湖，栉比鳞次，密密如织	明中叶胡文光牌坊兴建，清中叶族姓蕃衍，支丁近五千余人

续 表

类别		呈坎	棠樾	宏村	西递
衰落期	时间	清中叶以后	清中叶以后	清中叶以后	清中叶以后
	代表性人物、事件	徽商衰落	徽州盐商失势，太平天国时期战争破坏	徽商衰落，太平天国时期战争破坏	典当等衰败，太平天国时期战争破坏

资料来源：陆林等，2004b

晚清以后，呈坎、棠樾、西递、宏村又经历了若干重要历史时期。到了20世纪末、21世纪初，它们又迎来了新的发展期，呈坎的罗东舒祠、棠樾的牌坊群，呈坎村古建筑群，宏村古建筑群于1996年、西递村古建筑群于2001年分别被列为全国重点文物保护单位。2000年西递、宏村更以其保护完整、真实的历史遗存和深厚的历史文化内涵被列为世界文化遗产，徽州村落以其独特的历史文化价值备受世人注目。

四、徽州古村落的景观特征及形成机理

（一）徽州古村落的景观特征

1. 宗法观念的景观体现

1）聚族而居，宛如城郭。聚族而居，是迁徽的中原大族，为坚持世家大族的宗族制度而采取的一种居住形式。“新安各姓，聚族而居，绝无杂姓搀入者”。明清时期，徽商输金故里更使聚族而居的徽州古村落盛极一时，家谱志书有许多昔日古村落盛况的记载。地处山区的徽州明清时期已是“千百户乡村”“星列棋布”“相望不乏”，村落规模与徽州自然环境、自然资源以及当时农业生产力水平完全不相符。上述已说明当时的徽州村落，特别是大族村落已经脱离了对土地的依赖，脱离了传统农业村落发展轨迹，村落建设和发展基本仰仗徽商的商业利润。

2）祠宇相望，堂皇闳丽。明中叶以后，祭祖礼制变革，徽商鼎力支持，徽州祠堂大兴。志书谱牒多有记载，“邑俗旧重宗法，聚族而居，每村一姓或数姓；姓各有祠，支分派别，复为支祠，堂皇闳丽，与居室相间”，“徽州多大姓，莫不聚族而居，而以汪、程为最著，支祠以数千计”，可见徽州祠堂建设之盛况。据记载，清嘉庆十五年（1811年）绩溪有祠堂189座，1947年增至340余座，1982年全县境内尚存祠堂160余座。婺源1982年文物普查全县尚有祠堂113座。黟县1985年文物普查全县乡村保存祠堂111座。徽州大族村落常常拥有数座、数十座祠堂。据研究，明清时期，黟县西递明经胡氏宗族共建祠堂26座，南屏村叶氏宗族建有二十多座祠堂。

至今徽州古村落中还保存大量祠堂，黟县西递保存了敬爱堂、追慕堂、七哲祠等7座祠堂，歙县棠樾保存有敦本堂、清懿祠、世孝祠等祠堂，黟县南屏横店街约200 m的街巷保存有8座祠堂。

徽州不仅“支祠以数千计”，而且多有“千百丁祠”、“千人祠宇”，甚至“会祭有万丁之祠”。徽州古村落至今仍保存不少规模宏大、气势轩昂的祠堂，一般占地都在400～500 m²，有的达1 000 m²以上。有些被列为县级、省级，甚至国家级重点文物保护单位。例如，全国重点文物保护单位绩溪龙川胡氏宗祠坐北朝南，在南北中轴线上展布了照壁、平台、门厅、正厅、前厅、寝宫和特祭祠等一系列建筑，保持着严格的对称。在空间、体量、色彩等方面采取了一系列有效的措施，凸显了宗祠的庄严肃穆。祠前溪流对岸一面与祠堂等宽的墙体形成宗祠照壁，左右置青石板桥与祠堂相连，宗祠、照壁、青石板桥、祠前溪流围合成宽阔的祠堂广场，延续了祠堂空间。采取逐级抬高地坪的方法使祠堂高出周围民居，在视线上高出周围山峦，烘托祠堂巍巍之势。前松后紧、上开下闭的空间布局方法，使空间重心落在正厅，正厅成为祠堂空间序列展开的高潮。祠堂无窗无饰的大面积白墙与黑色大屋顶的色调对比，幽暗厅堂与明亮天井的明暗对比，提高了人们的注意力，强调了祠堂的存在。与外部张扬相对应，祠堂内部饰以大量的石雕、砖雕、木雕，其中木雕最具特色。以荷花为主题，形成祠堂雕刻的主调，荷花有含苞、初绽、盛开、带莲之别，荷叶有平铺、翻卷、舒展、低垂之分，表达了胡氏宗族对荷花“出淤泥而不染”、“虚心正直”品质的崇尚。

徽州古村落祠堂一般与住宅相脱离，或位于村首，以其宏丽的规模、高耸的形象成为村落的标志、宗族的荣耀，歙县棠樾村口至今耸立着敦本堂、清懿祠、世孝祠三座祠堂；或位于村中，与书院、文会、社屋等文化性建筑组成宗族的祭祀、礼仪和社交活动中心，它们往往也是村落精神空间的中心。对于历史久、规模大、宗族势力强的一些古村落，这样的中心不在少数，并有层次、等级之别，形成内在联系结构，形似自由布局的古村落，实际上是以宗族关系维系的有机整体。明清时期，歙县瞻淇汪氏宗族建有1座总祠和8座支祠，位于村中心的总祠继述祠是全村祭祖之地，支祠随血缘组团分布，形成各自的次中心，各支祠因人力、财力和地位等因素，规模不一(图3-4)。

3) 牌坊林立，肃穆威严。牌坊是中国特有的一种纪念性建筑，被视为中华象征性标志之一。明清时期徽商不遗余力地立牌坊传世显荣，于是牌坊成为徽州古村落重要的景观建筑。历史上绩溪建各类牌坊182座，现存15座。婺源建156座，休宁建185座，徽州府治歙县现存101座。历史上徽州不少村落曾修建数座牌坊。黟县西递村口曾连续排列13座牌坊。目前歙县郑村、雄村仍分别保存了7座、6座牌坊。牌坊是纪念性建筑，每一座牌坊都有着深刻的文化内涵和特定的功

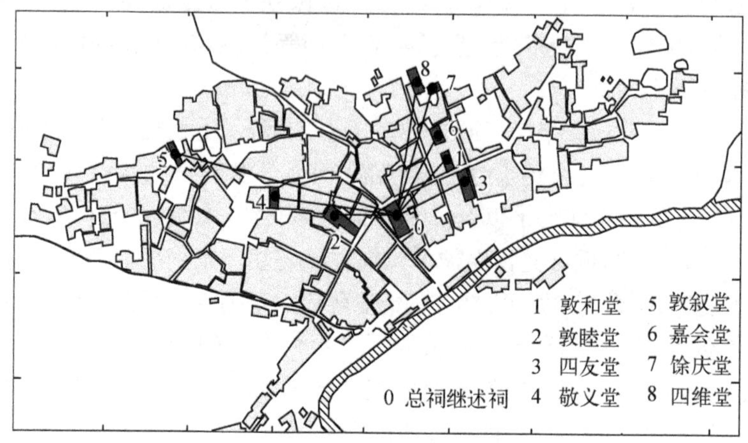

图 3-4 歙县瞻淇祠堂空间分布

资料来源：东南大学建筑系等，1996

能。就内涵、功能而言，徽州古村落的牌坊大致可分为标志坊、官禄坊、科举坊、尚义坊、节烈坊和百岁坊。为了宣扬，徽州牌坊不仅力求高大雄伟，气势不凡，而且往往将牌坊竖于祠堂前或村口，祠堂、牌坊两种礼制性建筑组合在一起相互衬托，营造出浓厚的宗法氛围。村口远离民居等建筑视野开阔，更能凸显牌坊的气势，富有震撼力。村口牌坊，特别是数座牌坊组成蔚为壮观的牌坊群，步入其间，肃然起敬。歙县棠樾村口耸立着明清时期修建的 7 座牌坊，组成了全国重点文物保护单位棠樾牌坊群。同县稠墅村口保存着由 4 座牌坊组成的牌坊群，柔川、竹溪村口分别保存着由 3 座牌坊组成的牌坊群(表 3-3)。

表 3-3 徽州立于村口的现存牌坊

牌 坊 名	位 置
胡氏节坊	歙县县城南江外王林村东头
屯田汪氏节孝坊	歙县上丰屯田林村口
丞相状元坊	歙县槐塘村东头
四柱四面坊	歙县丰口村口
文昌阁牌坊	歙县溪头乡兰田村口
胡氏进士坊	歙县吴川村东头
徐氏贞节坊	歙县吴川村东头
柔川三石坊	歙县柔川村口
兰田汪氏节孝坊	歙县许村兰田村口
竹溪三石坊	歙县竹溪村口
洪氏进士坊	歙县岩寺洪坑南头村口
吴氏贞节坊	歙县岩寺洪坑南头村口
吴氏节孝坊	歙县岩寺洪坑南头村口

续 表

牌 坊 名	位 置
三世二品坊	歙县罗田忠塘村北头村口
金紫祠	歙县潜口村东头村口
赞宪坊	歙县蜀源村南头村口
贞寿之门坊	歙县蜀源村南头村口
鲍光绩妻节孝坊	歙县蜀源村南头村口
徐氏祖祠坊	歙县徐村东头村口
稠墅四牌坊	歙县稠墅四牌坊
棠樾七牌坊	歙县棠樾东头村口
吴中明坊	歙县南溪南东头村口
吴蔚起石坊	歙县南溪南东头村口
同胞翰林坊	歙县唐模村口
吴家节孝坊	歙县岩寺下长林村东头村口
奕世尚书坊	绩溪龙川村西头村口
大夫坊	绩溪冯村村口
龙源石坊	休宁县兰渡龙源村口
富溪节孝坊	休宁县兰渡龙源村口
大头坊	休宁商山村口
紫宸近侍坊	休宁榆村乡太塘村口
荆藩首相坊	黟县西递村口
方守仁义坊	黟县宏潭乡竹溪村口
宪伯坊	祁门六都村口

资料来源：宋子龙等，1995；歙县地方志编纂委员会，1995；祁门县地方志编纂委员会办公室，1990；黟县地方志编纂委员会，1998；休宁县地方志编纂委员会，1990

2. 文化氛围的景观体现

1) 书香村落，文风犹存。据歙县等县志记载，歙县等5县清末民国初共有私塾1 500所，徽州古村落至今仍保存了不少私塾建筑，如黟县南屏的梅园家塾、培阑书屋、抱一书屋，西递的桃园李等。同时，徽州古村落许多宅第与书学有关，如黟县关麓的“安雅书屋”、“临溪书屋”、“双桂书屋”、“吾爱吾庐”、“容膝易安”等，这些宅第无不洋溢着浓浓的书香气息。书院是我国古代特有的一种教育组织形式，宋代起书院数量成为衡量区域教育发展程度和学术水平的重要标志。徽州书院兴盛，明末即有“天下书院最盛者，无过东林、江右、关中、徽州”之说。据考证，宋元时期徽州有书院42所，明清时期有89所。除少数位于府治县城，多数书院分布于村落之中。徽州书院规模较大，一般包括讲堂、藏书楼、祭殿、斋舍以及园林等部分，形成独立的建筑体系。黟县宏村南湖书院建于清嘉庆十九年(1815年)，占地约$6\times10^3 m^2$，主厅堂分东、中、西三部分。东侧三进三间，首进木栅栏门楼，中进正厅为先生讲学堂所，后进文昌阁摆设孔子牌位供学子瞻仰；中轴门楼为飞檐翘角的三层门罩，入内为门楼廊间，拾阶而上是启蒙阁，后进会文阁是文人墨客以文会友之所;西侧临湖有望湖楼,楼下祇园有玲珑假山。南湖书院坐落于村口南湖北畔,得湖光山色之灵气,激学子之文思。

2) 古朴民居,风格儒雅。民居是村落最基本的建筑细胞,自明代徽州民居的造型、色彩、布局等都有着比较统一的格调和风貌,形成自己独特的建筑体系。徽州民居外部体型轮廓比例和谐,尺度近人,一般都是青瓦、白墙,给人以清新隽逸、淡雅明快的美感。造型上除一般中国古建筑的低层、坡顶形式外,着重采用马头墙的建筑造型。马头墙原来是为了防火,俗称"封火墙",是实用需要,然而在徽州,由于运用之广,组合形象之丰富,形成独特风格,打破了一般墙面的单调,增加了建筑的美感。一片建筑群,一处村落就会形成一组连续、渐变、交错、起伏的马头墙"乐章"。徽州民居相互紧邻,墙接瓦连,屋宇鳞次栉比,形成更为迷人的村落整体轮廓:青山下、绿原上,田野畔、翠竹间,点缀着洁白、炫人眼目的玲珑楼舍,参差辉映,黑白相间,起伏交错,轻盈淡雅,黑、白、绿的色彩构成具有和谐、雅致的效果。

徽州民居外墙,高大,很少装饰,一般在外墙高处开一小窗,形成封闭性很强的宅院空间,体现了徽州商贾、仕人强烈的内聚、封闭的生活意识,同时也体现了防火防盗的实用价值。与整齐单一的外墙面相反,大门一般均加以重点修饰,显得富丽华贵,大门的外框一般都有用大青石做成的精工细镂、花饰满坛的门罩或门坊,这些门罩或门坊,紧贴在高大的素墙上,疏密相映,繁简相补,重点突出,体现了主人的儒雅与富有。

徽州民居平面多作内向方形布局,面阔三间,明间厅堂、次间卧室,左右对称。围绕扁长形的天井构成三合院基本单元。三合院平面布局体现了封建制度的制约,明典制森严,据《明史·舆服志》载"庶民庐舍,洪武二十六年制,不过三间五架",反映了宗法伦理的位序和风水"蕴藏生气"的空间观念。"三间五架"显然不能满足徽州"聚族而居"的需要,因此,徽州多以三合院为基本建筑单元组合成不同类型的住宅群体,基本单元一进一进地向纵深方向发展,形成二进堂、三进堂、四进堂,甚至五进堂。后进高于前进,一堂高于一堂向后增高,这既反映了主人"步步升高"的精神追求,又有利于形成穿堂风,加速室内空气的流通。各户住宅群体根据血缘的亲疏又形成更高一级的宗族住宅组团,黟县关麓至今仍保存着八弟兄住宅组团。

天井是徽州民居的生长点,具有承接和排除屋面流水、采光、通风之用途。由于屋面檐口都内朝天井,四周流水从檐口流入明坑,当地称"四水归堂",是徽商"聚财气"、"肥水不流外地"思想的建筑外化。天井长宽比一般为 5∶1,狭长形的天井使得采光效果与一般北方四合院不完全一样,后者院子大,所采基本为天然光,而前者所采光线多为二次折射光,这种光线避免了天然眩光,比较柔和,给人以静谧舒适之感。天井狭小,风沙尘埃很少干扰院内,因此厅堂临院很少设门,厅堂与天井融为一体，人们坐在厅堂内能够晨沐朝霞，晚观星斗。古徽《风水歌》曾赞美道："何知人家有福分，三阳开泰直射中；何知人家得长寿，迎天沐日无忧愁。"高大封闭的外墙隔离了自然，但天井又将自然引入。外闭内敞，既体现了民居的建筑风格，也折射了商贾、仕人的人生哲理。

徽州民居朴素简洁，同时又注重装饰。厅堂是注重文采之所，厅堂两侧柱面多刻制楹联，楹联文字简洁、思想深邃、手法生动，既有宣扬儒家伦理道德、读书入仕的，也有反映主人处世哲理、闲情逸致和村居环境的。寥寥数字，寓意深刻，经书法家题写，成为精美难得的艺术佳品，与民居相映生辉、相映成趣，增添了徽州古村落的文化气息。人们的思绪在楹联的引导下，与空间环境氛围相融合，冲出宅院空间，走向礼治的社会。

黟县关麓有联"东鲁雅吉诗书执礼，西京明诏孝梯力田"。南屏有联"忠孝传家永，诗书处世长"、"惟孝惟忠聪听祖考彝训，克勤克俭知稼穑艰难"。宏村有联"敦孝弟此乐何极，嚼诗书其味无穷"，西递有联"孝悌乃传家根本，勤俭是经世文章"、"传家礼教惊三物，华国文章本文经"、"事业从五伦做起，文章本六经得来"、"守身如执玉，积德胜遗金"。这些楹联无不宣扬了儒家的伦理思想。

明清时期徽州出了不少读书入仕的官吏和"贾而好儒"的商人，他们大多有着艰难的创业经历，对人生、生活感悟深刻。他们将自己深刻的人生体验和感悟，浓缩成极其简洁的文字，写在楹联上，悬挂于厅堂之上，让子孙后代能时刻牢记。这一类的楹言在徽州为数不少。关麓村有联"惜食惜衣，非独惜财缘惜福，求名求利，总需求已莫求人"。宏村有联"闲谈莫论他非，静坐常思己过"、"淡泊明志，清白传家"、"善为至宝一生用，心作良田百世耕"、"世事让三分天宽地阔，心田存一点子种孙耕"、"气忌燥言忌浮才忌露学忌满，胆欲大心欲细智欲园行欲方"、"遇事虚怀观一是，与人和气誉群言"。西递有联"大富贵必须勤苦得，好儿孙是以阳德来"、"快乐每从辛苦得，便宜多自吃亏来"、"能守苦方为志士，肯吃亏不是痴人"、"德从宽处积，福从俭中来"、"清以自修诚以自勉，敬而不怠满不盈"、"传家有道惟存厚，处世无奇但率真"。

在"虽十家村落，亦有讽诵之声"的古时徽州读书风气盛行。这种风气至今仍清晰地刻画在古楹联的字里行间。宏村有联"万石家风惟存厚，百年事业在读书"、"齑粥余风，宜承先志；诗书世业，重翼后人"、"欲高门弟须为善，要好儿孙必读书"。西递有联"几百年人家无非积善，第一等好事只是读书"、"书为良田何为嫌无厚产，仁为安宅由来自有享衢"、"得山水情其人多寿，饶读书气有子必贤"。今日读起这些朗朗上口的楹联，让人深深地感受到徽州村落书香气息的同时，也体会到昔日徽州信奉"万般皆下品，唯有读书高"、"学而优则仕"的强烈社会意识。

中国传统的社会观念视"农为天下之本务，而工贾皆未也"，"徽民寄命于商"，并“以商贾为第一等生业”，在传统观念与实际生业发生矛盾时，徽州人提出了自己富有辩证的思想观点，西递笃敬堂的楹联“读书好营商好效好便好，创业难守成难知难不难”就是这种观念最好的表述。这幅联对传统社会观念中“唯有读书高”和“工贾皆未也”的思想作出了辩证的阐述，认为不论是最上等的“学而优则仕”，还是最下等的经商，只要取得效益就是好的。这种观念在当时无疑是富有创新的思想。在这种创新思想的影响下，经商自然可以成为第一等生业。关麓村有联“裕厥嘉猷，梯山航海；隆其继述，启后承先”。

徽州民俗朴厚，“多隐者处山谷间，隐君子乐居之”。在徽州“退隐田园”、“放啸山林”的隐逸、士举以楹联来表达其励志养性、自行其乐的闲情逸致。关麓有联“良辰美景赏心乐事，莫辞妙墨好古多闻”，“金玉其心藏兰其室，仁义为仁道德为师”，“自得山中趣，谁论世上名”，“闲居足以养老，至乐莫如读书”。黟县卢村有联“芝兰气味琴声调，松竹丰姿鹤怡性情”。西递有联“漫研竹露裁唐句，细嚼梅花读汉书”。

徽州山明水秀，风光旖旎多姿，村落与民居大多有着良好的人居环境。良好的人居环境，通过楹联传递给了世人。关麓有联：“一榻松风仁者寿，半庭夜月圣之清”、“竹影扫秋日，荷花落古池”、“秀水绕门蓝作带，远山当户翠为屏”、“风清流水当门转，春暖飞花隔岸来”。南屏有联“稻秧正青白鹭下，弈棋烂熟黄鹂鸣”、“两江春水当门绕，一色天光入户来”。宏村有联“雷岗山世外春色，牛形村夜半钟声”、“春雨润木自叶流根，皓月当空若镜临水”。西递有联“清风明月本无价，近山远水皆有情”、“上人天然居，居然天上客”、“白云深处仙境，桃花源里人家”、“四山便是清凉园，一室可为安乐窝”。这些楹联无不以其生动、精练的语言，将其优美的村居、民居环境形象地展示在人们的眼前，使人们倍感亲切、自然。它们引导人们对人居环境有更深刻的理解，使人的思绪和想象冲破有限的建筑空间，神游于秀丽的山水之间。

在营造空间文化氛围作用中，古题额、古匾额与古楹联有着异曲同工之处。古题额常常镶嵌在徽州民居大门或庭院门的上方，有的民居有数处题额。它们往往很好地透射出有较高文化素养的房屋主人的人生哲理和生活情趣。例如，西递的“临溪别墅”很清晰地勾画出坐落在涓涓流水的优雅宅院和怡人的环境。“临溪别墅”是一座书斋庭院，庭院不大，但光线充足。院内种植了一棵百年牡丹。院墙上嵌着有精美花纹的漏窗，漏窗将墙头淙淙的溪水声引入院内，给书斋庭院增添了几分灵气。在宁静的日夜里，伴随着流水之声观花赏月，就如同步入仙境的月宫，庭院的主人将此漫步仙境的感觉，刻在墙边的门额上，一边是“步瞻”、一边是“挹芳”。西递“仰高堂”有一块名为“浣月”的题额，因其门临小溪，每逢明月中天，水映月影，月沉水底，潺潺溪水从月上流过，仿佛溪水洗月，主人将邻近小溪的房屋题为“浣月”，恰到好处。与“浣月”相对，西递另一庭院，因环境优雅、静谧，主人将其题为“听月”，将人带入寂静的月夜，置身于庭院之中，聆听来自月宫的声音。

西递还有一间规模不算大的庭院，也没有太多的名贵花木，而在它的附近却有许多大的庭院园林，但在主人心目中，它同样也是一个园林，故题额名为“亦园”，展示了主人知足常乐的超然心境。类似题额在西递还有“怡然”、“吟风”、“清心”、“半闲”等。“半闲”得自于唐句“因过竹院逢僧话，始得浮生半日闲”，反映出主人自然、闲适的追求。

徽州村落崇文重教的浓重氛围也反映在门楣题额上(表3-4)。除西递的桃李园外，同为一邑的关麓村的“八大家”就有六处门楣题额与书院相关。例如，“安雅书屋”、“临溪书屋”、“双桂书屋”、“学堂厅”、“小书斋”和“问渠书屋”。“问渠书屋”将“问渠哪得清如许，为有源头活水来”的寓意，用于族中子弟读书学习之处，体现了主人告诫后人知识需不断学习的良苦用心。

表3-4 黟县西递、南屏、关麓村古民居门楣题额选录

西递	南屏	关麓
怡然半闲挹芳步蟾 履坦浣月听月吟风 清心留耕云林兰轩 芥舫亦园玉壶兴隆 聚垒迎瑞迎晴迎晖 迎曦毓秀山市露春	巡栀步月逸趣凝祥 迎晖瑞霭钟奇毓香 挹爽延晖东圃笑傲 半春园慎思堂萃秀里 大夫第	瑞蔼延禧松居环碧 笑傲荣祺气来凝祥 览辉绕翠来紫松风 来薰啸月迎祥 大夫第涵远楼
留香处种春园桃李园 芝兰圃兰舫斋百可园 亦吾庐笔啸轩三畏堂 依仁巷依让里懋修堂	古黟福地爰得我所 朝曦献阳倚南别墅 祥光满室云香风 东启长春培阑书舍 南熏别墅履道含和 井花香处旧德邻屋	吾爱吾庐紫气延禧 松风水月拟此清华 怀荻书屋安雅书屋 双桂书屋临溪书屋 淡月山房武亭山房
少得佳趣履道含和 结自得趣景木香处 枕石小筑临溪别墅 山环水拱罗峰拥翠 云秀所钟井花香处 云林遂想爽延朝旭 桂扑一枝读画敲诗 行远登高紫气东来 东皋日华西流虹亘 十干衍派七哲名家 钟灵毓秀作退一步想 桃花源里人家	水口神臬清风明月 水环月拱罗峰拥翠	南华别墅紫气东来 容膝易安书味菜香 小筑余舍颍水文澜

资料来源：陆林等，2005

徽州古民居门楣题额还是主人抒发志向和人生哲理之所。西递的“大夫弟”为五品官胡文照所建。他在仕途得意之时，在家乡建造“大夫第”时嵌入了“作退一步想”的题额，表达了主人“达则兼济天下，穷则独善其身”的处世思想，并告诫后人遇事应三思，人逢顺境作退一步想，海阔天空，人处逆境作退一步想，海阔天空。为了强化题额之意，胡文照还将附属建筑绣楼建造时后退一步，并且将墙的楞角削去。同一幢房屋上，还有“留耕”的题额，它取自于“心田存一点，留与子孙耕”的劝善联文，告诫后人要存心良善，以贻福子孙后代。劝人为善的门楣题额还见于同村的东园。在东园的门上方有镂空扇形楣望，虽无刻字，但扇形图案寓意深刻。东园不大的拱门高出地面有四级石阶，人走近门时，必然要向上看，这举头一望称“抬头见扇”，因扇与善谐音，形为“抬头见扇”，实为“抬头见善”。一语双关道出了房主做人为善、劝人为善的用意。

歙县呈坎村罗应鹤宅的门楣题额“首善儒宗”字体方正，笔画圆润有力，远观一股正气扑面而来。这是明朝官至礼部尚书的书法大家董其昌为其友罗应鹤时任大理寺卿所题，是对其廉政清明、勤政爱民的肯定。

徽州民居中富有文化价值的门楣题额不胜枚举。由于每一处都饱含着丰富的文化内涵，数十处、数百处的门楣、题额集中在同一村落，大大地渲染了村落的文化氛围，让人回味无穷。

古匾额与门楣题额同属文学和书法，悬挂于民居、祠堂、书院之中，是家族世代荣耀显贵的标志和主人生活情趣的体现。歙县棠樾存爱堂明代始建时为鲍氏十四世祖、孝子鲍灿，其匾额“存爱堂”为明周藩五所书，匾额取“爱莫大于爱亲，故人子之于亲，必存其爱焉，……”之意。清嘉庆名疡科医家鲍集成居此，以累世子孙和睦相处，获嘉庆帝赐“五世同堂”对谕匾。歙县瞻琪资政第为汪延栋所建。汪延栋是清光绪年间的秀才，任过河州知州，官居二品盐运使。因其曾带领百姓治理过湟河，闽浙总督杨昌浚于光绪十二年赠其“泽洽河湟”匾额。汪宅至今除“泽洽河湟”匾，从外到内还挂有“资政第”、“诰命”、“退思堂”、“花好月圆人长寿”和“退藏于黟”等匾额。

徽商行商在外受外界文化影响，回归故里将外界文化移植家乡，整合在民居建筑上，使得部分民居建筑风格发生变化，这种变化活跃了村落的景观。婺源豸峰的涵庐(图 3－5)、洋屋就是西洋风格与徽州固有建筑风格融合的产物。在空间处理上，徽州民居的马头墙虽然保留，但墙上的门窗形式为西式起券做法。内部也与传统的民居(图 3－6)不同，二层围绕天井是一圈西式栏杆装饰的跑马廊。

3）典雅雕刻，奇巧玲珑。明清时期，石、砖、木雕被广泛饰以徽州古村落的民居、祠堂和牌坊建筑。“新安多世家强盛，其居室大抵务壮丽”，但受封建营造制度和当地人多地狭、地形崎岖等条件的限制，世家大族所追求的壮丽建筑，大多在典雅工丽、奇巧玲珑的雕刻艺术上另觅蹊径，用具有很强景观审美效果的雕刻艺术装

图3-5　涵庐中西合璧的徽派民居

资料来源：东南大学建筑系等，1999

图3-6　典型的徽派民居

资料来源：许亦农，1990

饰建筑。黝黑的石雕给人以朴实、厚重的美感；青灰色的砖雕多饰以门罩、门楼，配在高大的素墙上，给人以精巧高雅之感；暗褐色的木雕则饰以民居、祠堂的木结构，给人以自然、亲切、高贵之感。古时徽州人还常将自身的文化信仰、人生哲理和生活情趣，通过不同的雕刻题材和表现手法体现出来，生动、含蓄。家乡的山川秀色、乡土风情也是徽州雕刻热衷的题材，其中透出浓浓的乡情。

3. 园林情调的景观体现

1）山深人不觉，全村同在画中居。徽州古村落远近皆山，景观效果远观近看各不相同。近看者，山峰引入仰视，会激起人的崇高之感；远观者，山峰叠嶂，或秀色可餐，或似有若无，如壮丽的山水画卷。徽州古村落多溪流，曲折和缓，加上潺潺水声，给村落以生机与灵气感。

建筑是园林的中心，观赏性是园林建筑的主要特性。民居是村落的中心，居住是民居的主要功能。徽州古村落的民居兼具观赏性,与园林性建筑有异曲同工之处。徽州民居结构和建材基本相同,粉墙、黛瓦、马头墙是其外观的基本元素,强化了民居的统一性。同时,因就地形,随高就低,民居大多在体型和轮廓上不期而然,呈现参差错落的变化。使得徽州民居在空间形态上具备了形式美的两个基本条件:多样、统一。在统一中见多样与变化,在变化中见和谐与秩序,表现出很强的韵律美、和谐美。远望时,青山绿水、翠野蓝天形成一个多彩的"底",闪烁其间的"粉墙"是生动的"图";走近村落,原先跃前的"粉墙"不断后退,渐渐与明亮的天空融合,虚拟为"底","黛瓦"则脱颖而出,跃前成"图",美不胜收。徽州古村落也不乏园林性建筑。如亭,古时徽州人多视建路亭为善举,于是徽州"三里一路亭、五里一茶亭"。路亭、茶亭点缀于青山秀水的田园之中,联想古时徽州人在路亭惜别远行经商的亲人,常使世人涌起一股柔情。由此,乡间路亭也成了富有情感的建筑,为徽州古村落增添了温情。园林化的徽州古村落为诗人、画家所咏颂。歙县唐模有楹联赞"山深人不觉,全村同在画中居"。"画中居"是园林化古徽州村居环境的真实写照。

2) 雅志村泉,筑室建园。园林化的徽州古村落大多有各样的园林,根据园林特征及所处位置,徽州园林大致可分为水口园林、书院园林和宅院园林。水口是村落的重要组成部分,一般位于封闭或半封闭的村落空间入口处,大多是两山夹溪的位置。水口在徽州具有浓厚的风水色彩,风水说认为"水本主财","水口者,一方众水总出处",因此"水出处不可散漫无关锁",为了留住"财气"和"富气",保佑全村兴旺,大多数人在水口增设"关锁",以桥为主并辅以树、亭、堤、塘等。于是水口建筑与周围绿水青山融为一体,形成了徽州水口园林。徽州水口园林不同于苏州等江南园林,后者多处市井,不易获得开阔的视野和借景条件,形成封闭的格局,造景遵照"虽为人作,宛自天开"的原则,前者多建于水口,能剪裁真山真水,充分发挥新安山水的感染力,因地制宜,巧于因借,与山水、田野、村舍融成一体,自成天趣,不烦人事之工。历经数百年,仍有不少水口园林得以幸存。例如,黟县南屏、西递,歙县唐模、许村、棠樾、雄村,婺源洪源、坑头、晓起,绩溪涧洲、冯村、石家村,休宁五城、富溪,祁门六都、张村。

造园活动渗透到书院,使得徽州书院普遍园林化。歙县雄村的竹山书院濒江而立,位于雄村之端,凌云阁、清旷轩、曲廊、平台等建筑,布局曲折、富有变化,满院的丹桂红榴修竹,堆叠其间的太湖石,颇得扬州、苏州园林之雅趣,置身其境悦情怡性激文思。黟县的南湖书院、绩溪的桂枝书院、休宁的还古书院等都是园林化的书院。

徽州古村落一般宅第都有庭院,今存实物如黟县西递西园、兰舫斋、桃李园、亦园、青云轩,宏村碧园、德义堂、承志堂,南屏半春园,碧山耕读园;婺源理坑云溪别墅、思溪敬序堂、庆余园；歙县棠樾遵训堂等，庭院园景布置，追求精巧、凝练、淡雅，有较为固定的章法，一般以鱼池为骨架，以带美人靠的回廊穿插，漏窗等丰富层次，适当点缀花木、庭石、盆景，园景高度写意化。

（二）徽州古村落景观的形成机理

徽州地处亚热带湿润性季风气候区，黄山、天目山和白际山脉环绕四周，山脉之间形成休（宁）歙（县）等盆地，源于四周山脉的新安江及其众多支流回环全境，形成闭塞但景色秀美的自然环境。徽州曾是古越人的聚居地，后因战乱成为中国历史上三次南迁人口的重要迁徙地。南迁的中原人不乏衣冠巨族，他们本来就有着强烈的宗法观念、严密的宗族组织，入徽后因生存的需要、文化的传承，促使中原世族极力维护、强固原有的宗法制度，聚族而居、尊祖敬宗、崇尚孝道、讲究门第成为徽州的社会风尚。宋代，程朱理学故里的徽州深受其影响，宗法观念成为“天理”，朱熹的《家礼》成为徽州人维系与强固宗族制度的基本准则。在宗法观念和宗族组织的支配、控制下，个人的升迁荣辱同宗族紧密相连。提高宗族的社会地位，有利于实现自身的理想和价值，自身的成功则可荣宗耀祖，提高本宗本族的社会地位。业儒入仕、荣宗耀祖是古时中国人的终极目标，徽州人也不例外，特别是他们中的世家大族，入宋以后虽不能恃门第之崇高而取得官职，但却能凭其家学渊源，走科举入仕之途。

中原人迁徽使人口增多，人地矛盾日益突出，于是经商之事业起。明清时期，徽人大半以贾代耕，终成明中叶至清中叶数百年间，几执全国商界之耳的徽商。徽商财力雄厚，经营致富后，因封建社会抑商政策等影响，采取“以末取财，以本守之”的方针，将大量商业利润转为地主资本，使得两宋以前贫穷的徽州成为“富室之称雄者，江南则推新安，江北则推山右”的富庶之地。徽商的发展在资本、人力、结交权贵等方面得益于宗族势力的鼎力支持，为了回报宗族的支持，更为了终极目标的实现，徽商对强化宗族势力给予了异乎寻常的关注，不惜输巨金回故里，在物质上购置土地作为族中公产，其田租收入用来泽惠族党；在精神上广造祠堂、牌坊、修谱牒宣扬宗法观念。商业逐渐取代农业成为徽州古村落的经济基础，徽商支持下的聚族而居、规模宏大的古村落以及村落中众多高大的祠堂、牌坊建筑形成了直观可视的景观，经历数百年至今仍向世人昭示着昔日宗族的荣耀和威严，极大地渲染了徽州古村落宗法观念和宗法制度的氛围。

迁徽的中原大族将中原文化移植徽州，成为当地的主流文化。至南宋，徽州作为朱熹的桑梓之地，读朱子之书，取朱子之教，秉朱子之礼蔚然成风，由此成为远近闻名的礼仪之邦，有“东南邹鲁”之称。“东南邹鲁”广设义学塾学、捐修官学、倡建书院，使得文化教育性建筑遍布徽州城乡，许多至今保存完好，成为徽州古村落的重要文化景观，向世人昭示着昔日的教育盛况。至今，徽州民居造型、色彩、布局等有着统一格调和风貌，形成自己独特的体系，在中国建筑史上独树一帜。同时，具有很高文化素养的徽州人将自身的思想情感、文化属性和价值观念通过民居等建筑的建筑形式、建筑风格和建筑装饰体现出来，从而使得徽州民居等建筑不仅具有很高的实用价值，而且具有深刻的文化寓意。

徽州古村落置于青山秀水之中，深得自然之利，借自然山水之美顺理成章地成为其景观特征的主要内容。古村落中颇具观赏性的民居等建筑融入青山秀水，造就了园林化的村居环境。园林化的村居有着多样的园林，徽州大好山水为多样园林的产生、发展提供了素材和舞台。徽州的园林起源于唐代，到了宋代，徽州造园技艺臻熟，文人雅士积极参与，更是左右了徽州园林的创构，为徽州园林注入了浓浓的书卷气息。明清时期"贾而好儒"的徽商寓迹四海，久客不归。晚年知还逸老，欲求肩息，雅志村泉，共叙天伦，于是大多输金回乡，筑室造园，为徽州造园活动提供了重要的物质基础。新安画派、徽州版画、徽州刻书等文化的崛起和繁荣，为徽州造园艺术提供了可资借鉴的精神资源，而徽派建筑、徽派盆景、徽派雕刻更是直接渗透到园林创作之中。使得徽州园林既有朴素的田园风光，又超越了一般农人的境界；既是世外桃源，又有奢靡之态的多重表现。

总之，两宋以前徽州还是一个农耕山区，明中叶以后徽商的兴起，商业利润的回流，使之一跃成为"富接江南"的富庶之地。"富接江南"、"文风昌盛"和"秀丽山水"成为明清时期徽州地理环境的主要内涵，孕育出特有的徽州古村落文化景观（图 3－7），至今仍具有巨大的魅力。

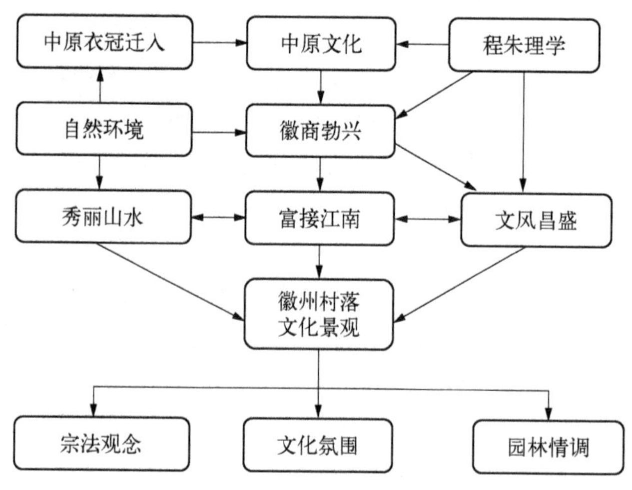

图 3－7　徽州古村落的景观特征及机理

资料来源：陆林等，2004b

五、徽州文化地理实习指导

(一) 背景材料的学习与应用

人文地理学是研究地球表层人类活动和地理环境相互关系的地域体系的形成过程、结构、特点和发展规律的地理学分支科学之一。文化区、文化扩展、文化生态、文化整合和文化景观是人文地理学研究的五大主题。徽州实习区不仅是了解、认识徽州文化很好的实习场所,也是学习人文地理学很好的实践地区。我们可以从人文地理学最基本的概念出发,从人文地理学研究五大主题入手,探索徽州文化的特征和发生发展的规律。

背景材料中的徽州文化形成与发展的地理环境基础,主要是从文化生态的角度,论述了自然地理、人文地理环境对徽州文化形成与发展的影响。

背景材料中的徽州历史上人居环境的特征,主要论述了历史上如何选择、利用和改造自然环境,以求得人与自然环境的和谐发展。

背景材料中的徽州古村落演化过程与特征,认为先秦时期徽州处于山越时代,山越先民主要从事农业生产,而黄山、天目山和白际山山脉环绕徽州四周,山脉之间形成了休(宁)、歙(县)、黟县、祁门等盆地,形成闭塞而景色秀美的自然环境,为历史上中原地区战乱等原因形成的南迁人口提供了重要的迁徙地。南迁入徽的中原移民将中原文化迁移扩散到徽州地区,中原文化与山越文化实行了文化整合,经过南宋以后的不断发展终于形成了有独特文化特性的徽州文化。古徽州府成为徽州文化的形式文化区的核心区,同时古徽州府又是徽州文化的功能文化区。徽州府作为行政区维持了一千多年,为徽州文化的发生发展发挥了重要的作用。虽然徽州作为行政区的功能已经弱化,但徽州作为独特的历史文化区,并没有因为行政区划的调整而失去特色。徽州文化区作为形式文化区将会长期存在。现今,不论是生活在黄山市、绩溪县、婺源县的居民,还是生活在外地的徽州人,在思想感情上有一种共同的地域自我意识,对于他们而言,徽州是有着浓浓乡情的乡土文化区。

文化景观(culture landscape)又称人文景观,是居住于某一地域的文化集团为满足其需要,利用自然界所提供的材料,在自然景观的基础上,叠加上自己创造的文化产品而形成的景观。文化景观是文化的一面镜子,不同的文化集团有着不同的产品。文化景观是文化研究的符号,可以提供文化景观创造者的生产和生活方式的证据。文化景观的各要素只有放在其地理背景中进行研究才有意义,文化景观与自然环境关系密切,文化景观的解释和认识依赖于当地自然环境的认识。利用过去文化景观留下的遗迹来探索当地文化景观历史上的发生发展过程，是人文地理学研究的一种方法，称为“文化史层”研究(sequent occupance)。背景材料中的徽州古村落文化景观特征和形成机制，系统地论述了徽州古村落文化景观的特征，以及文化景观反映的地理事实。追随徽州古村落文化景观的线索，我们可以较好地了解和掌握徽州文化发生发展的地理背景、过程和机制，是文化史层方法的具体运用。

古徽州府地域上，保存了大批较完整的古村落，这些古村落保留着大量的历史信息，特别是一些文化景观信息，这些文化景观很多已经成为徽州文化的标志性、典型性的文化符号。本书提供的实习线路上的徽州古村落都是现存徽州古村落的代表，保留了大量的徽州文化景观信息。同学们在实习过程中应格外关注，认真考察。同时，认真阅读本书提供的相关背景资料，以便更系统地、生动地理解人文地理学的五大主题；以便更直观、深刻地理解徽州文化的基本内涵。

人地关系是一种普遍存在的客观关系，经历了漫长的历史过程，人地关系论已成为人文地理学的理论基础。徽州文化的发生发展过程为研究和了解人地关系现象提供了很好的案例。从上述背景材料中可以了解到，徽州封闭而景色秀美的盆地环境，在中国三次人口南迁中，成为重要的人口迁入地。中原人口迁入给徽州带来了先进的生产力和生产方式，带来了先进的文化，同时也带来了大量的人口，大量的人口给山多地少的徽州带来了很大的压力，人地矛盾突出。狭小、贫瘠的土地向古时徽州人昭示，农耕之路无疑是座独木桥，只有走出大山，方能柳暗花明，生计所迫的徽州人走上了“以贾代耕”的道路。古时徽州人主动应对自然环境的挑战，终于创造了徽商，进而创造了灿烂的徽州文化。

现代徽州在发展过程中，同样面临着挑战。在挑战面前，现代徽州人再次选择了主动适应的道路，其中重要的举措就是利用当地良好的生态环境、秀美的风光、灿烂的文化，发展以旅游业为龙头的第三产业。走可持续发展之路，构建和谐的人地关系。

可见，到徽州进行综合地理实习对于同学们学习领会人文地理学的基本理论和研究主题，有着很大的作用，可以说徽州是进行人文地理实习的天然大课堂，在实习过程中，同学们应认真研读相关材料、认真观察和思考、认真总结。有理由相信，同学们通过徽州的综合地理实习，会进一步提高学习地理学的兴趣，提高地理学习的能力。

(二) 人文地理学研究的调查研究方法——地理社会调查

社会调查方法是获取区域人文地理信息的重要手段和方法。人文地理研究对象偏重社会环境，社会的历史、现状往往需要调查，社会成员的主观态度、意愿、行为倾向等都是人文地理学研究要涉及的内容。人文地理调查方法，就是在社会成员中收集并分析有关社会现象和事件的趋势的资料，以查明区域人文地理环境或事象。

(1) 地理社会调查的目的与方案

1) 地理社会调查的目的及特点。地理现象的社会调查是指对一些地理现象或有关问题，通过到各机关单位收集资料、组织召开座谈会或个别访问或观察了解一些有关事物的遗迹，取得相关信息。所以说社会调查的目的是直接通过对人的访问或收集查阅有关历史文献、统计资料，以实现区域地理野外考察任务的完成。地理社会调查有调查内容广泛复杂、受人的主观影响作用大等特点。

2) 社会调查方案的制订与调整一般包括图3-8中的内容。

调查对象：包括个人、群体、政府职能部门及企、事业单位等。

调查方法：一般包括访问法、随机抽样法、资料收集法、专家系统法等。

调查提纲：对于不同的调查对象，根据调查目的应制定出详细的调查提纲(包括访问提纲和资料收集提纲)和具体要求，以减小调查的盲目性，提高工作效率。

联系公文：主要是指介绍信，用于证明调查者的身份和与调查对象的联系、接洽。根据不同的调查对象和内容，应出具不同级别的介绍信。

经费、人力：根据社会调查任务的大小、时间长短、距离远近、地区范围和工作要达到的详细程度而定。

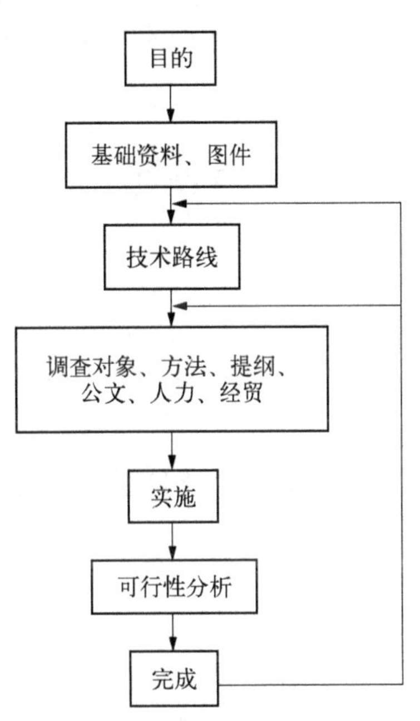

图3-8　社会调查的一般程序

(2) 地理社会调查方法及注意事项

1) 访问法。对于一些无法直接观察和获取有关资料的现象，可采用访问法。访问法可分为单人访问和会议座谈两种形式。访问时应根据问题的性质确定访问对象；并且事前应做好准备工作，列出详细的访问提纲；若在访问中发现有矛盾，则应重点深入调查，并结合自己掌握的情况做出正确的判断。

2) 资料收集方法。现成资料的收集、使用是区域研究的重要依据，也是区域社会调查的重要内容。资料的来源，主要是政府管理部门、职能部门及有关企事业单位。资料包括研究区域的有关地图资料、历史文献资料、考察报告、统计图表等。

收集资料以前，也应作出详细的收集计划，做好与涉及单位的联系准备；对重要的机密图、文件资料应注意妥善保管，并做好保密工作。

3）抽样法对一些包含数量大，涉及范围广的社会现象，可采用抽样调查方法来获取信息。例如，对旅游游客动机的调查，人口状况的调查可用此方法。抽样时应注意样点选择的随机性和样点分布的均匀性，使抽样结果具有较强的代表性；调查的方式一般可采用填写调查表或询问等。表格和所拟问题应较简单，容易填写和回答；调查后要进行归类和认真分析，以得出与实际相符的结果。

4）专家系统法利用专家的丰富经验和权威性，对其意见进行调查，可用于对地理过程的预测及认识上。典型的专家系统法如德尔菲(Delphi)预测法，其基本做法是：就所要预测的项目向专家发出调查表，然后统计专家的意见并作出预测。

第四节　背景资料与实习指导(二)

丰富、集中和高品位的徽州文化旅游资源为徽州文化旅游提供了得天独厚的条件。目前，徽州文化旅游地开发主要集中在徽州古村落和屯溪老街，两者的旅游发展基本上代表了实习地区徽州文化旅游的情况。

一、徽州古村落旅游发展

(一) 徽州古村落旅游开发条件

1. 深厚的文化底蕴

徽州古村落以明清时期徽商资本为经济基础，以宗族观念为社会基础，在徽州文化的熏陶下形成了具有典型地方文化特色的村落。徽州古村落的家族性、布局的整体性、民居的艺术性、建筑的历史性、景观的独特性被专家学者和大众认同和关注。徽州古村落具有深厚的文化底蕴，较高的科学价值、艺术价值和旅游价值。西递宏村被列为世界文化遗产；西递、宏村、呈坎、潜口、棠樾和许村等被列为全国重点文物保护单位。

2. 优美的自然环境和丰富的文化景观

徽州地处亚热带湿润性季风气候区，四季分明、雨量充沛，丘陵、山地和盆地交错分布。徽州古村落依山傍水、粉墙黛瓦，在蓝天白云的映衬下与大自然融为一体，自然环境优美，形成了天人合一的人居环境。

3. 良好的旅游市场区位

徽州古村落邻近长江三角洲城市群和安徽省、江西省的大中城市。近年来，交通条件不断改善，黄山市作为皖、浙、赣交界的交通枢纽城市地位不断凸显。同时，徽州古村落邻近黄山、九华山等风景名胜区，与黄山、九华山等风景名胜区旅游产品可以形成良性互补。

(二) 徽州古村落旅游开发过程

徽州古村落开发始于 20 世纪 80 年代中期，经过近 30 年的发展，相继开发了潜口民宅、唐模、棠樾、许村、渔梁、呈坎、西递、宏村、南屏、关麓、屏山和江湾、李坑等一批旅游景点，古村落旅游资源得到了很好的利用。进入 20 世纪 90 年代，特别是作为徽州古村落典型代表的黟县西递、宏村于 2000 年 11 月 30 日被列为世界文化遗产，西递、宏村作为我国首个古村落型的世界遗产，取得了很大的旅游市场效应。以西递、宏村为代表的古村落旅游景区成为黄山地区继黄山、九华山风景名胜区后又一重要的旅游景区，西递、宏村和江湾成为 5A 级旅游景区，还有不少徽州古村落旅游景区成为 4A 级旅游区，徽州古村落旅游景区已经成为黄山地区主要的旅游吸引物之一，极大地促进了黄山地区的旅游发展(表 3 - 5)。

表 3 - 5　徽州古村落旅游开发情况

村名	代表性资源特征及名称	A 级旅游景区	公路里程/km
宏村	世界文化遗产、全国重点文物保护单位	5A	距屯溪 65，距黄山 55
西递	世界文化遗产、全国重点文物保护单位	5A	距屯溪 55，距黄山 37
棠樾	全国重点文物保护单位	4A	距屯溪 20，距黄山 40
江湾	古民居，古建筑	5A	距屯溪 100，距黄山 130
雄村	全国重点文物保护单位竹山书院，牌坊，古民居	4A	距屯溪 25，距黄山 50
南屏	祠堂群，电影《菊豆》外景地	4A	距屯溪 63，距黄山 55
潜口	全国重点文物保护单位潜口民宅	4A	距屯溪 24，距黄山 57
唐模	省级历史文化保护区唐模村	4A	距屯溪 28，距黄山 61
呈坎	全国重点文物保护单位呈坎村、罗东舒祠	4A	距屯溪 32，距黄山 55
历溪	水口园林、祠堂、目连戏、陵园	2A	距屯溪 105，距黄山 150
龙川	全国重点文物保护单位龙川胡氏宗祠、奕世尚书坊和胡炳衡宅，中国历史文化名街“龙川水街”	5A	距屯溪 60，距黄山 90
上庄	全国重点文物保护单位上庄古建筑群	3A	距屯溪 50，距黄山 80

黟县是徽州古村落比较集中，但保护较完好的地区，世界文化遗产西递、宏村便位于此。20 世纪 80 年代中期，黟县县委、县政府以黄山旅游开发为契机，决定将旅游业作为黟县经济发展的一个新的增长点。1986 年，成立了“黟县旅游资源开发利用领导组”，开发徽州古村落西递和宏村。西递村通过成立村办旅游公司，

采取灵活机动的经营方式，并通过各种途径进行宣传，知名度不断上升，旅游业逐渐走向正轨。2000 年 11 月西递被列为世界文化遗产后，旅游业更是飞速发展。伴随着西递旅游开发的不断深入，西递旅游服务公司投入大量资金和人力物力对西递旅游的硬件设施加以改造：先后投入近千万元资金，完成了后边溪新的旅游线路的修复，抢修和开放了“迪吉堂”等三处新的旅游景点，完成了胡文光牌楼广场和大型停车场路面的整治美化工程以及西艾公路牌楼段改线工程等；添置消防器材灭火机、消防水管、大型消毒水泵机械等。

旅游业在宏村的经济发展中占据重要的地位。宏村在 1986 年之前，旅游产业几乎为零，1986 年以来，旅游产业逐步发展起来，1986 年黟县旅游局购买了宏村重要景点“承志堂”，并对外开放，成为宏村旅游发展的起点。这一阶段宏村旅游门票收入、旅游总收入总体增长，但较缓慢。1996 年 6 月黟县旅游局把经营权转交给宏村所在乡镇——际联镇。1997 年黟县政府与北京中坤科工贸集团达成协议，由该集团租赁经营宏村，期限为 30 年，宏村旅游管理引入了新的机制。特别是 2000 年后，宏村申报为世界文化遗产，景区接待旅游者数和旅游收入快速增长。黟县全县旅游业呈稳步增长态势(表 3－6)。

表 3－6　2001～2010 年黟县旅游发展情况

年　份	旅游总人数/万人	旅游收入/亿元	收费景点接待游客/万人	门票收入/万元
2001	70.2	1.6	56.1	1 308
2002	109.81	3	74.51	2 089
2003	110.85	2.72	74.42	1 690
2004	180.02	5.95	105.81	3 086
2005	212.31	7.02	110.95	3 423
2006	242.08	9.26	126.35	4 850
2007	367.96	18.42	156.48	6 221
2008	373	24.21	156.75	6 503
2009	432.8	28.01	176.23	6 822
2010	580.82	42.38	205.23	7 702
2011	767.13	56.81	—	—
2012	1 010.26	75.25	—	—

资料来源：黟县旅游委员会，2011

(三) 徽州古村落群旅游差异性开发

随着旅游业的发展，徽州古村落吸引了越来越多的旅游者，产生的经济社会效益被越来越多的古村落所重视。目前，黄山市域就有数十座古村落发展了旅游业(图 3－9)，同时，高集聚效应和类同性诱发了古村落的抑制性竞争。因此，徽州古村落旅游差异性的开发研究，对提高古村落空间网络化水平，形成良好的竞合格局至关重要。

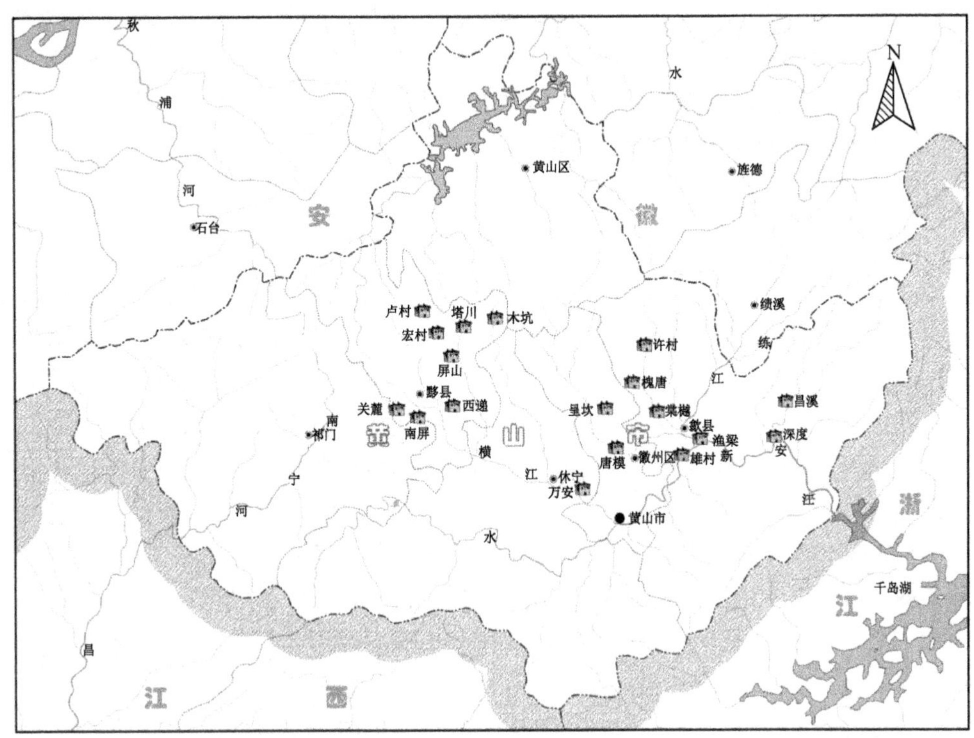

图 3-9 黄山市主要古村落旅游景点分布示意图

资料来源：朱桃杏等，2006

1. 古村落群的空间结构特征

这里选取黄山市域徽州古村落中开发相对较好的西递、宏村、南屏、关麓、屏山、棠樾、唐模、呈坎、许村、屏山、卢村、槐塘、昌溪 13 个古村落，进行徽州古村落群体的空间结构特征分析。

古村落旅游景区集聚度高。上述 13 个古村落景区主要集中在黄山市 1/3 的区域范围内。采用最近邻指数，根据公式：

$$R = \frac{d_o}{0.487\sqrt{a/n} + 0.127a/n}$$

式中，R 为最近邻比，反映点状事物的空间分布性质；d_o表示点状事物之间的平均距离，即每一点与其最近点之间的距离相加后除以 n 的值；a 为研究区域的面积；n 为点状事物的数量。

计算得出古村落近邻指数 $R=0.204$，说明徽州古村落旅游景区高度集聚。

区内交通状况可通过区内景点间的连接度指标来衡量。连接度表示交通网络的发达程度，显示旅游资源点之间客流联系的可能性。这里选用 β 指数，β 指数为网络中节点的平均连线数目，是对网络连接性的度量。对于一个完整的区域，连接不同旅游资源节点之间的交通线越多，则连接性越高，较高的 β 指数是旅游区旅游资源空间网络结构优化的要求与保障。

公式为

$$\beta = L/P$$

式中，β 表示交通网的连接度；L 表示交通网中边的数量，即两节点间的直接连接数目；P 表示交通网中顶点的数量，即节点数。β 值范围为 0～3，值越大，表示网络连接性越好。

根据徽州古村落旅游区分布简图，节点间的连接数目 $L = 19$，节点数 $P = 12$，$\beta = 1.58$。可见徽州古村落间的交通网络连接度偏低，交通路线密度小，且以一般公路为主。

目前部分徽州古村落景区已与黄山风景区形成了固定旅游线路，古村落除了黟县西递、宏村，徽州区唐模、呈坎，歙县棠樾等古村落景区间已形成了较为成熟的旅游线路外，其他古村落景区间没有较为完善的旅游线路，大部分古村落景区与黄山风景区，以及与其他古村落间景区还处于相对孤立状态。

通达度是衡量网络中节点间移动的难易程度，即由每个节点出发，到其他节点的通畅程度，表征旅游资源点之间联系的快捷性。通达度指数是指网络中从一个顶点到其他所有顶点的最短路径的平均距离。公式为

$$A_i = \sum_{i=1}^{n} D_{ij}/n$$

式中，A_i 表示顶点 i 在网络中通达度指数；D_{ij} 表示顶点 i 到所有顶点的距离。根据公式计算得出各古村落间以及与黄山风景区间的通达度指数(表 3－7)。

表 3－7　徽州主要古村落节点的通达度比较　　(单位：km)

节　点	通达度指数		节　点	通达度指数	
	分　值	排　序		分　值	排　序
屏　山	44.75	1	唐　模	62.23	8
南　屏	55.8	2	呈　坎	62.23	9
西　递	56.31	3	卢　村	66.89	10
关　麓	56.84	4	许　村	68.38	11
排宏村	59.49	5	黄山风景区	82.46	12
槐　塘	59.85	6	昌　溪	110.54	13
棠　樾	60.54	7			

资料来源：朱桃杏等，2006

上表数据表明，首先，徽州古村落景区的通达度整体较差。各古村落景区大致处于同一区域内，但通达度指数范围却在44～111 km；其次，古村落景区通达度指数高低与该节点旅游开发程度无关，和该节点与县城或市区的距离相一致，主要是因为区域里交通线主要以市区和县城为枢纽，古村落景区与县城或市区的距离越近，通达度指数越小，通达度越高；最后，黄山风景区的通达度指数较高。说明黄山风景区与各古村落还没有建立较好的交通连接，黄山风景区与古村落的空间合作程度较低。

2. 徽州古村落群差异性旅游开发

徽州古村落空间分布的集聚性带来古村落间的竞争，同时给其未来发展带来契机，古村落应在现状发展的基础上，依托个性，打出特色牌，寻求合作发展渠道，各古村落间的差异性应成为未来旅游业发展的基础(表3-8)。

(1) 徽州古村落群差异性开发的基础

1) 村落平面形态。人的安全性心理、宗教观念、血缘观念和风水观念以及防御性、聚居性和象征性等传统观念在村落布局形态上均有反映。这种特性可以为村落特色进行产品定位。

2) 标志性景观特色。常见的标志性景观有具有一定特色的民居、祠堂、牌坊以及古树、墩、桥、塔、文昌阁、魁星阁和庙宇等。每一个村落特色景观不同，有利于体现差异性。

景物文化价值悠久的历史和保存完好的古建筑赋予徽州古村落很高的文化价值。西递、宏村成为世界文化遗产，许多古村落以及古村落村中的古建筑被列入全国重点文物保护单位。

(2) 徽州古村落群差异性开发的途径

可以从村落形象、旅游线路、旅游产品及其参与性等方面加强合作，景区间合作是实现古村落旅游持续发展的重要途径。

表3-8 徽州古村落差异性分析比较

类别	村落形态	标志性景观	空间构成	文化价值
西递	龙船形	敬爱堂、村口牌坊、古绣楼、走马楼	牌坊、民居	世界文化遗产
宏村	牛形	南湖、牛形水系、承志堂	水口、民居	世界文化遗产
南屏	网络状	祠堂、古木、影视拍摄地	祠堂、民居、水口	中国古祠堂建筑博物馆
关麓	组团状连体	连体古民居	民居、水体	最有观赏价值的连体民居群
棠樾	聚居型	牌坊群、鲍氏支祠、鲍家花园	牌坊、祠堂	全国重点文物保护单位
唐模	带型	水口园林、槐荫树、沙堤亭、高阳桥	古树、水口、桥	省级历史文化保护区

续 表

类别	村落形态	标志性景观	空间构成	文化价值
呈坎	八卦形	宝纶阁、钟英楼、长春大社、环秀桥	民居、宗祠、桥	省级历史文化保护区、“双国宝”村落
许村	聚居型	洞宾井、洞宾祠、四脚坊、大观亭、观察第	水体、牌坊、祠堂	省级历史文化保护区
屏山	聚居型	七座祠堂群	祠堂、民居、水体	省级文物保护单位
卢村	带型	木雕楼群	民居	徽州第一木雕楼
槐塘	棋盘状	古槐树、龙兴独对坊	古树、古民居、古井、古塘、古坟	歙县“华侨第一村”
昌溪	带型	千年龙凤樟、木牌坊	古树、牌坊、水体	中国唯一的木制古牌坊所在地

资料来源：朱桃杏等，2006

形象定位差异化。目前古村落旅游开发存在的一个重要问题是各村落缺乏鲜明特色和明确主题。旅游地之间的差异性，首先力求体现在形象上，古村落在开发过程中应打造不同的形象，推出形象鲜明的主题活动，变村落间旅游开发的相互抑制为相互补充(表 3－9)。例如，西溪南村可以突出丰南八景游、唐模村突出水口园林游、呈坎村突出明清古建筑游、潜口村突出古“金銮殿”游、灵山村突出古道登高游、洪坑村突出牌坊和私家园林游等。

表 3－9　古村落旅游形象设计列表

名　称	形　象　定　位
西递	中国明清民居博物馆；徽商人家
宏村	中国牛形古村落、小桥・流水・人家；民间故宫(承志堂)
南屏	中国影视村；中国古祠堂博物馆；江南迷宫
屏山	风水古村落
关麓	中国神奇连体建筑；中国古代私塾文化博物馆
卢村	徽州木雕第一楼
棠樾	江南第一乡——棠樾；中国牌坊博物馆
呈坎	徽州神奇的八卦村；皖南最古老的村落
唐模	曲径通幽处，风景绝佳地
许村	绝顶牌坊，神奇村落
槐塘	丞相状元村
昌溪	千年古樟，古老木坊

资料来源：朱桃杏等，2006

旅游产品多样化。西递、宏村自 20 世纪 90 年代初发展旅游以来，旅游产品类型以观光旅游为主，以游客为主体的参与性项目较少，游客停留时间短，人均消费水平低，产品结构只是呈数量扩张的态势，对近几年旅游才起步的其他古村落有严重抑制和替代的影响，新兴的旅游地基础设施较弱，旅游产品仍停留在观光这一基础层次上，在短期内难以形成旅游产品的质变。因此要求开发较早、资源条件较好的古村落充分利用自身优势，加快推进旅游地演进，实现产品的创新与升级，进一步开发文化旅游、生态旅游、修学旅游和遗产旅游等较高层次的旅游产品。

线路组合多样化。树立现代旅游意识，进行旅游系统内部和区际横向合作。通过设计线路，将景点与区域内其他特色景点连接形成组团旅游线路产品推向市场，克服阴影区效应，变相互抑制为依附发展。例如，可将有"中国明清民居博物馆"之美誉的西递、"中国古祠堂建筑博物馆"南屏以及棠樾牌坊群三者结合起来，组成徽州"古建三绝"旅游线路；将古村落与黄山风景区结合，确立山岳风光和徽州文化并重的自然人文风景兼备的整体形象，以"山岳风光"带动"徽州文化"，以"徽州文化"拓展"山岳风光"。

丰富文化内涵，提升参与性。徽州古村落众多，开发旅游项目时，要高度重视不同旅游地的文化内涵，应在特色性原则下因地制宜，挖掘、开发和建设各具特色的新景观、新产品。在古村落旅游开发过程中开展形式多样的具有参与性的民俗风情旅游活动，让旅游者亲身体验民风民俗，参与民间活动，感受浓郁的人情味。例如，西递的抬阁、抛绣球拜堂成亲、花船、地戏、秋千和高跷表演，宏村的雉山凤舞、游龙灯、傩戏，渔梁的目连戏、舞鲤鱼、跳钟馗等民间活动都很好地增强了旅游者的兴趣。

二、屯溪老街旅游资源特征及旅游开发

屯溪老街于1995年3月确定为历史文化保护区的保护规划、管理的全国唯一综合试点，2009年被评为首届中国历史文化名街。历史文化名街又称历史文化街区、历史街区，指能显示一定历史阶段的传统风貌、社会、经济、文化、生活方式及地方特色的街区。其界定标准是：有保存较好的文物建筑及传统建筑群为主体构成一定规模的地区；地段或区域的传统物质环境，即原有街巷格局、河道水系、建筑风貌等保存较完整；具有一定的历史、科学、文化价值。历史文化街区属于"历史文化保护区"的概念范畴，是保护单体文物、历史文化保护区、历史文化名城这一完整体系中的一个中间层次。与文物建筑的单体（孤立）性、"标本"（丧失了原有功能）性不同，历史文化街区是城市历史发展过程中存留下来的连片建筑群体，保存有城市发展过程的历史信息，具有为居民提供服务的"活体"特性，居民社会生活及习俗成为其历史风貌的重要构成要素。

对待历史文化街区应该更多地从社会道德和人类文明所要求的"公正"目标出发，但随着市场经济的发展，城市建设、居民需求与街区保护的冲突日趋激烈，城市建设中市场导向也日益明显。旧城更新正由政策驱动型向效益驱动型转变，历史

街区保护的价值准则正趋向文化、社会、经济的多元化。与一些城市采取房地产商介入，整体功能置换、提高容积率破坏建筑风貌相比较，旅游开发无疑是一种有效的保护和利用的手段。其不仅能够充实政府财政收入，增加保护力度，提高当地居民收入，改善落后居住设施，而且可以发挥历史、教育、美学等功能，实现其文化价值。

旅游开发作为历史文化街区再利用的方式之一，与保护呈现出对立统一的关系，保护先行，以游促保，兼顾经济效益和社会效益、眼前利益和长远利益。历史文化街区的保护和开发，首先要坚持原真性，以继承街区原有功能为主导，保存街区的历史特色，避免过多现代功能带来的雷同和虚假。原真性包括历史原真性、生活真实性和风貌完整性，即不仅要保护单体建筑，还要保护其整体风貌环境，包括街区的空间结构，周边环境，与山林、水体和绿化的联系等；不仅要保护物质形态，而且要保护居民的传统文化和生活方式等非物质形态。“历史街区失去了传统的生活方式和习俗，也就失去了‘生活真实性’，街区会因此失去原有的历史韵味”。其次，坚持保护和开发的层次性，对重点文物和代表建筑要严格维护，只能进行粉刷、修缮和设备更新；对主街、巷道等视野范围之内的传统建筑进行整治，传统建筑保留主立面，实施加固、扩建和完善配套，现代建筑需装修或改建成与周围建筑物相协调的风貌；对视野范围之外的一般建筑可进行更新，总体风格保持一致，也可转换内部功能；最后，增强体验性，在保持历史文化街区原真性的基础上，通过开发参与性、娱乐性项目，满足游客视觉、味觉、嗅觉、听觉、触觉等全方位的体验需求，在充分理解城市的内涵和特色的同时实现旅游业的发展。

（一）屯溪老街旅游资源特征

屯溪老街全长 1 220 m，其中步行街 895 m，占地 21.3 万 m^2。老街北倚华山，南濒新安江，街道沿新安江由西向东缓曲延伸。古时，屯溪是皖南山区的水陆交通枢纽，山区土特产品在此集散；明末清初，老街已具有一定的规模；清康熙三十二年(1693 年)，《休宁县志》中有“屯溪街……镇长四里”记载，清咸丰、同治年间，“屯绿”外销兴盛，屯溪街茶号林立，茶工云集，各类商号相继开设，街道逐年拓展，终成老街。

老街的环境设计和建筑风格继承了徽州民居建筑的传统风格，并体现了商业街区的需要，其规划布局、建筑形式具有鲜明的特色。首先，从街巷构成看，路面由平坦的石板铺成，材料取自当地的赭红石；两侧界面建筑依街巷而建，坚实、高耸，街巷空间范围十分清楚；建筑平面有沿街开敞式和内开天井式，临街有可灵活装卸的排门，卸去排门，店堂可全部展开营业，这时街道的空间渗透到店内空间，取得街道扩展的效果，昼开夜闭，街道空间随店面开合呈现变化；街道两侧的建筑物一般为 2 层，间有 3 层，均为砖木结构，以梁柱为骨柱，外实砌扁砖到顶，2 层楼，呈“P”

字形，3 层楼垒成“B”字形，每座楼两旁均有高封护墙，墙上覆瓦。街道剖面呈正方形，道路宽 6～8 m，两旁传统商铺高度为 8～9 m，街道空间比例 $D/H \approx 1/1.2$（D 为道路宽，H 为两侧高），人在街对面基本可见对面店，尺度适宜，不使人感到拥挤，符合商业街道交易购物的氛围要求；单元店面呈有节奏的排列，随街道蜿蜒，有较强的连续感和韵律感。其次，从建筑风格看，老街建筑具有鲜明的徽派建筑风格，小青瓦、白粉壁、马头墙，建筑体量不大，色彩淡雅、古朴；建筑结构有二进二厢、三进三厢，连接成“回”字，“回”中小口为天井，井口约三尺见方，如天窗可采光，天井四周房顶雨雪水均归落其中，谓“四水归堂”，是经商者“聚财”之义；店面门楣上布满了徽派木雕，戏剧人物栩栩如生，新安山水淡淡隐现；楼上临街设木栏与裙板，并安置各种花窗，十分典雅。总体来看，老街街面的房屋均为前店后坊，前店后仓，前店后居或楼下店楼上居，符合商业经营的需要。其环境设计和建筑风格保留了江南古镇的风韵，被誉为“活动着的清明上河图”。

老街店铺林立、人流熙攘、商业气息浓厚。2001 年底老街沿主街两侧统计有店铺 270 家，店铺接踵，类型多样，并有十余家传统老字号。由于老街知名度较高，位于市区，商品价格适宜，来黄山市的旅游者到老街观光、购物成为重要的旅游内容。

黄山市的旅游资源品位高、数量多、类型丰富，自然观光旅游产品和徽文化旅游产品是黄山地区旅游的两大产品，前者以黄山、齐云山等为代表，后者以反映徽州宗族文化、村落文化、祠堂文化的西递、宏村、棠樾以及反映徽州商业文化的屯溪老街等为代表。作为徽州商业文化重要的物化象征，屯溪老街与其他旅游资源具有明显的互补性。

（二）屯溪老街旅游开发

老街街区的连片建筑、空间环境保存较完整。新中国成立后，特别是改革开放以来，屯溪老街的历史遗存受到了很好的保护。1954 年市政府投资用当地产的赭红石石板替换原来的旧石板路面；1980 年，政府再次全面翻修赭红石石板，并将污染严重的电镀厂和几家仓库迁出老街；1984 年 6 月 1 日，市政府颁布《关于加强保护屯溪老街的布告》，作出了老街保护、消防安全、环境卫生的规定，禁止机动车、畜力车进入保护区范围，把屯溪桥至青春巷 830 m 列为重点保护区；1985 年利用社会资金 14.8 万元，修复、出新商店 70 家，新开 33 家，并恢复一些老字号；1986 年 1 月，在老街八家栈地段，开辟一段“屯溪古代街”，开设茶馆、酒楼、旅游工艺品和文房四宝等，店铺内摆设古式桌椅、店员身着古装；1989 年 5 月，安徽省政府将屯溪老街列为省级历史文化保护区；1995 年 3 月，国家建设部将屯溪老街作为“历史文化保护区”的保护规划、管理全国唯一的综合试点。经过多方努力，老街的历史街区传统风貌基本得以保存。1978 年，北京电影制片厂的《小花》在老街拍摄外景，老街名声渐起，随后数十部影片在老街采景。老街从此声名鹊起，享誉全国，成为黄山区旅游的品牌(表 3-10)。

表 3-10　1979～1987 年在屯溪老街拍摄的影片

影片名称	拍摄单位	拍摄时间	拍摄内容
《小花》	北京电影制片厂	1979 年	外景“巷战”
《宋江》、《李逵》	山东电视台	1985 年夏	有关镜头
《铁画传奇》	安徽电视台、芜湖电视台	1985 年	有关镜头
《徽州风光》	安徽电视台	1986 年 6 月	有关镜头
《神弓刘》	安徽电视台	1986 年 6 月	有关镜头
《唐伯虎》	安徽电视台	1986 年 7 月	有关镜头
《狄公案》	山西太原电视台	1986 年 12 月	有关镜头
《风》	荷兰大型世界风光片《风》拍摄组	1987 年 6 月	有关镜头
《狐狸迷案》	广西电影制片厂	1987 年 10 月	有关镜头
《良宵血案》	北京电影制片厂	1987 年 12 月	有关镜头
《唐伯虎》	浙江电影制片厂	1987 年 12 月	有关镜头

资料来源：陈安生，1998

开敞性是街区的重要特点之一。作为著名的历史文化街区，徽州商业文化是屯溪老街品牌的集中体现，这要求作为旅游产品的老街必须具备三个基本条件：传统商业街景、购物行为、人气。这三项基本条件使得老街旅游开发难以像其他封闭型的旅游景区以卖门票的方式进行管理，门票式管理会增加游客的旅游成本，进而限制游客的流量，减少购物行为，降低街区的人气。同时要求屯溪老街经营活动应该富有特色，但目前屯溪老街经营活动存在服务对象本地化、旅游商品雷同、质量较次等问题。根据杨钊、陆林等 2002 年 5 月的实地调查统计，老街经营店铺的有 239 家，根据经营项目，将其划分为专卖店和非专卖店。“专卖店”指专门经营某类项目的店，“有某类经营项目店”指有某类经营项目的店铺总数，包括专门经营店和综合经营店。从经营项目中可看出，老街经营的商品一部分服务于当地居民，如烟酒批发、日用百货等，综合类店铺较多，工艺品店较多但产品缺乏特色(表 3-11)。

表 3-11　屯溪老街经营店铺分类

经 营 项 目	专卖店数目	有某类经营项目店数目	专卖店百分比/%	有某类经营项目店百分比/%
烟酒批发	7	8	2.9	3.3
三　雕	2	12	0.8	5.0
茶叶、土特产	29	29	12.1	12.1
土特产	11	42	4.6	17.6
茶　叶	9	46	3.8	19.2
字　画	3	17	1.3	7.1

续　表

经营项目	专卖店数目	有某类经营项目店数目	专卖店百分比/%	有某类经营项目店百分比/%
工艺品	44	74	18.4	31.0
文房四宝	23	31	9.6	13.0
服　装	9	13	3.8	5.4
蛇　酒	3	4	1.3	1.7
药　材	3	3	1.3	1.3
日用百货	11	12	4.6	5.0
古　玩	9	21	3.8	8.8
篆　刻	—	3	0.0	1.3
印	—	2	0.0	0.8
剪　刀	—	1	0.0	0.4
瓷　器	2	2	0.8	0.8
饮　食	4	4	1.7	1.7
乐　器	1	1	0.4	0.4
综　合	50	79	20.9	33.1

资料来源：杨钊等，2004

杨钊、陆林等2002年5月在老街办事处工作人员的协助下进行了现场问卷调查，发放问卷235份，回收有效问卷200份，效率为85%。据调查，老街经营的商品来自本黄山市的只有52%，其他地区占38%，未填占10%，其中来自屯溪的只有15家，仅占7.5%。这些商品缺乏地方特色，产品开发和设计能力弱，土特产品包装大路化，与周边地区如黄山风景区汤口镇、歙县徽园、棠樾牌坊群、黟县西递、宏村等旅游商品街经营的产品雷同，但老街的租金较高，而牌坊群、西递、宏村等购物街店铺一般都是私家店，租金低，成本低，商品价格较老街经营的同类商品价格偏低。屯溪老街目前的街区景观缺乏整体设计，历史商业文化的氛围营造不够。缺乏统一的解说标识系统，字号招牌、宣传幌子、门牌号码牌、街道名牌、巷道名牌等缺乏规范，沿街遮雨棚、电线、部分现代建筑物等影响视觉效果；店堂风格、传统经营方式较少再现，部分危房急需修缮，街区管理有待加强。

老字号店铺是历史文化街区商业景观最具代表性的体现。老街的老字号店铺多为明清徽商鼎盛时期建造，徽商在老街先后创办了胡开文墨店（1782年），钟聚、李祥记茶号（1840年），程德馨酱园（1861年），同德仁药店（1863年），大昌南北货店、鸿泰布店（1870年），广隆、鼎兴、同裕、横升4家当铺和万康、震和、德立、益和、广茂5家钱庄（1884年），以及“福和昌”茶号，“茹古堂”印刷社（1901年），“同益”南北杂货（1910年），“刘紫记”皖、浙、赣边区英美烟草公司总经销（1911年）等商号，至民国初年又新开了“王瑞庭”古玩寓（1912～1915年），“中西大药房”（1925年）等商铺。但从1929年（民国十五年）至1983年有记载的老街天灾、人祸共二十余起，受损的老字号店铺后均按原样进行了重建和保护。据 1990 年出版的《屯溪市志》记载“1985 年恢复老字号招牌店面 44 家”，但经实地调查当时经营的店面只有 8 家老字号，老字号的恢复还有许多工作要做(表 3－12)。

表 3－12　屯溪老街现存老字号

门牌号	老字号名称	始建时间/年	原经营项目	现经营项目	备　注
老街 69 号	合记春	1933	药品	文房四宝	中共皖南特区委员会旧址(1933～1935 年)
老街 105 号	同裕	1884	当铺	古玩	—
老街 119 号	同和秤店		秤店	服装	《屯溪老街记》中未记载，经营者告之
老街 144 号	石翼农	1887	中药	药品	1960 年转为国营门市部
老街 165 号	茹古堂	1901	印刷社	刻字部 小工艺品	—
老街 177 号	程德馨	1861	三伏酱油	砚台	—
老街 189 号	同益	1910	南北杂货	茶叶	—
老街 206 号	同德仁	1863	中药	中药	—

资料来源：陈安生，1998

(三) 老街保护与旅游开发对策

屯溪老街作为旅游产品，应该重点打造其核心竞争力。根据老街资源特点和区域旅游产品开发状况，老街旅游开发应突出徽州商业文化，将老街建成徽州商业文化的集中展示街，着力营造商业氛围。

1. 景观整治

老街景观整治的首要内容是对主街和巷道等视觉范围内的建筑进行景观整治。本着修旧如旧的原则，对一些保存老街明清建筑风格但破损严重的危房进行必要的修缮，将一些与传统建筑风格不相协调的建筑拆除或按传统风格进行重建。空间景观整治是老街景观整治的重要内容，主要是指河街整治、节点整治、巷内整治及线路整治，老街沿新安江段即河街大多为现代水泥建筑，且有滨江公路外绕，建议河街开发成节目表演区，再现当年徽商装货、卸货的场景等，以及小旅馆区；可建剧院表演传统徽帮京戏，加强老街旅游功能，提高综合效益；人们对街道的印象是通过街道连续的“段”连为一体的，段与段之间的空间即为街道的节点处，街道的开合变换使街道的长向性空间不再均质单调。老街主街被一、二、三马路横断，呈鱼骨式结构，其节点的处理对老街整体氛围的营造有很重要的意义。建议以老街东面牌坊和照壁为入口，在屯溪公园处设一停车场，入口处建解说中心，一、二、三马路与老街结合处，建特色茶馆、酒楼方便游客休憩；巷道与主街的结合处可用独具徽州特色的拱门引导，巷内的曲折变换之处，在保持原有建筑风格的基础上可开发成外形古朴、内部舒适的小旅馆直通河街；拆除旅游线路上破坏游客视觉景观的遮雨棚，禁止在沿街阳台晾晒衣物，禁止摩托车、自行车、板车白天进入老街，禁止店外摆摊，将架空电线埋地，将老街15号“老街派出所”等与老街商业氛围不相协调的机构迁出。

2. 商业氛围营造

(1) 店铺整治

有计划地逐步恢复明清时期的店堂风格，包括店堂大门、店内装修、柜台陈设等；在现有经营格局的基础上，将最能反映徽州商品特色的经营店铺集中专卖。

(2) 招牌、名牌、幌子整治

把邮电局改名为民信局、银行改名为钱庄，药店字号可取“寿泰”、“益寿堂”、“同仁福”、“开泰”，杂货店可用“裕盛”、“祥春”、“同益”等招牌，餐馆可取“八仙楼”、“聚华楼”、“宴宾楼”、“醉白园”等字号；老街的门牌号码牌、街道名牌、巷道名牌应统一规范，体现“古”字与老街整体景观相协调。门牌号码牌可用木质材料，数字以木雕凸显，街道牌如“一、二、三马路”建议用石质材料，文字以石雕凸显，巷道牌如“还淳巷”、“榆林巷”等建议用砖质材料，文字以砖雕凸显；幌子设计可反映行业特色，形式应古朴多样。例如，酒家的幌子称“酒旗”、“酒帘”，或青或紫，上可绣店名、酒壶、酒碗或一个“酒”字，可用绸缎制作并加流苏，做工精细，给人以华贵高雅之感，药铺可以悬壶作为幌子，饭店则以悬挂灯笼为幌子等。

(3) 规范解说系统

老街解说系统的设立应围绕“徽州商业文化的旅游中心”定位构建。老街旅游解说系统分整体解说、分区解说、景点解说三个层次进行，通过书籍、图册、口头、多媒体声像互动、文字招牌、图示招牌、各种名牌标识等多种解说形式使游客了解徽商的店堂文化、经营特色、商业伦理的精髓，系统了解并亲身感受徽州的工艺文化、医疗保健文化、饮食文化、戏剧文化、民俗文化等的博大精深。

(4) 再现传统经营方式

老街店铺一些传统的特色经营方式，如“同德仁”用活鹿游街，“程德馨”、“三伏”酱油竹筒盖红的特色包装再现等。这些商业民俗的表演必定能够增加老街的商业氛围，吸引广大游客。

(5) 设立小景点和旅游功能分区

居民、经营者的生产、生活等各种文化活动所营造的氛围本身就是历史文化街区旅游产品的重要内容之一，街区开敞性的特点要求其旅游开发不能把它封闭起来，变成一条“死街”。在不收取大门票，保持街区畅通的前提下，设立一些收费的特色小景点，并对老街现存的经营店铺进行局部的整合，进行旅游功能分区。在老街入口第一段可选取相关店铺改造成立徽商文化陈列展示馆，对徽商发展史，经营项目、线路、区域、徽商商业伦理道德、著名人物等概况进行文字简介、图示及实物陈列；在老街第二段以“同德仁”药店为中心设立新安医疗保健小景点，相关店铺合并成歙砚、徽墨、徽笔制作展示区；在老街第三段利用现有精品店铺合并成立徽州“四雕”、民间特色小工艺品制作展示区；在老街第四段设立茶叶山珍、特色食品制作展示区；在老街濒临新安江地段可建成徽州民间戏剧、游艺、杂要表演区等。这些小景点的开发不仅要强调其文化性，还要强调其参与性。徽州文化根植于中国传统文化，受儒家文化影响颇深，偏重于维护正统、修身养性、以静制动、推己及人，旅游项目多重观赏性，轻参与性，这与现代游客猎奇好动、注重互动参与的愿望有一定的距离。在这些小景点中可设立一些游客参与的项目，如部分工艺、部分工序的制作参与，某些民俗活动的表演参与等。让游客参与其中，体味徽文化的内涵及魅力。

3. 设立特色小旅馆

在老街主街和一些巷内可通过与店主和居民合作建设特色小旅馆，这些小旅馆的建筑造型应具有明清古风古韵，居住要舒适方便，服务要及时周到。选择一些古建筑保存较好的街巷，如榆林巷、还淳巷、鱼池巷进行开发。在小旅馆的管理方面，要注意各旅馆的信息畅通，成立小旅馆中心全面负责客源市场开发、客房预订、居民及工作人员培训、后勤保障等。

4. 建立一支高素质的从业人员队伍

作为文化旅游景区，老街需要从业人员具备较高的文化素质，对徽州文化有深入的了解。老街开发的成功与否，很大程度上取决于从业人员的素质，应选派有良好外语，特别是口语翻译能力，了解徽文化，懂得经营管理知识的大专以上学历的人员担当老街开发和经营的工作，并在上岗前进行针对性的培训。

老街店铺的经营者是老街景区的主要从业人员，老街旅游产品开发的各种措施需要经营者的参与决策，作为主体从业人员，老街经营者的各种经营行为也必须符合老街旅游产品的要求，诚信待客、优质服务，加强行业规范，吸引中外游客，提升老街品牌。

三、徽州文化旅游地理的实习指导

（一）旅游资源的考察与调查

旅游资源是旅游地借以吸引旅游者的最重要因素之一，是旅游地发生发展的最基本因素之一，也是旅游地理学习和考察的重要内容。旅游资源一般认为是对旅游者具有吸引力的自然存在和历史文化遗产，以及直接用于旅游目的的人工创造物。本书的第二章和本章的相关内容较详细地论述了徽州文化旅游资源的特征。同学们在实习的过程中应该结合实习指导书的介绍和论述，认真对照考察。

国家相关部门为了更好地进行旅游资源的调查、评价和开发，制定了《旅游资源分类、调查和评价》(GB\T 18972—2003)国家标准(表3-13)。国标(GB\T 18972—2003)对旅游资源分类的原则、分类对象、分类结构等作出了明确的规定，旅游资源分为"主类"、"亚类"、"基本类型"三个层次，每个层次的旅游资源类型有相应的汉语拼音代号。同时，对旅游资源调查、评价和提交的文(图)件等内容作出了详细、明确的规定。在老师的指导下，同学们在实习过程中可以根据国标(GB\T 18972—2003)，对徽州文化旅游资源进行实地调查，也可以对实习地区的自然旅游资源和人文旅游资源进行实地调查。

表3-13 旅游资源分类表

主类	亚类	基本类型
A 地文景观	AA 综合自然旅游地	AAA 山丘型旅游地　AAB 谷地型旅游地　AAC 沙砾石地型旅游地　AAD 滩地型旅游地　AAE 奇异自然现象　AAF 自然标志地　AAG 垂直自然地带
	AB 沉积与构造	ABA 断层景观　ABB 褶曲景观　ABC 节理景观　ABD 地层剖面　ABE 钙华与泉华　ABF 矿点矿脉与矿石积聚地　ABG 生物化石点
	AC 地质地貌过程形迹	ACA 凸峰　ACB 独峰　ACC 峰丛　ACD 石(土)林　ACE 奇特与象形山石　ACF 岩壁与岩缝　ACG 峡谷段落　ACH 沟壑地　ACI 丹霞　ACJ 雅丹　ACK 堆石洞　ACL 岩石洞与岩穴　ACM 沙丘地　ACN 岸滩
	AD 自然变动遗迹	ADA 重力堆积体　ADB 泥石流堆积　ADC 地震遗迹　ADD 陷落地　ADE 火山与熔岩　ADF 冰川堆积体　ADG 冰川侵蚀遗迹
	AE 岛礁	AEA 岛区　AEB 岩礁
B 水域风光	BA 河段	BAA 观光游憩河段　BAB 暗河河段　BAC 古河道段落
	BB 天然湖泊与池沼	BBA 观光游憩湖区　BBB 沼泽与湿地　BBC 潭池
	BC 瀑布	BCA 悬瀑　BCB 跌水
	BD 泉	BDA 冷泉　BDB 地热与温泉
	BE 河口与海面	BEA 观光游憩海域　BEB 涌潮现象　BEC 击浪现象
	BF 冰雪地	BFA 冰川观光地　BFB 常年积雪地

续 表

主 类	亚 类	基 本 类 型
C 生物景观	CA 树木	CAA 林地 CAB 丛树 CAC 独树
	CB 草原与草地	CBA 草地 CBB 疏林草地
	CC 花卉地	CCA 草场花卉地 CCB 林间花卉地
	CD 野生动物栖息地	CDA 水生动物栖息地 CDB 陆地动物栖息地 CDC 鸟类栖息地 CDE 蝶类栖息地
D 天象与气候景观	DA 光现象	DAA 日月星辰观察地 DAB 光环现象观察地 DAC 海市蜃楼现象多发地
	DB 天气与气候现象	DBA 云雾多发区 DBB 避暑气候地 DBC 避寒气候地 DBD 极端与特殊气候显示地 DBE 物候景观
E 遗址遗迹	EA 史前人类活动场所	EAA 人类活动遗址 EAB 文化层 EAC 文物散落地 EAD 原始聚落
	EB 社会经济文化活动遗址遗迹	EBA 历史事件发生地 EBB 军事遗址与古战场 EBC 废弃寺庙 EBD 废弃生产地 EBE 交通遗迹 EBF 废城与聚落遗迹 EBG 长城遗迹 EBH 烽燧
F 建筑与设施	FA 综合人文旅游地	FAA 教学科研实验场所 FAB 康体游乐休闲度假地 FAC 宗教与祭祀活动场所 FAD 园林游憩区域 FAE 文化活动场所 FAF 建设工程与生产地 FAG 社会与商贸活动场所 FAH 动物与植物展示地 FAI 军事观光地 FAJ 边境口岸 FAK 景物观赏点
	FB 单体活动场馆	FBA 聚会接待厅堂(室) FBB 祭拜场馆 FBC 展示演示场馆 FBD 体育健身馆场 FBE 歌舞游乐场馆
	FC 景观建筑与附属型建筑	FCA 佛塔 FCB 塔形建筑物 FCC 楼阁 FCD 石窟 FCE 长城段落 FCF 城(堡) FCG 摩崖字画 FCH 碑碣(林) FCI 广场 FCJ 人工洞穴 FCK 建筑小品
	FD 居住地与社区	FDA 传统与乡土建筑 FDB 特色街巷 FDC 特色社区 FDD 名人故居与历史纪念建筑 FDE 书院 FDF 会馆 FDG 特色店铺 FDH 特色市场
	FE 归葬地	FEA 陵区陵园 FEB 墓(群) FEC 悬棺
	FF 交通建筑	FFA 桥 FFB 车站 FFC 港口渡口与码头 FFD 航空港 FFE 栈道
	FG 水工建筑	FGA 水库观光游憩区段 FGB 水井 FGC 运河与渠道段落 FGD 堤坝段落 FGE 灌区 FGF 提水设施
G 旅游商品	GA 地方旅游商品	GAA 菜品饮食 GAB 农林畜产品与制品 GAC 水产品与制品 GAD 中草药材及制品 GAE 传统手工产品与工艺品 GAF 日用工业品 GAG 其他物品
H 人文活动	HA 人事记录	HAA 人物 HAB 事件
	HB 艺术	HBA 文艺团体 HBB 文学艺术作品
	HC 民间习俗	HCA 地方风俗与民间礼仪 HCB 民间节庆 HCC 民间演艺 HCD 民间健身活动与赛事 HCE 宗教活动 HCF 庙会与民间集会 HCG 饮食习俗 HGH 特色服饰

续 表

主 类	亚 类	基 本 类 型
H 人文活动	HD 现代节庆	HDA 旅游节 HDB 文化节 HDC 商贸农事节 HDD 体育节
数量统计		
8 主类	31 亚类	155 基本类型

注：如果发现本分类没有包括的基本类型时，使用者可自行增加。增加的基本类型可归入相应亚类，置于最后，最多可增加2个。编号方式为：增加第1个基本类型时，该亚类2位汉语拼音字母＋Z、增加第2个基本类型时，该亚类2位汉语拼音字母＋Y

（二）针对旅游地居民和旅游者的调查

一定地理空间上的旅游吸引物同旅游专用设施、旅游基础设施以及相关条件有机地结合起来，就成为旅游者停留和活动的目的地，即旅游地，又称旅游目的地。旅游地居民和旅游者的调查是考察和了解旅游地旅游发展的重要途径。旅游地居民和旅游者的调查经常使用问卷调查法。问卷调查是根据研究需要搜集相关资料的一种方法。采用问卷的方法，可以系统地、直接地获取资料。问卷调查法具有调查范围广、调查效率高、受主被试影响小、结果易量化等特点。科学设计问卷是有效开展旅游地居民和旅游者调查的基本保障，科学的问卷是测试、衡量旅游地居民和旅游者态度、动机、意愿等的有效工具和方法。

汪天颖、陆林等(2013)以旅游凝视的视角，运用问卷的方法综合考察徽州村落旅游过程中的凝视模式。问卷设计旨在探察旅游者和东道主对徽州村落特征的了解程度和感受程度。在问卷设计时重点关注了以下问题。

1. 测量什么——问卷设计前准备

(1) 明确研究内容、调查目的、调查对象

在设计调查问卷前，研究者应先明确研究内容、调查目的以及资料分析方法。综合研究的整体构思，根据研究内容和调查目的将所需资料一一列出，明确通过问卷需要获取的资料有哪些，确定调查对象、调查的案例地以及调查时间。

以徽州村落旅游凝视研究的调查为例。徽州村落旅游凝视研究，涉及游客凝视和东道主凝视两方面。由此确定调查对象为徽州地区的游客和东道主。案例地选取安徽黟县的西递、宏村、南屏。确定研究的主要内容是，游客凝视的建构、旅游过程中，游客凝视、游客凝视的模式以及东道主凝视、东道主对游客和村落本身凝视、东道主凝视的模式。根据研究主题，明确调查要搜集的资料包括：旅游前，游客以何种方式获得旅游地信息，游客如何在主观上建构出旅游地图像；旅游时，游客对案例地的审视；游客与东道主的接触情况；东道主对案例地的审视。

(2) 明确研究的相关概念或命题

明确相关概念的含义,进行探索性研究以确定概念操作化的框架。例如,进行徽州村落旅游凝视研究,就要明确旅游凝视、游客凝视、东道主凝视等相关概念,需要考虑如何将抽象的、复杂的概念和命题转化为可测量的指标。

(3) 明确案例地特点

研究者应深入了解案例地的特点,以保证问卷设计的合理性和针对性。

在徽州村落旅游凝视研究中,案例地黟县,历史悠久,文化丰厚。徽州村落的景观特征是其宗法观念的空间体现、浓厚文化氛围的空间体现以及园林情调的空间体现。

2. 怎样测量——问卷的设计

(1) 问卷的结构

1) 封面信。封面信是研究者致调查对象的一封信,用以向调查对象介绍调查的背景、目的、主要内容,表明研究者的单位、身份,说明调查对象的选取和对结果的保密措施等。

举例如下。

亲爱的游客朋友:

您好!首先非常感谢您填写本问卷!此次调查是为了了解旅游者对当地的期待和在当地的感受。问卷采用匿名填写方式,所有资料仅供学术研究,决不会泄露您的个人信息,请您放心填答,在相应选项上打"√"即可,衷心感谢您的支持与帮助!祝您旅途愉快,万事如意!

××大学××学院××研究组

×年×月

2) 指导语。指导语是用以指导调查对象填答问卷的解释和说明。

3) 问题(主体内容)。问卷的主体包括两个部分,一部分是问题和答案,另一部分是编码。

(2) 问题设计

问卷问题按回答的形式一般可以分为封闭式问题和开放式问题。其中封闭式问题包括两项选择题、单项选择题、多项选择题、李克特量表等。开放式问题一般有完全自由式、语句完成式等。

1) 确定问题类型。

A 两项选择题由调查对象在两个固定答案中选择其中一个。用于获取人口统计学信息的问题,可采用此种选择题。

例如,您的性别是:1. 男;2. 女。

B 单项或多项选择题是对一个问题预先列出若干个答案,让被调查者从中选择一个或多个答案。

例如，

您的学历为：1. 小学及以下；2. 初中；3. 中专/高中；4. 大专/大学本科；5. 研究生及以上。

您对徽州的第一印象是(可多选)：1. 宁静；2. 白墙黑瓦马头墙；3. 牌坊；4. 祠堂；5. 烟雨皖南；6. 古朴；7. 水墨之乡；8. 月沼倒影；9. 山清水秀风景好；10. 水乡人家；11. 世界文化遗产；12. 世外桃源；13. 心灵净土；14. 画里乡村。

2) 表示程度的选项设计。李克特量表往往用于程度性问题，这类问题涉及调查对象的态度、意见等相关心理活动，通常用表示程度的选项来加以判断和测定，例如表3-14。

表3-14　表示程度的选项设计

下列表述，您是否同意	非常同意	同意	一般	不同意	非常不同意
旅游过程中，只是通过导游讲解感受当地文化	□	□	□	□	□
居民与游客接触交往机会少	□	□	□	□	□
在徽州以外的其他旅游地也能买到许多旅游纪念品	□	□	□	□	□
旅游纪念品销售，是当地居民收入的重要来源	□	□	□	□	□
当地居民更看重商业收益	□	□	□	□	□
今后愿意再到当地旅游	□	□	□	□	□
愿意将当地介绍给亲朋好友	□	□	□	□	□

资料来源：汪天颖等，2012

3) 指标易操作。操作化是指在社会调查研究中，将抽象的概念和命题逐步分解为可测量的指标与可被实际调查资料检验命题的过程。它是对复杂的社会现象进行定量研究的一种方法。

根据研究内容、调查目的对概念或命题进行分解。将复杂、抽象的概念或命题分解为简单的问题。

在徽州村落旅游凝视的研究中，研究者将游客对村落的凝视具体化为游客对村落景观形态的凝视和对地方民俗的凝视。徽州村落景观形态具有三方面特征，即宗法观念的空间体现、浓厚文化氛围的空间体现、园林情调的空间体现。7个景观形态特征可分解成19个指标：宗法观念的空间体现，包含祠堂、牌坊指标；浓厚文化氛围的空间体现，包含书院、民居、雕刻8个指标；园林情调的空间体现，包含村落风貌、建筑等指标。另有4个指标用来测量对地方工艺和小吃等地方民俗的凝视。指标利用李克特量表进行测量，回答者对23个指标所陈述的事物的回答分为"非常深刻、深刻、一般、不深刻、非常不深刻"五类(表 3-15)。

表 3-15 游客对村落凝视的概念操作化

在当地旅游后，下列哪些事物使您印象深刻	非常深刻	深刻	一般	不深刻	非常不深刻
村落四周环山，村中有水，山水相间	□	□	□	□	□
村落浓墨淡彩，如水墨画般诗情画意	□	□	□	□	□
民居变化多样，但总体和谐有序	□	□	□	□	□
白墙黑瓦马头墙是徽派建筑的代表	□	□	□	□	□
徽州是"牌坊之乡"，牌坊数量众多	□	□	□	□	□
徽州牌坊高大雄伟，气势不凡，富有震撼力	□	□	□	□	□
徽州人讲究忠孝节烈	□	□	□	□	□
祠堂数目多，规模大	□	□	□	□	□
祠堂使人有肃穆、敬畏之感	□	□	□	□	□
祠堂是举行祭祖大典、宣扬族规家法的重要场所	□	□	□	□	□
感到徽州的宗族势力和宗族观念十分强固	□	□	□	□	□
村落中古门楣题额、古匾额、古楹联数目众多	□	□	□	□	□
古匾额、古楹联内容丰富	□	□	□	□	□
石雕、木雕、砖雕等数量多、形式美	□	□	□	□	□
"徽州三雕"题材众多，含义丰富	□	□	□	□	□
书院、私塾众多，书香气息洋溢(如南湖书院)	□	□	□	□	□
徽州崇尚儒学、读书重教的氛围浓厚	□	□	□	□	□
村落水系构造精巧(如宏村月沼)	□	□	□	□	□
徽州崇尚风水之说	□	□	□	□	□
传统手工艺制作技艺	□	□	□	□	□
徽墨、歙砚、竹刻、茶叶等特色手工艺品	□	□	□	□	□
徽剧、目连戏、傩舞等戏剧	□	□	□	□	□
毛豆腐、黄山烧饼等徽州小吃	□	□	□	□	□

资料来源：汪天颖等，2012

(3) 问卷的编码

分析调查对象对封闭式问题为主的问卷所做的回答是，需要将回答转换成数字，以便于输入计算机进行处理和定量分析。因此研究者要对回答结果进行编码，即赋予问题及答案一个数字作为其代码。与问卷设计同时进行的编码，称为预编码；调查完成后再进行的编码，称为后编码。通常，研究者采用预编码。

徽州村落旅游凝视研究采用预编码。例如，表 3-15 中的 23 个指标所陈述的事物，答案分为"非常深刻、深刻、一般、不深刻、非常不深刻"五类，编码时，可以按照"5＝非常深刻，4＝深刻，3＝一般，2＝不深刻，1＝非常不深刻"进行赋值。

(4) 问卷设计的原则

1) 合理性原则问卷必须紧密与调查主题相关。问卷长度适中，尽量保证回答时间在20分钟之内。在问题顺序的设计上，易回答、调查对象熟悉的问题放在前面，不易回答、调查对象感到生疏的问题放在后面。

2) 逻辑性原则问卷的设计要有整体感，问题与问题之间要具有逻辑性，独立的问题本身也不能出现逻辑上的谬误。

3) 明确性原则问题设置应具有规范性，清晰明确、便于回答。问题的语言要简单、通俗，避免出现复杂的、抽象的概念或专业术语，如"游客凝视"、"宗法观念"等。问题的答案应具有穷尽性和互斥性。

4) 非诱导性原则问题要设置在中性位置，不能带有倾向性。倾向性的问题会使调查对象感到"应该填什么"，这就会在不自觉中掩盖了回答的真实性。

(三) 旅游地居民和旅游者对旅游景观的认识调查分析

英国社会学家约翰·厄里(John Urry)提出的"游客凝视"(tourist gaze)是旅游社会学、旅游文化学研究的重要理论分析工具，从旅游的视角考察整个社会。汪天颖和陆林(2013)以具有徽州村落旅游经历的旅游者和当地居民为调查对象，进行旅游凝视的研究。作者将"游客凝视"与"东道主凝视"统称为"旅游凝视"，从"游客凝视"和"东道主凝视"两个维度，对旅游前、旅游中和旅游后三个阶段，进行了研究。

研究者利用问卷(本章后的附录1、附录2)在案例地黟县展开调查，调查中共发放游客问卷410份、居民问卷310份，实际回收有效游客问卷407份、有效居民问卷303份，有效率分别为99.27%和97.74%。运用SPSS软件对问卷进行信度分析，游客问卷、居民问卷总量表的alpha系数分别达到了0.896 6和0.928 5，可靠性高。同时，选取职业特征差异性较大的样本，主要包括饭店经营者、旅游商品经营者、手工艺人等，进行结构式访谈。将参与观察和非参与观察的方式结合，进行了实地研究。对大众旅游网站"蚂蜂窝"刊载的旅游游记、旅游照片等进行了内容分析。

1. 旅游前的凝视

1) 游客凝视的形成。调查可知，旅游前，游客对旅游地的印象已经初步形成，即风光美、远离尘嚣。传播媒介，尤其是网络在旅游地信息获取和游客凝视建构过程中发挥了重要作用，27.3%游客为"网络"所影响，21.7%游客表示"电视"影响了他们(图3-10)。白墙黑瓦、马头墙作为徽派建筑的代表，成为游览前最重要的徽州村落形象符号，56%的受访游客将之视为旅游前对当地的第一印象；另外，40.8%选择了"山清水秀风景好"作为旅游前的印象，选择"水墨之乡"、"画里乡村"、"宁静"、"古朴"的游客也均超过了30%。图片加文字是游客所获取旅游信息的主要形式(图3-11)。游客根据已然形成的印象，凝视目标按感兴趣程度递减分别是：当地自然山水田园风光；徽派古民居、古建筑类人文景观，以及传统村落的宁静氛围；徽州独特的历史文化以及徽州传统生活方式；游客对徽州的传统手工制作技艺和特色民俗活动。

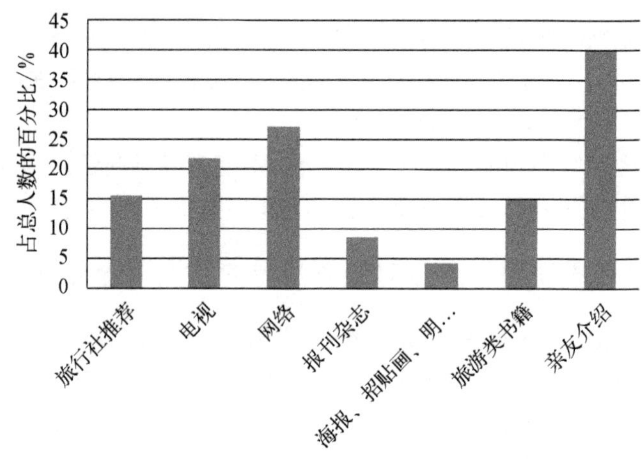

图 3－10 旅游前游客的信息来源和信息形式

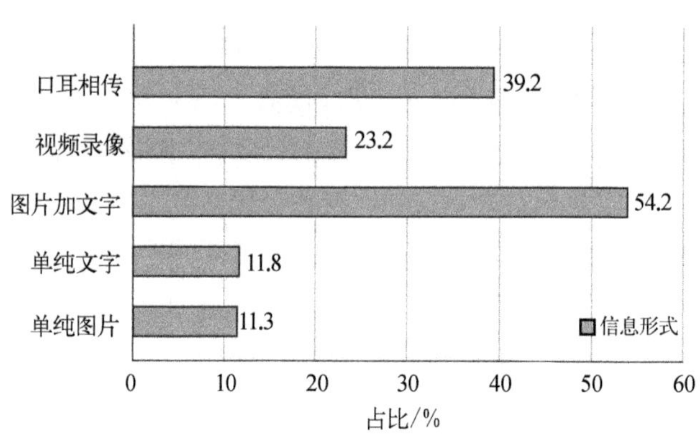

图 3－11 获取信息的表现形式

2）东道主凝视的形成。研究者通过调查发现，东道主普遍认为游客感兴趣于徽州村落的自然山水田园风光，徽派古民居、古建筑类人文景观，徽州传统村落的宁静氛围以及徽州独特的历史文化等，尤以自然山水田园风光为最；认为游客对特色民俗活动、手工艺制作技艺、当地传统生活方式等事物的兴趣程度并不高，而民俗活动可能是游客最不感兴趣的活动。

居民通过游客的摄影及写生作品来关注景物。居民认为当地自然山水风光、徽式建筑风格的民居住宅是游客倾注目光的重点，居民原本对这些“风光”、“古民居”习以为常。观看游客的摄影作品、写生作品后，当地人逐渐体会这些景物、风光的美感。这是由审美心理距离差异所导致的。

2. 旅游时的凝视

(1) 对徽州村落的凝视

1) 游客对徽州村落的凝视。游客对徽州村落的凝视通过其对徽州村落特征的感受程度来研究，游客问卷中的专项调查量表共有23个指标(表3-16)。

园林情调的空间体现方面有4个指标，按游客印象深刻程度的均值由高到低排列，分别是“村落四周环山，村中有水，山水相间”、“白墙黑瓦马头墙是徽派建筑的代表”、“村落浓墨淡彩，如水墨画般诗情画意”、“民居变化多样，但总体和谐有序”，前三项指标的得分达到4分以上，四项指标的综合均值得分为4.26分。表明游客对古村落的凝视多注重园林情调的直观表现，而非形成这种物质形态景观的自然的或历史人文的条件。

宗法观念的空间体现方面的指标有7项，得分均值为3.8分，表明游客对徽州村落宗法观念的空间体现印象并不深刻。徽州是中国正统宗法制度传承的典型地区，牌坊、祠堂恰是徽州村落景观的典型代表，游客凝视却忽略了这一宗法制度的文化特征。

浓厚文化氛围的空间体现方面有8个指标，综合印象均值达到4.05分，表明游客对之印象较为深刻。“村落中古门楣题额、古匾额、古楹联数目众多”、“古匾额、古楹联内容丰富”、“石雕、木雕、砖雕等数量多、形式美”、“村落水系构造精巧”4项指标得分在4分以上，表明游客对此四种事物印象深刻，其中对徽州三雕的数量与造型印象最深。游客在旅游过程中参观民居时，导游常常向游客细致地介绍民居中的雕梁画栋，包括各种含义丰富的门楣题额、匾额、石雕、砖雕等，这些直观的物质景观加之导游的语言介绍，巩固了游客凝视。

地方工艺与小吃同样是徽州文化的表现形式之一，又与当地的居民生活方式息息相关。探究游客对地方工艺与小吃印象程度的有4个指标，印象深刻程度均值仅有3.68分，各项均值指标均未达到4分，表明游客对之印象并不深刻。

2) 东道主对徽州村落的凝视。为了便于比较研究，关于东道主对古村落了解程度的探究，笔者利用与游客问卷相同的23个指标进行测量(表3-16)。四类指标中，居民了解程度最高的类别是“园林情调的空间体现”，其综合了解程度均值达到4.28分，而又以“白墙黑瓦马头墙是徽派的代表”这一指标的均值得分为最高(4.43分)；其余三个类别的指标综合均值得分都在3.7分以上而未达到4分。表明居民凝视下的徽州村落，富有园林情调，村落孕育于自然山水之中的和谐美是居民最为清晰的徽州村落景观。

虽然当地居民对村落空间渗透出的浓厚文化氛围并没有深刻的认识和了解，

但是村落中数目众多的古门楣题额、匾额、楹联以及徽州三雕仍为当地人熟知，有关这些内容的指标均值得分都在 4 分以上。同样，徽州牌坊高大雄伟、极具震撼力的形象以及独具特色的徽州小吃也是当地人比较了解的事物。

表 3-16 徽州村落特征的印象程度/了解程度

类 别	指 标	游客		东道主	
		印象程度均值	类别均值	了解程度均值	类别均值
园林情调的空间体现	村落四周环山，村中有水，山水相间	4.47	4.26	4.4	4.28
	村落浓墨淡彩，如水墨画般诗情画意	4.28		4.27	
	民居变化多样，但总体和谐有序	3.9		4.04	
	白墙黑瓦马头墙是徽派建筑的代表	4.41		4.43	
宗法观念的空间体现	徽州是"牌坊之乡"，牌坊数量众多	3.81	3.80	3.94	3.89
	徽州牌坊高大雄伟，气势不凡，富有震撼力	3.8		4.01	
	徽州人讲究忠孝节烈	3.71		3.94	
	祠堂数目多，规模大	3.91		3.98	
	祠堂使人有肃穆、敬畏之感	3.86		3.82	
	祠堂是举行祭祖大典、宣扬族规家法的重要场所	3.78		3.84	
	感到徽州的宗族势力和宗族观念十分强固	3.76		3.67	
浓厚文化氛围的空间体现	村落中古门楣题额、古匾额、古楹联数目众多	4.16	4.05	4.06	3.97
	古匾额、古楹联内容丰富	4.07		4.00	
	石雕、木雕、砖雕等数量多、形式美	4.27		4.21	
	"徽州三雕"题材众多，含义丰富	3.95		4.05	
	书院、私塾众多，书香气息洋溢(如南湖书院)	3.96		3.84	
	徽州崇尚儒学、读书重教的氛围浓厚	3.93		3.83	
	村落水系构造精巧(如宏村月沼)	4.21		3.95	
	徽州崇尚风水之说	3.87		3.82	
地方工艺与小吃	传统手工艺制作技艺	3.86	3.68	3.76	3.79
	徽墨、歙砚、竹刻、茶叶等特色手工艺品	3.96		3.91	
	徽剧、目连戏、傩舞等戏剧	3.21		3.24	
	毛豆腐、黄山烧饼等徽州小吃	3.68		4.23	
所有指标均值		3.95		3.98	

资料来源：汪天颖等，2013

东道主对园林情调的空间体现、宗法观念的空间体现以及地方工艺与小吃的了解程度得分均值，略高于游客在此三方面的印象程度得分；而浓厚文化氛围的空间体现方面，东道主得分较游客略低。但得分差异不大。

调查结果表明，游客凝视聚焦于园林情调和浓厚文化氛围的空间体现，对宗法观念的空间体现及地方工艺与小吃印象并不深刻。东道主对徽州村落园林情调方面的特征了解程度最高，对宗法观念的空间体现及地方工艺与小吃的了解程度略低。游客凝视和东道主凝视都注重实实在在的物质形态，忽视了这些物质形态所蕴含的深刻文化内涵。徽州村落作为旅游吸引物实际是一种文化符号，由能指（自然景观和人文景观的物质形态）和所指（孕育于自然人文风光中的历史文化背景、徽州村落中的民俗传统）组成。游客凝视和东道主凝视选择徽州村落符号的能指，而忽略所指。游客和东道主关心的仅是某一文化的吸引物或活动所代表的符号或印象，很少去了解其本质的意义和作用。

(2) 主客关系中的旅游凝视

1) 主客关系中的游客凝视。旅游本质上是不同主体打交道并互为他者的过程。游客与东道主"我者"和"他者"身份互动过程中，游客实际上是被笼罩在旅游罩中，而旅游纪念品往往扮演了东道主与游客的中介角色。

在案例地调查发现，29%游客是参加旅行团，27.5%游客由工作单位组织出游，团队旅游的大众游客占游客总量的一半以上。受访游客普遍表示，旅游过程中只是通过导游讲解而感受当地文化，持此观点的受访者占所有受访游客的71%，其中旅行社组织的游客中，50.85%对此陈述表示同意、31.36%选择了非常同意；单位组织而来的游客中，49.11%对之表示同意、15.18%认为非常同意；而出游方式为"与朋友或家人乘坐交通工具"的游客中，53.23%同意"只是通过导游讲解而感受当地文化"、30.65%选择了非常同意。包价旅游使旅游罩产生，游客与当地居民的接触很少，65.8%的游客认为自己几乎没有机会与当地的居民交往（表3-17）。

表3-17 受访游客的主客交往

出游方式	只是通过导游讲解感受当地文化		居民与游客接触交往机会少	
	同意/%	非常同意/%	同意/%	非常同意/%
旅行社组织	50.85	31.36	54.24	18.64
独自一人乘坐公共交通工具	27.27	18.18	27.27	9.09
独自一人自驾车	100	—	100	—
与朋友或家人结伴同行乘坐公共交通工具	42.57	16.83	45.55	13.86
与朋友或家人结伴同行自驾车	53.23	30.65	46.77	24.19
单位组织	49.11	15.18	49.11	14.29

资料来源：汪天颖等，2013

"购"是重要的旅游六要素之一，在旅游地购买商品、纪念品、服务是游客与当地人较为直接、距离较近的交往方式。而游客其实被封闭在一个环境和条件都与他们日常角色和世俗生活相类似的泡沫中，与当地人的直接接触并不多，又以购买旅游商品、纪念品为主要形式。在案例地，旅游纪念品的地方特色、文化特色表现得并不鲜明，鲜有异域风情。64.6%的受访游客认为，案例地的许多旅游纪念品在其他旅游地也可以买到；60.6%的受访者把旅游纪念品销售看作是当地居民的重要收入来源；54.3%的受访者感到案例地居民比较注重商业收益（图 3-12）。

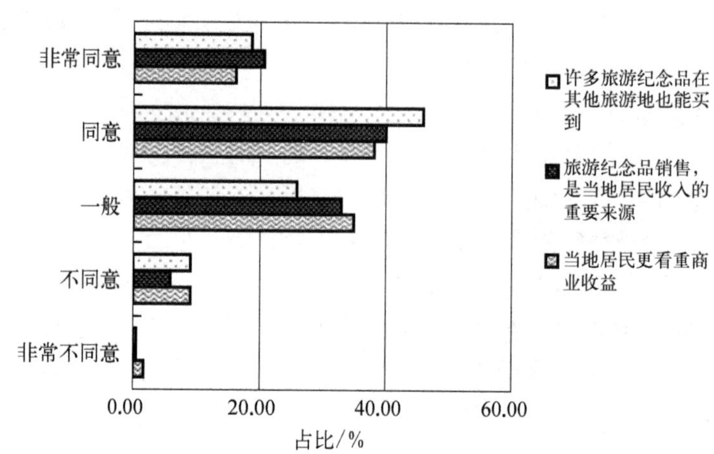

图 3-12 游客对旅游纪念品购买的感受

资料来源：汪天颖等，2013

2）主客关系中的东道主凝视。旅游发展初期，居民视本地的人、事、物为常态，当地的风土民情、自然人文景观只是各自生活的一部分，不足为奇，而经济收益是东道主凝视中的重要焦点，如果可以获得经济收益，那么居民愿意支持旅游业发展，居民也往往因游客的到来而重新审视村落，并能在与游客交往互动的过程中，表现出较为积极的态度。问卷调查结果显示：66.7%的受访居民感到能够受到游客的尊重；乐意向游客介绍当地祠堂、牌坊、书院等富有徽文化内含的物质景观，乐意为游客展示自己居住的屋宅，乐意为游客介绍本地山水自然风光，乐意向游客介绍徽州三雕、竹刻、茶叶等地方特产的受访者均达到 70%以上；80.8%的受访者表示游客的到来能够使自己家庭收入增多、生活质量变好。

旅游行业能给当地居民迅速带来经济效益，旅游收入当场即可兑现，并在某种程度上吸引大量农村剩余劳动力。主客关系中东道主凝视表现对经济效益的诉求。当地居民参与旅游业的人数较多，受访者中仅有 11.6%没有参与过旅游相关工作。从图 3-13 可以看出，旅游商品、旅游纪念品销售是居民参与旅游业的最主要形式，参与其中的人数比例最大，受访者中有 39.9%参与或正在参与旅游商品、纪念品的销售。旅馆、饭店的经营与服务也是重要的参与形式，27.7%的受访者参加过此项工作。而参与手工艺品制作的受访者也达到了18.2%，比例较大。调查中，66.3%的被调查者表示家庭收入主要或部分来自旅游业，而收入不来自旅游业的只占16.2%。调查显示，参与旅游业的所得是当地居民的重要收入来源。同时，是否地处旅游线路被居民视为参与旅游业的重要条件。

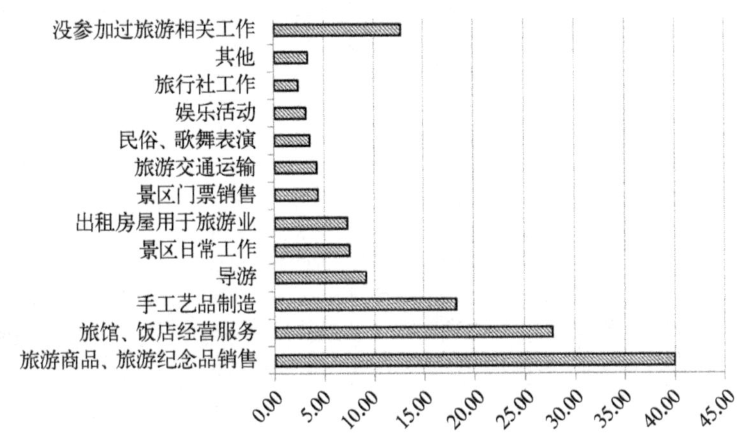

图3-13　受访居民参与旅游相关工作情况

资料来源：汪天颖等，2013

3. *旅游后的凝视*

旅游后的凝视，主要表现为旅游后的游客凝视，即游客通过文本或图片的方式建构、表达和传播旅游地的信息和形象。可以通过网络文本材料分析、网络图片材料分析进行研究。

对网络文本材料的分析采用ROST WordParser软件。运用软件获得文本中出现的高频特征词及频数。提取宏村高频关键词55个，西递高频关键词41个，南屏高频关键词20个。高频词主要集中在景物、景点、感受等方面。景物方面的高频词，包括宏村的“民居”、“祠堂”、“木雕”、“水系”等，西递的“村落”、“建筑”、“牌坊”、“民居”等，南屏的“祠堂”、“建筑”、“匾额”等，能够反映出游客在徽州古村落旅游过程中凝视的焦点景物类别；景点方面的高频词体现游客游览的景点名称，如宏村的“南湖”、“月沼”等；感受方面的高频词诸如“古老”、“梦”、“精致”、“淡雅”等。所提取的关键词体现了徽州古村落的景观特征，如粉墙、黛(青)瓦、马头墙；反映游客游览过程中的聚焦对象，如青石板、木雕等；表达了游客在旅游中所感受到的当地古朴、宁静的村落氛围。此外，“导游”、“商业化”也出现在高频词中，说明导游在游客旅游过程中起到了重要作用，游客眼中徽州村落已经具有商业化的印痕；南屏的高频词中有“菊豆”，可以表明其影视村的旅游效应(表3-18)。

表 3-18　选取样本的高频词特征

地点	序号	关键词	词频	序号	关键词	词频	序号	关键词	词频	序号	关键词	词频
宏村	h1	南湖	100	h15	徽派建筑	25	h29	古镇	14	h43	和谐	8
	h2	月沼	94	h16	鹅	22	h30	山水	13	h44	敬德堂	8
	h3	导游	81	h17	书院	20	h31	水圳	13	h45	鸭腿	8
	h4	徽州	53	h18	家族	19	h32	巷子	13	h46	徽菜	7
	h5	牛形	41	h19	雕刻	18	h33	读书	13	h47	世界文化遗产	7
	h6	历史	38	h20	古老	18	h34	老宅	13	h48	皖南	7
	h7	写生	38	h21	黛瓦	18	h35	天井	12	h49	宗祠	7
	h8	民居	36	h22	桥	17	h36	徽商	12	h50	茶叶	6
	h9	摄影	34	h23	青石板	15	h37	宁静	12	h51	牌位	6
	h10	祠堂	31	h24	水墨画	15	h38	古树	11	h52	商业化	6
	h11	木雕	31	h25	卧虎藏龙	15	h39	粉墙	10	h53	烧饼	6
	h12	水系	31	h26	马头墙	15	h40	精致	10	h54	油菜花	6
	h13	承志堂	30	h27	梦	14	h41	传统	9	h55	砖雕	6
	h14	村口	29	h28	小巷	14	h42	明清	9			
西递	x1	村落	23	x12	村口	7	x23	古朴	4	x34	俯瞰	3
	x2	建筑	23	x13	雨天	7	x24	胡文光	4	x35	古老	3
	x3	徽州	19	x14	窗	5	x25	徽派建筑	4	x36	徽派	3
	x4	牌坊	17	x15	街巷	5	x26	家族	4	x37	精巧	3
	x5	民居	15	x16	明清	5	x27	马头墙	4	x38	聚居	3
	x6	祠堂	14	x17	木雕	5	x28	石雕	4	x39	宁静	3
	x7	青石板	11	x18	朴实	5	x29	庭院	4	x40	油菜花	3
	x8	导游	10	x19	巷子	5	x30	砖雕	4	x41	青瓦	2
	x9	宅院	10	x20	艺术	5	x31	宗族	3			
	x10	小巷	9	x21	宗祠	4	x32	布局	3			
	x11	楹联	8	x22	错落有致	4	x33	淡雅	3			
南屏	n1	祠堂	24	n6	油菜花	4	n11	商业化	3	n16	祭祀	3
	n2	徽州	14	n7	染坊	4	n12	菊豆	3	n17	写生	2
	n3	叶氏	8	n8	村子	4	n13	家族	3	n18	民居	2
	n4	建筑	5	n9	迷宫	4	n14	导游	3	n19	古村落	2
	n5	匾额	5	n10	历史	4	n15	雕刻	3	n20	影视	2

资料来源：汪天颖等，2013

视觉经验是观光旅游的重要方面，视觉信息主要是图片信息，研究针对抽样自蚂蜂窝网的 242 张视觉图片进行分析，采用 S-S 分析(space-subject)法，即按照图片场景所在地以及图片中人物主体进行内容分析。空间场景方面得到 167 张遗产和物质文化图，71 张改造的自然旅游景观图，旅游产品图和自然旅游景观图各 2 张；人物主体方面得到没有人物出现的图片 221 张，14 张有游客的图和 7 张有东道主的图，并没有得到主客互动的图片。进而将图片分成 16 类。从表 3-19 可以看出，这 16 种旅游地照片表征分类里，所占比例最大的是没有人物出现的遗产和物质景观图片，其次是没有人物出现的改造的自然景观图，最后是有游客出现的遗产和物质景观图片，三类图片的比例分别是61.16%、28.93%、4.96%。图片内容分析表明游客关注的焦点主要是徽州村落的物质文化景观遗存以及依附的自然山水环境，游客欣赏徽州村落的自然山水田园风光，徽派古民居、古建筑类人文景观以及徽州传统村落的宁静氛围；对徽州独特的历史文化、徽州的传统生活方式、徽州的传统手工制作技艺和特色民俗活动的关注程度较低(表3-19)。

表3-19　网络图片表征

空　间	人物主体	照片张数(占小类比例/%)	照片张数(占全部比例/%)
自然旅游景观 2(0.83%)	没有人物出现	2(100%)	2(0.83%)
	游客	0(0.00%)	0(0.00%)
	东道主	0(0.00%)	0(0.00%)
	主客	0(0.00%)	0(0.00%)
改造的自然景观 71(29.33%)	没有人物出现	70(98.59%)	70(28.93%)
	游客	1(1.41%)	1(0.41%)
	东道主	0(0.00%)	0(0.00%)
	主客	0(0.00%)	0(0.00%)
遗产和物质文化 167(69.01%)	没有人物出现	148(88.62%)	148(61.16%)
	游客	12(7.19%)	12(4.96%)
	东道主	7(4.19%)	7(2.89%)
	主客	0(0.00%)	0(0.00%)
旅游产品 2(0.83%)	没有人物出现	1(50%)	1(0.41%)
	游客	1(50%)	1(0.41%)
	东道主	0(0.00%)	0(0.00%)
	主客	0(0.00%)	0(0.00%)
合计 242		242(100%)	242(100%)

资料来源：汪天颖等，2013

4. 徽州村落旅游凝视模式

(1) 徽州村落旅游凝视的核心

徽州村落是徽州文化的主要载体，村落景观形态综合体现着造就徽州文化的自然因素和人文因素。东道主社会的自然因素、历史传统是形成徽州村落文化符号形成的基础。徽州村落文化符号是旅游凝视的核心，体现为：村落所依附的山水自然风光；古祠堂、古民居、古牌坊等具有典型徽文化特色的历史文化表征符号；徽州地区宗法观念、尊儒重教、讲究风水等历史传统的沿袭以及由此形成的村落风貌，旅游地居民从事旅游业的行为，都属于伦理道德文化的表征符号；当地传统的手工制作和小吃，旅游地纪念品如竹刻、手工艺品、各类印刷品等是民俗文化表征符号。前两者指向物质文化，后两者指向精神文化，这四个方面构成统一的符号表征系统，相互影响，相互印证，能够较为完整地反映旅游地文化的不同层次和深度。不论是游客还是东道主，所关注的符号和关注的深度都不尽相同。

(2) 徽州村落旅游凝视的主体和客体

旅游凝视过程中，主体是游客和东道主，客体是村落所依附的山水自然环境、典型徽文化特色的历史文化表征符号、伦理道德文化的表征符号、民俗文化表征符号。主体与客体之间的关系具有三个方面的特点。

1) 文化符号是构建两主体需求与供给关系的基础。游客前往旅游地，意图观看独一无二的目标，观看当地具有代表性的特殊标志，观看不同于自身所在的寻常场景的人们的社会生活的普通层面，游客的目标是寻找旅游地的文化符号。而旅游地东道主正是通过当地的文化符号向游客提供某种供给，在一定程度上满足游客的需求。

2) 游客对文化符号需求层次较浅。游客凝视的建构在旅游行为发生前，围绕着徽州村落山水自然风貌、历史文化表征符号进行。传播媒介尤其是网络对徽州古村落游客的影响十分明显，传播媒介在旅游地信息获取和游客凝视建构过程中发挥着重要作用。游客凝视的过程分为对村落的凝视、主客关系中的凝视、旅游后的凝视三个方面。游客凝视过程中，所追求的是徽州村落山水自然风貌、历史文化表征符号，而对伦理道德文化的表征符号、民俗文化表征符号则表现得并不积极。对村落的凝视基于旅游前凝视的建构，倾向于物质指向的文化符号，忽略精神指向的文化符号，但不重视形成物质指向的文化符号的文化内核，认为视觉经验才是重要方面。主客关系中，购买行为是旅游罩中的游客与东道主较为直接、距离较近的交往方式。旅游后的凝视表现为文字和图片等信息的制造和传播，这也是为其他游客构建凝视的重要途径。

3) 东道主对文化符号认识层次较浅。东道主凝视的过程包括对村落的凝视、主客关系中的凝视。当地居民面对不断涌来的游客，发现并感知游客游玩的焦点，即物质指向文化符号，从而投身到旅游相关行业中，东道主凝视依游客凝视建构起来。不论是旅游地居民的日常生产生活，还是他们所从事的旅游相关行业，村落文化符号都充斥其中。从事旅游相关行业所获得的收入是徽州村落当地居民的重要家庭收入来源。经济收益成为居民参与旅游业的主要动因，参与形式以旅游纪念品的销售为主。东道主对精神指向的文化符号表征不甚了解。通过贩卖旅游纪念品而与游客建立起的交往关系，也仅仅是暂时性和以经济利益为指向的目的性的。

(3) 游客凝视和东道主凝视共同作用

徽州村落旅游凝视既有游客凝视，也有东道主凝视，两者皆以村落的文化符号为核心展开，由此构建出徽州古村落文化旅游凝视的模式，如图 3－14 所示。旅游凝视，是一种无形的作用力，围绕村落文化符号，在东道主与游客供需之间织起互动网络，相互影响。游客凝视和东道主凝视所围绕的中心——村落文化符号，也在旅游凝视的过程中被塑造、强化甚至重构。

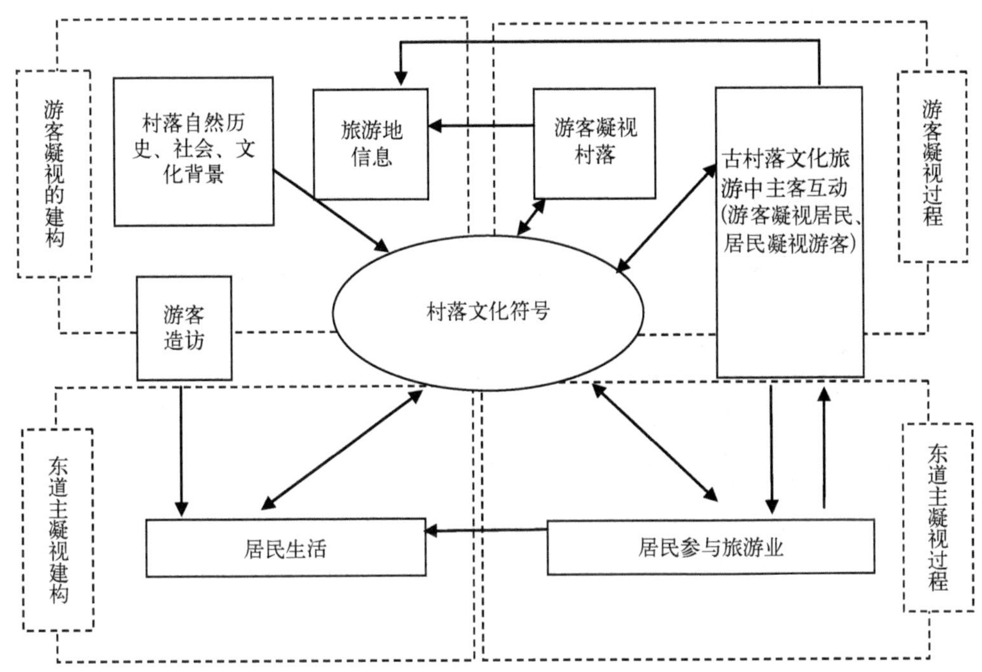

图3-14 徽州古村落文化旅游凝视模式

资料来源：汪天颖，2012

主要参考文献

曹振镛. 1993. 胡氏族谱序//胡时滨，舒育玲. 西递. 合肥：黄山书社.

陈安生. 1998. 屯溪老街记. 徽州社会科学，(1-4).

东南大学建筑系，婺源博物馆. 1999. 徽州古建筑丛书——豸峰. 南京：东南大学出版社.

东南大学建筑系，歙县文物管理所. 1993. 徽州古建筑丛书——棠樾. 南京：东南大学出版社.

东南大学建筑系，歙县文物管理所. 1996. 徽州古建筑丛书——瞻淇. 南京：东南大学出版社.

方光禄. 1988. 江南望族——歙县篁墩程氏考. 徽州社会科学，3-4期合刊：57-60.

韩增禄. 1996. 中国建筑的文化内涵. 自然辩证法研究，(1)：22-26.

何晓昕. 1990. 风水探源. 南京：东南大学出版社.

徽州地区地方志编纂委员会. 1989. 徽州地区简志. 合肥：黄山书社.

绩溪县地方志编纂委员会. 1998. 绩溪县志. 合肥：黄山书社.

李琳琦. 2001. 明清徽州进士数量、分布特点及其原因分析. 安徽师范大学学报(人文社会科学版)，1：32-36.

李琳琦. 2003. 徽商与明清徽州教育. 武汉：湖北教育出版社.

梁雪. 2001. 传统村镇实体环境设计. 天津：天津科学技术出版社.

陆林，葛敬炳. 2007. 徽州古村落形成与发展的地理环境究. 安徽师范大学学报自然科学版，30(3)：377－382.

陆林，焦华富. 1995. 徽派建筑的文化含量. 南京大学学报(哲学社会科学版)，(2)：163－171.

陆林，凌善金，焦华富，等. 2004a. 徽州古村落的演化过程及其机理. 地理研究，23(5)：686－694.

陆林，凌善金，焦华富，等. 2004b. 徽州古村落的景观特征及机理研究. 地理科学，24(6)：660－665.

陆林，凌善金，焦华富，等. 2005. 徽州村落. 合肥：安徽人民出版社.

陆林，徐致云，葛敬炳. 2005. 徽州古村落人居环境的选择与营造. 黄山学院学报，17(5)：5－8.

祁门县地方志编纂委员会办公室. 1990. 祁门县志. 合肥：安徽人民出版社.

宋子龙，晋元靠. 1995. 徽州牌坊艺术. 合肥：安徽美术出版社.

滕剑. 1997. 新安朱氏考述. 徽州社会科学，3：37－52.

《陶甓公牍》卷十二《法制科·婺源风俗之习惯》. 2000. 转引自：王振忠. 晚清徽州民众生活及社会变迁. 徽学，139－140.

屯溪市地方志编纂委员会. 1990. 屯溪市志. 合肥：安徽教育出版社.

屯溪市地方志编纂委员会. 1990. 屯溪市志. 合肥：安徽教育出版社.

汪福琪，胡成业. 2000. 汪华及其家族断略. 徽州社会科学，1：33－37.

汪天颖，陆林. 2013. 徽州古村落旅游凝视. 芜湖：安徽师范大学硕士学位论文.

汪祖懿. 1995. 南湖闲话//舒育玲，胡时滨. 宏村. 合肥：黄山书社.

王景慧，阮仪三. 1999. 历史文化名城保护理论与规划. 上海：同济大学出版社.

婺源县志编纂委员会. 1993. 婺源县志. 北京：档案出版社.

歙县地方志编纂委员会. 1995. 歙县志. 北京：中华书局.

休宁县地方志编纂委员会. 1990. 休宁县志. 合肥：安徽教育出版社.

许承尧. 2001. 歙事闲谭(上). 李明回，彭超，张爱琴校点. 合肥：黄山书社.

许亦农. 1990. 中国传统复合空间观念(中). 建筑师，(38)：71－96.

宣统《绩溪上川明经胡氏宗谱》. 1988//张十庆. 明清徽州传统村落初探. 徽学通讯，(1)：33－34.

杨钊，陆林，王莉. 2004. 历史文化街区的旅游开发——安徽屯溪老街实例研究. 安徽师范大学学报(人文社会科学版)，32(5)：525－530.

叶显恩. 1983. 明清徽州农村社会与佃仆制. 合肥：安徽人民出版社.

黟县地方志编纂委员会. 1988. 黟县志. 北京：光明日报出版社.

余治淮. 1993. 桃花源里人家. 合肥：黄山书社.

张海鹏，王廷元. 1985. 明清徽商资料选编. 合肥：黄山书社.

张海鹏，王廷元. 1995. 徽商研究. 合肥：安徽人民出版社.

张小林等. 1996. 人文地理学. 南京：江苏教育出版社.

赵华富. 1994. 黟县南屏叶氏宗族调查研究报告. 徽州社会科学，(2)：39－49.

赵华富. 1995. 民国时期黟县西递明经胡氏宗族的调查报告. 安徽大学学报(哲学社会科学版)，(4)：41－47.

赵华富. 1996. 歙县呈坎前后罗氏宗族调查研究报告//首届国际徽学学术讨论会文集. 合肥：黄山书社.

赵荣，王恩涌，张小林，等. 2006. 人文地理学(第二版). 北京：高等教育出版社.

朱桃杏，陆林. 2006. 徽州古村落群旅游差异性开发的竞合分析. 人文地理，21(6)：57－61.

朱永春. 2002. 徽州园林史略. 建筑师，(100)：56－60.

Urry. 2009. 游客凝视. 桂林：广西师范大学出版社.

附录1

徽州古村落游客凝视调查

亲爱的游客朋友：

您好！首先非常感谢您填写本问卷！此次调查是为了解旅游者对当地的期待和在当地的感受。问卷采用匿名填写方式，所有资料仅供学术研究，决不会泄露您的个人信息，请您放心填答，在相应选项上打“√”即可，衷心感谢您的支持与帮助！祝您旅途愉快，万事如意！

安徽师范大学国土资源与旅游学院

2012年8月

一、您来自：________省(直辖市)________市

二、您的性别：1. 男 2. 女

三、您的年龄：1. 14岁以下 2. 15～24岁 3. 25～44岁 4. 45～64岁 5. 65岁及以上

四、您的学历：1. 小学及以下 2. 初中 3. 中专/高中 4. 大专/大学本科 5. 研究生及以上

五、您的职业：1. 公务员/事业单位人员 2. 企业职工 3. 学生 4. 个体经营者 5. 自由职业者 6. 专业/文教技术人员 7. 服务销售商贸人员 8. 工人 9. 农民 10. 军人 11. 离退休人员 12. 其他

六、您的平均月收入：1. 999元以下 2. 1 000～2 499元 3. 2 500～4 999元 4. 5 000～9 999元 5. 10 000～14 999元 6. 15 000元以上

七、您对徽州的第一印象是(可多选)：

1. 宁静 2. 白墙黑瓦马头墙 3. 牌坊 4. 祠堂 5. 烟雨皖南 6. 古朴 7. 水墨之乡 8. 月沼倒影 9. 山清水秀风景好 10. 水乡人家 11. 世界文化遗产 12. 世外桃源 13. 心灵净土 14. 画里乡村

八、旅游前，您受到下列哪些因素影响(可多选)：

1. 旅行社推荐 2. 电视 3. 网络 4. 亲朋好友介绍 5. 报刊杂志 6. 海报、招贴画、明信片 7. 旅游类书籍 8. 其他________

九、您通过何种表现形式获取有关本地的信息：

1. 单纯图片 2. 单纯文字介绍 3. 图片加文字 4. 视频录像 5. 口耳相传

十、您此次准备在黄山市(含三区四县)游玩几天：

1. 一天 2. 两天 3. 三天 4. 四天 5. 五天及以上

十一、您此行的出游方式：1. 旅行社组织 2. 独自一人乘坐公共交通工具

3. 独自一人自驾车 4. 与朋友或家人结伴同行乘坐公共交通工具 5. 与朋友或家人结伴同行自驾车 6. 单位组织

十二、在徽州旅游活动中，你更对哪种活动感兴趣，请按照最感兴趣、感兴趣、一般感兴趣、不感兴趣、最不感兴趣的顺序排个序(可并列)

1. 徽州村落的自然山水田园风光 2. 徽派古民居、古建筑等人文景观 3. 徽州传统古村落的宁静氛围 4. 徽州独特的历史文化 5. 徽州传统生活方式 6. 风景摄影、写生 7. 徽州传统手工艺制作技艺 8. 徽州特色民俗活动

最感兴趣；感兴趣；一般感兴趣；不感兴趣；最不感兴趣

十三、在当地旅游后，下列哪些事物使您印象深刻	非常深刻	深刻	一般	不深刻	非常不深刻
村落四周环山，村中有水，山水相间	□	□	□	□	□
村落浓墨淡彩，如水墨画般诗情画意	□	□	□	□	□
民居变化多样，但总体和谐有序	□	□	□	□	□
白墙黑瓦马头墙是徽派建筑的代表	□	□	□	□	□
徽州是“牌坊之乡”，牌坊数量众多	□	□	□	□	□
徽州牌坊高大雄伟，气势不凡，富有震撼力	□	□	□	□	□
徽州人讲究忠孝节烈	□	□	□	□	□
祠堂数目多，规模大	□	□	□	□	□
祠堂使人有肃穆、敬畏之感	□	□	□	□	□
祠堂是举行祭祖大典、宣扬族规家法的重要场所	□	□	□	□	□
感到徽州的宗族势力和宗族观念十分强固	□	□	□	□	□
村落中古门楣题额、古匾额、古楹联数目众多	□	□	□	□	□
古匾额、古楹联内容丰富	□	□	□	□	□
石雕、木雕、砖雕等数量多、形式美	□	□	□	□	□
“徽州三雕”题材众多，含义丰富	□	□	□	□	□
书院、私塾众多，书香气息洋溢(如南湖书院)	□	□	□	□	□
徽州崇尚儒学、读书重教的氛围浓厚	□	□	□	□	□
村落水系构造精巧(如宏村月沼)	□	□	□	□	□
徽州崇尚风水之说	□	□	□	□	□
传统手工艺制作技艺	□	□	□	□	□
徽墨、歙砚、竹刻、茶叶等特色手工艺品	□	□	□	□	□
徽剧、目连戏、傩舞等戏剧	□	□	□	□	□
毛豆腐、黄山烧饼等徽州小吃	□	□	□	□	□

十四、下列表述，您是否同意	非常同意	同意	一般	不同意	非常不同意
旅游过程中，只是通过导游讲解感受当地文化	□	□	□	□	□
居民与游客接触交往机会少	□	□	□	□	□
许多旅游纪念品徽州以外的其他旅游地也能买到	□	□	□	□	□
旅游纪念品销售，是当地居民收入的重要来源	□	□	□	□	□
当地居民更看重商业收益	□	□	□	□	□
今后愿意再到当地旅游	□	□	□	□	□
愿意将当地介绍给亲朋好友	□	□	□	□	□

十五、此次旅游期间，您一共消费了(包括吃、住、行、游、购、娱等方面)多少元人民币?

1. 300 元以下　2. 301～600 元　3. 601～900 元　4. 901～1 200元　5. 1 201～1 500元　6. 1 501～1 800元

7. 1 801～2 100元　8. 2 100元以上

十六、您此次去过或还将去哪些景点(可多选)：1. 宏村　2. 西递　3. 棠牌坊群　4. 鲍家花园　5. 屯溪老街　6. 呈坎　7. 唐模　8. 徽州古城　9. 南屏景　10. 关麓景点　11. 卢村木雕楼　12. 许村古村落　13. 程氏三宅　14. 程大位故居　15. 万粹楼博物馆　16. 老胡开文墨厂　17. 花山谜窟　18. 黄山风景区　19. 塔川　20. 木坑　21. 雄村景区　22. 齐云山风景区　23. 休宁古城岩　24. 万安古镇　25. 新安江山水画廊

访问到此结束，再次感谢您的合作。祝您愉快!

附录 2

徽州古村落旅游居民凝视调查

亲爱的游客朋友：

您好！首先非常感谢您填写本问卷！此次调查是为了解旅游地居民对旅游者、当地旅游业的看法和感受。问卷采用匿名填写方式，所有资料仅供学术研究，决不会泄露您的个人信息，请您放心填答，在相应选项上打“√”即可，衷心感谢您的支持与帮助！祝您万事如意！

安徽师范大学国土资源与旅游学院
2012 年 8 月

一、您的性别：1. 男　2. 女

二、您的年龄：1. 14 岁以下　2. 15～24 岁　3. 25～44 岁　4. 45～64 岁　5. 65 岁及以上

三、您的文化程度：1. 小学及以下　2. 初中　3. 中专/高中　4. 大专/大学本科　5. 研究生及以上

四、您因何种原因来到本地：1. 出生在本地　2. 嫁/娶　3. 工作　4. 学习　5. 其他________

五、您在本地居住的时间：1. 5 年以下　2. 5～10 年　3. 11～20 年　4. 20 年以上

六、(一) 您是否参与过以下与旅游相关的工作(可多选)：

1. 旅馆、饭店经营与服务　2. 手工艺品制造　3. 旅游商品、纪念品销售　4. 导游　5. 旅行社工作　6. 景区门票销售　7. 景区日常工作(治安、环卫等)　8. 出租房屋用于旅游业经营　9. 经营娱乐活动　10. 旅游交通运输　11. 参加民俗、歌舞等表演　12. 其他________　13. 没有参与过旅游相关工作

(二) 您的家庭中参与过上述旅游相关工作的有几人：

1. 无　2. 1 人　3. 2 人　4. 3 人　5. 4 人　6. 5 人及以上

七、您的平均月收入：1. 999 元以下　2. 1 000～2 499 元　3. 2 500～4 999 元　4. 5 000～9 999 元　5. 10 000～14 999 元　6. 15 000 元以上

八、您的家庭收入来源：

1. 主要来自旅游业　2. 部分来自旅游业　3. 较少来自旅游业　4. 不来自旅游业

九、您认为下列哪些因素对您参与旅游业是重要的，请按照最重要、重要、一般重要、不重要、最不重要的顺序排个序(可并列)：

1. 自身的经济实力　2. 本地交通区位　3. 住房在村里的位置　4. 社会声望

5. 受教育程度 6. 是否符合自己的利益

最重要；重要；一般重要；不重要；最不重要

十、您认为游客来到本地旅游，对哪种活动感兴趣，请按照最感兴趣、感兴趣、一般感兴趣、不感兴趣、最不感兴趣的顺序排个序(可并列)：

1. 徽州村落的自然山水、田园风光 2. 徽派古民居、古建筑等人文景观 3. 徽州传统古村落的宁静氛围 4. 徽州独特的历史文化 5. 徽州传统生活方式 6. 风景摄影、写生 7. 徽州传统手工艺制作技艺 8. 徽州特色民俗活动

最感兴趣；感兴趣；一般感兴趣；不感兴趣；最不感兴趣；

十一、您对以下事物的了解程度是：请在您选择的“□”内打“√”

	非常了解	了解	一般	不了解	非常不了解
村落四周环山，村中有水，山水相间	□	□	□	□	□
村落自然环境优美	□	□	□	□	□
民居房屋变化多样，但总体和谐有序	□	□	□	□	□
白墙黑瓦马头墙是徽派建筑的代表	□	□	□	□	□
徽州是“牌坊之乡”，牌坊数量众多	□	□	□	□	□
徽州牌坊高大雄伟，气势不凡，富有震撼力	□	□	□	□	□
徽州人讲究忠孝节烈	□	□	□	□	□
祠堂数目多，规模大	□	□	□	□	□
祠堂使人有肃穆、敬畏之感	□	□	□	□	□
祠堂是举行祭祖大典、宣扬族规家法的重要场所	□	□	□	□	□
感到徽州的宗族势力和宗族观念十分强固	□	□	□	□	□
村落中古门楣题额、古匾额、古楹联数目众多	□	□	□	□	□
古匾额、古楹联内容丰富	□	□	□	□	□
石雕、木雕、砖雕等数量多、形式美	□	□	□	□	□
“徽州三雕”题材众多，含义丰富	□	□	□	□	□
书院、私塾众多，书香气息洋溢	□	□	□	□	□
徽州崇尚儒学、读书重教的氛围浓厚	□	□	□	□	□
村落水系构造精巧	□	□	□	□	□
徽州崇尚风水之说	□	□	□	□	□
传统手工艺制作技艺	□	□	□	□	□
徽墨、歙砚、竹刻、茶叶等特色手工艺品	□	□	□	□	□
徽剧、目连戏、傩舞等戏剧	□	□	□	□	□
毛豆腐、黄山烧饼等徽州小吃	□	□	□	□	□

十二、您是否同意以下观点：请在您选择的“□”内打“√”

	非常同意	同意	一般	不同意	非常不同意
游客的到来使我家庭收入增多、生活质量变好	□	□	□	□	□
本地居民受到游客的理解与尊重	□	□	□	□	□
游客的到来破坏了本地原有的宁静氛围	□	□	□	□	□
我乐意向游客介绍本村的祠堂、牌坊、书院等	□	□	□	□	□
我乐意向游客展示我居住的房屋	□	□	□	□	□
我乐意为游客做向导，欣赏本村山水自然风光	□	□	□	□	□
我乐意向游客介绍徽州三雕、竹刻、茶叶等特产	□	□	□	□	□
当地古村落旅游应该设置门票，这是重要收入	□	□	□	□	□

访问到此结束，再次感谢您的合作。祝您愉快！

第4章 黄山实习区实习指导

第一节 实习目的与实习要求

一、实习区范围

黄山实习区主要包括黄山风景名胜区以及周边的城镇。风景名胜区周边乡镇分别为黄山南麓的汤口镇、东麓的谭家桥镇、北麓的甘棠—耿城镇和西麓的焦村镇。其中甘棠镇为黄山区政府所在地。

二、实习目的

以系统的观点,了解地理要素的相互联系、相互作用的过程和机理;了解黄山自然生态系统的特征,并以此为基础,了解人类活动,特别是旅游活动对黄山自然生态系统以及周边村镇的影响。

三、主要实习要求

1）参观黄山地质博物馆,了解黄山地质地貌、植被、土壤和水文等要素的自然地理过程和特征。

2）参观黄山气象站,了解黄山气象气候的特征和自然地理过程,了解气象观察的基本知识和方法。

3）了解黄山景观的特色及旅游发展的过程和特征,感受黄山景观的神奇。

4）了解旅游活动对黄山自然生态系统的影响及其研究方法。

5）了解旅游活动对黄山周边村镇发展的影响及其研究方法。

第二节　实习线路与实习内容

一、主要实习线路与实习内容

主要实习线路：汤口镇—温泉景区—云谷寺景区—北海景区—光明顶—玉屏楼景区—慈光阁—汤口镇、汤口镇—谭家桥镇—甘棠镇、耿村镇—焦村镇—甘棠镇、耿村镇。

1）了解黄山自然地理环境和自然地理要素的垂直变化特征和规律。

2）了解黄山风景名胜区旅游发展对周边乡镇发展的影响过程、程度和效应的差异。

3）了解黄山景观的特色，感受黄山景观的意境。

二、主要实习点与实习内容

主要实习点有：汤口镇、温泉景区、云谷寺景区、北海景区、光明顶、玉屏楼景区和慈光阁。

1. 汤口镇

1）选择植被群落，开展植被样方调查，记录主要植物类型。

2）选择土壤剖面，开挖土壤剖面，对剖面进行观察、分层、取样、记录。

3）走访汤口镇政府及相关村委会，走访当地居民、旅游商店经营者、旅馆饭店经营者，了解旅游业对汤口镇发展的影响。

2. 温泉景区

1）了解黄山温泉的特征与成因。

2）了解温泉景区植被、土壤特征。

3）选择样地，了解旅游活动对自然生态系统的影响，了解旅游活动对自然生态系统影响的研究方法。

3. 北海景区

1）了解北海景区的植被、土壤特征，了解黄山植被、土壤垂直分布的特征，绘出黄山植被、土壤垂直分布图。

2）考察黄山高山草甸，了解高山草甸的特征。

3）了解北海景区花岗岩的组成特征及北海景区的地貌特征。

4）选择样地，了解旅游活动对自然生态系统的影响，了解旅游活动对自然生态系统影响的研究方法。

5）观赏景观，了解其成因机理。

4. 光明顶

1）参观黄山气象站，了解气象观察、天气预报的知识。

2）根据黄山多年的气象资料，分析黄山气候的特征。

3）选择样地，了解旅游活动对自然生态系统的影响，了解旅游活动对自然生态系统影响的研究方法。

4）从气象角度了解云海景观的成因。

5. 玉屏楼景区

1）了解玉屏楼景区花岗岩的组成特征以及玉屏楼景区的地貌特征。

2）选择样地，了解旅游活动对自然生态系统的影响，了解旅游活动对自然生态系统影响的研究方法。

3）指导学生在玉屏楼—慈光阁下山途中观察植被变化情况，观察植被垂直分布的特征。

4）观赏景观，了解其成因机理。

6. 慈光阁

1）参观黄山地质公园博物馆，了解黄山地质地貌的发生发展过程。从地质角度了解岩石景观特色的成因。

2）选择样地，了解旅游活动对自然生态系统的影响，了解旅游活动对自然生态系统影响的研究方法。

第三节　背景资料与实习指导

一、黄山自然地理概况

黄山，雄踞于安徽省南部黄山市境内，山境南北长约 40 km，东西宽约 30 km，总面积约 1 200 km^2，连绵横亘于黄山区、徽州区和休宁、黟县四区县之间。其中，黄山风景名胜区面积为 160.6 km^2，中心位置坐标为 30°11′N，118°10′E。黄山风景名胜区分为温泉、云谷、松谷、钓桥、玉屏和北海六大景区，以及浮溪、箬箸、洋湖、福固寺和乌泥关五大保护区。风景名胜区周边乡镇分别为汤口镇、谭家桥镇、甘棠镇、耿村镇和焦村镇(图 4-1)。

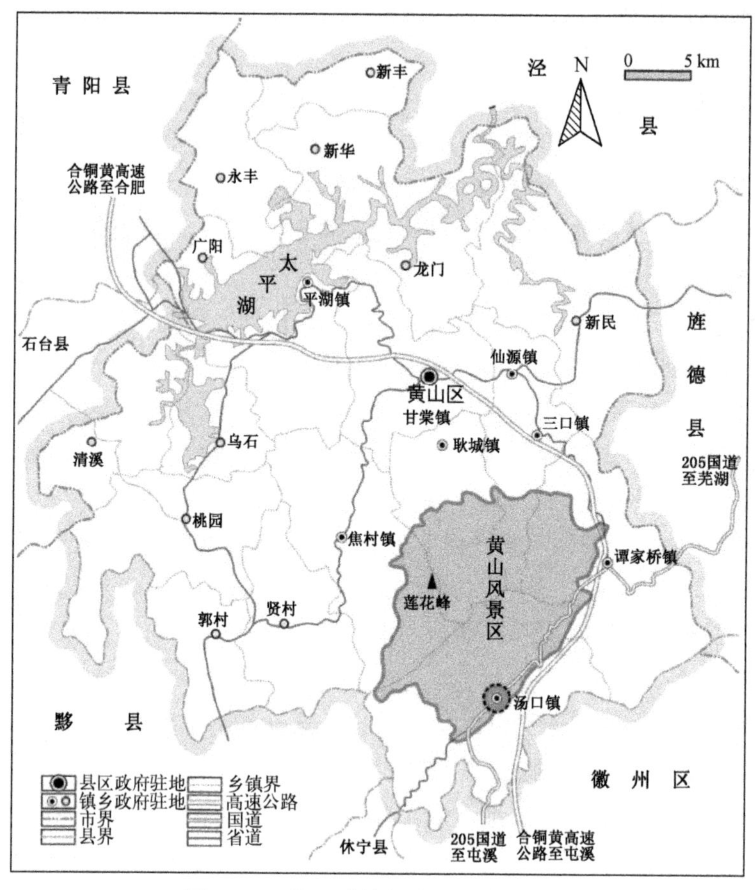

图 4-1　黄山风景名胜区及周边乡镇

黄山古称黟山,在远古时期是一片汪洋大海。后因地壳运动使海水多次进退,呈海陆交替变化,2 亿年前的三叠纪末,最终成陆。距今 1.25 亿年前后,地球深部炽热岩浆先后四次上侵到地壳上部,冷却、凝固后形成隐伏的花岗岩体。进入新生代后,强烈的地壳运动使山体急速抬升,沟谷强烈下切,覆盖在隐伏花岗岩岩体上的岩层,终于被剥蚀殆尽,显露出花岗岩峰林,奠定了黄山地貌的基本轮廓。外营力的风化侵蚀作用,也在不断地改变黄山的地貌,造就了黄山美妙绝伦的自然景观。

黄山动植物资源丰富。名花嘉木、珍禽异兽,种类繁多,具有极高的教学和科研价值。黄山森林覆盖率达 84.7%,植被覆盖率达 93%。据统计,黄山有高等植物 222 科,827 属,1 805 种,著名的有黄山松、黄山杜鹃、天女花、木莲、红豆杉和南方铁杉等,被列入国家三级以上保护的珍稀濒危植物有21种。野生脊椎动物共有297种,主要有短尾猴、苏门羚、大鲵、梅花鹿和大灵猫等。鸟类有176种,珍稀鸟类有白鹇、八音鸟、红嘴相思鸟和灰喜鹊等。

黄山不仅自然景观奇特,而且文化底蕴深厚。黄山人文景观资源,主要包括宗教文化、古代建筑、摩崖石刻、名人游踪和大量以诗、词、歌、赋、画、影像等为主要内容的文学艺术作品(黄山志编纂委员会,2010)。

(一) 黄山地质基础

1. 黄山地区地壳运动

在大地构造上,黄山位于扬子板块与华南板块的结合带北侧。从距今约8亿年的元古代晚期开始,海水绕过晋宁运动中形成的江南古陆,从东南方向进入黄山地区,使皖南成了活动性较大的下扬子海,黄山被淹没在海水之下,而且是皖南坳陷最深的地带。距今约5.42亿年以后的寒武纪和奥陶纪,地壳处于引张的高潮期,导致了海平面的最大上升。在此后的1.6亿年时间里,黄山地区基本稳定,但仍是一片汪洋。20世纪90年代,地质专家在黄山脚下谭家桥等地发现了三叶虫化石,证实黄山地区当时确属海洋环境。

距今约4.1亿年的志留纪末期,地球内部活动加剧,晚加里东运动使黄山上升成为陆地,海水全部退去,这是黄山地区在地质史上首次露出海面。在经历了5 000万年的相对稳定后,到了石炭纪,海水又卷土重来,黄山重新沉入海平面以下。从泥盆纪到三叠纪中期的2亿年里,海水主要有三次由南向西方向的进退过程,时深时浅,海陆交替,下扬子海也在不断缩小,以致在黄山风景区内未形成沉积层,仅在南、北邻近地区,沉积了小面积厚度不大的晚古生代海相岩层。

在距今2亿年前的三叠纪末期,划时代的印支运动使地壳隆起而成为陆地,最终结束了黄山漫长的海侵历史,进入了陆相地史发展的新时期。进入侏罗纪以后,燕山运动不断地改造和雕塑着黄山地貌。到早白垩世时,晚燕山运动使深藏于地壳下部炽热的岩浆,从黄山这块比较薄弱和断裂发育的地壳内乘虚上升,侵入到距地表约数千米的古老岩层中。随着温度和压力的改变,这些岩浆慢慢冷却凝结而形成黄山花岗岩岩体的胚胎。

在深部地壳不断被熔成岩浆,并被挤压而向中央上侵的过程中,黄山山体也随之上升,但此时的黄山花岗岩体仍然深埋在地下,上面还覆盖着数千米的沉积盖层。在经历了多次间歇抬升后,覆盖在岩体上的巨厚的沉积盖层不断被风化剥蚀。到了距今五六千万年的古近-新近纪喜马拉雅运动早期,这些沉积盖层被剥蚀殆尽,黄山终于露出了地表。到了古近-新近纪、第四纪期间,喜马拉雅运动使地壳普遍抬升,隆起扩大,黄山也相应升起,形成了高逾千米、翘首云天的花岗岩峰林。在第四纪时期，黄山经历了三次冰期。冰川的搬运、刨蚀和侵蚀作用，在花岗岩山体上留下了许多冰川遗迹，形成了黄山的冰川地貌景观（黄山志编纂委员会，2010）。

2. 地层

1）沉积岩层分布于山的东、南侧边部，亦即花岗岩体的东、南外接触带。出露地层有晚元古代青白口纪、震旦纪，早古生代寒武纪和新生代第四纪的组级单位 12 个。由南向北、自老而新分布，面积为 44.31 km^2，占风景区总面积的 27.59%。其中，青白口纪邓家组和铺岭组浅变质岩系，出露于黄山岩体的南西侧和南侧，面积为 31.18 km^2，占总面积的 19.41%；震旦纪地层出露于黄山岩体的南东侧，面积为 6.85 km^2，占总面积的 4.27%；寒武纪沉积岩层出露于黄山岩体的东侧和东北侧，面积为 4.31 km^2，占总面积的 2.68%；第四纪出露于沟谷地带和现代河床两侧，面积为 1.97 km^2，占总面积的 1.23%；在黄山南麓，还分布有冰川作用形成的冰碛物（表 4-1）。

表 4-1　黄山地层简表

地质年代			岩石地层单位				分布地区	
代	纪	世	名称	代号	厚度/m	主要岩性	范围	面积/km^2
新生代	第四纪	全新世	芜湖组	$Q_4{}^w$	4.4～21.3	砂砾石及亚黏土	近代河床沟谷两侧	1.97
		更新世	戚家矶组	$Q_3{}^q$	2.4～9.9	黏土质角砾及蠕虫黏状土	温泉、云谷寺东一带	
早古生代	寒武纪	晚世	华严寺组	ϵ_{3h}	34～210	亮晶灰岩、泥质灰岩及钙质岩韵律层	东北火龙岗到上罗村一带	4.31
		中世	杨柳岗组	ϵ_{2y}	132～601	钙质页岩、硅炭质泥板岩、亮晶灰岩夹灰岩大透晶体	东部黄狮挡到白亭、火龙尖一带	
		早世	大陈岭组	ϵ_{1d}	19.35	中厚层白云质灰岩夹炭硅质板岩		
			荷塘组	ϵ_{1h}	192～560	上段：灰黑色薄至中层硅炭质板岩；下段：灰黑色炭质板岩夹石煤层和P结核	东部乌泥岭到北关桥横路挡瀑布以北大沟两侧，北部夫子山至黄泥坑	
晚元古代	震旦纪	晚世	皮园村组	$Z_2-\epsilon_{1p}$	29～214	硅质岩及黑白相间条纹条带状硅质岩	东部上张村北西山岗	6.85
			兰田组	Z_{21}	35～269	上段：上为含硅钙质板岩，下为薄层肋骨状灰岩；下段：上为中厚层粉砂质板岩；下为含锰白云质灰岩	东部山岔北西山沟两侧翡翠谷口一带	

续　表

地质年代			岩石地层单位				分布地区	
代	纪	世	名称	代号	厚度/m	主要岩性	范围	面积/km^2
晚元古代	震旦纪	早世	南沱组	Z_{ln}	62～377	上为厚至块状含砾凝灰质粉砂岩;中为薄层凝灰质泥岩;下为厚层含砾凝灰质砂岩	东部苦竹溪北西山区	6.85
			休宁组	Z_{lx}	60～213	上段：流纹质沉凝灰岩、凝灰质砂岩粉砂岩；下段：紫红色砾岩、砂岩、凝灰质砂岩、粉砂岩	南部查禾岭北—黄山树木园—马鞍山—九龙瀑一带	
	青白口纪		铺岭组	Q_{np}	>50～570	由三个旋回组成：上为玄武安山质凝灰岩;中为杏仁状玄武岩;下为灰绿色/黄绿色玄武岩	南部小岭下—桃花峰—阴凹一带，西部田畈里附近	11.23
			邓家组	Q_{nd}	>1 500	上段：厚层石英砂岩，含砾石英砂岩，夹玄武岩；下段：长石岩屑石英砂岩，细砂粉砂岩，含锰粉砂泥岩、下部为石英砂砾岩	西南部石井源，箬箸坑至西部兴岭，小荒天桥一带	19.95

资料来源：黄山志编纂委员会，2010

2）岩浆岩。黄山属花岗岩山岳型风景名胜区。在 160.6 km^2 中，岩浆岩出露区面积为 116.29 km^2，占总面积的 72.41%，包括黄山花岗岩体的全部、太平花岗闪长岩体的南部边缘部分，以及山内出露的各类脉岩体等。黄山花岗岩体是构成风景区内雄险奇秀自然景观的主体。黄山花岗岩体、太平花岗闪长岩体，分别是由早期、主体期、补充期和末期四次脉动侵入形成的，是具有同源岩浆演化特征的复式岩体。两岩体均以长石、石英、黑云母为主要组成矿物；其化学成分中，二氧化硅和三氧化二铝占 80%以上。黄山岩体和太平岩体二者地貌截然不同：前者峻峭突兀，蔚为壮观；后者为丘陵低岗，绿野平畴（表 4－2）。

黄山花岗岩体　多呈肉红色，平面形态呈椭圆形。长轴方向北东 70°，长约 15 km，短轴方向长约 10 km，面积 112.44 km^2，占风景区总面积的 70%。黄山花岗岩，是沿印支期褶皱和断裂构造多次脉动上侵而成的，具有“中高外低、中新外老”的套叠分布特征，由此形成了不同类型的自然地貌景观。

早期岩体分布在慈光阁—清潭峰—香炉峰一线以南，以及北侧的探头峰、芙蓉岭一带，分布面积最小，仅占黄山岩体的 3.3%。岩石呈浅灰色，中粒花岗岩结构，粒度较均匀，抗风化能力强于围岩而弱于主体期花岗岩，形成地势相对低缓的山地。在岩体接触带上,抗风化能力相对较低的围岩沿陡峭的接触面被剥蚀,因而形成了九龙瀑、百丈泉等接触带跌水型瀑布。

表 4-2　黄山花岗岩体和太平花岗闪长岩体特征一览表

岩体名称	侵入期次	代号	岩石类型	侵入体个数	面积/km²	分布地点	岩石特征	接触性质	同位素年龄/Ma
黄山花岗岩体	末期	$Y_5^{3(4)}$	细粒含斑(少斑)花岗岩	7	10.65	光明顶、五老峰、福固寺	斑晶含量小于10%,基质为细晶或微晶结构,有白云母	脉动接触	123 (Rb-Sr)
	补充期	$Y_5^{3(3)}$	中细粒斑状花岗岩	1	18.25	狮子林、松林峰、卧云峰一带	斑状结构,斑晶含量15%～30%;基质中细粒结构,有白云母	脉动接触	
	主体期	$Y_5^{3(2)}$	粗粒似斑状花岗岩	1	79.79	云谷寺、莲花峰、天都峰一带	粗粒、中粒似斑状结构,基质结构复杂,具斑杂特征	脉动接触	125(Ar-Ar) 131(Rb-Sr)
	早期	$Y_5^{3(1)}$	中粒二长花岗岩	2	3.75	温泉景区和芙蓉岭一带	浅灰色,典型中粒花岗结构,粒度均匀	超动接触	
太平花岗闪长岩体	主体期	$Y_5^{\delta 1(2)}$	中粒含(少)斑黑云母花岗闪长岩	1	2.75	大小洋湖和翠微寺一带	含自形的、具包含结构的钾长石斑晶	涌动接触	137 (Ar-Ar)
	早期	$Y_5^{\delta 1(1)}$	中细粒黑云母花岗闪长岩	1	1.11	西侧焦村一带	中粒花岗结构,斜长石,黑云母含量较高,含有特征的角闪石	侵入接触	

资料来源:黄山志编纂委员会,2010

主体期花岗岩构成了黄山岩体的主体,面积接近黄山岩体的3/4。新鲜岩石为浅粉红色,水解风化后呈肉红色,以粗粒、中粗粒似斑状结构为主,岩性坚硬,块状结构,不易风化。岩石节理发育,以斜节理为主,兼有垂直节理和水平节理,构成了雄险壮观的奇峰异谷。在72座名峰中,有37座是由主体期侵入的粗粒似斑状花岗岩组成,尤其是以莲花、天都、云门、云际等为代表的雄浑高峰,尽显黄山峰体之奇伟。

补充期岩体出露于西海松林峰—北海狮子峰、始信峰—东海卧云峰一带,面积占黄山岩体的16.2%,呈长轴北东70°方向的椭圆形分布。岩石具中细粒斑状结构,块状构造,抗风化能力强。由于冰冻风化和密集的垂直、水平节理作用,造就了秀丽峻峭的奇峰和玲珑奇巧的怪石。72峰中有25座山峰是由该期侵入的中细粒斑状花岗岩所组成,尤以始信、石笋、笔峰和西海群峰为代表,尽显黄山典型的花岗岩峰林地貌之俊秀,成为黄山胜景的精华部分。

补充期与主体期的花岗岩，共同构成了黄山岩石地貌景观的主体。

末期花岗岩由光明顶、五老峰东、福固寺、松谷庵等七个花岗岩侵入体构成，穿插在早期、主体期和补充期花岗岩之中，大多出露于景区中央部位和北侧后山，面积约占岩体总面积的9.47%，呈浅粉红色具细粒少斑结构，块状构造，基质颗粒微细。岩体侵入定位高，且有向北缓倾的节理发育，岩石相对较易风化。在漫长的地史演化中，巍峨崎岖的花岗岩体不断地被剥蚀和夷平，在地貌上形成了圆盆状的古剥夷面，从而构成了高山中央台地和沼泽，成为天然的高山景观台。

太平花岗闪长岩体　太平花岗闪长岩体位于黄山北侧的芙蓉岭以北，其南东侧被后期的黄山花岗岩体所侵入。其中划入风景区范围的仅岩体南部边缘的3.86 km^2，占景区总面积的2.4%。太平岩体也是一个由深部岩浆多次脉动上侵形成的复式岩体，划入风景区的岩体南部边缘部分，属早期和主体期侵入的中酸性岩体。岩石易被风化，形成浑圆平缓的山丘，地表植被也很稀少，自然景观平淡无奇；而南侧的黄山花岗岩体，则形成了巍峨峻峭的群峰，造就了芙蓉岭接触带内外迥然不同的地貌景观。

脉岩　除黄山、太平两个复式岩体外，还有一些狭长如带的脉岩，主要有花岗斑岩、细晶花岗岩、煌斑岩、花岗伟晶岩和石英脉等。花岗斑岩多出露于风景区西部的黄山、太平两岩体内及外围地层中，如黄山西北侧的大小洋湖，正是不易被风化的花岗斑岩横亘于湖西，而成为天然的湖堤。花岗伟晶岩在黄山岩体内呈团块状产出，如在名泉桥和立马亭附近，即可见到这种形色美丽的伟晶岩脉（黄山志编纂委员会，2010）。

3. 地质构造

黄山的地质构造线方向与山脉走向基本一致，均为北东—南西走向。山主体部分为黄山花岗岩岩体，峻峭突兀，蔚为壮观。山南侧的逍遥溪以南和东侧的黄狮垱以东的周边地带，出露晚元古代和早古生代地层；北、西两厢，为早期侵入的太平花岗闪长岩体所包围，丘陵低岗，砂土覆盖。黄山地壳构造复杂，历经了元古代时期强烈的地体俯冲碰撞和后来的多期构造变形，断层节理非常发育。就在这多种内、外地质营力的持续作用下，茫茫大海化成了逶迤起伏的山岭，造就了黄山奇峰间列、沟壑幽深的花岗岩峰林地貌。

褶皱　黄山风景区位于两构造单元的交接部位，其南东侧为绩溪复背斜构造带，北西侧为太平复向斜构造带；它们以黟县—广德断层带为界，三者均以北东40°～50°方向大致平行排列，黄山岩体就受这东西向和北东向两组断裂的控制，呈椭圆形侵入在两构造带的公共翼部中段。岩体的长轴方向与区域构造线方向基本一致，即呈北东—南西向分布。

黄山的地层褶皱构造，属于箬箸坑背斜的北东倾伏端和谭家桥向斜的南西昂起端。两者均属于太平复向斜构造带的次级褶皱。一个背斜一个向斜，相辅相成，构成了黄山地区褶皱的基本形式。箬箸坑背斜从南西沿北东 40°～50°方向延入，从汤口进入黄山南大门，可见公路或登道两侧强烈褶曲的层状岩石，这就是生成于8亿～10亿年前的元古代邓家组和铺岭组沉积岩层，组成了该背斜的轴部和翼部。在黄山岩体东侧出露的震旦—寒武纪沉积岩层，基本上为一向东倾斜的单斜岩层，构成了谭家桥向斜的南西昂起端。

断裂　黄山地壳岩石的断裂构造比较发育，有记录的断层共 55 条。尤其是黄山岩体，由于花岗岩质地坚脆，刚性较强，在频繁发生的地壳运动影响下，易被错断或裂开，形成不同方向的断裂构造。在黄山花岗岩体内，已发现的断层就有 30 条。这些断层裂解了坚硬的花岗岩体，塑造了山石景观，决定了沟谷水系的分布。黄山风景区的断层，按其走向与性质划分，主要可列四组。

北西向断层：以汤口—汤岭关—伏牛岭断层(简称汤岭关断层)为代表。是一条兼具张裂与扭裂性质的断层，延伸较平直，长约 12 km，水平错断距离仅几十米。南西下盘桃花峰一侧相对上升，北东上盘紫云峰一侧相对下降，在北东侧并有 2～5 m 的节理影响带发育。该断层切割了黄山花岗岩体的南西边缘，沿断层线侵蚀成断层谷，逍遥溪则主要流经此谷；著名的洗杯泉、鸣弦泉、三叠泉和前山温泉，均位于该断裂带北东一侧的花岗岩体内。

北东向断层：以汤口—谭家桥断层为代表。该断层面延伸平直，长二十余公里，横切景区南东部围岩地层，上下两盘水平错断距离达 4 km，挤压紧密，断层带内无一泉水出露。西海—北海断层，西起钓桥庵，向北东经西海大峡谷、散花坞，至黄帝源上游大沟，走向为北东 70°，长约 10 km，断距约 100 m，在黄山花岗岩体内，还留下了断层悬崖。

近南北向断层：主要分布于北海一带，一般规模中等，密集平行分布，使黄山北侧的水系呈近南北方向展布。断层带宽度一般为 2～5 m，断层面大多近于直立。如布水峰西溪断层、九龙溪断层、叠障峰西断层、云谷寺断层等。

近东西向断层：多为具平移特征的正断层，有时与北东或北西向断层组合成“人”字形断层，倾向或南或北，断层面陡近直立。在鸣弦泉—逍遥亭一段较为集中，其中以名泉桥破碎带较为典型，前山温泉就与该组断层关系密切。

节理　黄山花岗岩体节理构造非常发育，这些节理对形成黄山山岳风景具有特殊重要的意义。黄山花岗岩节理，有垂直节理、水平节理，而以剪切破裂的剪节理为主。在成因上，有岩浆冷却凝结时形成的原生张力节理，也有岩体凝固后受动力作用产生的次生节理和温差重力滑动等作用形成的表生节理。西海群峰，主要就是密集的垂直节理切割花岗岩体的结果。花岗岩中的节理构造，由于冰冻、风化和地震作用，使节理的上部具有不同程度的张开性，甚至出现崩塌，造就了花岗岩的地貌奇观。黄山节理的发育程度，前山强于后山，因而形成了前山雄伟、后山秀丽的不同地貌景观(黄山志编纂委员会，2010)。

(二) 黄山地貌

1. 峰林地貌

黄山属强烈侵蚀的中山和中低山区，裸露的花岗岩经受多期构造运动，使地壳发生间歇性的、急剧的抬升，形成了以莲花峰、天都峰、光明顶三大主峰为中心的，向四周峰谷呈放射状分布、台阶状下降的地势总格局。从海拔 1 864.8 m 的莲花峰，逐步下降到海拔 500 m 以下的汤口谷地，形成中高外低的山地，层次十分明显，为黄山地貌景观的形成奠定了基础。

黄山中央核心部分，是由主体期和后期补充侵入的花岗岩组成的中山区，是黄山地壳抬升的中心，海拔高度在 1 000 m 以上，面积为 98 km^2，占景区总面积的 61%。区内峰峦错列，沟谷深切，地势陡峭，山体坡度多在 40°以上，险峻之处达 60°～74°，有的近于直立，故大多数山峰人不能及。峰谷相邻，山脊多为刃状或锯齿状；沟谷多被深切成 U 形或 V 形，并有谷中谷发育，在古老的宽谷中，又下切形成新的峡谷。千峰万壑中，较大的峡谷有 36 条，即旧志所载的 36 源，这 36 源中的水流，又汇成了 24 溪。

景区内的中低山区，位于高耸陡峻中山区的四周，地势相对低缓，海拔高度 500～1 200 m，分布面积为 62.6 km^2，约占总面积的 39%。山顶海拔高度除部分在千米以上外，一般在 700～900 m。山体地形坡度为 30°～40°，地形相对高差为 450～550 m，峰顶尖陡，谷底呈 V 形。

景区的周边和外围属低山丘陵地带，海拔高度一般在 500 m 以下。前山的汤口镇以南，低山环抱，沟谷开阔，为剥蚀—雄积的山间谷地；后山的芙蓉岭以北，出露太平花岗闪长岩体，因易风化而成开阔宽缓、绵延起伏的丘陵。

黄山花岗岩的构造侵蚀峰林地貌，总体上呈中高外低的阶梯状分布，按其形态分类，主要有以下几种

锥状峰林由垂直的和倾斜的、多组节理发育的花岗岩所构成，峰体高大，底部基座和上部峰锥相连一体。山体顶部呈浑圆锥形，坡陡，峰体高耸，奇伟峭拔，主要分布在前山，尤以莲花、天都、莲蕊、云门、云际等大峰为代表。

脊状峰林由沿一定走向呈脊状分布的花岗岩峰脊组成，常与峰脊下平直的支沟相伴生。例如，圣泉、朱砂、眉毛、青鸾、紫石、清潭诸峰。那些平行于峰脊的支沟，脊尖底宽，上陡下缓，横剖面似呈 U 形，有人认为属古冰川形成的幽谷，有人则认为是流水侵蚀切割而成的山间谷地。

穹状峰林呈环形分布在黄山花岗岩体的最外圈，海拔高度一般在千米以下，地

势亦相对低缓，坡度在30°～50°，风化较强，峰顶多呈圆形，是山外低山丘陵与中央峰林之间的过渡地带，如香炉、布水、夫子、磨盘诸峰和芙蓉岭等。

石林式峰林由密集发育垂直节理的花岗岩石柱构成，主要分布在补充期侵入的中细粒斑状花岗岩体内，及其与主体期粗粒似斑状花岗岩的接触位置，如“十八罗汉朝南海”、“蓬莱三岛”等。

独柱式峰林主要由垂直节理所成，如笔峰、手指峰、“飞来石”、“仙人指路”等。

陡悬破碎峰林主要分布于西海排云亭前，花岗岩山体被切割得十分破碎，组成了“仙人晒靴”、“仙女弹琴”、“天狗听琴”、“仙人踩高跷”、“武松打虎”、“文王拉车”等形态各异的巧石景观(黄山志编纂委员会，2010)。

2. 冰川地貌

20世纪30年代，我国著名地质学家李四光，在对黄山作地貌和第四纪地质调查时，发现第四纪更新世时期留下的冰川遗迹，并于民国二十五年(1936年)9月在《中国地质学会会志》第15卷第3期上，用英文发表了《安徽黄山之第四纪冰川现象》(原英文题目直译为《安徽黄山更新世冰川现象之确据》，见附文)的著名论文。该文中提出的最重要论据是：青鸾峰崖壁上的七条巨大冰川擦痕。当时在南京中央大学任教授的德籍地质学家威斯曼听说后，曾两次到黄山考察。第一次未找到冰川擦痕遗迹，后在李四光指引下，睹此粗大的冰蚀刻槽，极为兴奋，用英德两种文字发表《黄山旅行报告》和《中国更新世冰川》两篇论文，引起国际地质、地理学界的震动和广泛重视。从此，黄山第四纪冰川现象得到认可，打破了“中国东部大陆没有第四纪冰川”的结论。

此后，地质专家孙殿卿等又在黄山逍遥溪、谭家桥等地的基岩面上，发现了重要的冰川动力结构现象；在谭家桥桃林村，发现具有冰川磨光面和条痕的石英砂岩大漂砾。他们认为，这些均非“泥石流”所能形成的地质现象，说明青鸾峰崖壁上的冰川擦痕并非孤立存在的地质现象，而是黄山第四纪时期冰川作用的结果。1950年以后，杨怀仁、周慕林、陆镜元等地质地理学家，通过专门的调查研究，系统地分析总结了黄山第四纪冰川遗迹的特征和分布规律。

对于黄山第四纪冰川遗迹，几十年来一直有人提出质疑，进入20世纪80年代，开始形成了两种不同学派的争论。1982年10月在黄山召开的“中国第四纪冰川冰缘学术讨论会”上，以著名现代冰川学家施雅风为代表的“非冰川”论者，通过对地质、古地理和古气候条件等方面的分析，认为黄山地区没有发生过第四纪冰川活动，黄山现代地貌的形成，是中生代以来强烈构造岩浆活动和地壳急剧抬升的结果，而并非冰川作用所造就。

目前，“冰川说”和“非冰川说”两种学术观点的争论，仍在进行中。这些学术上的争论，把黄山地质的研究不断推向深入。李四光黄山第四纪冰川遗迹的发现和论证,对黄山地学研究的深入开展起到了极大的推动作用(黄山志编纂委员会,2010)。

(三) 黄山气象气候

1. 气温

春湿、夏凉、秋燥、冬寒构成了黄山气候特征。黄山年平均最高气温为11.3℃,年平均最低气温为 5.3℃,年平均气温为 8℃。气温年较差也偏小。山顶处 5 月 13 日左右入春,7、8 月份平均气温为 17～18℃,9 月 28 日左右进入冬季,在长达 7 个月的时间里,飞雪、冰凌、霜花、冻雨交替出现(表 4-3)。

表 4-3　1956～2008 年各月平均气温及年较差　(单位: ℃)

	1月	2月	3月	4月	5月	6月
合计	-138.8	-65.9	148.6	422.1	637.2	801.9
平均	-2.6	-1.2	2.8	8.0	12.0	15.1
年较差	6.6	6.7	9.4	6.7	6.0	5.0

7月	8月	9月	10月	11月	12月	全年	
						合计	平均
942.1	915.4	726.3	490.8	234.6	-12.0	5 102.3	425.2
17.8	17.3	13.7	9.3	4.4	-0.2	96.3	8.0
7.0	5.0	5.3	6.0	9.0	6.6	79.3	6.6

资料来源: 黄山志编纂委员会,2010

从山脚到山顶,气温垂直递减。以观测站光明顶为中心(118°09′E,30°08′N,海拔 1 840.4 m),南坡到黟县,北坡到黄山区,递减率南坡大于北坡。一年中 7 月份递减较大,海拔每升高 100 m,气温降低 0.6℃左右;1 月份较小,每升高 100 m,气温递减 0.36℃。云谷寺处于三面环山的谷地,气温明显较低。光明顶到玉屏楼的递减率,7 月份比 1 月份要小,这与玉屏楼处于风口有关(表 4-4)(黄山志编纂委员会,2010)。

表 4-4　气温垂直递减率

地　　点	高差/m	1月/(℃/100 m)	4月/(℃/100 m)	7月/(℃/100 m)	10月/(℃/100 m)	年平均/(℃/100 m)
黟县—温泉	422	0.45	0.55	0.52	0.31	0.48
温泉—半山寺	610	0.30	0.46	0.58	0.51	0.48
半山寺—玉屏楼	340	0.41	0.50	0.71	0.62	0.58
玉屏楼—光明顶	160	0.75	0.44	0.56	0.69	0.50
黄山区—北海	1 417	0.37	0.42	0.60	0.48	0.49

续 表

地　　点	高差/m	1月/(℃/100 m)	4月/(℃/100 m)	7月/(℃/100 m)	10月/(℃/100 m)	年平均/(℃/100 m)
北海—光明顶	230	0.30	0.48	0.65	0.75	0.35
温泉—云谷寺	240	0.75	0.67	0.83	0.83	0.79
云谷寺—半山寺	450	0.07	0.36	0.44	0.33	0.30
黟县—光明顶	1 611	0.41	0.49	0.59	0.50	0.50
黄山区—光明顶	1 607	0.36	0.47	0.61	0.45	0.47

资料来源：黄山志编纂委员会，2010

最低气温≤0℃的天数，即出现冰冻的天数，以光明顶为例，全年平均有105.9天。一般在10月下旬至次年4月下旬。最低气温≤-10℃的天数，即严寒天数，全年只有17.2天，一般出现在11月中旬至次年3月。温泉以下，稳定通过10℃的年平均积温为4 200～5 000℃；温泉到云谷寺为3 600～4 200℃；云谷寺、半山寺一线为3 000～3 600℃；玉屏楼以上，全年积温为2 100～2 400℃（黄山志编纂委员会，2010）。高山年积温仅相当于平原、丘陵地区热量的一半（表4-5）。

表4-5　黄山各地及相邻地区气温最高值与最低值　（单位：℃）

地　　点	最高气温	最低气温
光明顶	28.0	-22.7
玉屏楼	29.1	-18.6
北海	27.7	-20.4
半山寺	31.0	-16.3
云谷寺	34.2	-15.6
温泉	35.9	-13.9
黟县	40.0	-12.3
黄山区	40.3	-13.5

资料来源：黄山志编纂委员会，2010

黄山气温日变化受太阳辐射物理过程的支配，日最高气温通常出现在中午前后，而日最低气温出现在午夜至凌晨前。与平原区相比，除谷地外，山区的气温日变化较小。山顶处的日最高气温比山脚处稍有提前，分别出现在11～13时和13～15时。这时因为午后山地高海拔处多为云雾，减弱了太阳辐射，不利于气温继续上升（黄山志编纂委员会，2010）。

不同的地形条件在山地气温日变化中的作用不同。山顶处的气温日较差最小，山谷的气温日较差最大，山坡、平地则介于二者之间（黄山志编纂委员会，2010）。

2. 降水

黄山山顶年雨量为2 321 mm，年雨日为179.2天，年积雪日为33.6天，年雾日为258天,大风日为117天。黄山地区年雨量最大值出现在黄山光明顶(2 321 mm)。黄山的南北侧年雨量分别是1 720.0 mm和1 774.7 mm,黄山的东西两侧分别是1 573.4 mm和1 761.9 mm,均少于光明顶。山上全年平均降水日数为179.2天,在山脚处为150～160天。冬季降水日数少,春季明显增加,5～6月份常有暴雨,从6～9月份,降水量为全年降水量的49%,同期占年暴雨量的69.6%。

降雨量最多的是1973年,为3 326.6 mm,降水量最少的是1978年,为1 548.6 mm。暴雨日每年平均9天(指日降水量≥50 mm),1956年、1999年出现19天;最少的是1978年,只有1天。1991年7月7日,一天降水328.4 mm;1969年6月28日～7月17日,连续降水818.2 mm(黄山志编纂委员会,2010)。

黄山区域梅雨明显,一般在6月中旬入梅,7月中旬出梅,梅雨期长达一个月左右。梅雨量通常占全年雨量的25%～30%。黄山光明顶气象站的观测记录是,梅雨量年平均为500 mm左右,屯溪观测记录为330 mm(黄山志编纂委员会,2010)。梅雨量的年际变化很大。多雨年份可以超出正常年份的1倍以上,空梅年份,梅雨量很少(表4-6)。

表4-6 1956～2008年黄山降水综合表

项目	1月	2月	3月	4月	5月	6月	7月	8月	9月	10月	11月	12月	全年
月最多降水量/mm	180.7	370.6	327.0	550.0	678.5	1 113.8	882.2	734.6	506.6	298.0	206.7	221.2	3 326.6
月最少降水量/mm	0.1	28.6	68.4	88.8	67.9	113.7	43.8	57.7	13.3	0.0	2.1	0.5	1 548.6
月最多降水天数/天	21	22	26	23	25	25	23	26	23	21	22	23	212
月平均降水天数/天	13.6	14.2	17.8	17.5	18.2	17.5	16.0	17.7	14.4	11.9	10.1	10.3	179.2
月最少降水天数/天	1	4	9	12	12	10	5	10	7	0	1	1	150
日最大降水量/mm	62.4	75.7	89.0	118.7	145.8	239.7	328.4	219.1	154.4	91.0	84.4	51.7	328.4
月最多暴雨数/天	1	2	2	3	5	8	5	5	5	2	1	1	19
最长降水天数/天	13	14	20	21	21	18	21	15	20	17	9	14	21
最长无水天数/天	29	25	17	10	10	10	20	18	14	36	40	33	44

资料来源:黄山志编纂委员会,2010

3. 风

黄山山上山下、山南山北风向频率均不同。一年中,西北风的频率比较大,其次是西南偏西风，其频率各占11%。从季节来看，冬季以西北风最多，3月风向变化大，4～7月以西南风为主，8～10月以东风为主（黄山志编纂委员会，2010）。

黄山的平均风速随着高度的升高而增大。例如，温泉平均风速为1.6 m/s，光明顶年平均风速为5.9 m/s，云谷寺、半山寺处在山峰环抱的幽谷之中，风速很小，静风频率高达30%。玉屏楼位于天都、莲花两高峰之间，由于"狭管"效应，导致风速增大，有"风口"之称。在山顶和开阔地区，风速也大，光明顶年平均大风日数（≥8级）达117天，最多年份224天，最少年份也有75天；而屯溪区全年仅有25天。年最大风速随高度增加而增大。光明顶为37.9 m/s，而黄山区为24 m/s（黄山志编纂委员会，2010）。

风向和风速一日内周期性变化称风的日变化。在山区，白天有从谷地吹向山坡的谷风，晚上有从山坡吹向谷地的山风，这种现象称为山谷风。黄山温泉处，谷风一般开始于7～8时，止于16～17时，持续时间为14～16个小时；山风一般在16～18时开始，至次日7时结束。山谷风风速为1～2 m/s，并且谷风风速平均大于山风风速。山顶因风大，树木躯干矮小，根系发达，在盛行风向突出的地方，树木向盛行风向一边生长，成为"偏形树"。著名的黄山迎客松就是"偏形树"，姿态别致优美（黄山志编纂委员会，2010）。

4. 雾

黄山是著名的多雾山区，全年雾日达258天，平均每4天中就有3天处于云蒸雾蔚之中。黄山的雾大致可分为两种：一种是在晴朗微风的夜晚，地面热量辐射，散热冷却，近地面层的空气温度降低很快，使得空气中的水汽达到饱和而凝结成雾，称为辐射雾；另一种是空气流动受到地形的阻挡沿着山坡上升，随着温度的降低，沿山坡上升的空气很快就成了饱和空气，再往上，多余的水汽凝结成雾，称为上坡雾。由于黄山层峦叠嶂，沟谷纵横，地形复杂，气流多变，形成的雾千姿百态，变化无穷。

（四）黄山植物与植被

1. 黄山植物

黄山境内森林茂密，物种起源古老，植物资源丰富。2004年调查资料显示，森林覆盖率达84.7%，植被覆盖率达93%。植被垂直带系列完整，是华东地区重要物种基因库，也是我国生物多样性最为丰富的地区之一。现已发现高等植物有222科，827属，共有1 805种。以黄山命名的植物就有24种，其中黄山松和黄山杜鹃，1985年分别被评为安徽省省树和省花。黄山现有国家二级保护植物8种、三级保护植物13种（表4-7）。

表 4-7　黄山珍稀濒危保护植物种类

种　名	生活型	国家保护级	种　名	生活型	国家保护级
银杏	落叶乔木	二级	黄山木兰	落叶乔木	三级
香果树	落叶乔木	二级	天竺桂	常绿乔木	三级
华东黄杉	常绿乔木	二级	天女花	落叶乔木	三级
金钱松	落叶乔木	二级	天目木姜子	落叶乔木	三级
杜仲	落叶乔木	二级	黄山花楸	落叶乔木	三级
鹅掌楸	落叶乔木	二级	天目木兰	落叶乔木	三级
连香树	落叶乔木	二级	短穗竹	散生竹	三级
黄山梅	多年生草本	二级	延龄草	多年生草本	三级
南方铁杉	常绿乔木	三级	夏腊梅	落叶灌木	三级
领春木	落叶乔木	三级	天麻	多年生草本	三级
凹叶厚朴	落叶乔木	三级			

资料来源：黄山志编纂委员会，2010

黄山的植物区系具有以下特点。

植物种类丰富。统计表明，黄山有苔藓植物 57 科，114 属，191 种；有亚洲特有属 8 个；蕨类植物 31 科，58 属，131 种；裸子植物 6 科，15 属，18 种；被子植物 128 科，640 属，1 465 种。黄山植物与全国植物种属相比较中，蕨类植物的科数占全国蕨类植物科数的一半以上，达 59.62%，裸子植物的科数占全国科数的 60%，被子植物的科数为全国科数的 44.33%；就属而言，蕨类植物占全国所有属的 27.94%，裸子植物占全国属的 1/2 弱，被子植物占全国属的 1/5 强。

起源古老。由于黄山地处华夏陆台，地质构造比较复杂、活跃，同时处于季风区，潮湿多雨，受第四纪冰川影响较小，保存了不少古老的种类。其中含有许多单种属和少种属，它们大多为古老的孑遗种，如裸子植物银杏、黄杉等。

地理成分复杂。属于世界分布区类型的有 55 属 248 种，其中 10 种以上的属有 6 个。含 6～10 个种的属有 7 个，含 2～5 个种的属有 23 个。从属的数量来看，北温带分布类型居于首位，东亚分布居第二位，泛热带分布居第三位，东亚和北美间断分布居第四位，世界分布居第五位。

自成特色。属中常绿树种占很大比例，不少木本植物种是群落的建群种，占有重要生态位置，如甜槠、苦槠、青冈、石栎、红楠、紫楠等。

特有种类繁多。中国特有分布黄山有 22 属，23 种，占中国特有属总数的 3.36%。此外还有以黄山命名的种子植物 21 种(黄山志编纂委员会，2010)。

2. 黄山植被

黄山地带性植被为常绿阔叶林，即亚热带常绿阔叶林植被带—安徽南部中亚热带常绿阔叶林地带—皖南山地丘陵植被区—黄山、九华山植被片。黄山因其海拔高度和复杂的地形地貌，植被除水平地带性分布外，还有明显的山地垂直分布带，天然植被保存较为完整。依山势海拔变化，植被大体可分为阔叶林、针叶林、竹林和灌丛草地四大类型，具体包括常绿阔叶林、落叶与常绿阔叶混交林、落叶阔叶林、山地矮林与山地丛林、黄山松林、马尾松林、杉木林、竹林、山地灌丛、高位水藓沼泽，山地灌丛草地。

(1) 常绿阔叶林

南坡自温泉至慈光阁、半山寺、天门坎；东坡自九龙瀑至云谷寺喜鹊登梅；北坡自芙蓉岭至三道亭，群落上层以常绿树为主，在 600 m 左右或更低海拔以苦槠、青冈、棉槠、石栎为主，海拔 600～1 100 m，以甜槠和小叶青冈为主。

(2) 落叶与常绿阔叶混交林

可以分为两种类型，一种是常绿阔叶林带与山地落叶林交界处出现过渡类型，其分布海拔较高；另一种是原始的常绿阔叶林受到不同程度的人为干扰和破坏，渗入了多种次生阳性落叶树种，形成了一种群落演变过程中的混交林，而出现在不同海拔高度的局部地区。混交林的上层除甜槠、青冈、小叶青冈、清栲等外，还有枫香、糙叶树、水青冈、茅栗、鹅耳枥、天目木兰、槭等；中层小乔木和灌木中，除上述常绿阔叶林中的常绿树种外，还出现较多的落叶树种，常见的有山姜、山梅花、八角枫、蜡瓣花等；草本层常见的有兔儿伞、鹿蹄草、禾叶麦冬以及堇菜和一些耐阴蕨类。

(3) 落叶阔叶林

分布在南坡海拔 1 100～1 400 m，北坡海拔 1 100～1 500 m 处。主要建群树种为温带落叶树，如米心水青冈、华千金榆、色木槭、华东椴、橄榄槭、紫茎、香槐、四照花、暖木等。灌木层有川榛、绿叶甘姜、金缕梅、蜡瓣花、灯笼树、天女花、黄山花楸等。草本植物种类明显存在局部差异，种类繁多。

(4) 山地矮林与山地丛林

出现在海拔 1 400～1 650 m 的平缓坡面上，一般上层乔木仅 10 m 左右，黄山栎和华东椴是主要建群树种，灌木种类比较贫乏，树干与地面铺生苔藓和地衣。常见伴生种类有黄山花楸、安徽小檗、三桠乌药、金缕梅、蜡瓣花、灯笼树、天目琼花、伞八仙、白檀、冬青等。

(5) 黄山松林

黄山松是以黄山命名的两针叶松树，广布于 800 m 以上的山峰涧谷，如北海狮子林、白鹅岭—始信峰、西海丹霞峰、天海平天矼等处均有成片的黄山松林。黄山松林第一层为单优势种黄山松；在山顶海拔较高处第二层伴生种为黄山栎、四照花、华东椴、白檀、蜡瓣花、黄山杜鹃、云锦杜鹃、黄山花楸等；在山腰中部地段，第二层还存有常绿阔叶林中常绿树种，如小叶青冈和甜槠，下层局部常以华箬竹为主，还有一些山地草本植物如苔草、野菊、野古草等。

(6) 马尾松林

黄山马尾松林分布上限与黄山松林下限相接。在低海拔阔叶林遭破坏后，天然更新时，马尾松是先锋树种，常与阳性乔灌木如化香、黄连木、盐肤木、野漆树、杜鹃、檵木等混生。

(7) 杉木林

黄山风景区内杉木纯林不多见，通常为马尾松与杉木混交林。

(8) 竹林

黄山竹林种类较多，主要有毛竹，分布在海拔 300～700 m 地带。上层除毛竹外，也杂有针阔叶乔木，如马尾松、杉木、棉槠、青冈等。灌木种类较多，常见的有檵木、马银花、映山红、乌饭树等，草本层植物有麦冬、兔儿伞、草兰等。

(9) 山地灌丛

在山顶部或稍宽坦山坡存在岩石杜鹃灌丛，高度均在 2～6 m，结构简单，只有两层。上层由灌木构成，如黄山杜鹃、安徽小檗、灯笼树、六道木、天目琼花等，下层为草甸植被，组成种类差异较大。

(10) 高位水藓沼泽

在海拔 1 500～1 600 m 以上地段，地势低洼积水，曾呈散生小块状以泥炭藓为主的高位水藓沼泽群落。排云楼宾馆门前的高山沼泽，是华东地区海拔最高的高山沼泽。

(11) 山地灌丛草地

在光明顶、天海等海拔为 1 600～1 840 m 的山顶部平缓坡面，生长有山地灌丛草地，植物群落以多年生草本植物为基础，散生低矮灌木及匍匐生长的黄山松(黄山志编纂委员会，2010)。

(五) 黄山土壤

1. 黄山土壤分类

黄山土壤水平分布属红壤向黄棕壤过渡的黄红壤地带。根据安徽省黄山风景区土壤普查专业队 1985 年的调查，黄山土壤分类归属 9 个土类、14 个亚类、21 个土属、37 个土种(表 4－8)(黄山志编纂委员会，2010)。

表 4－8　黄山土壤分类表

土　类	亚　类	土　属	土　种
红　壤	2	5	12
黄　壤	2	5	9
黄棕壤	2	3	8

续 表

土 类	亚 类	土 属	土 种
棕 壤	1	1	1
山地草甸土	1	1	1
沼泽土	1	1	1
水稻土	1	1	1
粗骨土	2	2	2
石质土	2	2	2
小 计	14	21	37

资料来源：黄山志编纂委员会，2010

2. 黄山土壤的垂直分布

戴昌达、文振旺等早在20世纪50年代就进行了黄山土壤的垂直分布和基本性质的研究，研究认为：黄山地势陡峻，山巅和山麓地带海拔相对高差可达1 500 m，山上与山下具有迥然不同的土壤形成条件。

山岭下部，气候温暖湿润，冬季每月平均温度都在0℃以上，全年至少有5个月的平均温度超过20℃，年降水量约为1 200 mm，主要集中于4～6月，但没有明显的旱季，多深壑狭谷，地形不甚开阔，常弥漫云雾，相对湿度较高。亚热带的绿阔叶树、细叶青(*Cyclobalanopsis gracilis*)、甜橙(*Castanopsis eyrei*)等，以及只生长于暖湿地区的茶树、毛竹等植物都生长良好。

山岭上部，气温降低，降水量增高，山岭上部年平均温度大约10℃左右，最热月均温(7、8月)约20℃，全年中可能有3～4个月的平均温度在0℃以下。黄山上部平均年降水量在2 000 mm以上。

由于冬季寒冷，常绿树难以生存，形成纯夏绿林带，主要树种有：鹅耳栎(*Carpinus chinensis*)和黄山木兰(*Magnolia cylindrica*)等。在夏绿林带以上，因山风很大，且冬季寒冷，长期覆雪，所以木本植物难以充分向上发育，形成山地矮林亚带，除夏绿小乔木外，还有部分灌木，主要树种有黄山栎(*Quercus stewardii*)、茅栗(*Castanea seguinii*)、白檀(*Symplocos paniculata*)、安徽杜鹃(*Rhododendron*)。

光明顶、平天虹一带的山顶平台和坡地，气候更冷，山风很大，木本植树仅残留个别匐生状灌木，主要分布着多年生草本植物，有拟麦氏草(*Moliniopsis intermedia*)、鼠鞠草(*Gnaphalium multiceps*)等，覆盖度达100%，草高一般40～50 cm，形成茂密的亚高山山地草甸景观。

山顶西海门的分水岭附近有小片洼地，两旁山坡来水易停积于此，排水不良，生长沼泽植物群落，沼泽中心长马鬃根(莎草科)，马鬃根之分蘖节生于地面之上，形成踏头(高达10～20 cm)，踏头间长有金发藓和水藓，组成酥软富弹性的毡状层，厚度约有3 cm，沼泽边缘则生长野古草、芒等耐湿性较差的草类。

黄山松的主要分布范围在海拔 1 000 m 以上，常散生于岩缝、石壁之间，或与阔叶树及草本植物混杂，只在眉毛峰下看到郁闭较好的林相，但松针残落物的覆盖度也很小，对土壤生成发育无突出影响。

黄山土壤，除山下部的黄壤有小部分发育于红土和千枚岩以外，其他全都是发育于花岗岩母质。花岗岩系酸性岩石，含碱金属、碱土金属不多，这对酸性土壤的发育是有利的；同时由于土壤母质一致，在比较山上山下各种土壤的性质、物质移动状况时有共同基础。

由于黄山地形陡峻，岩石风化体和土层时常侵蚀移动，所见到的土壤几乎都受坡积的影响，含石头颇多，土壤尚处在幼年时期，这在讨论土壤性质和分类时应予考虑，因为一个土类的质的特征是该土壤形成过程的量的累积，土壤发育时间的长短必然会影响到它的质的特征的表现程度。

如上所述，可知在黄山山岭下部，南坡 1 150 m 和北坡 1 100 m 以下，湿润暖热的气候条件下，在常绿阔叶林的植被下，发育着具有比较明显的富铝化、酸性反应的棕黄色土壤，这种土壤所处的自然地理条件和理化特性，与福建北部山地、江西庐山下部的土壤相类似，可以认为是类同的发生土类——山地黄壤。

山岭上部(1 500～1 650 m)在夏绿林和矮林植被下，发育了一种特殊的过渡类型的土壤，除具有一些棕壤的性质外，还具有黄壤的某些特性，如一定程度的富铝风化、土壤胶体盐基不饱和、酸性反应等。我国江西庐山也有相类似的土壤发育。因此这种土壤的形成过程与理化性质在一定程度上接近于黄壤，所以用黄棕壤的名称，把它与典型棕壤、灰化棕壤和黄壤分开。

山地草甸土分布在山顶(光明顶、平天虹一带)，该处高度达 1 650 m 以上，气候寒冷，山风很大，木本植物仅有个别的匐生小灌木(黄山松等)，生长着茂密的草甸植物，每年遗留于土壤中之的有机残体很多，而冬季半年冰冻结雪，微生物活动受抑制，夏季半年则土壤相当潮湿，有比较高的温度，嫌气、好气微生物发育旺盛，因而土壤的形成过程主要是生草过程占优势，生成比较厚的腐殖质层(图 4-2)。

而在山顶西海门分水领附近的小片洼地，由于局部地形的关系，排水不良生长沼泽植物群落，土壤十分潮湿，嫌气状况占绝对优势，土壤沼泽化，发育了地表聚积泥炭质有机残体的山地沼泽土。

总结上述，黄山土壤垂直分布自上而下为山地草甸土、山地黄棕壤和山地黄壤。在山岭上部的低洼地尚有山地沼泽土(戴昌达等，1958)。

(六) 黄山动物

黄山山高林密，森林覆盖率高，气候温暖湿润，为野生动物提供了良好的栖息

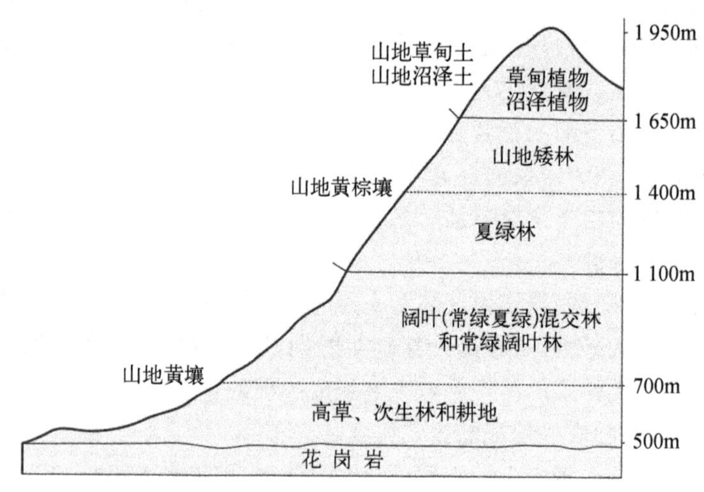

图 4－2　黄山土壤垂直分布图

资料来源：戴昌达等，1958

环境。据不完全统计，黄山共有脊椎动物 297 种，其中，两栖类 21 种，爬行类 46 种，鸟类 176 种，兽类 54 种。根据《黄山植物》(上海复旦大学出版社，1996 年）和《中国生物多样性国情研究报告》(2000 年国家环保总局），黄山有国家一级保护动物 6 种（其中鸟类 2 种，兽类 4 种），国家二级保护动物 26 种（表 4－9）(黄山志编纂委员会，2010)。

表 4－9　黄山国家保护动物名录

类别	国家一级保护动物	国家二级保护动物
两栖类	—	大鲵
鸟类	白颈长尾雉、白鹳	鸳鸯、白鹇、勺鸡、鸢、赤腹鹰、雀鹰、普通鵟、毛脚鵟、乌雕、红隼、领鸺鹠、斑头鸺鹠、鹰鸮、长耳鸮、短耳鸮、草鸮
兽类	云豹、金钱豹、黑麂、梅花鹿	短尾猴、猕猴、穿山甲、豺、黑熊、大灵猫、小灵猫、獐、苏门羚

资料来源：黄山志编纂委员会，2010

(七) 黄山温泉

温泉为黄山“五绝”之一。宋人朱彦《游黄山》诗曰：“三十六峰高插天，瑶台琼宇贮神仙。嵩阳若与黄山并，犹欠灵砂一道泉。”黄山温泉共有三处：南面前山温泉（汤泉）、北坡松谷温泉和圣泉峰顶的圣泉。今人所指的温泉，多指南面前山温泉，古称汤泉、灵泉、朱砂泉。位于汤泉溪北岸，在“大好河山”石壁下，温泉景区即因其命名。

温泉出露口有两个，一个建成储水池，泉水经过管道，供给各个浴池；另一个露口为沙池，流入汤泉溪。原池长约3 m，宽约1.5 m，深约1 m。泉边石壁上有明万历年间题刻的“天下名泉”四字。此外还有“飘然欲仙”、“蒸云”、“不浴心已清”、“阴火潜然”、“冷暖自知”等题刻。《黄山志定本》记载汤泉旧貌：“在朱砂峰下，长丈许，阔半之。泉口大如碗，涌沸石间，虽冱寒，如温春时”；“池上天生片石，覆池之半，为泉广，居然仙琢。嘉靖中，溪南某凿石砌亭，惜哉。去池数十武，有泉窟，亦芳温可浴，尚未池”(黄山志编纂委员会，2010)。

王长荣对安徽黄山前山温泉进行了研究，认为前山温泉所处的地区经过多次地壳运动受应力的作用，断裂构造发育。主要有北东向、北西向、南北向和东西向四组节理，纵横交错，切割岩体。温泉区内较大的断裂构造为汤口至汤岑关断层。断层呈北西—南东展布，穿过黄山南坡斜切了黄山岩体，形成长达数公里的破碎带。逍遥溪谷地系沿此断层带发育。温泉就出露在此断层破碎带之上，靠近岩体的内接触带。泉水从断层破碎带中徐徐溢出，属典型的断层上升泉。关于温泉热水成因的研究，目前国内通常将其归结于：其一，与地下岩浆活动有关，是受岩浆活动余热的影响而形成的。特别是早更新世(距今50万年)以来的火山喷发和岩浆活动在地下深处产生的余热尚未散尽，其热力足以使周围地下水温度升高，当高温热水流出地表时即形成温泉。这种温泉热水水温较高，常有水、气两相的显示，并含有一定的特殊元素，如As、Sb、Hg、Mg、Fe、Ca、Pb、Zn、Ag和Au等；其二，与地下水的深循环加热作用有关，是受地热增温梯度的影响而形成的。这种热水形成在时空上与近期火山活动和岩浆侵入没有明显联系，但与温泉区内岩石的节理发育程度和是否有深断层的存在紧密相关。

王长荣通过对前人资料的分析研究，并多次赴黄山实地考察发现：黄山岩体被断层切穿的地段，节理发育，岩石破碎，透水性能增强，对本区地下水的分布和富集均有控制作用；同时沿着岩体接触带应力集中，裂隙发育，往往也是地下水易于汇集的良好地段；目前在黄山温泉区内尚未发现有近代火山或岩浆活动的遗迹，而由岩浆侵入冷凝形成的黄山花岗岩体，据同位素地质年龄测定，它的形成距今已有1.3～1.4亿年。推测其余热可能早已散尽(图4-3)。再据温泉逸出气体的分析，其成分与大气相近。黄山温泉热水的成因应属后一种类型，即温泉热水实际上是一种深部循环水，是在地下深处被地热增温梯度加热了的大气降水(图4-4)。据测，温泉水温比当地地表水水温高23℃。按正常地热增温梯度推算(不考虑热水上升沿途的耗热量)，热泉水显然应来自千米以下的地下深处，此乃黄山温泉热水之可能成因(王长荣，1986)。

王长荣据安徽省地质局332队黄山温泉泉口测得资料分析，水温和流量相对较为稳定。水温常年保持在41～42℃。流量每昼夜平均140 t上下。从图4-5表示流量与降水量的关系，可知区内降水多集中在气温较高的5～8月份，这时泉水的流量也相应增大；而在气温较低的1、2月份和11、12月份，降雨相对较少，这时

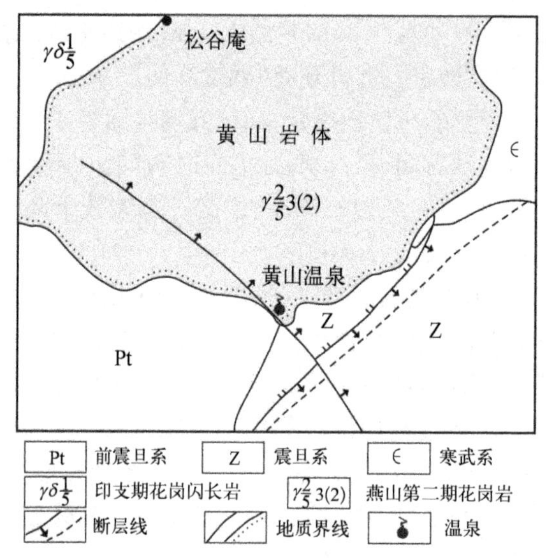

图 4-3　黄山温泉出露位置示意图

资料来源：王长荣，1986

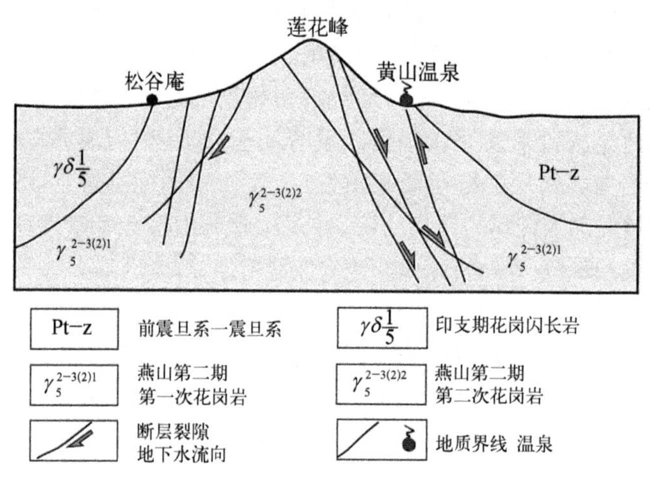

图 4-4　黄山温泉成因示意图

资料来源：王长荣，1986

泉水流量也相应减少。以上说明泉水流量与区降雨量基本呈同步递变。从图 4-5 表示水温、气温和流量的关系，可知气温较低（—4℃）的 12 月份，正是黄山降水少的枯水月份，泉水流量每昼夜约 120 t 左右，水温为 41.8℃；而同年在气温较高（24℃）的 7 月份，则是黄山降雨的丰水月份，泉水流量每昼夜达 170 t 左右，水温为 42.3℃。比较上述可见：一年中气温变化最大幅度为 28℃，流量变化最大幅度为

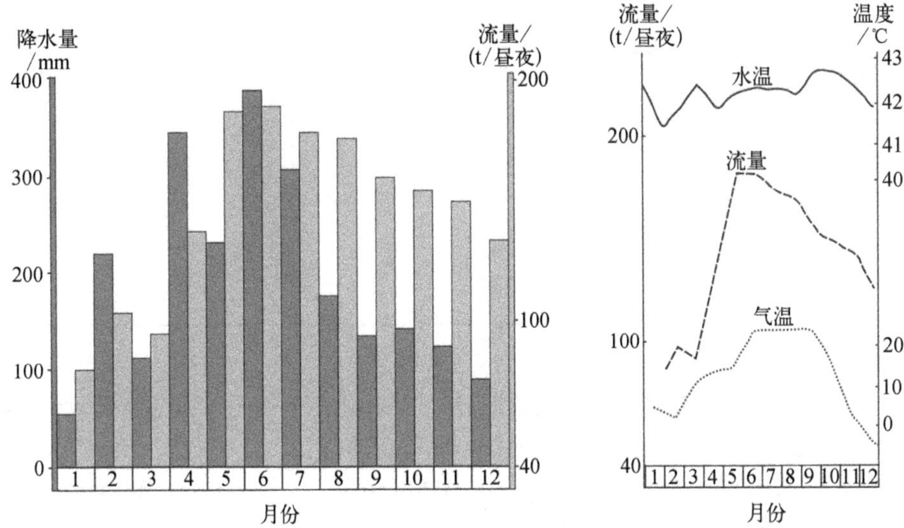

图 4－5　1975 年黄山温泉流量与降雨、水温、气温关系图

资料来源：王长荣，1986

50 t 左右，但水温变化幅度仅 0.5℃。这说明黄山温泉水温常年很稳定。流量虽与气温和降水量有同步起伏，但无大幅度的暴涨暴跌之势。

黄山温泉泉水无色无臭，透明度较好，常见气泡从水中逸出，气体成分与大气成分很接近。根据地球化学研究资料：温泉热水中的不同气体成分反映着地下热水形成的水文地球化学环境。大气成因“渗透水性”常以 N_2 为主；在封闭型水文地质构造的“埋藏水型”常以 CH_4 为主；在火山活动地区的“地下热水型”则出现有 HCl、H_2、H_2S 及 CO_2 等气体标志。据表 4－10 逸出气体成分的分析资料，黄山温泉实属大气成因的“渗透水型”。其泉水补给系大气降水补给。它的给区可能是在黄山光明顶、莲花峰、王屏峰和天都峰等诸峰所包括的区域内。王长荣根据安徽省地质局 332 队资料综合分析(表 4－11)得出：黄山温泉水质属于 HCO_3－Cl－Na－Ca 型水(即碳酸型水)，水硬度为 4～4.5 mg 当量/L，矿化度 0.053～0.103 g/L，pH7～8±。水中 HCO_3 和 Na 离子偏高。含有一定的 O_2 和 CO_2 水温较高，在生活和医疗方面均可加以利用(王长荣，1986)。

表 4－10　逸出气体成分与大气成分比较

类型＼成分	O_2/%	CO_2/%	N_2/%
逸出气体	13.9	0.50	86.60
大气	20.5	0.03	79

资料来源：王长荣，1986

表 4－11 温泉水质化学成分

主要阳离子	含量 mg/L	主要阴离子	含量 mg/L	其他成分及含量
Ca^{2+}	7.80	Cl^-	4.76	SiO_2 32.34 mg/L CO_2(游离) 1.08 mg/L F、B、Sr、Ra、 U(微量)
Mg^{2+}	0.57	SO_4^{2-}	2.31	
Na^+	14.48	HCO_3^-	43.84	
K^+	0.81	CO_3^{2-}	3.21	
Fe^{2+}	0.08	NO_3^-	0.05	
NH_4^+	0.02	NO_3^-	0.65	

资料来源：王长荣，1986

鉴于黄山温泉上游补给区土层较薄，对污水污物过滤净化能力差，有利于污物的扩散和长距离迁移，且游览区内岩体裸露地表，节理发育，亦有利于地表水与地下水的传导，难以隔断污染的地表水与地下泉水的水力联系，因此，游览区环境质量对温泉的水质关系重大(王长荣，1986)。

二、黄山自然景观与人文景观

(一) 自然景观

1. 地貌景观

“黄山天下奇”。黄山自然景观以地质构造为基础，在外营力的共同作用下，以花岗岩山岳地貌景观为特色，以山峰为体。人们或以形象、位置，或以神话、传说，除莲花峰、天都峰、光明顶、始信峰、狮子峰和丹霞峰等少数山峰可攀登外，其余可望而不可及。

(1) 名峰

黄山山峰众多。李白诗曰：“黄山四千仞，三十二莲峰。”清闵麟嗣《黄山志定本》载名峰有 36 峰。民国《黄山指南》记为 36 大峰 36 小峰，共 72 名峰。1988 年版《黄山志》列有名峰 82。现今比较流行的提法是，36 大峰 36 小峰，加上皮篷 36 小峰，共 108 峰。其实以上皆非确数，概谓山峰之多而已。

按黄山风景区总体规划所划分的六大景区记述，共列出名峰 80 座。

温泉景区的名峰计 10 座：以紫云峰为中心，东为清潭峰、马鞍山；南为桃花峰；西为浮丘峰；西北为圣泉峰，北侧为朱砂峰、青鸾峰、蛤蟆峰、紫石峰。

玉屏景区名峰计 13 座：以玉屏峰为中心，东为天都峰、耕耘峰、佛掌峰；东南天门坎下为老人峰；西为牛鼻峰、莲花峰、莲蕊峰、胜莲峰、鳌鱼峰、容成峰；西北为炼丹峰。

钓桥景区名峰计8座：从白云宾馆下至钓桥庵、焦村。步仙桥所在的山峰为石柱峰，其北为石床峰；钓桥庵后为石人峰，北为云外峰，东南为云门峰，东侧为云际峰，西侧为九龙峰、翠微峰，南为西海群峰。

北海景区名峰计18座：以北海宾馆为中心，东为笔峰、笔架峰、始信峰、石笋峰、上升峰、观音峰；东南为白鹅峰、青蛙峰；南为贡阳山、棋石峰、石门峰；北为狮子峰；西为石鼓峰。光明顶下有薄刀峰、仙桃峰、牌坊峰；西为丹霞峰，松林峰。

松谷景区名峰计21座：东侧为采石峰、枕头峰、轿顶峰、磨盘峰、飞龙峰、醉翁峰、道人峰、望仙峰、五老峰、一品峰、夫子峰、轩辕峰；西侧为芙蓉峰、叠嶂峰、探头峰、引针锋；南为驼背峰、宝塔峰、书箱峰、鸡公峰、仙人峰。

云谷景区名峰计10座：以云谷寺为中心，东侧为罗汉峰、布水峰、槛窗峰、仙都峰；南为香炉峰；西为眉毛峰、钵盂峰；北为卧云峰、合掌峰、金炉峰（黄山志编纂委员会，2010）。

莲花峰、天都峰和光明顶是黄山三大主峰。

莲花峰位于黄山中部，东面为天都峰，西北向鳌鱼峰、光明顶，南为莲蕊峰。海拔1 864.8 m，是黄山最高峰。此峰峻峭高耸，气势雄伟。主峰突出，小峰簇拥，巧生九瓣，仰天怒放，宛如金莲绽开，故称莲花峰。登上峰顶，如置身云霄，云天一色，江河一线，俱在远眺之中。清初著名画僧石涛《前海观莲花峰》云："海风吹白练，百里涌青莲。壁立不知顶，崔嵬势接天。云开峰堕地，岛阔树相连。坐久忘归去，萝衣上紫烟。"

西侧从莲花峰脚至峰顶有盘道长434 m，高差155 m。起步缓坡处为"莲梗"，中间穿过四个石洞称"莲孔"。峰顶有香砂池和"真好造化"、"非人间地"、"突兀撑青穹"、"名不虚传"、"天海奇观"等石刻，峰下有莲花洞。1996～1997年，从蒲团松新修步道至莲花峰，由莲花横排道（从蒲团松沿莲花峰腰平行至莲花岭）和莲花新道（在峰顶与原步道合为循环道）构成，全长1 067 m。

明代以前，人们往往误指天都峰为黄山最高峰。明万历四十三年（1615年），歙人方一藻在其游记中指出："从大悲顶踏莲花峰，峰巍耸直出天都上。"万历四十六年（1618年）九月，徐霞客也准确指出莲花峰"居黄山之中，独出诸峰上"，"即天都亦俯首矣"，"万峰无不下伏，独莲花与抗耳"。南宋咸淳四年（1268年），吴龙翰、鲍云龙、宋复一行三人，自备干粮，费时三日，登至峰顶。吴龙翰此行还留下了现存最早的一篇黄山游记。

天都峰位于黄山东南，玉屏峰东；西南连耕云峰，东连钵盂峰。海拔1 829.2 m。该峰健骨竦桀，卓立天表，在黄山群峰中最为雄伟壮丽，被古人视为"天上都会，群仙所都"，故名天都峰。

天都老登山道始凿于民国23年（1934年），历时四年建成。全长650 m，高差

310 m,坡陡路险,宛如“天梯”。从天都峰脚,沿峰壁危岩直上,经“童子拜观音”、“天上玉屏”,走“鲫鱼背”,过“天都石室”,至天都峰顶。峰顶有“登峰造极”、“探奇”等石刻,极目远眺,云天一色;俯瞰群山,千峰竞秀。1982 年 10 月,从半山寺上方沿天都峰腰新辟登道至峰顶,1984 年 7 月开通。新道全长 1 050 m,高差 420 m,沿途新增“试胆石”、“老虎嘴”、“海豹爬天都”、“天都贴壁松”、“万仞壁”、“二僧朝天都”、“三姑洞”、“天地一线”、“烟浪屏”、“步钟梯”等景点。

《黄山图经》形容天都峰:“飞鸟难落脚,猿猴愁攀登。”唐代诗僧岛云,是现存文字记载中最早登上天都峰的人。他在《登天都峰》诗中描写:“盘空千万仞,险若上丹梯。迥入天都里,回看鸟道低。”清无名氏《赞黄山》诗有“踏遍峨眉与九嶷,无兹殊胜幻迷离。任他五岳归来客,一见天都也叫奇”之句。1965 年 5 月,董必武题咏:“奇险天者著,遥观亦有缘。大雄无与并,苍浑莫之先。”今有民谚:不上天都峰,枉来一场空。

光明顶在黄山中部,莲花峰北,海拔 1 839.6 m,黄山第二高峰。因其平坦高旷、日光照射时间长而得名。此处可观东海奇景、西海群峰,炼丹、天都、莲花、玉屏、鳌鱼诸峰尽收眼底。光明顶虽为黄山三大主峰之一,但历代山志均未将其列入 36 峰或 72 峰之内。明代普门禅师曾在此创建大悲院,与慈光寺、文殊院成鼎立之势。1955 年在大悲院旧址上建黄山气象站。这里是看日出、赏晚霞、观云海的理想之地,也是黄山前后山游道的中枢,是主要的游人集散地之一(黄山志编纂委员会,2010)(表 4-12)。

表 4-12 名峰海拔高度排序表

序号	峰 名	海拔/m	序号	峰 名	海拔/m	序号	峰 名	海拔/m
1	莲花峰▲	1 864.8	16	耕云峰△	1 717.1	31	紫石峰▲	1 649.3
2	光明顶	1 839.6	17	玉屏峰△	1 712.0	32	石笋峰△	1 643.8
3	胜莲峰	1 834.9	18	丹霞峰▲	1 708.2	33	石鼓峰△	1 638.1
4	天都峰▲	1 829.2	19	牛鼻峰△	1 703.8	34	云外峰▲	1 631.4
5	石门峰▲	1 821.5	20	仙人峰▲	1 690.2	35	青蛙峰△	1 624.2
6	炼丹峰▲	1 820.6	21	狮子峰▲	1 689.2	36	牌坊峰	1 604.1
7	棋石峰▲	1 811.9	22	石柱峰▲	1 685.8	37	笔峰△	1 591.3
8	贡阳山	1 800.0	23	石床峰▲	1 682.6	38	卧云峰△	1 585.9
9	鳌鱼峰△	1 789.2	24	始信峰△	1 681.4	39	鸡公峰△	1 571.5
10	莲蕊峰△	1 774.5	25	佛掌峰△	1 681.2	40	笔架峰	1 546.7
11	薄刀峰△	1 768.5	26	观音峰△	1 673.9	41	浮丘峰▲	1 545.6
12	白鹅峰△	1 748.9	27	钵盂峰▲	1 666.4	42	书箱峰△	1 536.1
13	仙桃峰	1 742.4	28	云门峰▲	1 664.9	43	轩辕峰▲	1 535.3
14	容成峰▲	1 723.5	29	松林峰▲	1 659.1	44	上升峰▲	1 530.9
15	云际峰▲	1 719.8	30	九龙峰▲	1 654.6	45	叠障峰▲	1 519.6

续　表

序号	峰　名	海拔/m	序号	峰　名	海拔/m	序号	峰　名	海拔/m
46	圣泉峰▲	1 510.9	58	朱砂峰▲	1 397.4	70	石人峰▲	1 110.5
47	金炉峰	1 497.3	59	望仙峰▲	1 376.6	71	罗汉峰△	1 102.0
48	五老峰△	1 485.0	60	仙都峰▲	1 372.5	72	翠微峰▲	1 085.1
49	驼背峰△	1 483.9	61	飞龙峰▲	1 367.6	73	枕头峰△	1 045.6
50	一品峰△	1 477.2	62	青鸾峰▲	1 361.3	74	轿顶峰△	1 035.2
51	桃花峰▲	1 459.2	63	清潭峰▲	1 350.7	75	道人峰△	1 000.3
52	蛤蟆峰△	1 455.3	64	宝塔峰△	1 334.4	76	香炉峰△	945.5
53	合掌峰△	1 455.0	65	芙蓉峰▲	1 332.9	77	夫子峰△	921.9
54	槛窗峰△	1 422.4	66	布水峰▲	1 288.2	78	采石峰▲	876.4
55	眉毛峰△	1 420.6	67	醉翁峰△	1 250.9	79	马鞍山	750.0
56	老人峰△	1 410.3	68	引针峰△	1 189.6	80	磨盘峰△	672.3
57	紫云峰▲	1 399.5	69	探头峰△	1 174.7			

注：1. 标“▲”者为36大峰，标“△”者为36小峰；皮篷诸峰名称见《杂记・雪庄、云舫与皮篷诸景》；2. 各峰海拔高度系2006年安徽省测绘局测定。

资料来源：黄山志编纂委员会，2010

(2) 怪石

黄山自古就有“无峰不石，无石不奇”之说，巧石不可胜数。根据怪石的形态特征，人们为各种岩石起了颇有意味的名称，使其具有了更高的观赏价值。据统计，现黄山有名可数的典型巧石约200处。

温泉景区：脸谱石、郑公钓矶、吼狮石、龙虎斗、龙头石、龙吟石、醉石、停雪石、老鹰石、张公背张婆、罗汉点灯、刘海戏金蝉、试剑石、慈母爱子、笠人石、蜡烛石、碰头石、壁虎攀壁、金鸡叫天门和老鹰抓鸡。

玉屏景区：镜子石、姐妹放羊、横云石、五老上天都、兔儿望月、龟鱼石、老虎下山、伍员问卜、童子拜观音、天上玉屏、天桥、鲫鱼背、金牛饮水、仙桃石、天都极顶、跳板石、步钟梯、烟浪屏、万仞壁、天地一线、二僧朝天都、试胆石、海豹爬壁、蒲团石、卧龙涧、一线天、蓬莱三岛、双狮守洞门、鹦鹉石、飞鱼石、青狮石、象鼻石、玉屏卧佛、仙人把洞门、松鼠跳天都、仙人下桥、凤凰石、金龟朝北斗、鲢鱼吃草、采莲船、孔雀戏莲花、龟兔赛跑、望夫石、仙人飘海、羊子过江、石榴石、犀牛望月、鹰嘴石、指路石、鸳鸯戏水、金龟探海、龟蛇守云梯、玉兔吃草、老僧入定、老鼠偷油、鳌鱼吃螺蛳、猫石、容成朝轩辕、鳌鱼驮金龟、绣球石、慈航石、法袋石、双龟石、猿猴石、老龙头和鸽子石。

北海景区：飞来石、仙人晒靴、仙人晒鞋、猫头鹰、二老谈心、仙女绣花、仙女弹琴、天狗听琴、武松打虎、文王拉车、仙人踩高跷、手指石、牌坊石、达摩面壁、猪八戒吃西瓜、猴子观海、飞来钟、骆驼石、老翁钓鱼、仙人下棋、丞相观棋、仙人背包、十八罗汉朝南海、梦笔生花、琴台石、小鸟石、动石、狗熊滚雪球、啄木鸟和鳄鱼石。

云谷景区：钓月台、仙人榜、千古石、狮子滚球、仙人翻桌、喜鹊登梅、仙人指路、天狗望月、仙猴捧桃、老僧采药、介子背母、净瓶石、雄鹰展翅、侧面人、双猫扑鼠、打鼓石、苏武牧羊、孟母教子、诸葛亮借东风、七巧石、五老荡船和海船石。

松谷景区：油榨石、卧龙石、莺石、卧虎石、龙虎石、乌龙石、仙人观榜、仙人铺路、太白醉酒、三尊大佛、天鹅孵蛋、小梦笔生花、关公挡曹、老虎驮羊、马蹄石和马头石。

钓桥景区：风帆石、海底隧道、金龟问路、霸王覆顶、西海神笔、孔雀开屏、诸葛茅庐、风月宝鉴、石英脉岩、海底世界、鳄鱼望月、徽骆驼、千层百合、钦差宣诏、知音、披云刀、杨柳观音、西海女神、东坡赤壁、猴仙归隐、通天塔、徽州女人、神农采药、佛手天书、霸王别姬、霞客观海、定海神针、松鼠探哨、海狮含翠、燕谷、郑和下西洋、云中栈道和大力神杯(黄山志编纂委员会，2010)。

2. 水体景观

黄山水体景观主要包括温泉与秀水。

温泉被称为黄山“五绝”之一。今人所指温泉，多指南面前山温泉。黄山温泉实际上共有三处，即南面前山温泉(汤泉)、北坡松谷温泉和圣泉峰顶的圣泉。前山温泉以上有论述。

松谷温泉位于松谷庵之南，海拔 634 m。与前山温泉水平相距 7.5 km，形成以北海、光明顶为中心，距离和标高相等，南北遥相呼应的对称关系。泉口为一直径约 3 m 的近圆形凹坑，泉眼被砂层覆盖，不时有气泡透过砂层溢出。泉水由冷热两股水流混合而成。1982 年测得最大日流量为 296.35 t，最小日流量为 107.14 t，平均 157.47 t，水温 20～29.8℃。由于冷水的混入，流量和水温受降水的影响较明显。水质成分与前山温泉大致相同，属重碳酸钙型泉水，可作为浴用水。但由于氟含量，故也不宜长期饮用。松谷温泉地处偏僻，交通闭塞，加上冷热两股水源尚未分流，目前尚未开发。

圣泉在圣泉峰顶，与桃花峰遥相对峙，峰因泉名。因泉口险踞峰巅，人不能至，具体情形尚未探明(黄山志编纂委员会，2010)。

黄山秀水主要有溪、瀑、潭、泉、湖和池。

溪黄山千米以上高峰有 80 多座，群山巨峰挡住暖湿气流，遇冷凝结成云致雨。由于山体陡峭和雨水丰富，形成许多急流飞瀑。黄山溪流大部经太平湖、青弋江流入长江。南坡的白云溪、桃花溪、汤泉溪、逍遥溪，流至汤口后向北转入三岔，和东坡的丞相源、九龙溪、苦竹溪等溪流混合后，经谭家桥、三口、仙源等地经麻川河流入太平湖；北坡诸溪汇入桃花坞、铁线潭等处后，下泻松谷溪、五龙潭，经辅村、甘棠等地经浦溪河流入太平湖；西坡溪水在钓桥庵汇合汤岭关之流后，经峰景、陈村、焦村、毛坦、汤家庄、和平等地流入太平湖。仅有浮丘溪、云门溪、阮溪之水，经芳村、杨村、冈村等地流入丰乐河，再经新安江流入钱塘江。

瀑布主要有人字瀑、百丈泉和九龙瀑。人字瀑位于温泉景区朱砂峰、紫云峰之间，由紫石、立马诸峰之水下泻紫云崖而成。瀑布一源两流，以26°夹角相交，形如“人”字。百丈泉位于紫云、清潭两峰之间，从温泉前往云谷寺的公路左侧，瀑高约110 m，由于花岗岩节理发育不同，形成了坡度有差异的上、下两级瀑布。九龙瀑位于黄山东坡，在云谷寺和苦竹溪之间。天都、莲花、玉屏、佛掌诸峰之水，在丞相源汇合后，自香炉峰悬崖上飞泻而下，转折九次，形成九瀑九潭，宛如九条飞龙，兼有飞瀑和彩潭之胜。九龙瀑全长六百多米，落差360 m，是黄山最为雄伟壮观的一条瀑布。此外还有布泉瀑、凌霄瀑。

潭主要有白龙潭、桃花潭、青龙潭、百丈潭、清潭、九龙潭、铁线潭、五龙潭、弄月潭、古油潭、聚花潭、棺材潭、白沙潭、锅底潭、云门溪诸潭、石井潭、石门潭、滴翠潭、钵盂潭、鱼鳞潭、栗溪潭、双龙潭、三坝潭、绿水潭、锦鱼潭、猫儿眼潭。

泉主要有法眼泉、锡杖泉、天眼泉、瀑布泉、澡瓶泉、圣水泉、胜水泉、鸣弦泉、三叠泉、落星泉、洗杯泉、秋泉、三昧泉、飞雨泉、锡泉、朱砂泉。

湖主要有大、小洋湖。大洋湖旧称阳湖。在黄山北坡洋湖矼上，有山间小路经过。湖四周广数里，湖面五十余亩，周围九龙峰、芙蓉峰、引针峰等群峰起伏，湖光山色，景色秀丽。湖中旧有洋湖庵。明僧普门原拟在湖中筑台，造金刚无量寿殿，开十门，建十堂，往来以筏，未果。湖原分外、中、里三湖，现为大小二湖。

小洋湖旧称阴湖。在大洋湖东北约2.5 km，与引针峰隔溪相望。因比大洋湖小，故名。湖面小巧，风光独具，芦苇丛中时有野兔出没。自小洋湖下行，至芙蓉岭，可通黄山北坡旅游公路。附近有洋湖林场和千亩茶园。

池主要有天池、翡翠池和翡翠谷彩池群。天池在玉屏楼青狮石附近。出文殊洞右行上坡，即到池边。水池天成，后加工建成蓄水池，椭圆形，深7 m，直径10 m，蓄水1 000 m^3。周围高山倒映池中，清澈可见。原通往玉屏楼的登道从池边经过。

翡翠池在叠嶂峰下，芙蓉居至松谷庵路旁。长15 m，宽8 m，深10 m，池水碧绿，色如翡翠，故名。池旁石壁有“佛”、“翡翠池”等石刻。

翡翠谷彩池群在黄山东麓翡翠谷。在纵深约10 km的谷溪中，共有池潭100多个，其中长度在30 m以上的40多个。众池大小深浅不一，色彩各异，犹如一颗颗碧玉翡翠，或晶翠明绿，自成图案，柔嫩醉人；或水石一体，水动石变，相映成趣；或阳光照射，七彩交织，媚态动人。上百个彩池，或小如马蹄，或大至池塘，或方或圆，或聚或散，千姿百态，变幻莫测。著名的有龙凤池、玉环池、霓裳池、鼋池、天鹅湖和马蹄池等(黄山志编纂委员会，2010)。

3. 植被景观

黄山古树名木众多，主要有银杏、南方铁杉、华东黄杉、木莲、香果树、高山柏、枫香、紫树、亮叶水青冈、小叶青冈、金钱松、糙叶树、南方红豆杉、马尾松、银雀树、青钱柳、闽皖茴香、野柿树、刺楸、香榧、皂荚树、甜槠和黄山松等(表 4－13),它们构成了黄山植被景观的主体,特别是奇松成为黄山最具吸引力的植物景观。黄山松针叶短粗而稠密,叶色浓绿,枝干曲生,树冠扁平,盘根于石,姿态优美雅致,气势古朴浑厚。黄山独特的自然和地理环境,造就了黄山松能够耐低温、耐贫瘠,抗狂风、抗干旱的特性。黄山松根系发达,分泌的有机酸能溶解花岗岩,并从中吸取养分;松根呼吸时产生二氧化碳,遇水合成碳酸,与有机酸共同侵蚀花岗岩。这是黄山松之所以能够扎根于岩石的主要原因,同时也是松石造景因素之一。黄山松奇特的植物学特征具有象征意义,给人以巨大的精神启迪和鼓舞。1985 年,黄山松被评定为安徽省省树。

奇松主要有迎客松、盼客松、盘拎松、舞松、陪客松、送客松、望客松、蒲团松、倒挂松、灵芝松、凤凰松、棋枰松、贴壁松、双龙松、破石松、团结松、大王松、麒麟松、扇子松、仙鹤松、黑虎松、连理松、龙爪松、接引松、探海松、卧龙松、竖琴松、孔雀松、梅松、扰龙松等(黄山志编纂委员会,2010)。

表 4－13 黄山风景区主要古树名木

序号	誉名	中文名	学名	科名	地点
1	贴壁松	黄山松	*Pinus hwangshanensis* Hsia	松科	石柱峰
2		南方铁杉	*Tsuga chinensis* var. tchekiangensis Chenget L. K. Fu	松科	回音壁
3	破石松	黄山松	*Pinus hwangshanensis* Hsia	松科	排云亭
4		水榆花楸	*Sorbus alnifolia* (S. et Z.) K. Koch	蔷薇科	西海
5	团结松	黄山松	*Pinus hwangshanensis* Hsia	松科	打鼓峰
6	大王松	黄山松	*Pinus hwangshanensis* Hsia	松科	打鼓峰
7		云锦杜鹃	*Rhododendron fortunei* Lindl	杜鹃花科	北海
8	麒麟松	黄山松	*Pinus hwangshanensis* Hsia	松科	北海
9	蒲团柏	高山柏	*Sabina sequamata* (Buch. -Ham.) Antoine	柏科	北海
10	凤凰柏	高山柏	*Sabina sequamata* (Buch. -Ham.) Antoine	柏科	北海
11	连根松(西)	黄山松	*Pinus hwangshanensis* Hsia	松科	北海
12	连根松(东)	黄山松	*Pinus hwangshanensis* Hsia	松科	北海
13	扇子松	黄山松	*Pinus hwangshanensis* Hsia	松科	清凉台
14	孔雀松	黄山松	*Pinus hwangshanensis* Hsia	松科	贡阳山
15	棋枰松	黄山松	*Pinus hwangshanensis* Hsia	松科	光明顶下
16	凤凰松	黄山松	*Pinus hwangshanensis* Hsia	松科	天海
17	镶门松	黄山松	*Pinus hwangshanensis* Hsia	松科	始信峰
18	探海松	黄山松	*Pinus hwangshanensis* Hsia	松科	始信峰
19	卧龙松	黄山松	*Pinus hwangshanensis* Hsia	松科	始信峰
20	接引松	黄山松	*Pinus hwangshanensis* Hsia	松科	始信峰
21		灯台树	*Cornus controversa* Hemsl	山茱萸科	始信峰

续 表

序号	誉名	中文名	学 名	科名	地点
22	龙爪松	黄山松	*Pinus hwangshanensis* Hsia	松科	始信峰
23	连理松	黄山松	*Pinus hwangshanensis* Hsia	松科	始信峰
24		黄山花楸	*Sorbus amabilis* Chengex Yu	蔷薇科	始信峰
25	黑虎松	黄山松	*Pinus hwangshanensis* Hsia	松科	始信峰口
26	灵芝松	黄山松	*Pinus hwangshanensis* Hsia	松科	鳌鱼洞下
27		黄山杜鹃	*Rhododendron anhweiense* Wils	杜鹃花科	莲花峰
28		黄山松	*Pinus hwangshanensis* Hsia	松科	莲花峰
29	飞龙松	黄山松	*Pinus hwangshanensis* Hsia	松科	莲花峰
30	陪客松(东)	黄山松	*Pinus hwangshanensis* Hsia	松科	玉屏楼
31	陪客松(西)	黄山松	*Pinus hwangshanensis* Hsia	松科	玉屏楼
32	送客松	黄山松	*Pinus hwangshanensis* Hsia	松科	玉屏楼
33	望客松	黄山松	*Pinus hwangshanensis* Hsia	松科	玉屏楼
34	蒲团松	黄山松	*Pinus hwangshanensis* Hsia	松科	三索上站
35	迎客松	黄山松	*Pinus hwangshanensis* Hsia	松科	玉屏楼
36	盘羚松	黄山松	*Pinus hwangshanensis* Hsia	松科	天都新道
37	盼客松	黄山松	*Pinus hwangshanensis* Hsia	松科	天都新道
38		南方铁杉	*Tsuga chinensis* var. tchekiangensis Cheng et L. K. Fu	松科	天都新道
39		南方铁杉	*Tsuga chinensis* var. tchekiangensis Cheng et L. K. Fu	松科	天都新道
40		木莲	*Manglietia fordiana* (Hemsl.) OliV	木兰科	慈光阁
41		刺楸	*Kalopanax eptemlobus* (Thunb.) Koidz	五加科	慈光阁
42		香榧	*Torreya grandis* Fort. ex Lindl.	红豆杉科	慈光阁
43		望春花	*Magnolia denudata* Desr	木兰科	慈光阁
44		金钱松	*Pseudolarix kaempferi* (Lindl.) Gord	松科	慈光阁
45		青栲	*Cyclobalanopsis myrsinaefolia* (Bl.) Oerst.	壳斗科	慈光阁
46		枫香	*Liquidambar formosana* Hance	金缕梅科	温泉花园
47		马尾松	*Pinua massoniana* Lamb	松科	温泉花园
48		枫香	*Liquidambar formosana* Hance	金缕梅科	温泉花园
49		马尾松	*Pinua massoniana* Lamb	松科	温泉花园
50		枫香	*Liquidambar formosana* Hance	金缕梅科	温泉花园
51		紫藤	*Wisteria sinensis* Sweet	蝶形花科	温泉花园
52		银杏	*Ginkgo biloba* L.	银杏科	温泉花园
53		糙叶树	*Aphananthe aspera* (Thunb.) Planch	榆科	温泉花园
54		糙叶树	*Aphananthe aspera* (Thunb.) Planch	榆科	温泉花园
55		国槐	*Sophora japonica* L.	蝶形花科	桃源宾馆
56		银鹊树	*Tapiscia sinensis* Oliv	省沽油科	揽胜桥下
57		青钱柳	*Cyclocarya aliurus* (Batal.) IUinsk	胡桃科	揽胜桥下
58		木莲	*Manglietia fordiana* (Hemsl.) OliV	木兰科	温泉后
59		木莲	*Manglietia fordiana* (Hemsl.) OliV	木兰科	温泉后
60		望春花	*Magnolia denudata* Desr	木兰科	温泉后
61		香榧	*Torreya grandis* Fort. ex Lindl.	红豆杉科	温泉后
62		银杏	*Ginkgo biloba* L.	银杏科	观瀑楼

续　表

序号	誉名	中文名	学　　名	科名	地点
63		银杏	*Ginkgo biloba* L.	银杏科	观瀑楼
64		银杏	*Ginkgo biloba* L.	银杏科	观瀑楼
65		望春花	*Magnolia denudata* Desr	木兰科	温泉前
66		银鹊树	*Tapiscia sinensis* Oliv	省沽油科	温泉东
67		香果树	*Emmenopterys henryi* Oliv	茜草科	温泉东
68		青钱柳	*Cyclocarya aliurus* (Batal.) Iljinsk	胡桃科	小黄楼
69		木莲	*Manglietia fordiana* (Hemsl.) Oliv	木兰科	轩辕宾馆
70		甜槠	*Castanopsis eyrei* Tuctch	壳斗科	听涛居
71		枫香	*Liquidambar formosana* Hance	金缕梅科	听涛居
72		南方红豆杉	*Taxus mairei* Cheng et L. K. Fu	红豆杉科	听涛居下
73		蓝果树	*Nyssa sinensis* Oliv	珙桐科	听涛居侧
74		长柄山毛榉	*Ginkgo biloba* L.	壳斗科	听涛居
75		木莲	*Manglietia fordiana* (Hemsl.) Oliv	木兰科	听涛居
76		青钱柳	*Cyclocarya aliurus* (Batal.) Iljinsk	胡桃科	干疗二部
77		银杏	*Ginkgo bioba* L.	银杏科	浮溪
78		银杏	*Ginkgo biloba* L.	银杏科	浮溪
79		枫香	*Liquidambar formosana* Hance	金缕梅科	浮溪
80		香榧	*Torreya grandis* Fort. ex Lindl.	红豆杉科	浮溪
81		皂荚树	*Gleditsia sinensis* Lam	云实科	白亭
82	蜡烛松(东)	黄山松	*Pinus hwangshanensis* Hsia	松科	云谷寺
83	蜡烛松(西)	黄山松	*Pinus hwangshanensis* Hsia	松科	云谷寺
84		南方铁杉	*Tsuga chinensis* var. tchekiangensis Cheng et L. K. Fu	松科	云谷寺
85		马尾松	*Pinua massoniana* Lamb	松科	云谷寺
86		华东黄杉	*Pseudotsuga gaussenii* Flous	松科	云谷寺
87		银杏	*Ginkgo biloba* L.	银杏科	云谷寺
88		银杏	*Ginkgo biloba* L.	银杏科	云谷寺
89	罗汉松	黄山松	*Pinus hwangshanensis* Hsia	松科	云谷寺
90	梅松	黄山松	*Pinus hwangshanensis* Hsia	松科	喜鹊登梅
91		南方铁杉	*Tsuga chinensis* var. tchekiangensis Cheng et L. K. Fu	松科	喜鹊登梅
92		香果树	*Emmenopterys henryi* Oliv	茜草科	仙人铺路
93		木莲	*Manglietia fordiana* (Hemsl.) Oliv	木兰科	松谷庵上
94		梅	*Armeniaca mume* Sieb. et Zuce	蔷薇科	芙蓉居
95		枫香	*Liquidambar formosana* Hance	金缕梅科	芙蓉居
96		闽皖茴香	*Illicium minwanense* B. N. Chang et S. D. Zhang	八角科	芙蓉居
97		野柿树	*Diospyros kaki* var. sylvestris Makino	柿树科	芙蓉居
98		桂花	*Osmanthus fragrans* (Thunb.) Lour	木犀科	松谷庵
99		桂花	*Osmanthus fragrans* (Thunb.) Lour	木犀科	松谷庵
100		木莲	*Manglietia fordiana* (Hemsl.) Oliv	木兰科	松谷庵
101		桂花	*Osmanthus fragrans* (Thunb.) Lour	木犀科	松谷庵
102		青钱柳	*Cyclocarya aliurus* (Batal.)Iljinsk	胡桃科	松谷庵

续　表

序号	誉名	中文名	学　　名	科名	地点
103		黄山木兰	*Magnolia cylindrica* Wils	木兰科	松谷庵
104		枫香	*Liquidambar formosana* Hance	金缕梅科	回龙桥
105		枫香	*Liquidambar formosana* Hance	金缕梅科	回龙桥
106		糙叶树	*Aphananthe aspera* (Thunb.) Planch	榆科	回龙桥
107		望春花	*Magnolia denudata* Desr	木兰科	小黄楼
108		青钱柳	*Cyclocarya aliurus* (Batal.)Iljinsk	胡桃科	小黄楼
109		华东黄杉	*Pseudotsuga gaussenii* Flous	松科	观瀑楼
110		枫香	*Liquidambar formosana* Hance	金缕梅科	听涛居
111		糙叶树	*Aphananthe aspera* (Thunb.) Planch	榆科	水泵房
112		化香	*Platycarya strobilacea* Sieb. et Zucc	胡桃科	慈光阁
113		枫香	*Liquidambar formosana* Hance	金缕梅科	慈光阁
114		枫香	*Liquidambar formosana* Hance	金缕梅科	慈光阁
115		枫香	*Liquidambar formosana* Hance	金缕梅科	慈光阁
116		青钱柳	*Cyclocarya aliurus* (Batal.) IUinsk	胡桃科	双溪宾馆
117		糙叶树	*Aphananthe aspera* (Thunb.) Planch	榆科	温泉花园
118		凹叶厚朴	*Magnolia officinalis* subsp. biloba cheng et Law	木兰科	慈光阁
119		蓝果树	*Nyssa sinensis* Oliv	珙桐科	慈光阁
120		梅	*Armeniaca mume* Sieb. et Zucc	蔷薇科	云谷寺
121		青钱柳	*Cyclocarya aliurus* (Batal.) Iljnsk	胡桃科	温泉
122		青栲	*Cyclobalanopsis myrsinaefolia* (Bl.) Oerst	壳斗科	温泉
123		香榧(东)	*Torreya grandis* Fort. ex Lindl.	红豆杉科	浮溪
124		香榧(西)	*Torreya grandis* Fort. ex Lindl.	红豆杉科	浮溪
125		枫香	*Liquidambar formosana* Hance	金缕梅科	浮溪
126		枫香	*Liquidambar formosana* Hance	金缕梅科	浮溪
127		红楠	*Cyclocarya paliurus* (Batal.) Iljinsk	樟科	浮溪
128	舞松	黄山松	*Pinus hwangshanensis* Hsia	松科	鲫鱼背下
129	琉璃松	黄山松	*Pinus hwangshanensis* Hsia	松科	天都峰顶
130	望泉松	黄山松	*Pinus hwangshanensis* Hsia	松科	天都新道
131	仙鹤松	黄山松	*Pinus hwangshanensis* Hsia	松科	曙光亭
132		黄山松	*Pinus hwangshanensis* Hsia	松科	莲花新票房
133	倒挂松	黄山松	*Pinus hwangshanensis* Hsia	松科	莲花新道
134		黄山松	*Pinus hwangshanensis* Hsia	松科	莲花新道
135	双龙松	黄山松	*Pinus hwangshanensis* Hsia	松科	白云溪
136	王后松	黄山松	*Pinus hwangshanensis* Hsia	松科	北海
137		黄山杜鹃	*Rhododendron anhweiense* Wils	杜鹃花科	松谷庵
138		桂花	*Osmanthus fragrans* (Thunb.) Lour	木犀科	松谷庵
139		桂花	*Osmanthus fragrans* (Thunb.) Lour	木犀科	松谷庵
140		梅	*Almeniaca mume* Sieb. et Zucc	蔷薇科	松谷庵
141		香椿	*Tooma sinensis* Roem	楝科	松谷庵
142		桂花	*Osmanthus fragrans* (Thunb.) Lour	木犀科	松谷庵
143		桂花	*Osmanthus fragrans* (Thunb.) Lour	木犀科	松谷庵

资料来源：黄山志编纂委员会，2010

4. 气象气候景观

黄山气象气候景观主要有云海、冬雪、日出、晚霞、佛光和雾凇等景观。

云海黄山山高谷深，林木繁茂，降水量大，东近大海，北临长江，大量温湿气流不断涌入，因而湿度大，水汽多。同时林木的蒸腾作用，又为雾的形成增加了水汽的来源。含大量水分的空气，由于地面的辐射冷却或地形的热力作用而上升发生绝热冷却等多种原因，使水分凝结成云雾，弥漫于峰峦、沟谷之间。黄山是云雾之乡，全年平均有雾日达 258 天，最多年份达 285 天，最少年份也有 224 天(表 4－14)。云雾中最奇特的是“铺海”之云，即人们叹为奇观的“云海”。气象学认为，只有两种云雾才能形成云海：一种是云底高度低于 2 500 m 的低云，另一种是地形云或辐射雾形成的云。低云主要是层积云，黄山光明顶气象资料表明，每年 11 月至次年 5 月间，有 97％的云海由层积云构成(黄山志编纂委员会，2010)。

表 4－14 1956～2008 年黄山平均云海日与高度统计表

项 目	月份												
	1	2	3	4	5	6	7	8	9	10	11	12	全年
≥5 成日	279	227	219	170	167	84	59	66	110	111	155	199	1 846
月平均日数	7.2	5.8	5.6	4.4	4.3	2.2	1.5	1.7	2.8	2.8	4.0	5.1	47.3
平均高度/m	1 100	1 200	1 300	1 300	1 500	1 650	1 800	1 800	1 700	1 600	1 300	1 200	—

资料来源：黄山志编纂委员会，2010

以光明顶气象站为基点，其高度以下云雾覆盖视野面积达 5 成以上为一个云海日，其出现次数和平均高度见表 4－14。黄山多年平均有 47 个云海日，主要出现在 9 月至次年的 5 月，冬季最多。月平均云海日为 5～7 个，夏季最少，月平均只有 2 个。这种明显的季节变化，是由于形成低云的凝结高度随季节的变化造成的。黄山高度一般为 1 600 m 左右。冬季气温低，层积云凝结高度一般在 800～1 000 m，山峰均在云顶之上，因而云海出现较多。梅雨季节，随着气温的升高，凝结高度逐渐增高，6、7 月份可增高到 1 600 m 左右，云顶高度已超过或接近大部分峰顶。山上常处于云雾之中，不易看到云海。盛夏季节，热对流旺盛，气温也达到最高，云的凝结高度也达到最高，很少有云顶低于 1 800 m 的低云出现，云海也很少见。到 9、10 月，北方冷空气开始影响黄山，山上气温下降，但由于此时冷空气强度较弱，次数少，因此云海出现次数仍不多。时入冬令，北方冷空气南下频繁，使低层水汽抬升，气温也最低，平均每月有 5～7 次云海出现，是一年中观云海的最佳时期(黄山志编纂委员会，2010)。

云海　黄山云海按分布的地理方位可分为东海、南海、西海、北海和天海。五处最佳观赏位置分别为：始信峰观北海，玉屏楼观南海，排云亭观西海，白鹅岭观东海。而登上莲花峰、天都峰和光明顶，则五海尽收眼底。

积雪 黄山平均降雪的初日在 11 月 9 日左右。历年中，最早初雪始于 1961 年 9 月 17 日，平均终雪日在 4 月 11 日。雪中含有氮化合物，被雪水带到土中，既滋润了土壤，又提高了土壤的肥力，为黄山松的生长提供了极为有利的条件。但深厚的积雪也可对黄山名松产生较大的雪压，还可造成交通阻塞等危害。由于相对高度大，冬季往往山下下雨，山上下雪。初雪日比山下各区县早一个半月，终雪日迟 18 天左右。平均积雪，山上比山下长 42 天，年积雪 32.9 天，最长达 85 天，最少 28 天。

日出 黄山距东海 400 km，山势高峻，云海常铺，是游人观日出的绝好地方。凌晨，从清凉台、曙光亭、狮子峰、丹霞峰、光明顶以及玉屏峰附近遥望东方，湛蓝的天空，像是抹上了几笔白色的油彩。继而天边渐红，云海中出现金色的花边。突然间，从海天相接处跃出一个红点，继而变成弧形光盘，在冉冉升起中变为半圆。霎时，一轮红日冲出波涛，腾空而起。旭日东升，霞光瑞气，照彻天宇。云海中的峰岛、山峦、万树沐浴着朝阳的金辉，身着彩霞，闪烁异彩，令人眼花缭乱（黄山志编纂委员会，2010）。

晚霞 千峰万壑衬托下的黄山晚霞绚丽多彩。观晚霞的最佳位置是西海排云亭和丹霞峰。这里峰高谷深，常有云海，风景独秀。红日将坠，群峰与烟云都披上了美丽的霞光，形成绚丽无比的“霞海”奇观，给人以“夕阳无限好”的美感（黄山志编纂委员会，2010）。

佛光 佛光也称宝光，或祥光，是山岳风景区一种罕见的自然美景。它是大气中的一种光学现象。当游人站在山巅观赏日出或晚霞时，如果面前有密云或浓雾，背后是晴朗的天空，阳光从背后射向密云浓雾，光线经云雾区水滴衍射，就会出现五彩缤纷的光环。此时，人背阳而立，如果所在位置正好处在光环与太阳光线间，则光环中即出现人的虚像，如同佛像头上的光圈。且有人动像动、人静像静的奇观。游人以此为吉兆，认为佛光象征着吉祥如意。气象学上称为峨眉宝光。佛光呈现的色彩、持续的时间与阳光照射强度和时间密切相关。阳光照射强烈时，佛光呈七色，内蓝外红，绚丽照人；阳光照射微弱时，则佛光色彩不清晰，人像模糊。佛光持续的时间长短，由太阳照射的时间所决定，当有云雾遮掩，佛光也就自然消失（黄山志编纂委员，2010）。黄山佛光出现的次数较泰山为多，较峨眉山为少。据资料记载，黄山平均每年出现佛光 42 次，每月出现 2～5 次，一日之内多在上午 9 时之前和傍晚 5 时左右出现。

雾凇、雨凇 当气温下降到 0℃以下，有雾或毛毛雨天气时，树木、石块等物体附着的冻结物或凝结物，在气象学上称为雾凇。过冷雨滴降落在地面或近地面物体上成为透明而坚硬的冻结物，称为雨凇。黄山高山平均每年有雾凇 62.9 天，雨凇 39.2 天。雾凇最长持续时间为 587 小时 16 分，最大直径为 23.2 cm，每米最大重量为 1 900 kg；雨凇最长持续时间为 594 小时，最大直径为 41.3 cm，每米最大重量为 1 214.8 g。由雾凇和雨凇组成的冰花世界，分外诱人。造型奇特的松、遍地的灌木，都成为银花盛开的玉树，仿佛冰塑；满枝满树的冰挂，犹如珠帘长垂，风吹树动，冰挂撞击，发出叮当之声，犹如一曲曲动听的音乐，和谐有节，清脆悦耳。山峦、怪石之上，茫茫一片，似雪非雪，仿佛披上了一层晶莹的玉衣，光彩照人，在灿烂的阳光下，闪烁生辉，蔚为壮观（黄山志编纂委员会，2010）。

（二）人文景观

黄山的文化景观主要有门坊、亭、楼阁、关隘、桥梁、台、蹬道、墓藏和摩崖石刻。黄山登山古道及古建筑、黄山摩崖石刻群 2013 年被列为全国重点文物保护单位。

1. 门坊

门坊，一般是进入某地的一种标志，有竹、石、钢筋混凝土等几种结构，形式多种多样。黄山的门坊主要有黄山南大门坊、北大门坊、黄山胜境坊和浮溪门坊（表 4－15）（黄山风景区管理委员会，2008）。

表 4－15　黄山风景名胜区门坊

门　坊	简　　况
黄山南大门坊	是黄山风景区南入口的标志，位于黄山温泉风景区的南大门，建于 1956 年。坊高 10 m，宽 12 m，钢筋混凝土结构，楼式，飞檐如翼，翘角凌云，前后上端及两侧，斗拱悬托，彩绘缤纷，上覆朱色筒瓦。撑在基座上的四根红色立柱一字排开，将整座牌楼间隔成三道横门，中间一道辟为人行通道，两侧铺设草坪。坊额上的“黄山”二字，为时任国务院副总理兼外交部部长的陈毅同志于 1963 年 10 月陪同 36 个国家的驻华使节游览黄山时亲笔所书。门坊后侧有黄山世界文化与自然遗产、国家重点风景名胜区、4A 级风景区三组花岗岩标志碑
黄山北大门坊	是黄山风景区北入口的标志，位于景区的北部，建于 2006 年。二柱二楼门楼式花岗岩石牌坊，门楼高 13 m，宽 11 m，横跨黄山区耿城至二龙桥旅游公路。风格古朴、浑厚，缀以徽派石雕，体现徽派建筑风格及传统文化内涵，门坊题额“黄山”二字为邓小平同志手书，是黄山新的人文景观和文化载体
黄山胜境坊	位于温泉景区的苦竹溪。“黄山胜境”刻于九龙瀑。“乾隆三十二年（1767 年）岁次丁亥孟秋之吉，太子太傅内大臣兵部尚书总督两江统理河务高晋题”
浮溪坊	位于温泉景区的猴园，是进入浮溪社区的入口标志，建于 2004 年。坊高 7.8 m，宽 5 m，四柱竹制牌坊

资料来源：黄山风景区管理委员会，2008

2. 亭

在风景名胜区的登山道旁，历代多筑凉亭，供游人休息览胜。旧山志记载，全山有亭阁 40 余处，今多以湮灭。1949 年后，逐年整修和新建了一批亭阁，现有 23

处(表 4-16)(黄山风景区管理委员会,2008)。

表 4-16 黄山风景名胜区亭

亭	简况
炼玉亭	位于温泉景区桃源宾馆前大花园中,为古祥符寺旧址,建于 1958 年。竹制八角风景亭,亭高 8.71 m。亭以唐代李白《送温处士归黄山白鹅岭旧居》一诗中的"仙人炼玉处"的诗句命名,匾额"炼玉"二字,为李一氓手书。亭周围点缀有花圃、草坪、藤树和水池
翼然亭	位于温泉景区温泉泉眼西上侧的断桥(又名小补桥、卧龙桥)上,旧有揽胜亭之名。亭高 4.9 m,混合结构,建于 1963 年。1965 年,董必武陪同胡志明来山修养时,借欧阳修《醉翁亭记》中"有亭翼然,临于泉上"之句,取名"翼然亭",并手书亭额。亭临汤泉溪,亭后的石壁上有"大好河山"大型石刻
观鱼亭	位于温泉景区黄山宾馆门前的汤泉溪畔,建于 1958 年。圆形攒尖顶类似于我国清朝大臣的官帽,平面呈正六边形,南北两侧设有美人靠背。亭高 4.5 m,混合结构,蹬道连接长回廊。亭前有水池,池中养鱼。大雨后,凭栏可观汤泉溪中呼啸奔腾而过的急流,犹如身临千军万马之境,气势非常壮观
桃源亭	位于温泉景区桃花峰的西北麓、青化桥东侧山冈上,建于 1964 年。亭高 8.9 m,上下两层,混合结构,建筑面积为 80 m^2。上部外形为六柱六角,绿色琉璃筒瓦盖顶,造型优美,古朴典雅。二楼平台栏杆用汉白玉石装饰,亭额"桃源亭"和楹联:"红心随雨翻作浪,青山着意化为桥"为郭沫若手书。登亭远眺,远可望莲花、天都两大主峰,近可观桃花溪两旁的美景和涓涓不息的溪流
观瀑亭	位于温泉景区百丈泉下侧山坡上,建于 1965 年。六角风景亭,亭高 4.8 m,混合结构,亭内面积 13.6 m^2。登亭可眺紫云峰与清潭峰间的百丈泉瀑布,故名。亭额为越南原国家主席胡志明 1965 年手书
邀月亭	又称醉石亭或鸣泉亭,位于温泉景区的温泉至汤岭关登山道边、醉石旁,建于 1985 年。据传唐代大诗人李白曾在此洗杯更盏,醉卧石旁,写诗题赋,亭名取李白"举杯邀明月"之诗意。二层花岗岩石质结构,六角攒尖顶,亭高 8 m
法眼泉亭	位于温泉景区、慈光阁西厢房后侧法眼泉处,建于 2004 年。亭高 4.2 m,全花岗岩石质结构,三面回廊、四坡歇山顶形式。亭覆泉眼而建,亭内泉水清澈,终年不涸;亭北侧绿树丛中为普门和尚塔。亭额、亭正面两侧立柱分别刻有我国著名书法家赵朴初题名的"法眼泉"三字和题联"法空佛国三千界眼察人间百万家"
妙妙亭	又名从容亭、孑孓亭,位于温泉景区慈光阁后的金沙岭上,建于 1964 年。六角石柱亭,亭高 5.3 m,混合结构,厅内面积约 10 m^2。因亭位于登山道旁,游人至此小憩,四面观景皆妙,故名妙妙亭。亭额为安徽省原副省长张恺帆手书
月牙亭	又名半月亭,位于温泉景区慈光阁上约 1 km 处,朱砂峰东麓的朱砂溪畔。原亭建于民国时期,后湮没,1981 年在其旧址上重建。亭高 5.2 m,亭台面积约 12.6 m^2,混合结构。因亭为半月形而得名
立马亭	位于温泉景区朱砂峰下的立马桥西侧,面对立马峰(又名青鸾峰),建于民国时期。亭高 5.2 m,面积约 10 m^2,花岗岩石质结构。亭前可观立马峰崖壁"立马空东海,登高望太平"巨型摩崖石刻,故名立马亭
三姑亭	位于温泉景区的天都峰新道,建于 1984 年。亭高 4 m,钢筋混凝土结构。因亭在三姑洞旁,故名三姑亭
万松亭	位于温泉景区眉毛峰顶的东侧登山道旁,建于 1964 年。亭高 4.5 m,面积 10 m^2,石质结构。因亭附近有成片的合抱松树,故名万松亭。温泉至云谷寺的公路建成后,眉毛峰的登山道已无人行走,亭几近湮没

续 表

亭	简 况
云源亭	位于温泉景区的浮溪，猴园入口的道路旁，建于 1999 年。亭高 4.4 m，面积 7 m^2，顶铺绿色琉璃瓦，木质结构
兴安亭	位于钓桥景区，汤岭关西下 1.5 km 处，建于 1985 年。亭高 3.9 m，面积 15 m^2，石质结构
入胜亭	位于云谷景区、云谷寺至北海途中的白沙矼登山道旁，建于 1962 年。六角风景亭，亭高 5.4 m，面积约 15 m^2，混合结构。亭南北两侧各有一段弧形美人靠背，供游人休息。过此亭拾级而上，沿途风景步步入胜，故名入胜亭
曙光亭	原名文光亭，位于北海景区狮子峰背的东部，下临散花坞，面对始信峰，建于 1957 年。至此可看曙光、观日出，故名曙光亭。亭高 3.6 m，五柱五角，面积约 10 m^2，花岗岩石质结构
排云亭	位于北海景区、西海大峡谷最北端的入口处，建于民国二十四年(1935 年)。亭高 4.3 m，面积 14 m^2，花岗岩石质结构。亭呈长方形，三面通透，后墙用花岗岩条石垒砌。西海大峡谷中云雾多在此亭之下，故名“排云亭”。亭额为原国民政府司法次长余绍宋题写。亭前有铁索石栏，游人在铁索上挂满了各式各样的连心锁，堪称黄山一大奇观。立于亭前，可以饱览落日晚霞，云海和倒挂靴、仙人晒鞋、仙人踩高跷、武松打虎等巧石，峡谷景观尽收眼底
行知亭	位于北海景区排云亭至光明顶的蹬道旁，飞来石下。原名双硌亭，后为纪念伟大的教育家陶行知改名为“行知亭”，建于 1985 年 4 月。高 2.9 m，面积 4 m^2，花岗岩石质结构。可供游客观赏风景和避雨休息。亭柱对联是陶行知的名句：“千教万教教人求真，千学万学学做真人”，由郭沫若题写。亭旁立有石碑，略述陶行知生平事迹
海心亭	位于北海景区的天海，处黄山“五海”的中心位置，建于 1988 年。亭高 8.2 m，二层，混合结构。亭四周安装有石质栏杆，可观莲花、胜莲、鳌鱼峰、光明顶诸峰。“海心亭”三字由建设部原副部长叶如棠题写。海心亭原址在光明顶下天海北侧(即天海四合院附近)，为民国十八年(1929 年)由太平人陈少舟捐助所建
莲花亭	位于玉屏风景区莲花峰西侧，建于 1996 年。亭高 2.8 m，石质结构。原为莲花峰的售票房，景区实行“一票制”后，改为旅游小商品店
一道亭	旧称下刘门亭，位于松谷景区的松谷庵门前，去北海的蹬道穿过其中，始建于清初。游人从北路入山，多在此小憩。因是北麓登山途中所经的第一亭，故名一道亭，又称头道亭。亭高 2.7 m，长 6 m，宽 4 m，混合结构
二道亭	旧称中刘门亭，位于松谷景区的松谷庵至北海登山道、宝塔峰旁，始建于清初，1989 年改建。亭高 3.6 m，混合结构，面积约 9 m^2。过二道亭后，蹬道越来越陡。步行约 2.5 km 后，可至三道亭
三道亭	旧称上刘门亭，位于松谷景区的松谷庵至北海登山道、书箱峰畔，始建于清初，1990 年改建。亭旁可观关公档曹、三尊大佛等景致。亭高 4.2 m，石质结构，面积约 17 m^2
廿字亭	又名乌龙亭或念字亭，位于松谷景区的龙虎石上。亭高 4.5 m，面积 3.4 m^2。因亭内石柱上刻有 20 字楹联：“忠恕廉明德正义信忍公博孝仁慈觉节俭真礼和”而名。此 20 字为民国时天德圣教教义。亭外石柱楹联云：“四面云山绕二水一潭星月照孤亭”。两联均为萧昌明题写
平天矼防火瞭望哨	位于北海景区、光明顶西侧的平天矼上。建于 1993 年。因地势较高，周边视线开阔，而用于景区和周边林区的防火瞭望。二层建筑，石砌外墙，歇山坡屋顶形式，建筑面积为 55.68 m^2
马鞍山防火瞭望哨	位于温泉景区、马鞍山山顶，建于 1989 年 8 月。亭高 8.6 m，两层、八角、砖混结构，建筑面积为 40 m^2。地势较高，视野开阔，主要用于黄山南部周边山区和温泉景区的防火瞭望

续 表

亭	简 况
回音壁避雨观景亭	位于北海景区、排云亭至飞来石登山道旁、回音壁处，建于2006年10月。亭高4 m，建筑面积为11.2 m^2。亭三面回廊、四坡歇山顶形式，花岗岩石结构，为游客提供避雨、休息、观景之用
光明顶避雨观景廊	位于北海景区、光明顶气象站旁，建于2006年10月。廊长9.4 m，高3.9 m，宽2.8 m，建筑面积为22.5 m^2。避雨观景廊依山体挡土墙而建，花岗岩石结构，为游客提供避雨、休息、观景之用
白云庵避雨廊	位于钓桥景区、白云庵旁，建于1985年。廊长12 m，宽1.36 m，高3.9 m，建筑面积为16 m^2。登山道从避雨廊中穿过，花岗岩石结构
拙亭	又名垒石亭，位于北海景区步仙桥旁的一玲珑小山峰上。1987年，在踏勘开辟白云景区路线时，发现从西大门钓桥方向和鳌鱼峰方向均能看到山冈附近的几棵小松树，故垒改亭作为方位标志。亭呈三足鼎立之势，虽未经设计，但搭建的构思新颖，憨态可掬，且俏皮活泼

资料来源：黄山风景区管理委员会，2008

3. 楼阁

风景名胜区的楼阁大部分建于20世纪50年代(表4-17)。

表4-17 黄山风景名胜区楼阁

楼 阁	简 况
博物馆	位于温泉景区、朱砂峰下，旧名朱砂庵。明嘉靖间(1567～1572年)，玄阳道人始建，匾额"步云亭"。1610年，明万历皇帝赐额"护国慈光寺"；1965年，董必武来山，为修整过的毗卢殿题写"慈光阁"匾额。现作为博物馆，其建筑和主要景观有大殿、山门、放生池、毗庐殿、东殿、西殿、千僧灶、世界地质公园主碑、名家书法碑廊、法眼泉、普门和尚塔等
观瀑楼	位于温泉景区，别墅式两层楼房，建筑面积为626 m^2。底层正面水泥圆柱，内、外走廊，楼层设阳台。石砌外墙，砖木结构。观瀑楼飞檐翘角，雕梁画栋，造型别致，原为明万历年间"天都社(后)"址，1954年建成。二楼阳台，是观人字瀑的最佳处，故名观瀑楼。1979年7月，邓小平同志视察黄山时曾下榻此楼，发表了"要有点雄心壮志，把黄山的牌子打出去"的重要谈话，从此揭开了中国旅游大开发的序幕，现为"黄山书画院"
岩音小筑	位于温泉景区、桃花峰北麓，建于1957年。民族式两层楼小别墅，石墙，绿色琉璃瓦屋顶，建筑面积为334 m^2。小筑门前有一座玲珑跨溪的石拱桥，名"岩音"桥。周围林木茂盛，环境幽雅。匾额"岩音小筑"四字，为安徽省原副省长张恺帆手书
桃溪别墅	旧名红旗楼。位于温泉景区桃源宾馆的西南侧，过去为徐汇生私人别墅，初建与民国二十四年(1935年)，混合结构。1963年为接待尼泊尔王子，拆除重建，现为两层，钢筋混凝土结构，顶覆红色平瓦，建筑面积为400 m^2。20世纪90年代进行了维修
百寿堂	位于温泉景区、回龙桥西的登山道旁。民族式平房，石墙木柱，筒瓦屋顶，外走廊，刻花木门。民国二十九年(1940年)建，建筑面积为123.31 m^2。此房由姚文采用赈济公款兴建，作为庆贺许世英七十寿辰的寿堂，故名百寿堂
听涛居	原名正道居，位于温泉景区、人字瀑前，"紫云岩"西侧。建于民国二十四年(1935年)，面积为378 m^2，两层民族式建筑，石墙，碧绿色琉璃瓦，建造精致。最初由许士英、张治中以黄山建设委员会名义兴建，由张治中题额"正道居"，送给蒋介石作别墅，蒋介石又转送给段祺瑞。别墅未建成，段祺瑞已去世。民国二十六年(1937年)，张学良曾被囚禁于此数日。1965年董必武改为"听涛居"，因近人字瀑，可听涛声而名

续 表

楼阁	简况
半山寺	位于温泉景区、龙蟠坡下，中沟左侧，依山而筑。民国十三年(1924年)夏，江宁观音庵僧人明光云游至此，建佛殿三间，名为无量庵；民国十四年(1925年)秋，改名半山寺，休宁人韩寿题额；1956年，黄山管理处重建半山寺，刘伯承元帅手书寺额。半山寺局部二层，混合结构，民族大屋顶形式，建筑面积约五百余平方米
狮林红庙	又称为清凉别墅，位于北海景区、狮子峰南侧腰际。始建于1611年，名“卧云庵”，占地面积约300 m^2。因建筑墙体赭红，故俗称红庙。庙内依贯休罗汉造型，临有十八罗汉图；罗汉图之上有“清凉别墅”匾，由穆青题写；门外是大平台，视野开阔，是观景赏月之绝胜处。从红庙观景，东有始信峰，西有丹霞峰，对面有贡阳山，天高地阔，翠拥螺环，正如庙前石坊对联所题：“狮子林中福地，清凉顶上灵山”
散花精舍	位于北海景区、贡阳山脚下，面对散花坞。其二层观景平台，视野开阔，散花坞的景观饱览无余。可观梦笔生花、笔架峰、上升峰、骆驼峰等。精舍原址为明代散花庵，初建于民国三十五年(1946年)，民族大屋顶式二层楼房。此舍由姚文采以黄山建设经费困难为由，向南京银行贷款1万元建造。木工葛秀山负责施工，两年建成。1960年、1981年两次大修，增加水、卫设备，更新内部设施，成为北海宾馆别墅。1991～1994年按原貌改建为永久建筑，钢筋混凝土结构，建筑面积为1 150 m^2。2000年，室内按五星标准进行装饰维修
松谷禅林	又名松谷庵，位于松谷景区、叠嶂峰下，靠近乌龙潭。初为道观，南宋宝祐中(1253～1259年)浙江道人张尹甫创建；明宣德年间(1426～1435年)重建，改观为寺。门楼上题有“松谷禅林”遒劲厚实的四个大字，堂后“谛黄”二字为明国子监祭酒汤宾尹手笔。2002年12月，景区松谷管理处按照国家有关文物保护法规和古建筑修缮的原则进行了维修，并对周边的环境进行了整治。 松谷庵建筑局部两层，砖木结构，皖南民居建筑风格，建筑面积为430 m^2。庵门前有数棵珍贵古树木莲、梅花，其东南约600 m处登山道旁还有黄山另一温泉松谷温泉。古庵坐落在依山环水的修竹茂林中，修旧如旧，环境幽静，别有韵致
芙蓉居	位于松谷景区的芙蓉岭下，原为“天德圣教”教主萧昌明的住所，民国二十五年(1936年)建。花岗岩石门楼古朴庄重，上方刻有“芙蓉居”，两旁刻有“养得卑池长绿日乱飞花雨且耕耘”。七间木结构楼房，因年久失修，于1972年拆除，现改建为景区园林局松谷管理区办公室。仿皖南民居形式，砖混结构，两层，建筑面积为700 m^2，在其西侧另建有附房等设施。芙蓉居院内，有一直径约5 m的水池，名“三月池”，意为天上一月、池中一月、原池一月，共有三月
白云庵	又名钓桥庵，位于黄山西大门钓桥景区的石人峰下两条溪涧汇合处，距黄山区焦村镇约9 km。史料记载，明万历年间庵名原为“白云庵”，因其近处有桥如垂杆，后更改为“钓桥永生茶庵”。清光绪二十六年(1990年)，居士陈仁梅建堂；民国十二年(1923年)重建经堂，并设茶室，导师韩兰圃曾驻此，改名“精心庵”。2003年11月，景区松谷管理处进行了维修。钓桥庵东西长14.81 m，南北宽13.80 m，占地面积为279.74 m^2，建筑面积为201.84 m^2，砖木结构，由两层四合屋及其左侧的单层厨房共同组合而成，主屋由上堂、下堂、左、右厢廊围合内天井组成
翠微寺	唐中和二年(882年)，天竺僧包西来始建于翠微峰下。南唐保大五年(947年)，敕赐寺额。明嘉靖间(1522～1565年)，僧佛悟等重修。万历二十六年(1598年)，因山洪暴发，寺宇淹没。弘光二年(1645年)，僧心空在翠微峰麓，万绿丛中，重建翠微寺，规模较原寺大。曲径通幽，环境雅秀，一时名士高僧云集此处，香火盛旺。特别是每年农历七月三十日，为地藏王圣诞朝会，届期士女如云，焚香求签，络绎不绝。清康熙二十七年(1688年)，僧赵纲、大和等修寺志。清咸丰年间，太平天国起义军曾居于此。民国初，有宛姓道士驻此。民国后期，僧德主持寺院事务。1949年后，政府拨款维修；20世纪90年代初期，演隆大师再次进行了扩建

续 表

楼 阁	简 况
云谷山庄	位于黄山云谷景区，罗汉峰西麓，“松环竹报风含绿，粉壁黛瓦马头墙”。这里四周奇峰环抱、翠竹掩映、环境幽雅、景色迷人，是一座天然的氧吧。 山庄始建于1984年秋，1987年竣工。占地面积一万多平方米，建筑面积为7 916 m^2，四层，混合结构，由清华大学建筑学院设计，是一座具有典型徽派建筑风格的园林式建筑。山庄整体建筑因地制宜，依山就势而建、跨溪临泉，与自然融为一体，藏而不露。山庄采用中国传统文化中的阴阳五行方向布局，分东、南、西、北四个区，中间以回廊相连，回廊过道两面安装有一道道格窗，把户外的风景分成了一幅幅迷人的图画。置身于山庄中，步移景换，处处可见徽派建筑中的“砖雕、木雕、石雕”，无不给人以幽雅别致的感觉，而山庄本身就是一道亮丽的风景，2000年，云谷山庄获得中国20世纪百年经典建筑大奖提名奖

资料来源：黄山风景区管理委员会，2008

4. 关隘

关隘多位于要道及险阻之处，一般都建有城墙、关门及相应的管理与守卫建筑。黄山的关隘主要有两处：汤岭关和乌泥关。汤岭关保存完好，乌泥关仅存遗址(表4－18)(黄山风景区管理委员会，2008)。

表4－18 黄山风景名胜区关隘

关 隘	简 况
汤岭关	位于温泉景区和钓桥景区的分界处汤岭之上，云门峰和云际峰的鞍部。用花岗岩条石砌成，建于清咸丰九年(1859年)，为泾阳张芾所立，由华亭王桐监造。关两面门额上均刻有“汤岭关”三个大字，为防御太平军而建。1990年后，景区园林部门对汤岭关进行全面翻修。在拆除旧关后改建成上有堞垛的城式关隘，关顶长17 m，宽6 m，有堞垛22个，窗洞19个，花岗岩石结构
乌泥关	位于黄山区的乌泥岭。据《黄山指南》载，有上下两关，上关额为“天都保障”，位于两山之间的腰部；下关额为“乌泥”，位于“杀人岗”。为明崇祯年间唐良懿所建，清咸丰年间张芾所修。该处地势十分险要，民国二十三年(1934年)12月，方志敏率红军与国民党军展开激战，军事史上成为谭家桥战斗(又称乌泥关战斗)。现在此处立有“红军北上抗日先遣队乌泥关战斗旧址”纪念碑，乌泥关因公路建设已废弃

资料来源：黄山风景区管理委员会，2008

5. 桥梁

黄山溪流众多，沟壑纵横，因此，自古至今建桥甚多(表4－19)(黄山风景区管理委员会，2008)。

表4－19 黄山风景名胜区桥梁

桥 梁	简 况
解放桥	位于温泉景区黄山风景区管委会办公大楼前，原名黄林桥，为黄山林校1956年建。石质拱桥，桥长15 m，宽6 m

续 表

桥 梁	简 况
问津桥	位于温泉景区黄山南大门前,1996年建。石质拱桥,桥长30 m,宽7.5 m
逍遥桥	位于温泉景区逍遥亭,1994年建。石质拱桥,桥长40 m,宽6 m。因横跨逍遥溪而名。“逍遥桥”三字为黄山著名书画家朱峰所题
步行桥	位于温泉景区,连接逍遥亭生活区与紫云新村,1996年建。石质拱桥,桥长27 m,宽3.3 m
逍遥亭桥	位于温泉景区逍遥亭生活区,1985年建。石质拱桥,桥长30 m,宽7.5 m
紫云桥	位于温泉景区、揽胜桥下方,民国二十三年(1934年)建。单孔石桥,横跨汤泉溪,长20 m,宽6 m。因桥位于紫云峰下,故名紫云桥
揽胜桥	位于温泉景区,紫云、桃花两峰之间,横跨汤泉溪,是登山揽胜的交通要道,原名迎宾桥,因在桥上可饱览温泉诸胜,故改名为揽胜桥。始建于1981年9月,1983年9月28日举行通车典礼,历时两年建成。大桥为花岗岩砌筑的石拱桥,长135.4 m,宽10 m,高35 m;桥面宽7 m,两边人行道各宽1.5 m,两旁系水磨石栏杆;中间大孔跨度50 m,10个小孔每孔跨度5.5 m。此桥设计独具匠心,造型美观大方,风格古朴豪放。“揽胜桥”桥名,由安徽省原省委书记顾卓新手书
名泉桥	位于温泉景区,黄山温泉泉眼旁,横跨桃花溪,原名跃进桥,后名锁泉桥,1960年建。单孔石桥,桥长20 m,宽7 m。1979年夏,邓小平视察黄山并手书“天下名泉”四字后,更名为名泉桥
小补桥	位于温泉景区,横跨桃花溪,连接温泉与古祥符寺。原名卧龙桥,又名汤院桥、胜泉桥、汤泉桥。清代黄肇敏《黄山纪游》言“盖于此处不无小补之意”,故名小补桥。桥始建于明代,清乾隆五年(1740年),被山洪冲毁;道光四年(1824年)复建;1956年6月,暴发山洪,冲塌了小补桥南段;后曾改用木材修补,成为南段木桥,北段石桥;1960年,名泉桥建成后拆除南段木桥,成为断桥。桥上建有翼然亭,亭额为董必武1965年手书。1939年,叶挺曾在此桥上为来皖南视察的周恩来拍摄了一张戎装照
白龙桥	位于温泉景区,横跨白云溪和桃花溪汇合处,民国二十二年(1933年)建。单孔石桥,桥长18 m,宽5 m。桥的造型小巧玲珑,古朴雅致。桥下溪水奔涌,浪花飞溅,似白龙飞舞,又因下方不远处是白龙潭,故名白龙桥。“白龙桥”桥名,为当时国民政府主席林森手书
回龙桥	位于温泉景区、人字瀑前,连接温泉至慈光阁的登山路。原有古桥已废,1954年重建。石砌拱桥,桥长15 m,宽5 m。桥下方为桃花溪与人字瀑汇合处,人字瀑水从北流入奔腾如龙的桃花溪流,颇似白龙回首,故名回龙桥
岩音桥	位于温泉景区桃园宾馆的后侧,1957年建。石质拱桥,桥长6 m,宽3 m。桥小巧玲珑,跨溪连接登山道和岩音小筑。关于“岩音”,美学家郭因有一段精妙的解释:“潺潺流水,碰激涧中岩石,发出醉人的音响,那就是‘岩音’”
虎头桥	位于温泉景区虎头岩旁,始建于明万历年间。桥为4块花岗岩条石跨溪搭建的平桥,桥长6 m,宽1.5 m
青化桥	位于温泉景区、温泉至慈光阁的公路上,桃源亭旁,横跨桃花溪,建于1961年。单孔石拱,桥长20 m,宽6 m。1965年,胡志明在董必武陪同下来黄山修养时,从郭沫若手书桃源亭楹联毛泽东诗句:“红雨随心翻作浪,青山着意化为桥”中获得启发,便取其中“青化”二字,命名为青化桥。桥名为越南原国家主席胡志明手书
洗药桥	位于温泉景区虎头岩上方,1980年修建。桥为三孔石砌平桥,桥长20 m,宽6 m。因横跨洗药溪(即白云溪)而得名
五里桥	位于温泉景区、汤岭关下白云溪与云门溪交汇处,距温泉上方2 500 m,故又名五里桥,又名横坑桥。单孔石桥,长12 m,宽3 m。桥形简朴古拙,桥下流水潺潺

续 表

桥 梁	简 况
披云桥	位于温泉景区慈光阁山门内，清康熙四十六年(1707 年)，休宁海阳人程岳鼎建。单孔石拱桥，桥长 15 m，宽 3 m。桥下两侧为放生池，池水清澈，远处山峰倒影嵌入其中
立马桥	位于温泉景区的青鸾峰腰、立马亭上，横跨中沟，民国中期建。原为木桥，又称青鸾桥。1998 年改建为石砌平桥，桥长 24.5 m，宽 3.7 m
渡仙桥	位于玉屏景区“一线天”下，过小心坡后转身渡桥，始建于明万历四十一年(1613 年)，原为木桥，清乾隆乙酉年(1765 年)，临河程征棨改建为单孔石拱桥，桥长 3 m，宽 1.8 m。桥又称断凡桥，意为“过此成仙侣，归来无俗人”
幸福桥	位于玉屏景区莲花峰横排道上，1996 年建。因此段游览道宽敞平坦，行走轻松，游人称之为“幸福大道”。桥立于道边，故名。石质拱形单孔桥，桥长 6 m，宽 1.5 m。桥东侧有黄山著名的巧石“手机石”
莲蕊桥	位于玉屏景区莲花峰横排道上，1997 年建。石质拱桥，桥长 3 m，宽 1.5 m，因桥面对莲蕊峰而名。桥上可观天然浮雕“鸳鸯戏水”及巧石“孔雀戏莲花”、“龟兔赛跑”等
飞天桥	位于玉屏景区莲花峰峰顶东侧，20 世纪 60 年代建。桥由三根花岗岩条石铺就，长 2.6 m，宽 1.1 m。因其处在海拔 1 860 m，故有华东海拔高度第一桥之称
莲花桥	位于玉屏景区莲花峰峰顶东侧，1997 年建。钢筋混凝土结构，桥长 6 m，宽 3 m，两侧呈喇叭口，仿黄山花岗岩色彩。桥把两座山体连接的自然巧妙，桥上天风浩荡，桥下万丈深渊，给人以非人间尘世之感
莲瓣桥	位于玉屏景区莲花峰峰顶东侧，1997 年建。石质平桥，桥长 5 m，宽 1.7 m。因桥连接莲花峰两花瓣，故名
兴安桥	位于钓桥景区汤岭关下 1.5 km 处，民国二十八年(1939 年)由黄山建设委员会建，1990 年改建为四墩三拱石桥。桥长 12 m，宽 2.1 m
兴平桥	位于钓桥景区汤岭关下 2 km 处，民国二十八年(1939 年)由黄山建设委员会建，1990 年改建为三孔石平桥。桥长 13 m，宽 1.5 m
云门桥	位于钓桥景区汤岭关下 3 000 m 处，民国二十八年(1939 年)由黄山建设委员会建，1990 年改建为单孔石拱桥。桥长 6 m，宽 2.4 m。桥因处在云门峰的西侧腰际，故称云门桥；桥身两侧雕刻有葫芦，故又称葫芦桥
续古桥	位于钓桥景区白云庵的东南侧，据陈少峰《黄山指南》记载，此桥由清代太平县焦村镇人焦秀献建，单孔石拱桥。桥长 20 m，宽 5 m。因桥横跨于白云庵左边溪上，故又名左溪桥
永定桥	位于钓桥景区白云庵西侧，明弘治八年(1495 年)，太平县焦村镇人陈胜安等建，单孔石拱桥。桥长 25 m，宽 5 m。原名延寿桥，因桥横跨于白云庵右边溪上，故又名右溪桥
白云桥	位于钓桥景区白云庵西侧，1989 年建。石质拱桥，桥长 26 m，宽 4 m。因该处是白云溪景区的西部出口处，又紧连白云庵，故名白云桥
松树桥	位于钓桥景区、白云庵至天海的登山道途中，1985 年建。双孔石平桥，桥长 17 m，宽 1.6 m。桥为两座连续的小桥，中间用一矩形桥墩(长 3.8 m，宽 2.2 m)连接而成。因桥的栏杆仿黄山松的外形建造，故名松树桥，桥上可观九龙峰
半边桥	位于钓桥景区，白云庵至天海的登山道途中，建于 1986 年。石质平桥，桥长 6 m，宽 1.7 m。因桥的一半边为花岗岩条石垒砌，另一半边为 5 块自然的花岗岩石块放置，巧若天成，故名半边桥。桥上侧的泉水清澈见底，终年不涸

续 表

桥 梁	简 况
洗玉桥	位于钓桥景区,天海至白云庵途中,南瓜桥下 1 000 m 处,1985 年建。单孔石拱桥,桥长 11 m,宽 2.3 m。因桥边岩壁长期受瀑流冲刷,光整平滑,洁白如玉而名之
南瓜桥	位于钓桥景区、白云庵至天海途中,1987 年建。桥为"之"字形石质双拱平桥,长 18 m,宽 2.4 m。桥因溪畔河中有数块巨石形如南瓜而得名
天鹅桥	位于钓桥景区、白云庵至天海途中,1990 年建。石质四墩三孔平桥,桥长 13.2 m,宽 2.6 m。桥横跨云外峰与石人峰之间的河溪,因桥西侧山峰上有一块奇石酷似天鹅而得名
三溪桥	位于钓桥景区、白云庵至天海途中,1986 年建。石质双孔平桥,桥长 12 m,宽 2.6 m。桥的谷底为九龙溪、排云溪、白云溪三条溪流汇合处,故名三溪桥。桥东有瀑布,今俗称三河口瀑布
祥云桥	位于钓桥景区、白云庵至天海途中,建于 1986 年。石质拱桥,长约 7.5 m,宽 2.8 m。过步仙桥,穿岩洞,有一小桥连岩洞与观景台。小桥如弓,袖珍玲珑,常与云雾为伴,因此处常有佛光出现,故名
翼然桥	位于钓桥景区、翠微峰旁的青牛溪上,由两根花岗岩条形巨石铺设而成,长约 4 m,宽 0.5 m。元王泽民后至元六年(1340 年)游记载:"古松修篁,石涧横道,僧桥焉,覆之屋,以息游者。清冷静邃,已隔尘杂,予为榜曰'翼然'"
丞相桥	位于云谷景区、云谷寺檗庵大师塔西侧,始建于民国二十二年(1933 年)单孔石拱桥,桥长 12 m,宽 3 m。1969 年被山洪冲毁一角,1983 年拆除重建。因桥横跨丞相源(南宋丞相程元凤曾在此源读书而名之),故名丞相桥
云谷桥	位于云谷景区云谷寺至汤口公路的起始段,单孔公路桥。桥长 30 m,宽 7.5 m,建于 1979 年
吟啸桥	位于云谷景区、云谷寺上行 1 500 m 处,民国中期建。石质拱桥,桥长 15 m,宽 3.8 m。桥名取苏轼"莫听穿林打叶声,何妨吟啸且徐行"之意
七里桥	位于云谷景区、入胜亭上行 1 000 m 处,始建于清朝,20 世纪 80 年代中期改建。石质平桥,两端呈喇叭口,桥长 5 m,宽 3 m
慧明桥	位于北海景区、贡阳山北麓,黑虎松至北海的登山道中。民国十四年(1925 年),太平居士王森甫捐建,1962 年重建。石砌平桥,长 15 m,宽 3 m
鹊桥	位于北海景区连理松旁,石砌单孔桥,桥栏杆弧形,两端的铁链上挂有很多的连心锁,一对对情人以连理松为背景在桥上相拥留影,又名连理桥
仙人桥	位于北海景区始信峰顶部的裂壑间。1950 年后,几经整修。桥长 4 m,宽 1 m,有扶手。原为一花岗石条石,横架万丈深壑之上,北侧有接引松。古时这里"架木为桥",清韩廷秀乾隆壬子(1792 年)游黄山时言:"仙人桥近易以长石"。桥头崖壁上刻有"祁西王启邦造"
西海桥	位于北海景区西海饭店门前,始建于民国中期,1990 年改建。石质拱桥,桥长 12 m,宽 4 m,横跨西海溪,连接西海饭店和西海山庄
西海公寓桥	位于北海景区西海职工公寓门前,1990 年建。石质双孔平桥,桥长 8 m,宽 2.6 m,横跨西海溪,连接西海山庄和西海公寓
流云桥	位于北海景区的丹霞峰上,1983 年建。单孔石拱桥,桥长 15 m,宽 4 m。桥从丹霞峰腰横跨深壑,为山间旱桥,因常有白云穿孔而过,故名流云桥。桥造型别致,与周围景色相映衬
松林桥	位于北海景区西海大峡谷的北端入口,1999 年 9 月建。单孔平石桥,桥长 6.3 m,宽 1.9 m。因桥处在松林峰上,故名

续　表

桥　梁	简　　况
武松桥	位于北海景区西海大峡谷第一循环圈途中，1999年10月建。单孔拱桥，钢筋混凝土结构，桥长5 m，宽0.9 m。因其可近距离观“武松打虎”景点，故名
文王桥	位于北海景区西海大峡谷第二循环圈途中，2000年3月建。单孔拱桥，花岗岩石质结构，桥长4 m，宽0.8 m。因其可近距离观“文王拉车”景点，故名
排云桥	位于北海景区西海大峡谷的谷底，2001年6月建。单孔平桥，花岗岩石质结构，桥长8 m，宽2.4 m。因桥横跨排云溪而建，故名
豁然桥	位于北海景区西海大峡谷谷底隧道的出口，2001年10月建。单孔平桥，钢筋混凝土结构，桥长4.7 m，宽1.9 m
燕谷桥	位于北海景区西海大峡谷管理房旁，2001年8月建。单孔平桥，钢筋混凝土结构，桥长7.6 m，宽1.9 m。因桥下侧的沟谷春季有很多燕子飞行，故名
白云宾馆桥	位于北海景区白云宾馆门前，1996年4月建。单孔拱桥，花岗岩石质结构，桥长5.2 m，宽2.6 m
涉趣桥	位于北海景区白云宾馆的南侧，横跨白云溪，1986年建。石质拱桥，桥长7 m，宽2.2 m。桥小巧玲珑，为白云溪的起点。因过此桥后，白云景区的景观一步一步映入眼帘，故名涉趣桥
步仙桥	位于北海景区天海至白云庵途中，1987年建。单孔石桥。桥长6 m，宽2.6 m。其设计精巧、奇特，在相距6 m的两峰腰部凿通成洞，石桥飞架其间，桥脚撑于两洞之中。人行其上，有腾空凌云、飘然欲仙之感，被誉为“琼瑶仙境”。“步仙桥”三字为原黄山管委会党委书记张脉贤所书
二龙桥	位于松谷景区的芙蓉岭北麓，1991年改建为石砌拱桥。桥长6 m，宽2.6 m。黄山风景区与黄山区在北部的分界线，以该桥为标志。二龙桥原由木、石两座小桥衔接而成。其中，北桥于明宪宗成化年间(1465～1487年)所建，南桥为民国十三年(1924年)金陵居士李法周所募修。两条山间小道似两条白龙，游向桥头汇合，故名二龙桥
普渡桥	位于景区北大门，芙蓉岭下的飞龙瀑景区，1998年建。石桥，长4 m，宽1.2 m
平安桥	位于景区北大门，芙蓉岭下的飞龙瀑景区，始建于20世纪50年代，1998年改建。平石桥，长约4 m，宽约1 m
凤凰桥	位于景区北大门，芙蓉岭下的飞龙瀑景区，1998年建。钢索桥，长3 m，宽1 m
芙蓉桥	位于景区北大门，芙蓉岭下的飞龙瀑景区，1998年建。单孔石桥，长5 m，宽2 m
飞龙桥	位于景区北大门，芙蓉岭下的飞龙瀑景区，始建于20世纪50年代，1998年改建。石质结构，桥长20 m，宽1.2 m。桥身两侧有护栏，桥上侧有终年不息的瀑布
福元桥	位于松谷景区，又名陈公桥，芙蓉居门前。单孔石桥，桥体坚固，四季青溪贯通桥下，泉水叮咚。每逢夏季，鸟鸣蛙叫，声声入耳，给人以清静和美的遐想。桥为康熙二十六年(1686年)，太平县令陈九陛建
芙松桥	位于松谷景区，1995年建，为芙蓉岭至松谷庵的公路石拱桥。桥长84 m，宽7.5 m。桥名由我国著名的油画家罗工柳题
翡翠桥	位于松谷景区，1995年建，为芙蓉岭至松谷庵的公路石拱桥。桥长40 m，宽7.5 m。桥名由我国著名的油画家罗工柳题
志成桥	位于松谷景区、松谷庵前。民国十一年(1922年)，由谭芝屏出资千元，僧兴元监造。因谭芝屏笃信佛教，有济人成佛之志，遂名为志成桥。后遭毁坏，1998年修复，石砌三墩双孔平桥，桥长20 m，宽1.4 m

续 表

桥 梁	简 况
缘成桥	位于松谷景区、松谷庵上行500 m处的丹霞溪上。民国十一年(1992年),黟县人汪蟾清捐筑,李法周监造。石砌单孔桥,桥长5 m,宽2 m
绿柳桥	位于景区北部罗村的村口,建于唐朝,是黄山有文字记载的最早的一座桥梁。石质拱桥,桥长8 m,宽3 m。桥头曾有一座"问余"亭,现已湮灭。亭取李白"问余何事栖碧山"诗前两个字。亭柱的楹联上为"绿柳桥边山境",下为"青莲马上诗机"。意思是说有那么一年,这碧山上秋天的红叶曾点燃起李白的创作激情
麟趾桥	位于景区北部的福固寺,为宋代侍郎吕溱所建。拱形石古桥,又称吕公桥、状元桥。吕溱,宋朝歙岩寺人,字济叔,号麟趾。生卒年不详。宋仁宗宝元元年(1038年)戊寅科状元,官至枢密直学士,朝廷追赠礼部侍郎衔
送子桥	位于景区北部的福固寺,民国二年(1913年),由僧能学募建完工。拱形石古桥,又名重兴桥。去神仙洞盘道经过此桥

资料来源:黄山风景区管理委员会,2008

6. 台

台,《说文》中解释为"观四方而高者"。黄山凡景观比较集中的地方,大多建设有台。黄山的台建设历史比较早,数量很多,六大景区均有分布,并且在逐步完善和增加(表4-20)(黄山风景区管理委员会,2008)。

表4-20 黄山风景名胜区台

台	简 况
琴台	一在始信峰顶,一在丞相源龙凤庵。皆清乾隆末年名士江丽田弹琴之所
立雪台	在文殊院右,台畔有石如鹤。此台命名系由"慧可立雪求道"的典故而来。立台上,近观松石如画,远望莲花、炼丹、光明诸峰高耸入云。台东面岩壁上,刻有"佛"字,字径约1 m,为徐雁影所题。现台旁建有玉屏精舍,接待游客住宿
散花坞观景台	台在北海散花精舍门前,1979年建成。高2 m,直径3 m。台前是散花坞,"梦笔生花"、笔架峰、骆驼石、飞来钟等奇松怪石错列其间。台对面是上升峰,右可观望始信峰,左可观望狮子峰
清凉台	原名诵法台,又名法台石,在狮子峰腰。该台方正平削,三面临空。1954年就原址整修,以水泥围杆加固,宽2 m,长5 m,可供数十人凭栏远眺。台右侧石壁间有扇子松。清凉台被称为北海景区窗,不仅可看"猪八戒吃西瓜"、"十八罗汉朝南海"等奇观,而且也是观日出、云海的理想之地
望仙台	在狮子峰清凉顶后岗上,登台远望,黄山北麓田野,尽收眼底。台后有小路通狮子峰顶
郑公钓台	又名郑公钓矶。从小补桥头沿桃花溪上行几十米,有巨石矗立溪畔,中有青石桥可通。郑公即郑玉,元代著名学者。他在元至正年间隐居祥符寺读书时,常在此垂钓,故名
炼丹台	在炼丹峰上。相传浮丘公曾助黄帝在此炼丹,故名。炼丹台是黄山最高的观景平台,台石呈紫色,平敞旷衍如坪,面积约200 m^2。台上有丹池,台下有炼丹源。对面为晒药台,右侧深壑为炼丹源,台前小峰名紫玉屏。明汪鋐有《登炼丹台》诗:"帝子乘云游帝乡,丹峰空见树苍苍。鼎湖望绝龙髯后,始信神仙亦渺茫"

续 表

台	简 况
文殊台	在玉屏楼前，中间平坦，左右凸起。传明僧普门梦文殊现身，乃端坐石台，后至此处，见台上有趾跌坐迹，正与梦境相符，故名文殊台，又名梦像台。台前空旷，站立台上，可远眺天都、耕云、莲花、莲蕊、圣泉诸峰，前海风光尽收眼底
钓月台	在云谷寺景区龙凤庵旧址边，距云谷寺约1 km处。竹林溪畔有巨石，其形若台。古有一僧，每当月明星稀之夜，月映溪中，便坐在台上钓月自娱，故名。台侧刻有"月岩读书处"五字，已模糊难辨。相传南宋丞相程元凤青少年时，曾在此发奋读书。台上还横一巨石，下面形成洞穴，洞上刻有"梅屋"二字

资料来源：黄山风景区管理委员会，2008

7. 蹬道

黄山蹬道建设历史久远，遍及整个景区。形式有用石块垒的，有直接在岩石上开凿的，很多至今仍保存完好。1949年后，在全面整修的基础上，又陆续新建了一些蹬道。特别是20世纪90年代中期以来，加大了景区道路的改造和升级，注重道路的建设和环境相协调，极富欣赏价值，有些路段并被游人冠以美妙名称，如"龙蟠坡"、"一线天"、"鲫鱼背"等，这又使黄山蹬道具有很高的文化价值，故有黄山的"第六绝"之称(表4-21)(黄山风景区管理委员会，2008)。

表4-21 黄山风景名胜区蹬道

蹬 道	简 况
罗汉级古蹬道	位于温泉景区的紫石峰和朱砂峰之间的巨大岩壁上，直接在陡壁上凿有梯道，约五百级，古人即由此登山，十分艰险，喻为罗汉登天，故名罗汉级。黄山著名的"人"字瀑景观就在这块岩壁上
丞相源古蹬道	位于云谷景区的丞相源，百余级，宽两米余。蹬道蜿蜒如龙，游卧于翠竹石刻之间，极富动感和美感
小岭脚古蹬道	位于钓桥景区，是早期西大门进入黄山的道路，全长约2 km
神仙洞古蹬道	位于景区的福固寺，蹬道直达轩辕峰顶神仙洞，长约5 km，始建于唐代，是黄山最早的登山古道之一
天都"天梯"	位于天都峰的西侧，唐代诗僧岛云曾沿此路线攀登至峰巅，明代徐霞客亦曾循此线而达绝顶。蹬道开凿于民国中期，长约1 km，宽约1 m，直上直下，若天梯悬挂，故名。因其形又如龙之脊梁，又名"青龙脊"
立马桥古蹬道	位于立马桥西、朱砂峰东麓，建于明万历年间。蹬道长约200 m，宽仅尺余
西海大峡谷栈道	位于景区的西海大峡谷，其形如龙蛇，出入天地。栈道以点连线，以线连面，巧若天工，深深地镶嵌在黄山的风景中
一线天	石峡名。位于黄山玉屏峰东南，峡两侧悬崖峭壁，形如长巷。蹬道从谷底穿过，仅容一人行。仰望高空，蓝天一线，故名
百步云梯	蹬道名。位于黄山莲花峰西壁。莲花峰脚向下，在近80°的陡峭峰壁上，开凿台阶百余级，下临深渊，宛如挂靠在悬崖上的长梯，常有云雾缭绕，十分险要，故名

续 表

蹬 道	简 况
莲花新道	从莲花峰脚沿峰壁直上，穿孔而出，共过四洞，始达峰顶。新道长 490 m，宽 1.2～1.6 m，高差 155 m。蹬道石阶多在峰壁凿石而成
天都新道	从半山寺上行，老人峰对面，沿天都峰腰至天都峰顶。蹬道穿“三姑洞”和“通天线”，沿峭壁危岩，时隐时现。是登天都峰的两条游览步道之一。该路由黄山管理局园林处组织勘测，浙江温岭朱士连施工队施工。1982 年 10 月动工，1984 年 7 月 1 日剪彩通行。路长 1 050 m，高差 420 m，宽 0.5～1 m。沿途设有石栏，开挖石槽步梯，人行其中，险而不威。天都新道的开辟，不仅结束了自古天都一条道的历史，而且还新增加了 30 多处景点

资料来源：黄山风景区管理委员会，2008

8. *摩崖石刻*

黄山现在历代摩崖石刻约 300 外，其中碑刻四十余处。散见于历代文献，但经岁月流逝已不复存在的有三十余处。这些石刻，大多刻于风景奇特的峭壁上，全山各景点和蹬道两侧皆有分布，与游览路线紧密结合，便于游人观赏（表 4－22）（黄山风景区管理委员会，2008）。

表 4－22 黄山部分摩崖石刻

摩崖石刻	简 况
石 舫	刻于温泉大酒店下靠近汤泉溪的一块巨石上
天下名泉	刻于温泉石壁，落款：“皇明万历癸未（1583 年）春正月望，郡人程师周、戴国辅、戴国良、戴麟绂仝题”。字径约 0.5 m，楷书，笔力遒劲
汪鋐等题名	刻于温泉石壁。全文为：“皇明嘉靖丙申（1536 年）五月朔，太子太保吏部尚书汪鋐，同徽州知府冯世雍、弟太仆卿汪玄锡、乡友参政郑佐、参议方纪达、主事黄训来游，随处赋诗，爰刻石以纪岁月云。三石冯世雍。”冯世雍，字三石，江夏人，进士，明嘉靖十四年（1535 年）任徽州府知府
大好河山	刻于温泉之西崖壁，字径 2 m，参以汉简和魏碑笔意，风格朴实清秀。落款：中华民国念八年（1939 年）春唐式遵题。唐式遵，国民党将领
醉石	刻于鸣弦泉上侧一巨石上。明嘉靖二十年（1541 年）罗章渊等题。“醉石”二字下，有罗章渊、王演等题名。共 18 行，每行 4 字，末行 3 字
鸣弦泉	刻于鸣弦泉石壁，字径 60 cm，行书。据民国《黄山指南》，3 字为唐代诗人李白手迹
高山流水	刻于鸣弦泉西石壁上，字下题名：“许子汉卿偕室许孙绮卿、社友郑诵先、蔡楚昂、钱翼如游黄山。民国二十五年五月十有七日（1936 年 5 月 17 日），许汉卿题记。导游汪崇治，刻石韩历山”
试剑石	刻于试剑石上，字体约 50 cm，篆书，为明代左司马汪道昆所书
汤岭关	刻于汤岭关额两侧。落款为：“咸丰己未（1859 年）孟冬月，泾阳张芾立，华桐王桐监造。”此关系陕西泾阳人张芾在皖南督办团练时，为与太平军作战而建
黄山白云庵	刻于钓桥庵前路边石上。为“明万历十三年（1585 年）孟夏月造”，其余文字模糊不可辨别
锦绣河山	刻于慈光阁左侧崖壁。赵朴初题

续　表

摩崖石刻	简　　况
不可思议	刻于慈光阁左侧崖壁。刘海粟题
张大千诗碑	刻于慈光阁碑廊。内容为："海风吹雨复吹烟，时有幽香散半天。最是散花人去后，峰巅留得采莲船。"下署：《黄山记游》之一，蜀人张大千
黄山风景好	碑刻，刻于慈光阁碑廊。落款：胡志明，一九六五年。胡志明，越南人民领袖。1965 年 5 月 6 日，由国家副主席董必武陪同来黄山休养 19 天
黄山奇观	碑刻，刻于慈光阁碑廊。署：可染题。可染，即李可染
黄宾虹诗碑	刻于慈光阁碑廊。内容为："嵌空石隙明，盘亘挂层级。年年洞口云，永护苍龙蛰。"署：黄宾虹印。黄宾虹，安徽歙县人，著名画家
黄海仙都	碑刻，刻于慈光阁碑廊。清康熙帝御题，曾悬于慈光寺佛殿，后毁。现碑为依《黄山指南》所刻
立马空东海 登高望太平	刻于青鸾峰(立马峰)悬崖上。字径 6 m，"平"字一竖长 9.4 m。落款：民廿八年(1939 年)，西蜀唐式遵。由当时的第三战区副司令长官、第二十三集团军总司令唐式遵，招募黄山石工宣庆发、朱为玉、朱立宗、胡义和、戴玉松等人刻成。工人用竹篓、篾缆等原始工具，自峰顶坠下，冒生命危险，艰难钻凿，费时半年才完工
天都峰 防火戒碑	在天都峰脚，黄山管理局 1986 年冬立。碑文为："1972 年 12 月 8 日中午，游人王某登天都峰，扔烟蒂于崖下，燃着枯草，酿成大火。周围千余军民，奋力扑救达 14 h。山火无情，四千余株黄山松、四百余亩杜鹃等名贵花木毁于一旦。肇事者虽被绳之以法，但雄伟壮丽的天都峰却留下了难以补救的伤痕，为广大中外游人所痛惜。前辙后鉴，特立此碑。凡登山者必须引以为戒"
风景如画	1963 年，全国人民代表大会委员长朱德，在北京观赏黄山风景摄影展览后题此四字，行书。1978 年，黄山管理处刻于玉屏峰石壁上，字径一米余
一览众山小	刻于玉屏峰狮石上。落款：乙亥仲秋林张寅书
烟云万状	刻于玉屏峰狮石上，徐厚庵题
岱宗逊色	刻于玉屏峰象石上
奇观	刻于玉屏峰象石上
佛	字大一米余，刻于玉屏峰立雪台东面岩壁。落款为"徐雁影题"
云海奇观	刻于玉屏峰上。落款为："辛未九秋，蜀人张善孖与弟大千。"为民国二十年(1931 年)张大千和其兄张善孖游山题刻
江山如此 多娇	按毛泽东诗词墨迹刻于玉屏峰石壁上。字大约 2 m，1978 年黄山管理处刻
登峰造极	位于天都峰绝顶。碑有小记，因游人刻划，已模糊不清，极难辨认
阿弥陀佛	刻于莲花峰绝顶
嬉云	刻于莲花峰绝顶
天海佛像	刻于天海招待所(天海庵旧址)后侧山冈石壁。佛像高约 4 m，宽约 1.5 m，为花岗岩壁浮雕。佛像面相圆满，眉浓目张，狮鼻阔口，两耳垂肩，法相庄严。据明王之杰《游黄山前记》记载："谒天海庵，庵后石壁，新镌一佛……"。王氏此次游山，时在万历"丙午春"，据此初步断定，佛像刻于明代万历三十四年(1606 年)以前
大块文章	刻于鳌鱼峰上，字径约 70 cm。落款："丁丑(1937 年)夏日，邹鲁题。"据黄山石工吴玉刚口述，4 字由吴刻成

续 表

摩崖石刻	简　　况
卧石披云	刻于白云新道约1.5 km处悬崖上。落款为:“癸酉(1993年)秋,菽原江兆申书。”江兆申(1925~1996年),字菽原,台湾书法家、画家,出生于安徽歙县
百步云梯	刻于莲花峰下“龟蛇守云梯”路边岩壁上
憩	刻于云谷山庄门前巨石上。落款:丁丑(1997年)仲月饭牛题。饭牛,当代画家田原笔名
词客留吟	刻于云谷寺溪边石上,署“传声题”。传声,即俞传声,浙江桐乡人,乾隆四十年(1775年)任黄山巡检司巡检
通幽	刻于云谷寺下方道边石上,笔力遒劲。落款“徐士业”。徐士业,安徽歙县人,乾隆时著名盐商
醉吟	刻于云谷寺下方道边石上。据方大治《游黄山记》载,为明隆庆年间(1567~1572年)吴子荆题
千古	刻于云谷寺下方道边石上,隶书。署“雷平”。雷平,湖南澧州(今澧县)人,乾隆二十六年(1761年)任黄山巡检司巡检
画境	刻于飞来石上,字径约1 m。落款:己卯(1939年)仲秋陈斯白题。陈斯白,《新镇江周报》创始人之一
始信峰	刻于始信峰上,隶书。署:黄习远题。明万历四十一年(1613年)黄习远题,孙湛书。黄习远,字伯传,吴县人,翰林
气象万千	刻于清凉台旁岩壁上
排云亭	排云亭亭额。署款:庚辰(1940年)十月建,龙游余绍宋题。余绍宋,号越园,浙江龙游人,工书画。曾任民国司法次长
听涛观瀑	刻于松谷庵溪中巨石上,邹鲁题
竹径	刻于芙蓉居至松庵路旁石上
乌龙潭石刻像	刻于乌龙潭石壁上,左右刻有对联:“泉声咽危石,日色冷青松。”署款:“万历庚申年(1620年),谭菊芳立”
翡翠池	刻于翡翠池旁石壁上,署:乙亥年(1935年)季夏,萧昌明书,随行者乐鹄亭、佘子缄、崔松谷题。萧昌明,四川乐至县人,民国时在黄山创立“天德圣德”
佛	草书,字径3 m左右,刻于翡翠池上方石壁上
寿	字径约2 m,刻于翡翠池边岩壁。旁有一联:“普慈莲花大生大化,黄山妙果寿世寿人”
浮雕石刻神像	共有三尊,位于黄山北大门松谷景区,洋湖矼防火瞭望哨至大洋湖右侧山凹密林中,距大洋湖约1.5 km。三尊神像坐北面南,刻于一块高宽各5 m的花岗岩孤石上,并列端坐于莲台,中间神像大而处于尊位,两侧神像稍小呈拱卫之势。左右两神像下方分别镌有“随圣土地”、“侍从明神”字样。左侧刻有竖排四行二十八字楷书款记,字迹模糊。从可辩之数字推测,应刻于元至正八年,即公元1348年
爱	刻于翡翠谷中河边石壁

资料来源:黄山志编纂委员会,2010

9. 建筑与设施景观

(1) 黄山地质博物馆

黄山地质博物馆是遵照联合国教育、科学及文化组织开展世界地质公园中期评估要求完善的世界地质公园展示设施，是地质公园区别于一般公园的重要标志。建立地质博物馆，是为了向游人充分展示区域地质地貌的形成演化历史，增强游客地质遗迹保护的意识。

黄山世界地质博物馆(黄山云谷游客中心)建设是黄山管委会依据《黄山风景名胜区总体规划》和《黄山风景区云谷景区详细规划》开展的云谷景区环境综合整治的重要组成内容。

该项目建筑面积为 1 400 m^2，设计为二层框架结构，设置 4D 影视厅。内部的功能由游人中心、序厅、地球厅、宇宙厅、生物厅、时光隧道、地质演化厅、黄山文化厅、徽文化长廊和 4D 影院等部分组成。2009 年 5 月 1 日正式面向游客免费开放。

序厅由前言和电子沙盘、无缝拼接液晶显示屏组成。介绍了黄山世界地质公园特殊的科学意义、稀有的自然属性、优雅的美学观赏价值以及黄山世界地质公园所取得的主要荣誉。

宇宙厅通过活泼生动的展板、形象逼真的模型、大量的实物标本、地球内投球等，有助于了解地球及相关的宇宙知识。

生物厅通过栩栩如生的动植物图片、触摸屏植物拼图和听音辨鸟等互动游戏，展现了黄山有代表性的生物资源。

黄山地质演化时空隧道集中布置了多台电子演示系统、电子互动系统等多媒体装置，配合形式新颖的展板，直观生动地演示了黄山地区 10 亿年来的海陆变迁史、黄山花岗岩的形成过程和黄山如诗如画的地貌景观的形成过程。带领游客走进地质历史时期的黄山，感受黄山 10 亿年的历程。

地貌厅通过大量的图片和模型，介绍黄山花岗岩峰林地貌和黄山冰川的基本知识。

文化长廊主要介绍了底蕴深厚的黄山文化遗产资源以及源远流长的徽州文化、黄山的摩崖石刻和黄山画派。

地质博物馆同时介绍了中外研究黄山地学的历史人物，李希霍芬(Richthofen)、威斯曼(Wissmann)、徐霞客和李四光。地质博物馆还设置了 4D 影院和服务厅。

2008 年 11 月，联合国教育、科学及文化组织专家尼克拉斯欣然为博物馆题词："黄山地质博物馆完美地展示了黄山地质奇观的形成过程，是普及黄山独特的自然和人文景观的绝佳典范。"

2010 年 3 月，世界旅游及旅行理事会(World Travel and Tourism Council，WTTC)可持续发展研究专家理查德·韦斯考察黄山地质博物馆，并题词："黄山地质博物馆在普及地质科普知识方面做到了老少皆宜、寓教于乐，是同类博物馆的典范。我很高兴来这里参观！"

(2) 黄山气象站

黄山气象站位于光明顶，隶属黄山气象管理处，是华东地区有人工作和生活的海拔最高的气象站。1955 年为满足军事、经济等方面的需要，安徽省人民政府指示省气象局和黄山管理局在黄山光明顶(海拔 1 840 m)组建气象站，于 1956 年 1 月 1 日 0 时正式开始每天 7 次的定时观测和发报，进入亚洲交换网。1985 年，国家气象局在黄山光明顶建立我国第一部 714 天气雷达站，1986 年 10 月竣工。经半年调试运行，于 1987 年 6 月投入业务运营。1980 年起，在安徽省气象局和黄山管理局的支持下，兴办“黄山光明顶招待所”，接待来光明顶出差的工作人员及部分游客。1986 年 10 月，安徽省气象局批准成立了黄山气象管理处，下属太平县气象站(1988 年 5 月划归徽州地区气象局)、黄山气象站、黄山 714 雷达站、人秘科、黄山光明顶招待所。主要工作包括六大方面，即重大接待气象保障服务、防汛抗洪气象服务、森林防火气象服务、旅游气象服务、防雷安全检测服务、人工影响天气服务，并建立了黄山风景区雷电监测预警防范系统、黄山风景区人工影响天气基地建设。

黄山气象站的工作任务主要有地面观测、特种观测业务(酸雨)、气象科技服务以及防雷减灾、人工影响天气、大气成分观测、闪电定位观测和大气电场观测等。

发报任务主要有八次定时天气报、不定时重要天气报、气象旬月报、预约台风加密报、24 小时航危报。传输方式为宽带网(100 M 光纤)、电话。观测方式为人工、有线遥测(自动观测)。人工观测项目有云、能、天、定时降水、日照、小型蒸发、雪深、电线积冰。自动观测项目有气温、湿度、气压、自记降水、风向风速等。

黄山气象站，2007 年 1 月 1 日列为“黄山国家气象观测一级站”，承担全球资料交换任务，是国家天气气候站网中的主体站。为满足黄山旅游服务的需要，2004 年在黄山风景区建立了四要素自动观测网，目前拥有四要素自动气象站五个，六要素自动气象站一个。

1956 年 10 月，刘伯承元帅视察黄山气象站，与职工合影留念。1964 年 5 月郭沫若来到光明顶与全体同志合影留念，并题写了站名“黄山气象站”。1979 年 7 月 13 日邓小平同志在时任中共安徽省委书记万里的陪同下，来到光明顶，接见气象站全体同志并合影留念。

三、黄山风景名胜区旅游发展

黄山风景名胜区分为温泉、云谷、松谷、钓桥、玉屏、北海六大景区，以及浮溪、箬箸、洋湖、福固寺、乌泥关五大保护区。1982年被国务院批准为第一批国家重点风景名胜区，1985年入选全国十大风景名胜，1990年被联合国教育、科学及文化组织列为"世界文化与自然遗产"，2004年被列为首批世界地质公园，2007年被批准为国家首批5A级旅游区。

黄山开发建设始于唐宋，延续到20世纪早期，这个阶段与宗教密切相关，同时吸引众多文人雅士，赋诗作画，流传后世。1934年成立的黄山建设委员会，标志着政府作为主要力量参与黄山开发，期间政府等单位接待游客数占较大份额。1979年邓小平同志视察黄山，高瞻远瞩地指出："黄山是发展旅游的好地方，要有点雄心壮志，把黄山的牌子打出去。"自此，黄山旅游开始了蓬勃发展的新时期，1988年12月黄山风景名胜区管委会成立，1996年黄山旅游发展股份有限公司成立。

(一) 旅游人数增长情况

黄山作为世界自然和文化遗产在国内外享有盛誉，具有很强的旅游吸引力，自1979年开放以来，旅游需求不断增长。游客人数由1979年的10.4万人次增加到2010年的251.83万人次(黄山市统计局，2013)，进入21世纪以来，海外游客接待人次持续增长，旅游市场日趋成熟(表4-6，图4-7)。

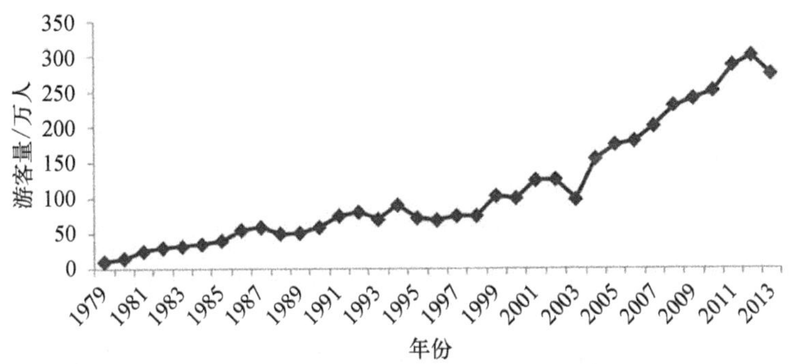

图4-6 1979～2013年黄山风景名胜区游客量增长曲线

资料来源：黄山市统计年鉴

黄山作为世界级旅游目的地，在促进自身旅游发展的同时，通过客流扩散、线路整合等带动了周边城镇的旅游发展。如图4-8所示，1995年黄山风景区接待游客83.1万人次，占黄山市游客总数的30.9%，在黄山市旅游业中占有较大比重，对黄山市的旅游发展起到了重要的促进作用，极大地提高了旅游业的整体发展水平。从图中可以看出，随着黄山市旅游业的逐渐发展，黄山风景名胜区游客数在黄山市所占比重逐渐下降，即使如此，2010年黄山风景名胜区游客人数仍占到黄山市游

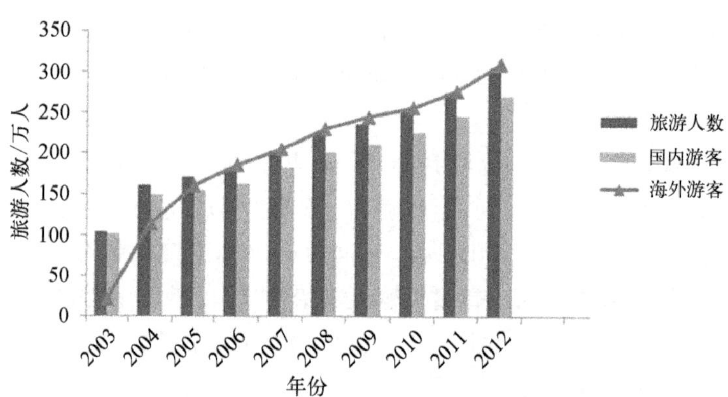

图 4-7　2003～2012 年黄山风景名胜区旅游人数年际变化

资料来源：黄山市统计年鉴

客总数的 10%，黄山风景名胜区在黄山区域旅游发展中占有重要地位，对区域旅游业的发展具有重要影响。

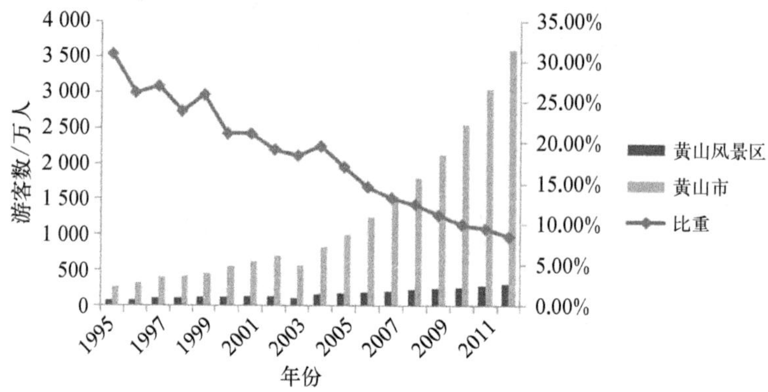

图 4-8　黄山风景名胜区游客人数占黄山市比重的年际变化

资料来源：黄山市统计年鉴

（二）旅游收入增长情况

图 4-9 和图 4-10 反映，除 1998 年受亚洲金融风暴和全国特大洪涝的影响，2003 年受"非典"的影响外，黄山风景名胜区旅游总收入和外汇收入逐年递增。到 2012 年，实现全年旅游总收入 303.0 亿元，增长了 20.7%，其中国际旅游创汇 4.82 亿美元，增长了 25.2%。

游客消费水平与旅游消费结构关系密切。旅游消费结构大致可分为辅助性消

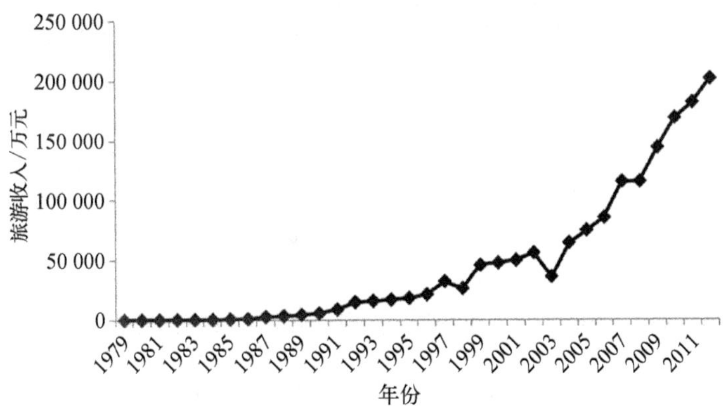

图 4-9　1979～2012 年黄山风景名胜区旅游总收入

资料来源：黄山市统计年鉴

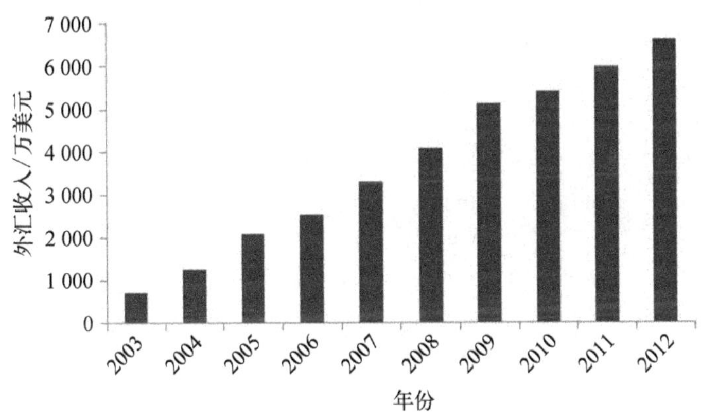

图 4-10　2003～2012 年黄山风景名胜区旅游外汇收入

资料来源：黄山市统计年鉴

费和游娱性消费两类。前者指旅游开始前准备阶段的消费和旅游过程中住宿、餐饮等方面的消费，是伴随着游客欲达到旅游目的而进行的消费，弹性小。后者指游览、娱乐和商业等方面的消费，是直接满足游客旅游目的的消费，弹性大、潜力大。一般说来，游娱性消费所占比重大，则经济效益高。从表 4-23 可以看出，黄山风景名胜区游娱性消费比重逐渐上升，目前收入结构中游览设施消费所占比重较大，其次为住宿设施和餐饮设施。黄山 1980 年辅助性消费所占比重达 59.73%，游娱性消费比重达 40.27%。到 2012 年辅助性消费所占比重降到 20.86%，而游娱性消费比重上升到 47.62%。

表 4-23 1980～2010 年黄山风景名胜区旅游收入结构（单位：万元）

年份		总计	游览设施	住宿设施	娱乐设施	餐饮设施	商业设施
1980	收入	195.2	58.2	64.3		52.3	20.4
	结构	100%	29.82%	32.94%		26.79%	10.45%
1985	收入	1 247.1	322.8	347.8		289.6	286.9
	结构	100%	25.88%	27.89%		23.22%	23.01%
1990	收入	4 962	1 811	1 397	246	983	525
	结构	100%	36.50%	28.15%	4.96%	19.81%	10.58%
1995	收入	18 382	10 140	5 248	93	2 524	377
	结构	100%	55.16%	28.55%	0.51%	13.73%	2.05%
1996	收入	21 243.8	10 362.5	6 741.1	108.6	3 596.7	434.9
	结构	100%	48.78%	31.73%	0.51%	16.93%	2.05%
1997	收入	32 257.9	13 548.8	11 834.6		6 269.8	604.7
	结构	100%	42.00%	36.69%		19.44%	1.87%
1998	收入	26 362	15 121	7 632		3 567	42
	结构	100%	57.36%	28.95%		13.53%	0.16%
1999	收入	46 058	17 132	9 936		3 786	44
	结构	100%	37.20%	21.57%		8.22%	0.10%
2000	收入	47 881	18 040	9 655		4 004	182
	结构	100%	37.68%	20.16%		8.36%	0.38%
2001	收入	50 101	10 103	8 627		3 898	184
	结构	100%	20.17%	17.22%		7.78%	0.37%
2002	收入	56 315	14 965	8 943		4 073	214
	结构	100%	26.57%	15.88%		7.23%	0.38%
2003	收入	36 121	18 103	7 211		4 276	240
	结构	100%	50.12%	19.96%		11.84%	0.66%
2004	收入	58 416	32 761	12 603	241	7 251	340
	结构	100%	56.08%	21.57%	0.41%	12.41%	0.58%
2005	收入	75 017	41 505	14 517	334	7 427	500
	结构	100%	55.33%	19.35%	0.45%	9.90%	0.67%
2006	收入	85 600	49 515	15 943	422	9 120	633
	结构	100%	57.84%	18.63%	0.49%	10.65%	0.74%
2007	收入	115 600	61 035	17 282	624	9 505	822
	结构	100%	52.80%	14.95%	0.54%	8.22%	0.71%
2008	收入	131 474	64 683	17 925	657	10 430	1 160
	结构	100%	49.20%	13.63%	0.50%	7.93%	0.88%
2009	收入	144 024	66 899	16 909	609	10 468	914
	结构	100%	46.45%	11.74%	0.42%	7.27%	0.63%

续　表

年　份		总　计	游览设施	住宿设施	娱乐设施	餐饮设施	商业设施
2010	收入	168 945	78 812	19 832	524	14 580	785
	结构	100%	46.65%	11.74%	0.31%	8.63%	0.46%
2011	收入	181 942	90 200	21 688	502	16 722	753
	结构	100%	49.58%	11.92%	0.28%	9.19%	0.41%
2012	收入	201 760	94 834	24 450	505	17 643	742
	结构	100%	47.00%	12.12%	0.25%	8.74%	0.37%

资料来源：安徽省统计年鉴

(三) 旅游客源市场

1. 入境旅游客源市场结构及旅游者人数

黄山风景名胜区入境旅游市场包括外国人、港澳台同胞和华侨。黄山入境旅游市场近年来发展很快。1990 年代初，港澳台市场是黄山主要的入境旅游市场，1990 年港澳台入境旅游者人数占当年入境总人数的 80.7%，而外国人只占到 19%，华侨所占比例一直较低。1990 年代中期以后，入境外国旅游市场比例直线上升，1997 年外国人占总入境市场的 36%，2010 年外国人占总入境市场的 57.2%，随着外国旅游人数的不断增加，黄山国外旅游市场已经成为黄山主要的入境旅游市场(图 4－11 和表 4－24)。

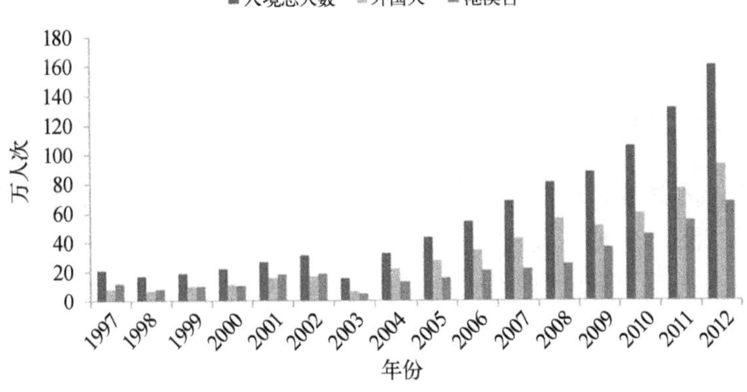

图 4－11　1997～2012 年黄山风景名胜区接待入境旅游者人数

资料来源：黄山市统计年鉴

按空间距离，可以把黄山入境旅游市场划分为远程市场、中程市场和近程市场，前者主要指洲际市场，如欧洲市场、北美市场等；中者则指东南亚市场、东亚市场等，再加上近程的港澳台市场。20 世纪 90 年代，入境客源市场中，日本、美国一

表 4-24 2003～2010 年黄山风景名胜区主要入境客源国游客人次

国 家	2003 年	2004 年	2005 年	2006 年	2007 年	2008 年	2009 年	2010 年
新加坡	5 922	14 140	9 617	10 274	12 646	12 797	16 138	21 299
日 本	11 043	36 219	19 397	32 801	41 732	41 280	41 547	44 073
韩 国	10 992	36 144	168 452	201 104	294 177	357 777	274 071	310 017
美 国	5 372	27 901	21 049	27 191	36 485	40 040	45 672	51 814
英 国	1 064	3 006	1 694	2 777	3 706	8 321	11 917	14 462
德 国	928	5 375	3 601	4 507	6 357	7 086	11 075	13 510
法 国	1 033	8 042	7 556	7 993	11 628	14 617	27 124	33 935
俄罗斯	146	778	161	303	619	1 258	4 218	5 236

资料来源：黄山市统计年鉴

直占据第一、第二位。根据 2003～2010 年黄山风景名胜区接待主要入境客源国市场分析，黄山入境旅游客源市场的主体是韩国、美国和日本，尤其是以韩国、日本为代表的东亚市场在近年来发展迅速。日本一直是黄山稳定的客源市场，韩国在 2005 年首次超过日本，2010 年入境人数达到 31 万人次，成为黄山第一大海外客源国。由此可以看出，黄山入境旅游市场以日韩为主，东南亚国家，北美市场的美国，欧洲市场的法国、德国、英国等都保持稳定增长。

2. 国内旅游客源市场状况

黄山国内旅游客源市场表现出明显的区域性特点。近年来，安徽、江苏、上海、浙江、广东和北京是黄山最重要的 6 个国内客源市场，其游客量之和占黄山国内游客总量的三分之二以上。

(四) 旅游服务接待设施建设状况

黄山风景名胜区正式对外开放以来，先后新辟了天都新道、白云新道、丹霞蹬道、石笋矼磴道，完成了温泉—云谷和温泉—慈光阁的路面改造，云谷寺至白鹅岭空中索道缆车 1986 年开始运行。黄山风景名胜区旅游迅速发展的同时，相关旅游服务接待设施建设也同步发展，宾馆酒店数量已初具规模(表 4-25)，高星级酒店数量呈现逐年增长趋势(图 4-12)。近年来，黄山风景名胜区的宾馆客房数和床位数亦呈现增长趋势。黄山作为山岳型观光旅游地，自身环境承载力有限，截至 2010 年底，黄山星级宾馆数 14 个，客房数 2 728 间，床位数 5 690 张(安徽省统计局，国家统计局安徽调查总队，2013)，尚不能满足游客量的接待需求。旅游车辆的增多，其中尤以大型旅游车辆的增长为主(图 4-13)。云谷、玉屏和太平三条索道的建成，形成了景区内游览的立体交通网络，初步实现了“山上游，山下住”的旅游发展格局。

表 4-25　1978～2012 年黄山风景名胜区宾馆酒店数量

年　份	宾馆酒店/个	五星级	四星级	三星级	二星级
1978	3	—	—	—	—
1980	3	—	—	—	—
1985	4	—	—	—	—
1990	7	—	—	—	—
1995	11	—	—	4	2
1996	11	—	—	4	2
1997	11	—	—	4	2
1998	14	—	—	4	4
1999	15	—	—	5	4
2000	15	—	—	5	1
2001	15	—	—	6	5
2002	17	—	4	5	2
2003	14	—	4	5	2
2004	14	—	4	5	2
2005	14	—	6	4	2
2006	14	—	8	3	—
2007	12	—	8	3	—
2008	14	—	9	3	—
2009	14	—	8	1	—
2010	14	2	8	1	—
2011	13	2	7	—	—
2012	14	3	10	1	—

资料来源：安徽省统计年鉴

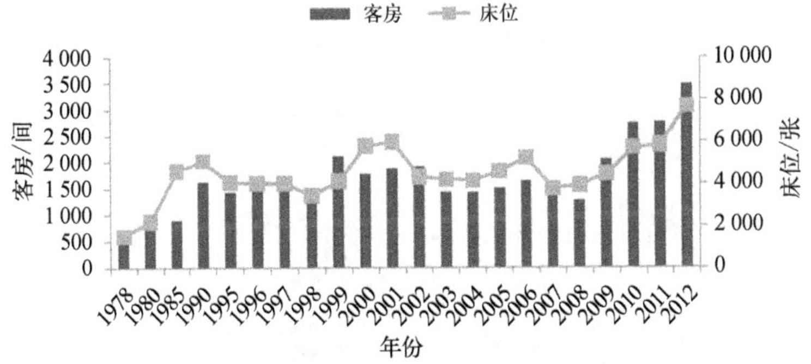

图 4-12　1978～2012 年黄山风景名胜区宾馆客房和床位数

资料来源：安徽省统计年鉴

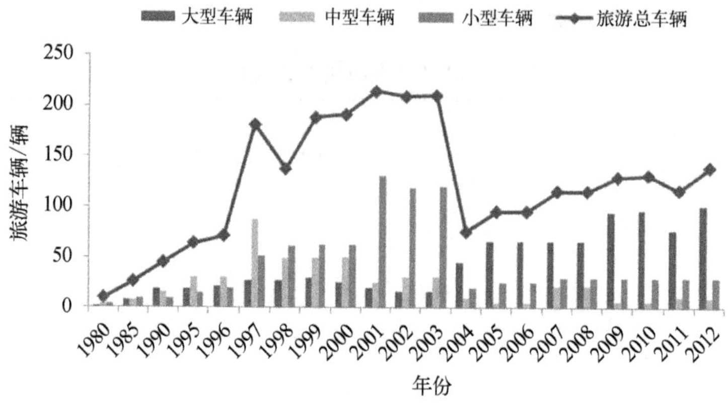

图 4-13　1980～2012 年黄山风景名胜区旅游车辆数量

资料来源：黄山市统计年鉴

（五）旅游发展政策

安徽省和黄山市在黄山的旅游发展中扮演着重要角色，做了不懈的探索和努力。改革开放以来，政府通过政策倾向和财政扶持，加强了对交通、环境保护、科技、卫生等旅游基础设施的投资，制定了一系列鼓励、促进旅游发展的政策措施(表 4-26)。

表 4-26　促进黄山风景名胜区旅游发展的部分政策

年份	地方政府	政府会议或文件	措施或目标
2000	安徽省政府	“两山一湖”(黄山、九华山、太平湖)旅游经济发展规划纲要	围绕“打好黄山牌，做好徽文章，展示佛文化”这一主题，尽快使“两山一湖”进入国际旅游著名品牌行列，以“两山一湖”带动全省旅游经济大发展的格局基本形成
2001	黄山市政府	关于促进旅游业合作发展的协议	将黄山旅游融入沪宁杭旅游经济圈，达到资源共享、相互依存、联合发展、共同繁荣、永续利用的目的
2004	黄山市政府	第二届长江三角洲旅游城市“15+1”高峰论坛	建立通畅的旅游交通系统，共享旅游信息，开放旅游市场，消除旅游服务障碍，建立旅游投诉处理一体化机制
2005	安徽省政府	关于促进“两山一湖”地区旅游产业发展若干政策	充分发挥各自的资源与区位优势，以互补、互动、互利、互赢为原则，积极协调与合作，打造国内旅游一流品牌
2005	黄山市政府	黄山市旅游经济工作座谈会	把黄山打造成全国自然景区综合竞争力最强的景区，把黄山市建成全国同类旅游城市综合竞争实力最强的城市
2006	黄山市委、市政府	关于强力推进旅游国际化迅速掀起黄山旅游发展第三次高潮的决定	全面加快黄山旅游国际化进程，力争早日把黄山风景区打造成全国综合竞争力最强的自然景区，把黄山市建设成为全国同类旅游城市综合竞争力最强的城市之一

续 表

年份	地方政府	政府会议或文件	措施或目标
2009	安徽省人民政府	设立"皖南国际旅游文化示范区"	加快建设以黄山、九华山为重点的世界级旅游胜地,扩大皖南对外开放,改善基础设施条件,提升服务水平,打造精品线路和旅游文化产品,加快推进旅游产业优化升级

资料来源:黄山市政府办公室

四、黄山风景名胜区周边城镇旅游业发展状况

(一) 汤口镇旅游业发展状况

汤口镇位于黄山区南部,黄山风景名胜区南麓,紧邻黄山风景名胜区,面积为129 km^2,人口为1.17万人,为副县级建制镇,2011年农村经济总收入为9亿元,税收收入为8 400万元,农民人均纯收入为10 500元,镇域第一、第二、第三产业结构为5∶15∶80。

汤口镇交通便利,国道G205、省道S103在此交汇,合铜黄高速公路在汤口设有出入口,历来是黄山风景名胜区客流的主要进出门户,80%左右的游客从此进入,为黄山风景名胜区的主要生活服务基地和旅游接待基地。镇内旅游资源丰富,有翡翠谷和九龙瀑两处国家4A级风景旅游区,还有黄山野生猴谷、凤凰源等景点。2011年翡翠谷景区接待游客90.9万人次、九龙瀑接待游客42.09万人次。2011年全镇接待游客320万人次,旅游总收入为7.2亿元;2012年接待游客376万人次,旅游总收入为8.6亿元。镇内旅游设施较完善,2011年有星级酒店8家(四星级3家,三星级4家,二星级1家);旅行社20家;旅游购物场所10家;娱乐场3家,旅游从业人员近9 000人。汤口镇农家乐旅游发展较快,翡翠新村已建成全国农业旅游接待示范点,近年又开发了芳村新村、天湖新村等省级农家乐旅游接待示范点,2011年农家乐接待121万人次,占总游客比例近40%。独特的区位优势和丰富的资源优势,使汤口镇几乎完全依赖于旅游业的发展,2008年90%的经济来自于旅游业,80%的劳动力从事旅游业,80%的税收收入直接出自旅游业。汤口镇是全国小城镇建设示范镇、全国环境优美镇、全国创建文明村镇工作先进村镇、2007年"中国热点旅游小镇"、安徽省最佳旅游乡镇。

(二) 甘棠镇、耿城镇旅游业发展状况

甘棠镇位于黄山区北部,黄山风景名胜区北麓,全镇面积为108 km^2,人口为

6.1万人，是黄山区的政治、经济、文化、旅游接待中心。2010年全镇经济总收入为15.6亿元，财政收入为1.01亿元，农民人均纯收入为8 338元。2012年，全镇经济总收入为21亿元，财政收入为1.8亿元，农民人均纯收入为11 530元，镇域第一、第二、第三产业结构为5.19∶53.49∶41.32。

甘棠镇区位、交通条件优越，位于黄山风景名胜区和太平湖之间，省道S103、S218、S322穿境而过，合铜黄高速公路在此设有出入口。境内有肖黄山和民间艺术馆2A级风景区两处，此外有兴村古祠、六角楼、十里山自然保护区等景点。2009年甘棠全年共接待游客125万人次，旅游总收入为8亿元。2012年有星级以上酒店6家，接待床位两千余张。依托"省农家乐旅游示范点"庄里村等地，甘棠镇发展休闲农业和农家乐旅游，2009年农家乐接待游客29万人次，总收入为866万元。为全国环境优美镇、安徽省最佳旅游乡镇。

耿城镇地处黄山北麓，北与甘棠相连，南距黄山北大门太平索道10 km，面积为85.8 km^2，人口为9 356人。2010年全镇农村经济总收入为13.4亿元，财政收入为1.17亿元，农民人均纯收入为7 966元，镇域第一、第二、第三产业结构为10∶60∶30。

耿城有国家4A级景区芙蓉谷、华东第一虎林园、飞龙瀑、金珠源等。2011年芙蓉谷接待游客62.7万人次。2010年耿城共接待游客71.8万人次，旅游直接收入为1 954.6万元。先后荣获全国环境优美乡镇、全国文明村镇、安徽省村镇建设十佳镇等称号。

甘棠镇与耿城镇位于黄山北麓太平盆地，地势相对开阔、平坦，临近高速公路，在空间上已联为一体。作为黄山北面接待基地和次入口的作用，20%左右的黄山游客从此区域进入，近年还开发了芙蓉国怡园、徽府等旅游景观房产和金溪山庄、美瑞森林故事、中彩黄山培训基地等休闲度假酒店，出现了休闲度假和景观房产等一些新的旅游业态。

（三）谭家桥镇旅游业发展状况

谭家桥镇位于黄山风景区东麓，总面积为136 km^2，人口为0.8万。2011年税收收入为3 675.2万元，农民人均纯收入为7 636元，三产结构为4∶2∶4。2012年农村经济总收入为6.3亿元，税收收入为4 708.6万元，农民人均纯收入为9 635元。

谭家桥镇地势较开阔，交通便利，205国道、103省道和合铜黄高速公路在此交汇，并为扬（扬州）绩（绩溪）高速公路与合铜黄高速公路的对接点。谭家桥有东黄山旅游度假区4A级景区1处，石门峡和普仁滩2A级旅游区两处，此外还有黄帝源、栗裕将军墓等景点。近年来出现了大东海国际旅游综合、河畔假日、黄山岭望等休闲度假和景观房产等新的旅游业态。2011年全镇旅游接待游客74万人次，旅游总收入为3.5亿元，2012旅游接待游客92万人次，旅游总收入为4.6亿元。为安徽省最佳旅游乡镇，安徽省环境优美乡镇。

(四) 焦村镇旅游业发展状况

焦村镇地处黄山西麓，面积为275 km^2，人口为16 137人。2011年农村经济总收入为2.7亿元，财政收入为1 600万元，农民人均纯收入为7 672元，三产结构为50.6∶46.5∶2.9。

焦村镇省道S218穿境而过，有翠微寺、西峰寺等景点。2011年仅非收费景点翠微寺接待游客42 700人，目前没有星级酒店，旅游接待设施相对缺乏，休闲度假和景观地产尚未形成，旅游业发展仍未起步，是黄山风景名胜区周边待开发的一片处女地。

五、旅游活动对黄山自然生态系统的负面影响研究

旅游的快速发展不可避免地给旅游地的生态环境带来了一定的负面影响，加剧了环境保护和利用的矛盾，要保证旅游的持续发展，必须在资源的保护与利用之间寻求平衡点，即旅游地生态系统在保证其健康安全情况下所能承受的最大干扰限度，而旅游干扰的生态影响效应是确定最大可接受干扰程度的重要依据，也是旅游地制定生态管理策略的重要依据。植物和土壤是旅游地生态系统的主要组成部分，对维持生态系统的平衡与稳定有重要作用，同时植物和土壤对旅游干扰反应较为敏感，旅游地植被和土壤状况的变化可以在一定程度上反映出旅游干扰的生态效应。黄山是我国著名的山岳型风景名胜区，旅游开发早、强度大，景区内植物群落和土壤分布具有明显的垂直地带性，旅游开发与植被环境在山岳风景区中具有一定的代表性。长期以来，很多学者对黄山风景名胜区植物资源和旅游资源等进行了研究，但从旅游干扰的生态影响角度进行的研究极少。巩劼等(2009)选择黄山风景名胜区这一典型区域，对旅游干扰下的植物群落及其土壤进行调查，着重分析旅游干扰对植物群落形态、结构与组成的影响以及群落土壤理化性质的变化，以利于进一步理解旅游干扰的生态影响效应与机制，并为风景区资源与环境的保护管理提供参考。

黄山风景名胜区有三条上山路线，与之对应的有三条索道。1979～2007年，平均约40%的游客从慈光阁上山，即沿温泉—慈光阁—玉屏楼—天海—西海—北海—白鹅岭—云谷寺—温泉一线游览，55%从云谷寺上山，即按上述线路反向游览。其余从北坡松谷庵上山。三条索道开通后，大部分游客经索道上山，乘索道上

山人数从1995年的61.6%增至2006年的88.9%。温泉与慈光阁之间及温泉与云谷寺之间有温慈公路及温云公路连接。慈光阁与玉屏楼,云谷寺与白鹅岭之间有步道和索道,而玉屏楼—天海—西海—北海—白鹅岭间只有步道相连(巩劼等,2009)。

(一)研究者所采用的采样方法与研究方法

1. 采样方法

旅游干扰主要来自旅游设施的建设与维护及游客的活动。一般来说,旅游干扰影响集中在游径及游客活动较多的景点附近,Andres-Abellan的研究表明,旅游影响一般呈辐射状向外扩散,在游览最多的地点,影响范围向外扩展大约20 m。黄山旅游活动以游览观光为主,游客活动主要沿游径及景点展开,主要活动范围在距游径5 m内,由于地势险峻,游客很少进入更远的地段,同时游径的存在也会给游径边缘的环境带来影响,因此旅游干扰的强度随距游径的不同而有所差异,可以通过比较距游径不同距离带上植物各项指标的差异来分析旅游干扰的影响效应。研究者选择的游径路线为温泉—云谷寺—白鹅岭—北海—光明顶—西海,该线路为黄山风景名胜区的主要游览步道,均为石阶型步道,宽1.5~2.2 m,除光明顶—西海外,该线路其他路段大约有90%以上的游客往来通过,部分游客从北海经光明顶直接至天海,而不游西海景区,因此西海一线游客量稍少。由于白鹅岭以上仅有步道,客流通过量与索道使用无关,随年客流量的增加而增加。温泉—云谷寺间的往来游客几乎全部乘汽车通过,其间步道目前极少有游客行走。云谷寺—白鹅岭步道在索道开通后,客流通过量随乘索道游客的逐渐增加而减少。索道建成前的1985年,游客总量为45.3万人,日均客流量1 241人,云谷寺—白鹅岭步道往来客流量为42.5万人,日均客流量为1 165人,三条索道建成后的1998年,总客流量为98.2万人,日均客流量为2 687人,该步道往来客流量下降到26.3万人,日均客流量为720人。2007年黄山风景区总客流量为203万人,日均客流量达5 561人;2007年10月2日当日接待游客达2.8万人次,如按10%步行上下山计算,则该步道该日客流量约2 520人。

2. 研究方法

(1) 调查方法

于2007年9月中旬采用样方法对黄山风景名胜区内的植物群落进行调查,调查主要沿温泉—云谷寺—白鹅岭—北海—光明顶—西海游览步道进行,海拔每隔100 m左右在游道一侧设置一个样地,样地面积为5 m×20 m,每个样地划分为4个5 m×5 m的样方,各样方距游径的距离分别为0 m、5 m、10 m、15 m

(按最靠近游径的一边计算),总计10个样地40个样方(表4-27)。记录样地的经纬度、海拔高度、坡度及坡向。每个样方均按乔木层、灌木层及草本层分层进行统计,记录每株乔木的名称、高度、胸径、冠幅、枝下高及乔木层的盖度和幼苗数,灌木层每株植物的名称、高度及灌木层盖度。每个样方内设置1个1 m×1 m的小样方作为草本样方,记录物种名称、高度、多度及层盖度等。在每个5 m×5 m的样方内按五点取样法取0~20 cm层土样,同时测量每个取土点枯枝落叶层的厚度(巩劼等,2009)。

表4-27 样地概况

编号	地点	植物群落类型	主要物种构成	土壤类型	经纬度	坡度	海拔/m
1	温泉	次生林	化香 *Platycarya strobilacea*,糙叶树 *Aphananthe aspera*;檵木 *Loropetalum chinense*,腊莲绣球 *Hydrangea strigosa Rehd*;美丽复叶耳蕨 *Arachniodes speciosa*,苔草 *Carex* sp.	黄红壤	30°5.765′N 118°10.763′E	19°NE52°	562
2	人字瀑	次生林	枫香 *Liquidambar formosana*,银鹊树 *Tapiscia sinensis*;苎麻 *Boehmeria nivea*,小构树 *Broussonetia kazinoki*;三脉紫菀 *Aster ageratoides*,牛膝 *Achyranthes bidentata*,荩草 *Arthraxon hispidus*	山地黄壤	30°5.944′N 118°10.496′E	W12°	692
3	温慈步道	常绿阔叶林	青栲 *Cyclobalanopsis myrsinaefolia*,石斑木 *Raphiolepis indica*,格药柃 *Eurya muricata* Dunn,马银花 *Rhododendron ovatum*;抱茎苦买菜 *Ixeris sonchifolia*,荩草 *Arthraxon hispidus*	山地黄壤	30°5.786′N 118°10.763′E	25°SE20°	728
4	云谷山庄	常绿阔叶林	甜储 *Castanopsis eyrei*,青栲;石斑木,格药柃,马银花;麦冬 *Liriope* sp.,荩草 *Arthraxon hispidus*	山地黄壤	30°7.180′N 118°11.426′E	16°SE24°	794
5	云谷步道	常绿阔叶林	青栲,格药柃,伞八仙 *Hydrangea umbellata*,马银花;山麦冬 *Liriope* sp.,堇菜 *Viola* sp.	山地黄壤	30°7.179′N 118°11.417′E	38.5° SW40°	925
6	云谷步道	常绿阔叶林	小叶青冈 *Cyclobalanopsis f. gracills*,青冈 *Cyclobalanopsis* glauca,伞八仙,山胡椒 Lindera gliauca,海金子 *Pittosporum illicioides*;禾叶山麦冬 *Liriope graminifolia*,苔草 *Carex* sp.	山地黄壤	30°7.574′N 118°10.916′E	28.5° SE60°	1 010
7	云谷步道	常绿-落叶阔叶混交林	青栲,米心水青冈 *Fagus engleriana*,灯台树 *Cornus controversa*;圆锥绣球 *Hydrangea paniculata*,伞八仙,禾叶麦冬,苔草 *Carex* sp.	暗黄棕壤	30°07.572′N 118°10.923′E	E36°	1 216

续 表

编号	地点	植物群落类型	主要物种构成	土壤类型	经纬度	坡度	海拔/m
8	云谷步道	常绿-落叶阔叶混交林	青冈，交让木 *Daphniphyllum macropodum*；华东椴 *Tilia japonica* 格药柃，马银花，山麦冬 *Liriope* sp.，苔草，堇菜 *Viola* sp.	暗黄棕壤	30°7.902′N 118°10.548′E	39.5° SW8°	1 322
9	排云亭	落叶阔叶林	黄山栎 *Quercus stewardii*，四照花 *Cornuskousa var. chinensis*，映山红，荚迷 *Viburnum* sp.；苔草，莎草，若竹 *Indocalamus longiauritus*	暗黄棕壤	30°8.499′N 118°9.442′E	15° NE41°	1 651
10	北海	落叶阔叶林	黄山栎，灯台树；伞八仙，野珠兰 *Stephanandra chinensis*，荚迷，堇菜 *Viola* spp.，大吴风草 *Farfugium japonicum*	暗黄棕壤	30°8.486′N 118°9.839′E	25.5° NW5°	1 699

资料来源：巩劼等，2009

(2) 分析方法

旅游干扰会影响植物正常的生长繁殖，对植物影响效应主要体现在植物的形态、密度、盖度及物种组成等方面。由于不同植物群落层次对干扰的抵抗力和恢复力不同，因此分别从乔木层、灌木层、草本层三个群落层次对植物所受的影响进行分析。乔木层采用各样方乔木层的平均高度、盖度、冠幅、胸径、物种数等指标；灌木层主要采用各样方的平均高度、盖度、物种数及香农指数等指标；草本层采用各样方平均高度、盖度、物种数，物种多样性指数(Shannon-Wiener 指数)H′等指标，并采用 Sørensen 相似性系数 S 比较不同干扰强度下物种组成的差别。物种多样性指数 H′和相似性系数 S 计算方法如下：

$$H' = -\sum P_i \ln(P_i)$$

式中，$P_i = n_i/N$；N 为样方草本层所有物种的个体数；n_i 为样方草本层中第 i 个物种的个体数。

$$S = 2c/(a+b)$$

式中，a、b 分别为两个样方中草本层的物种数；c 为两个样方草本层共有的物种数。

各样方土壤测定 pH 值、有机质、全 N、全 P、全 K 等指标。pH 用电位法测定，有机质用重铬酸 K 法测定，全 N 用开氏法测定，全 P 用酸溶-钼锑抗比色法测定，全 K 用氢氟酸-高氯酸消煮法测定。各项指标均用 SPSS 软件进行差异显著性检验(LSD 法)，通过多重比较分析距游径不同距离处，即不同干扰强度下各样方植物与土壤的变化情况(巩劼等,2009)。

(二) 旅游活动对黄山自然生态系统的影响分析

1. 旅游干扰对植物有明显影响

(1) 旅游干扰对乔木层的影响不大

从距游径不同距离处各样方乔木层的平均高度、盖度、密度、平均冠幅、平均胸径以及平均物种数等几项指标来看,旅游干扰对乔木层的影响不大,上述各项指标多重比较结果均显示不同距离处差异不显著。

旅游干扰对上层乔木的影响不大,但对乔木更新层的影响较为明显,由图 4-14 可看出,游径边缘幼苗数最少,随距游径距离的增加,各样地幼苗数逐渐增加,至距离 10 m 处幼苗数最多,但 15 m 处又略有降低,多重比较结果显示距离游径 0 m 处与 5 m、10 m 处差异显著($P_{0\text{-}5}=0.31$, $P_{0\text{-}10}=0.17$)。游径边缘受游客活动干扰较大,因此幼苗数有所减少,但游径的存在会改变游径附近光照、水文等环境条件,有利于幼苗的生长,因此在干扰较小的 5 m、10 m 幼苗数受影响较少而生长良好,而距游径 15 m 处虽然基本上不受旅游干扰的影响,但由于环境比较郁闭,影响了幼苗生长,从而导致幼苗数有所减少。

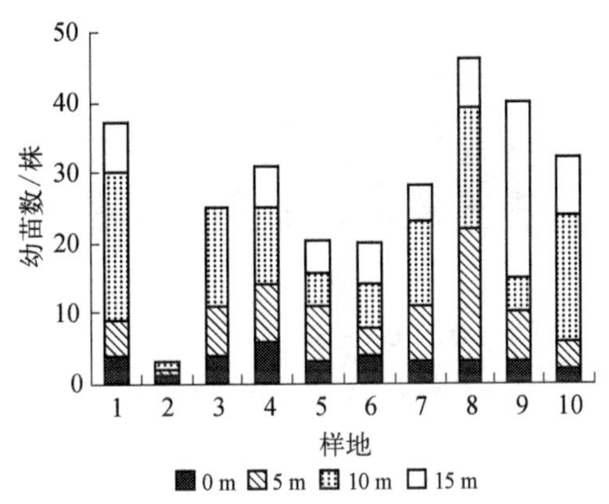

图 4-14　旅游干扰对幼苗数的影响

注：样地 5 幼苗数为实际幼苗数的 1/10

乔木的枝下高通常作为旅游影响的一个重要指标,游客偏离游径的活动及有意的折枝行为均会引起枝下高的变化。但从本次调查结果看,距游径不同距离处各样方乔木枝下高有一定变化,距游径不同距离处各样地平均枝下高分别为 3.19 m、3.14 m、3.05 m 和 2.79 m,显然游径边缘枝下高较高,而距游径 15 m 处有所下降,但多重比较结果显示不同距离处差异不显著。可见旅游干扰对乔木的枝下高影响不是太大(巩劼等,2009)。

(2) 旅游干扰对灌木层的影响不明显

从调查结果看,距游径不同距离各样方灌木层植物高度变化规律不明显,距游径 15 m 处的植物高度要高于其他距离处,但多重比较结果表明距游径不同距离处差异并不显著。

灌木层盖度变化如图 4-15 所示,随距游径距离的增加,各样地盖度大体呈增加趋势。盖度多重比较结果表明距游径不同距离处样方间有一定差异,其中 0 m

处与 5 m 处差异不显著(P=0.337),但与 10 m(P=0.014)、15 m(P=0.017)处差异显著,其他距离处差异不显著。说明游径边缘灌木层盖度受影响较大,5 m 处也受到一定影响。旅游干扰对灌木层盖度影响与游客直接践踏关系不大,但游径附近游客的采折等可能会影响到灌木层的盖度,游径附近环境条件的改变也可能是灌木层盖度变化的原因之一。

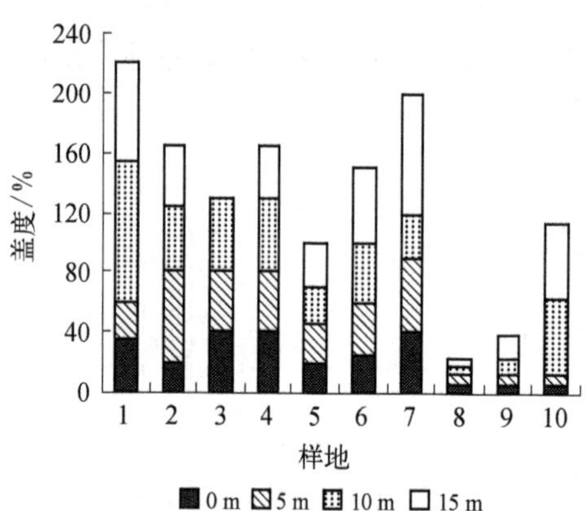

图 4-15　旅游干扰对灌木层盖度的影响

资料来源:巩劼等,2009

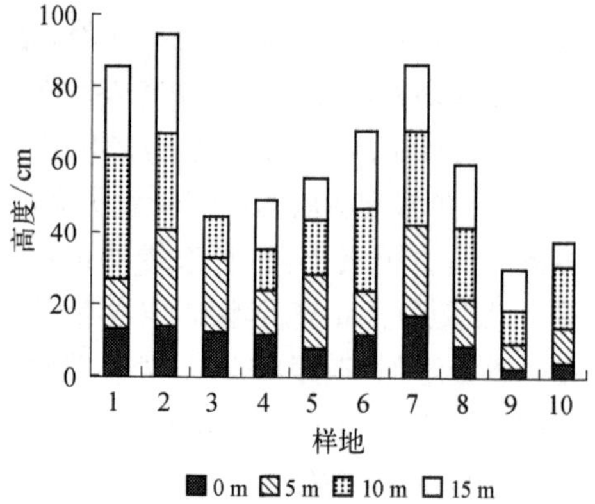

图 4-16　旅游干扰对草本层植物高度的影响

灌木层物种数随旅游干扰强度的变化表现复杂,未显示出一定的规律性,而距游径不同距离处各样方的物种数及 Shannon-Wiener 指数的多重比较结果均显示无显著差异(巩劼等,2009)。

(3) 旅游干扰对游径边缘草本层的影响显著

随距游径距离的增加,草本层高度趋于增加(图 4-16),特别是游径边缘草本层高度明显低于其他地段,对高度的多重比较结果显示不同距离处草本层高度差异显著,其中 0 m 处与 5 m(P=0.008)、10 m(P=0.000)及 15 m(P=0.002)处差异显著,其他不同距离间差异不显著。说明旅游干扰对游径边缘草本层高度的影响明显,对距游径 5 m 以外草本层高度无太大影响。游径边缘游客活动强度大,游客践踏直接影响到植物高度,此外,在旅游干扰长期存在的情况下,游径附近一些耐践踏的低矮物种会逐渐增加,并取代不耐践踏种类,这也是导致植物高度降低的原因之一。

随距游径距离的增加,一些样地的草本层盖度有所增加,但总的变化规律不显著,多重比较结果亦显示不同距离处草本层盖度差异不显著。

由图 4-17 可以看出,游径边缘草本层物种数最高,多数样地草本层物种数随距游径距离的增加呈较为明显的下降趋势,物种数多重比较结果表明距游径 0 m 处与 5 m 处物种数无显著差异,但与 10 m(P=0.025)和 15 m 处差异显著(P=

0.016)，其他距离间差异不显著。Shannon-Wiener 指数亦表现出类似的趋势(图 4-18)，距游径 0 m 及 5 m 地段 Shannon-Wiener 指数均与 15 m 处差异显著($P_{0\text{-}15}=0.046$，$P_{5\text{-}15}=0.041$)。从分析结果看，游径附近物种数变化表现出一定的中度干扰效应，在黄山风景区，游客游览观光活动主要沿游径进行，踩踏主要由石质的游径承受，游径两侧所受直接践踏强度较小，更远处由于地形险峻，环境郁闭而基本上不存在干扰，因此游径附近在一定的干扰压力下物种多样性最高，旅游干扰不仅对物种多样性有影响，对物种组成也有影响，通过比较不同距离样方间物种的相似系数可以得出：$\bar{S}_{0\text{-}15}(0.196\ 8) < \bar{S}_{5\text{-}15}(0.366\ 8) < \bar{S}_{10\text{-}15}(0.397\ 9)$，$\bar{S}_{0\text{-}10}(0.237\ 3) < \bar{S}_{5\text{-}10}(0.297\ 5)$，$\bar{S}_{0\text{-}15}(0.196\ 8) < \bar{S}_{0\text{-}5}(0.215\ 4) < \bar{S}_{0\text{-}10}(0.237\ 3)$。多重比较结果显示，$S_{0\text{-}15}$ 与 $S_{5\text{-}15}(P=0.050)$、$S_{10\text{-}15}(P=0.021)$ 间差异均显著，$S_{0\text{-}5}$ 与 $S_{10\text{-}15}(P=0.030)$ 间差异显著，说明游径边缘物种组成与其他地段物种组成差异较大。此外，随干扰强度增大，游径边缘样方物种组成的变化还表现出耐践踏禾草类植物及伴人植物增多，如荩草 *Arthraxon* spp.、麦冬(*Liriope*. spp)、莎草 *Cyperus rotundus* 等出现较多，伴人植物主要有车前 *Plantago asiatica*、鬼针草 *Bidens bipinnata*、画眉草 *Eragrostis pilosa* 及牛膝 *Achyranthes bidentate* 等，各样地距游径 0 m、5 m、10 m 及 15 m 处平均伴人植物比例分别为 24%、5%、3%和 0。这些都表明旅游干扰已对草本层物种组成产生了一定影响(巩劼等，2009)。

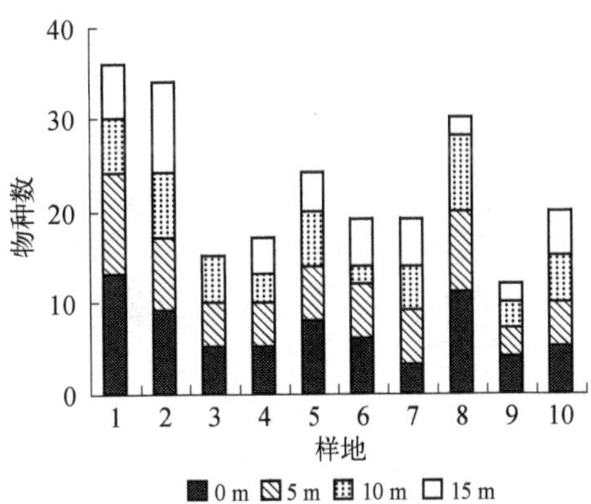

图 4-17　旅游干扰对草本层物种多样性的影响

资料来源：巩劼等，2009

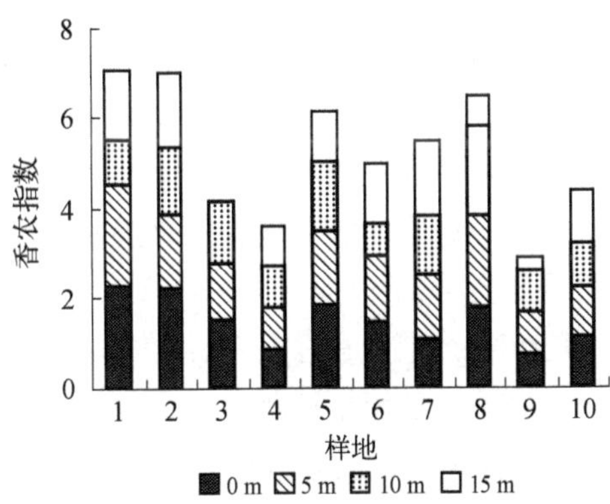

图 4-18　旅游干扰对草本层香农指数的影响

2. 旅游干扰对枯枝落叶层的影响

由图 4-19 可见，枯枝落叶层的厚度随距离游径的不同有明显差异，距游径越近，枯枝落叶层厚度越小，各样地变化趋势均明显。多重比较结果显示 0 m、5 m、

10 m、15 m 四个不同距离处之间的差异均显著（$P_{0\text{-}5}=0.002$，$P_{0\text{-}10}=0.000$，$P_{0\text{-}15}=0.000$，$P_{5\text{-}10}=0.022$，$P_{0\text{-}15}=0.000$，$P_{10\text{-}15}=0.023$）。由此可见，旅游干扰对枯枝落叶层的影响效应显著，其影响范围至少在游径边缘 15 m 以内。

枯枝落叶层对旅游干扰反应敏感，原因可能在于枯枝落叶层附于土壤表面，且结构较为松散，旅游践踏，人工清理甚至大风等环境条件等均会影响到枯枝落叶层的积累与分解过程（巩劼等，2009）。

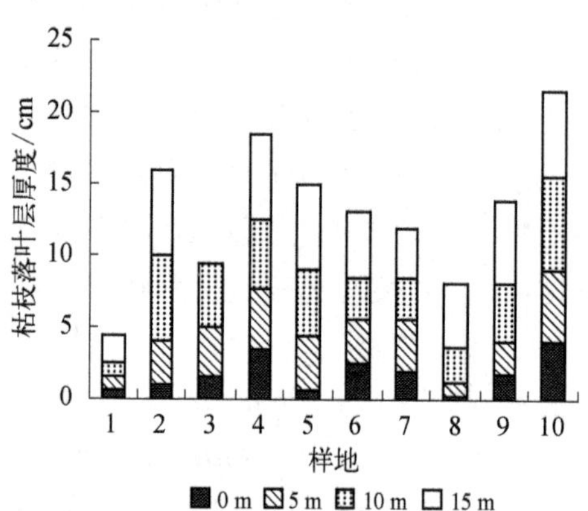

图 4－19　旅游干扰对枯枝落叶层的影响

资料来源：巩劼等，2009

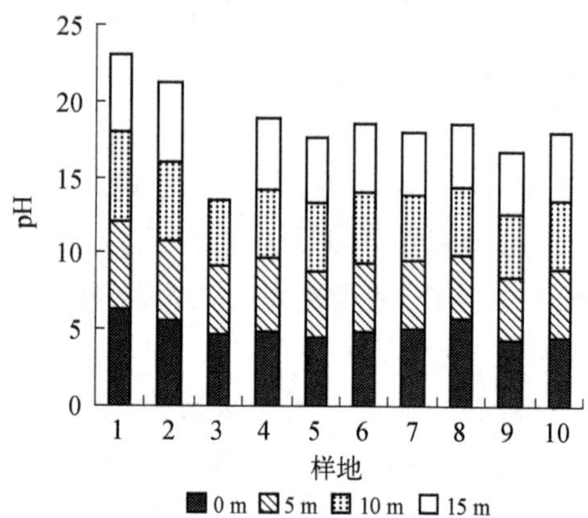

图 4－20　旅游干扰对土壤 pH 的影响

3. 旅游干扰会影响活动区植物群落土壤性质

(1) 旅游干扰会使土壤 pH 升高

随距游径距离的增加，土壤 pH 呈下降趋势（图 4－20），特别是游径边缘明显高于其他地段。多重比较结果显示，距游径 0 m 的样方与 5 m、10 m、15 m 的样方间差异显著（$P_{0\text{-}5}=0.003$，$P_{0\text{-}10}=0.001$，$P_{0\text{-}15}=0.000$）。旅游干扰使得土壤的 pH 上升，影响范围主要在距游径 5 m 以内。

旅游活动使枯枝落叶层受到破坏、土壤含水率和有机质含量下降，都会导致土壤 pH 值发生变化。此外，外源物质的渗入也会引起局部土壤性质的变化。

(2) 旅游干扰会使土壤有机质含量减少

随距游径距离的增加，有机质含量有所上升（图 4－21），多重比较结果表明，距游径 0 m 的样方与 5 m 差异不显著，但与 10 m（$P=0.009$）和 15 m 处（$P=0.005$）差异显著，其他距离间差异均不显著。旅游干扰降低了土壤有机质含量，以距游径 5 m 范围内受影响较为明显，10 m 内也有一定影响。

土壤有机质与土壤性质和植物营养关系密切，是影响土壤肥力水平的重要因素。践踏使得枯枝落叶层和腐殖质层受到破坏，同时践踏压实土壤影响植物根系生长发育，引起植物归还量减少，这些均会造成有机质含量下降。此外土壤理化性质的改变，会使一些有益于土壤的动物和微生物数量减少，也会导致局部生境内土壤有机质含量减少。

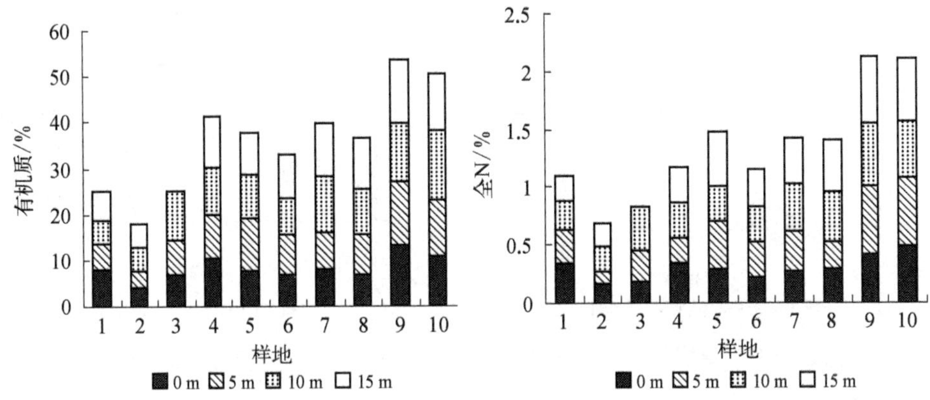

图 4－21　旅游干扰对土壤有机质含量的影响

资料来源：巩劼等，2009

图 4－22　旅游干扰对土壤全 N 含量的影响

(3) 旅游干扰对土壤主要养分含量有明显影响

1) 旅游干扰会使土壤全 N 含量降低，距游径不同距离处土壤含 N 量有一定差异(图 4－22)，样地 3、5、6、7、8、9 土壤全 N 含量表现出随距游径距离增加而增加的趋势；样地 2 与 10 变化不甚明显，距游径 15 m 处仅比 0 m 处略高一点；而样地 1 与 4 表现为随距离的增加略有下降。多重比较结果显示，距游径 0 m 处与 15 m处之间差异显著 ($P=0.013$)。总体看来，旅游干扰降低了土壤的全 N 量，以游径附近 5 m 的范围内受影响显著。

2) 旅游干扰会使土壤全 P 含量降低，由图 4－23 可见，距游径 15 m 处土壤全 P 含量明显高于游径边缘。样地 3、5、6、7、8、10 土壤全 P 含量随距游径距离的增加呈上升的趋势，样地 2、9 变化趋势不明显，而样地 1、4 则略有降低。多重比较结果显示，距游径不同距离处土壤含 P 量差异显著，其中距游径 15 m 处与其他距离处之间差异显著 ($P=0.000$)，其他距离间差异不显著。可见旅游干扰降低了土壤全 P 含量，旅游干扰对土壤全 P 含量的影响范围可达游径外 15 m。

3) 旅游干扰会使土壤全 K 含量升高，随距游径距离的增加，各样地土壤全 K 含量均表现出比较明显的下降趋势(图 4－24)，土壤中全 K 含量对旅游干扰的反应较全 P 与全 N 更为敏感。多重比较结果表明，距游径 15 m 处，土壤全 K 量与其他各距离处差异均显著($P=0.000$)，0 m 与 10 m 处差异显著($P=0.016$)，其余距离间差异不显著。旅游干扰导致土壤全 K 含量升高，其显著影响范围至少可达游径外 15 m，以 5 m 范围内所受影响最为显著。

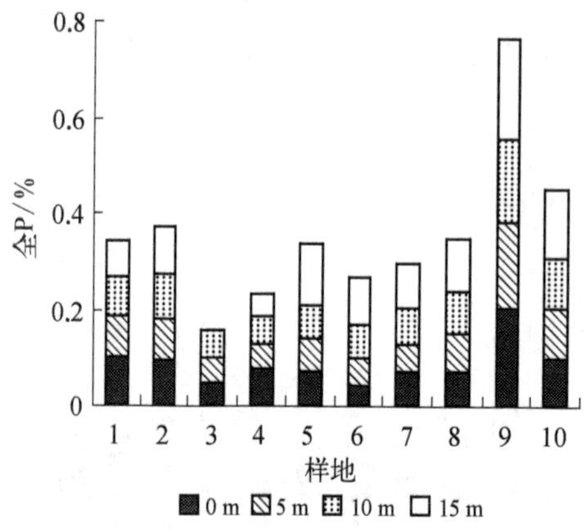

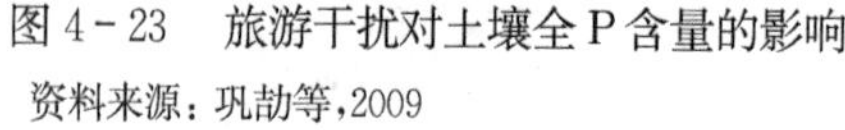

图 4-23 旅游干扰对土壤全 P 含量的影响

资料来源：巩劼等，2009

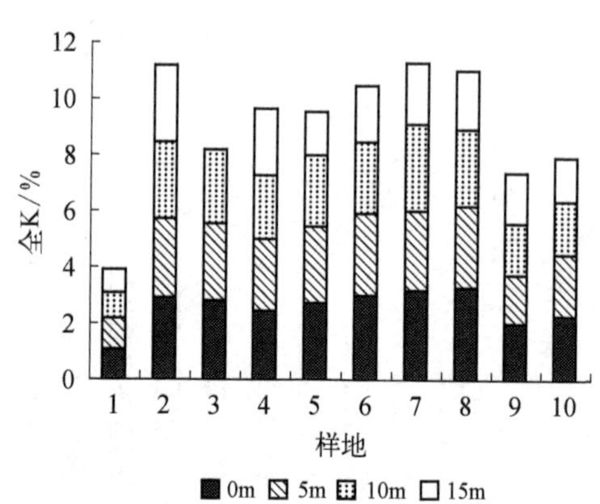

图 4-24 旅游干扰对土壤全 K 含量的影响

旅游干扰使土壤全 N、全 P 含量下降，但全 K 含量却趋于增加，这可能与三种元素自身特性有关，土壤中的 N 主要存在于表层土壤中，且与有机质含量密切相关，旅游干扰破坏了枯枝落叶层与腐殖质层，使土壤有机质降低，从而相应降低了土壤 N 含量。黄山风景区土壤中 P 含量与有机质成正相关（巩劼等，2009），有机质含量的下降也会引起土壤中全 P 含量的减少。与 N、P 相比，土壤中的 K 易于淋失，旅游干扰下土壤含 K 量上升可能与土壤压实后渗透性下降，K 淋失量减少有关。此外土壤酸碱度变化及土壤生物活动强度的改变都会影响土壤物质和能量的迁移转换，导致土壤养分含量的变化。

4. 不同样地间旅游干扰与影响效应差异性

(1) 不同样地旅游干扰存在差异性

黄山风景区游客活动以观光游览为主，但景区内不同区域游览利用程度不同，因此不同区域的样地所受干扰大小也有一定差异。黄山风景区有温泉、云谷、北海、玉屏、松谷及钓桥六个风景区，其中松谷和钓桥景区尚待进一步开发。山下的温泉景区和云谷景区海拔较低，是开发较早的景区，由于景区内公路及索道的相继修建，目前温泉景区和云谷景区主要起通道作用，游览利用率较低，山上北海景区和玉屏景区是黄山的中心景区，精华景点多，是一般游客的必游景区，游览利用率高，且景区内仅有步道，旅游活动干扰大。山下温云景区与山上景区通过云谷寺至白鹅岭以及慈光阁至玉屏楼两条登山步道和两条索道相连接，在索道修建前，约 90%的游客经此两条步道上下山，但在索道建成后，步道游客通过量大大减少，目前近 90%的游客乘索道上下山，步道利用率下降。而云谷寺、慈光阁、温泉和黄山大门间有公路相连，步道很少有人行走。本次调查样地 1～4 位于温泉和云谷景区，样地5～8分布于云谷寺-白鹅岭步道两侧，样地9、10位于北海景区。因此随海拔高度的增加，各样地旅游干扰亦逐渐增大。

（2）不同样地植物群落影响效应存在差异性

从植物影响的各项指标绝对数值来看（图4－14～图4－17），随海拔高度的增加，各项指标并未表现出明显的增加或减少趋势。从随距游径距离增加各项指标变化的趋势来看，幼苗数样地3与样地10变化幅度较大，样地2、4、9变化幅度较为平缓，与15 m处相比，距游径0 m处，样地10、8、9幼苗数受影响较大，即该距离处幼苗数占样地总幼苗数比例较低，样地4与样地6受影响较小（图4－14）。灌木层盖度样地10、7、1变化幅度较大，其余较为平缓，与15 m处相比，距游径0 m处，样地10、9、2受影响较大，样地10在距游径5 m处盖度受影响也较大，样地4与样地8受影响较小（图4－15）。草本层高度样地1、6、8、9变化趋势较为明显，样地4、7变化平缓，游径边缘以样地9与样地10植物高度下降明显，样地4与样地7受影响较小（图4－16）。草本物种数样地1、5、8变化较明显，样地10、3变化平缓，游径边缘物种数以样地8、9与样地1增加较为明显，样地7与样地10无明显变化（图4－17）。

总的来看，10个样地中，旅游干扰对植物的影响效应以样地9、10稍为明显，样地4与样地6、7影响效应较小。但样地间差别并不明显，随旅游干扰的增加，影响效应并未表现出明显上升的趋势。这与影响效应受多种因素影响有关，植物影响效应受旅游干扰类型、干扰强度、地点的环境条件及植物类型等多种因素影响，景区内地形复杂，不同样地间除旅游干扰强度不同外，海拔、坡度、坡向等环境条件差异较大，不同样地间干扰效应的差异不只是由干扰强度决定的，也受以上各种影响因素的作用，最终表现出的是各种因素的综合效应。

（3）不同样地土壤影响效应存在差异性

随海拔高度的增加，样地土壤pH有所下降，但除样地1与样地2明显大于其他样地外，其他样地间差别不大（图4－20）；土壤有机质含量与土壤全N含量相似，随海拔高度增加呈上升趋势（图4－21、图4－22）；全P含量以海拔高的样地9、10较高，其余差别不大（图4－23）；全K含量样地1、9、10较低，其余差别不大，随海拔高度的增加无明显变化规律（图4－24）。

从随距游径距离增加各项指标变化来看，土壤pH变化趋势样地1、8、7较为明显，样地5、10变化很平缓（图4－20）；土壤有机质变化趋势样地2、3、7、8稍为明显一些（图4－21），土壤全N变化趋势以样地3、6、7、8变化较为显著，样地1与样地4基本上看不出变化的趋势（图4－22）。全P变化趋势以样地1、2、3、4较平缓，样地5、6、7、8、10稍明显（图4－23）；全K含量样地5变化趋势最为明显，其次为样地6、7、8、10，其他样地变化趋势较为平缓（图4－24）。除全P、全K外，各样地其他指标并未表现出随海拔增高而变化明显的趋势。也就是说，旅游干扰对土壤的影响效应并未表现出随游览使用率增大而明显增大的现象，其原因可能在于包括土壤特性在内的各种环境因素对干扰效应的影响。例如，随海拔高度上升，土壤有机质含量、全 N 增加，土壤 pH 下降，其变化趋势与旅游干扰引起的变化趋势相反，这有可能在一定程度上增加了地点的抗干扰能力，从而缓解旅游干扰增大给土壤带来的冲击。因此各样地间虽然旅游干扰强度不同，但干扰效应差异并不明显。

（三）旅游活动对自然生态系统影响的整体特征

黄山风景区是我国旅游开发较早，开发强度也较大的著名景区之一，长期的旅游活动已给环境带来了较为明显的生态影响，本次调查分析结果表明，旅游干扰对植物群落及其土壤环境的影响效应主要体现在以下几个方面。

1. 旅游干扰对植物群落不同层次影响效应不同

旅游干扰对乔木层的上层影响不大，但对乔木更新有一定影响，旅游干扰明显减少了游径边缘 5 m 范围内的幼苗数；旅游干扰降低了灌木层的盖度，但对灌木层的其他指标尚未有显著的影响，其影响范围大约在游径边缘 10 m 以内；旅游干扰对草本层的高度及物种多样性有显著影响，降低了植物高度，提高了物种丰富度，但对草本层的盖度无明显影响，对草本层的物种组成也有一定影响，对草本层显著影响范围大约在距游径 10 m 内。

从已有研究结果看，旅游干扰对乔木层的影响较小，对乔木的影响主要表现在更新方面。本研究结果表明不同距离处乔木层各项指标无大的差异，但幼苗数受影响较大。幼苗数量直接影响植物群落的更新状况，对植物群落的稳定性有重要影响。虽然目前旅游干扰对乔木层的影响不大，但干扰的长期存在可能会对植物群落结构产生一定影响，因此对乔木层的影响效应有待于长期持续的跟踪观察研究。

灌木层对旅游干扰的反应一般较乔木层敏感，却弱于草本层，其抗干扰能力大于草本层，但受到影响后，其恢复能力比草本植物差。从本次调查结果看，旅游干扰对灌木层的影响主要反映在对其盖度影响上。刘鸿雁对香山黄栌林的影响研究表明，群落盖度受影响最大的是灌木层（刘鸿雁和张金海，1997），这与本研究结果一致，此外他的研究还表明中等强度的干扰有利于增加灌木层的盖度，与本研究结果不一致。有些研究表明旅游干扰也会影响到灌木层物种的多样性，但本次调查未反映出旅游干扰对灌木层物种多样性有明显影响。

一些研究表明，旅游干扰对草本层的影响最为显著，一般来说旅游干扰会明显降低草本层的高度、盖度，但对草本层物种数的影响效应则不尽相同，一种情况表现为旅游干扰降低了草本层的物种多样性，另一种情况下物种多样性表现出一定的中度干扰效应。从本研究结果看，旅游干扰对游径边缘草本层的高度有明显影响，但对游径5 m以外地段影响不大。对草本层盖度影响不明显，究其原因，黄山风景区游客活动以游览观光为主，主要沿游径进行。游径两侧稍远处地形较为险峻，游客的踩踏主要由石质的游径承受，游径两侧所受直接践踏强度较小，同时由于游径的存在改变了局部地段的光照、水文等微环境条件，在某种程度上有利于草本植物的生长，因此对草本层盖度影响不大，对草本层物种多样性的影响则表现出一定的中度干扰效应，对草本层物种组成也有较为明显的影响，主要表现在游径边缘耐践踏种类及伴人植物比例增加。

2. 枯枝落叶层对旅游干扰的反应敏感

随着干扰强度增加，枯枝落叶层厚度明显降低，其影响范围至少达游径外15 m。

枯枝落叶层在山地森林群落中有重要的生态作用，可以增强植物-土壤系统的水土保持能力，改善土壤理化性质，补充土壤中的养分含量，还有研究表明枯枝落叶层对树种的更新有影响。Adkinson认为枯枝落叶层的变化和土壤压实可能是与游径存在和使用有关的最重要的效应。旅游干扰不仅会降低枯枝落叶层厚度，对枯枝落叶层中生物的多样性也有重要影响，枯枝落叶层的受损会进一步加剧水土流失，减少土壤养分供给量，影响土壤生物的活动强度，进而对土壤-植物系统产生不利影响。

3. 旅游干扰对植物群落的土壤性质有明显影响

旅游干扰降低了土壤有机质的含量，提高了土壤的pH。随旅游干扰强度增加，土壤主要养分含量有明显变化，其中土壤全N、全P含量趋于降低，而全K含量则呈上升趋势。从综合干扰效应看，旅游干扰对土壤的影响范围至少可达游径外15 m。

很多研究表明旅游干扰会降低土壤有机质含量，践踏引起的土壤裸露、压实，以及枯枝落叶层减少等均会引起土壤有机质含量的降低。但也有一些例外，如Young(1976)的研究表明，利用强度大的营地，有机质含量增加，与营火灰烬及人类消费等带入的一些物质渗入土壤中有关，因此干扰效应与干扰类型有很大关系。不同干扰类型同样会给土壤的酸碱度带来不同的影响，一些研究表明，干扰严重地段土壤pH上升，而另外一些研究表明旅游干扰降低了土壤pH，从已有的研究结果看，游客踩踏改变土壤含水率和有机质含量，会导致土壤pH升高，土壤中垃圾等外源物质进入引起的土壤pH变化趋势则与外源物质的性质有关。

管东升(2002)的研究结果表明，随旅游干扰强度的增加，土壤全N、全P和有效态P的含量呈递减趋势；Stohlgren(1986)等的研究结果显示，压实中心区与中度区及外围区比较，中心区全N下降，全P中度区最小，外围区最大，全K中心区最小；秦远好(2006)等的研究则表明，旅游干扰会降低土壤含N量，但与土壤中P

与K的含量无明显关系。从调查结果看,旅游干扰对土壤养分的影响比较明显,空间范围至少可达15 m,但三种营养元素的变化趋势不同,随旅游干扰强度的增加,土壤全N、全P含量呈递减趋势,其变化与上述研究结果基本一致,而全K含量呈递增趋势,与上述研究结果不同,其原因究竟与干扰类型有关还是其他因素在起作用尚有待于进一步探讨。

土壤是植物赖以生存的基础,黄山风景区地形复杂,坡度大,水土易于流失,土壤肥力较低。旅游引起的土壤压实会影响植物根系的发育及植物种子的萌发,践踏以及土壤侵蚀等加剧了养分流失,最终将导致土壤结构性质的改变及土壤肥力的下降。这种干扰的长期存在有可能对植物的生长发育产生一定的负面影响,并对旅游地的生态环境质量产生一定影响。

4. 不同区域间旅游干扰效应差异不显著

黄山风景区是典型的山岳型景区,著名景点主要位于海拔较高的山上景区,因此随海拔高度的增加,旅游干扰也增大,但旅游干扰对植物群落及其土壤的影响效应,并未有明显的随海拔增加而增大的趋势。这一方面是因为景区内地形复杂,区域环境条件差异大,旅游干扰大的地段由于环境因素提高了抗干扰能力,在一定程度上减缓了旅游干扰对环境的冲击作用;另一方面,从旅游干扰的一般规律来说,在旅游干扰的初期会表现出明显的生态效应,但在干扰达到一定的时间和强度后,影响效应增加很小,而黄山风景区开发的时间长,干扰强度大,因此虽然各景区游览利用率有所差异,但影响效应差异并不显著。

旅游干扰对植物及其土壤的影响效应由影响强度和影响空间范围两方面决定。研究者的调查涉及北海景区、云谷景区和温泉景区,其中北海与温泉均属资源高强度利用区,而云谷景区虽然属资源低强度利用区,但由于其承担大部分游客的周转运输作用,游客密度也很高,是旅游干扰较大的区域。从研究者调查结果看,旅游干扰对植物群落的结构与组成以及土壤性质有较为明显的影响效应,但由于旅游干扰对植物群落及其土壤性质的显著影响范围主要在游径外15 m的范围,与整个景区比较,其影响地域范围有限。因此这种效应是否能对整个植物群落、植物-土壤系统乃至整个旅游地生态系统造成明显影响在短期内无法确定。不过依据目前旅游发展的态势,黄山风景区游客量还将持续增长,其资源开发利用强度将进一步加大,旅游干扰强度和影响的空间范围也将随之扩大,势必导致生态影响效应进一步增加。就目前旅游生态影响研究结果看,旅游干扰在较小的时空尺度上表现较为显著,但旅游干扰对植物群落及其土壤的影响是一个长期效应,目前对植物和土壤影响效应的研究大多采用空间对比法,缺乏长期定点的系统调查,对影响机制的研究也不够深入,因此旅游干扰在大的时空尺度上对环境的影响效应还难以确定。从黄山风景区实际调查看,旅游开发几十年来,旅游干扰确实给风景区的植物分布与组成带来了一定影响，但对旅游地植物-土壤系统的长期影响效应和方向尚须进一步跟踪研究。此外，调查结果也表明，目前黄山风景区旅游开发的生态影响主要来自于游客正常的游览活动及旅游设施的建设与维护，旅游设施的建设已受到严格控制，来自于游客主观行为引起的负面影响也基本降至最低，这与近年来对景区环境质量的重视与管理制度的完善有关，目前大部分的主要影响是旅游活动难以避免的，因此，加强景区旅游生态影响效应的研究、提高景区生态保护技术水平应是目前降低旅游干扰负面影响的重要途径。

六、旅游活动对城镇化过程的影响研究

不同地区的城市化动力机制与路径不一，旅游城市化是城市化发展过程的一种现象，是多元城市化道路的一种模式。20世纪后期旅游城市化现象开始在西方发达国家出现，Mullins(1991)首次提出“旅游城市化”(tourism urbanization)概念，并构建了旅游城市化研究的理论框架。国内旅游城市化研究始于20世纪90年代末期，近年来又有了一些新的研究进展，陆林和葛敬炳(2006)从旅游城市化的概念、类型、特征及其影响等方面对国内外旅游城市化研究进行了分析。

旅游活动对黄山市汤口镇的影响研究可以从不同角度进行。基于社会学视野研究汤口镇旅游城市化特征和机制是一项有意义的研究工作，旅游社会构成和旅游社会影响研究是社会学视野研究旅游现象的重要内容。旅游城市化发展过程中社会生产和生活内容的转变，尤其是人的转变的影响尤为深远。黄山市汤口镇30年的发展充分体现了旅游业发展带来的社区性质与功能的转变，充分展示了当地由农村社区向城市社区转变的过程。以黄山市汤口镇为案例地，基于社会学视野研究汤口镇旅游城市化的过程和机理，具有一定的典型性和代表性。下面是相关研究的一些结论。

(一) 研究区域背景与数据来源

汤口镇位于安徽省黄山市黄山区南部，处黄山风景区南麓。东接徽州区，南临休宁县，西接黟县与休宁县，北依黄山风景区与焦村镇(图4-1)，素有“黄山门户”之称，是黄山四大门(东大门—谭家桥镇、西大门—焦村镇、南大门—汤口镇、北大门—耿城镇)中的南门，是黄山市第一旅游重镇和安徽省主要旅游城镇。2008年，汤口镇全年接待游客150万人次，其中入境游客约占10%；景区接待104万人次，同比增长了10.6%。

相关数据与资料主要来源于以下几处。实地调研部分，包括2007年6月下旬至7月上旬、2008年7月下旬至8月上旬和2009年7月下旬三个时间段；汤口镇

相关规划资料，主要包括《汤口镇域总体规划》（文本，1997 年）、《黄山区汤口镇旅游发展规划》（2001 年、2009 年）、《黄山区汤口镇国民经济和社会发展第十一个五年规划纲要、汤口镇城镇总体规划》（说明书、专题报告，2007 年）；政府文件、工作总结、报告及数据表，主要包括黄山市、黄山区及汤口镇政府近年有关旅游发展的文件及工作总结、报告；汤口镇旅游接待、经济普查行业从业人员、旅游项目等统计资料；文献与地方材料，主要包括《黄山市志》（1992 年）、《黄山区志》（评议稿）（2006 年）、《汤口镇志》（2006 年）、《汤口镇翡翠新村创建全国工农业旅游示范点申报材料》（2007 年）、《汤口镇申报全国环境优美乡镇材料》（2006 年），以及近年黄山市、黄山区统计年鉴等。

（二）汤口镇旅游城市化的特征

1. 居民生产内容与方式转变

汤口镇农民原本以出售茶叶、毛竹等为生，多从事第一产业。在黄山旅游发展影响下，汤口镇居民生产方式发生了变化。目前，汤口镇居民主要从事第三产业生产活动，汤口镇产业结构已基本完成了由第一产业为主向以旅游业占主导的第三产业为主的转变，即由传统的“一二三”向“三二一”型产业结构转变。居民收入主要来自第三产业，而且集中于旅游业（图 4 - 25）。

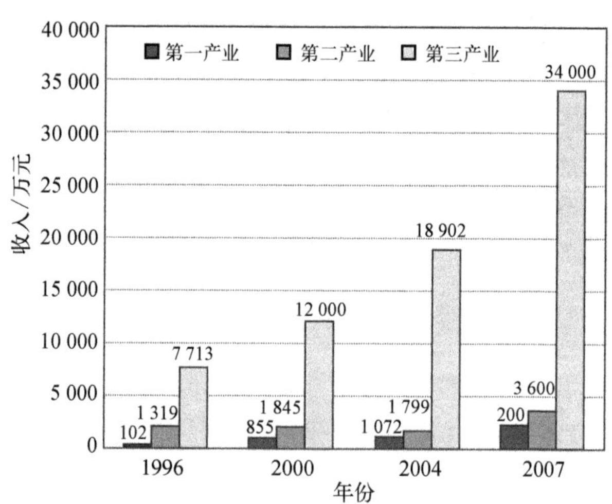

图 4 - 25　汤口镇居民收入构成

资料来源：汤口镇 2008 年政府工作报告

汤口镇居民就业结构也发生了很大转变。旅游餐饮业和旅游住宿业是居民重要的就业渠道。1980 年汤口镇出现第一个家庭旅馆，2007 年汤口镇共有各类宾馆酒店140余家,接待床位13 000多张。1979年汤口镇零售商店数量极少,分布较为零散;1987年黄山南大门专业市场建成,集中旅游经营商店70户,从业人员389人;1999年汤口镇对沿溪街进行改造,建成了商业步行街,并对镇内旅游经营商户进行统一安置;2008年汤口镇主要街区沿溪街和翡翠路共经营店铺162家,旅游商店68家,其中旅游超市16家,旅游运动服装商店9家,旅游工艺品商店17家,旅游食品商店26家,约占沿溪街和翡翠路经营店铺的42%。旅游业的发展催生了当地旅行社的发展。20世纪80年代汤口镇无一家旅行社,由当地居民为旅游者提供导游和乘车服务;1993年汤口镇第一家旅行社成立;2000年汤口镇有旅行社、散客部10家,年接待游客总量30万人次左右;2007年汤口镇旅行社有16家,从业人员411人,年均接待量占黄山游客总量的75%左右。旅游商品加工工业是汤口镇居民的重要就业部门之一,20世纪50年代汤口境内已有制茶业和木材加工产业,但规模较小;20世纪80年代以后,黄山旅游发展促进了旅游商品加工业的发展;2005年境内共有农副产品和竹木加工等企业16个,实现工业总产值1 600万元,从业人员200人。1987年汤口镇第一家旅游景区翡翠谷景区开业;1991～1997年九龙瀑、凤凰源、野生猴谷、天湖等旅游景区相继开业。2003年汤口镇属景点累计接待中外游客38.35人次,门票收入1 136.6万元;2007年汤口建有景区10处,主要景区共接待91.68万人次,门票收入1 684.96万元(图4-26)。

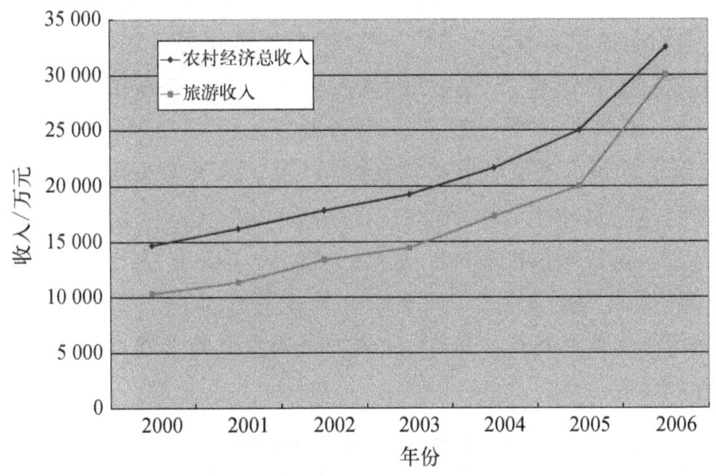

图4-26　汤口镇2000～2006年旅游收入

资料来源:汤口镇志编纂委员会,2006

2. *居民生活方式转变*

伴随汤口镇城镇化发展,居民生活方式发生了较大变化,体现了典型的城市居民生活方式特点。主要反映在居住条件变化、社会行为方式转变和居民思想观念转变上。

(1) 居住条件与方式变化

1980 年以前，汤口镇农民居住条件较为简陋。为适应旅游发展的需要，居民修建了内部设施符合城市居民生活习惯的住房。2000 年后，政府统一规划兴建居民新村，完全依照城市居民建筑标准设计施工，采用现代物业管理方式。居住条件及管理方式的转变，使小区居民传统生活习惯、邻里关系等逐渐发生了变化，显现出城市居民生活方式特点(表 4－28)。

表 4－28　2007 年汤口镇主要居民新村

新村名称	农民住宅面积/m²	公共建筑面积/m²	总投资/万元	建筑特点
翡翠新村	15 000	3 400	3 000	48 幢徽派别墅六种户型
寨西新村	15 842	15 454	4 300	62 幢徽派住宅五种户型
湘溪新村	9 330	1 770	100	34 户房屋徽派马头墙
天湖新村	22 761	17 449	872	80 幢徽派住宅

资料来源：汤口镇志编纂委员会，2006

(2) 社会行为方式转变

生活条件的改善和价值观念的变化，使得汤口镇居民在消费生活方式、闲暇生活方式和社会交往生活方式等方面都发生了较大的转变。消费方式上，汤口镇居民由满足温饱型向追求享乐型转变。1979 年汤口镇农民人均年收入低于 200 元，温饱问题尚未解决；1997 年农民人均纯收入达 3 000 元，是改革开放前的 20 倍，绝大部分农民已由温饱型消费过渡到小康型消费。根据安徽省农村的抽样调查，2007 年汤口镇平均每户家庭的恩格尔系数为 40.8%，大部分家庭已达到小康生活水平，少数家庭达到富裕生活水平。

消费结构上，汤口镇居民基本由生存型转变为享受型。2007 年居民食品消费中，蔬菜、肉类、烟酒的比重为 16∶26∶58，享受型食品消费明显高于生存型消费比重；生活耐用品消费结构也从电视、冰箱等常用家电型消费升级为手机、电脑、汽车等享受型消费(表 4－29)。

表 4－29　2007 年汤口镇举居民拥有高档消费用品数量

消费品类型	移动电话用户/户			互联网用户/户	汽车用户/辆		
消费品数量	小计	小灵通	手机	383	小计	经营用	非经营用
	14 081	3 750	10 331		300	62	238

资料来源：黄山区汤口镇旅游统计办公室，2007

闲暇方式由消闲式、安逸式向充实式、休闲式转变。20 世纪 80 年代前期汤口镇居民主要从事农业生产，闲暇时间较少，只有少许下棋、打牌、闲谈等传统闲暇活动，汤口镇旅游城市化发展促进了居民生产方式的变化。黄山旅游有明显的淡旺季之分，每年11月至次年3月黄山旅游客流量仅占全年客流总量的10.1%，期间居民闲暇时间明显增多，居民闲暇活动内容也日益丰富，读书、看报、看电视、听广播和上网等现代城市休闲方式，甚至包括外出度假旅游活动，这些已成为汤口镇居民重要的闲暇生活内容。

(3) 居民思想观念转变

城市化中“人的城市化”根本在于思想观念的转变。经过30多年发展，汤口镇居民的思想观念发生了转变。经营理念上，跳出传统家庭式经营和集体式经营思想，采用现代企业经营模式，追求长远利益。例如，九龙瀑风景区原本由田段、苦竹溪两村民组各自经营，为促进景区的长远发展，村民组转变经营理念，于2003年8月成立黄山九龙瀑旅游服务有限公司，对景区实行统一经营和管理。教育观念上，汤口镇古时属徽州，传统的尊师重教思想深厚。但由于农民基本的温饱问题没有解决，改革开放前多数孩子小学毕业就辍学回家务农。20世纪90年代，旅游业发展带动了汤口镇的经济发展，居民片面追求经济利益，一度忽视子女教育。但随着旅游业的进一步发展，开阔了居民视野，教育重新获得重视，当地政府鼓励居民重视教育。笔者曾于2008年8月3日对汤口镇经济发展相对落后的冈村进行调研，了解到当时冈村有近30%的学生在县城私立学校就读，学费每年高达1.1万至1.3万元。生活态度上，汤口镇居民追求时尚和享乐，尤其是年轻女性装扮时尚、衣着前卫，与旅游者已无差别。但是经济条件的改善也助长了享乐之风，笔者对汤口镇40位居民进行访谈，了解到部分居民将店铺租给外地人经营，以打零工或打麻将消磨时间。在沿溪街所有经营店铺中，有70%为外地人经营，这在一定程度上反映了旅游城市化所带来的负面影响。

3. 居民社会角色转变

(1) 农民转变为经营者

1979年以后汤口镇居民积极从事旅游服务业，镇内绝大多数旅游企业均由本地农民创办。1979～2001年汤口镇居民第一次旅游创业，取得了巨大成绩，汤口镇逐渐由传统的农业社区演变为现代服务业社区，同时居民社会角色也出现了相应的转变，即由农民转变为旅游业经营者，完成了旅游城市化进程中第一代人的社会角色转变。

(2) 经营者转变为现代企业家

汤口镇第二代人成长在现代服务业社区，拥有较父辈更丰富的知识和更开阔的眼界，在汤口镇第二次旅游创业中，改善经营体制，完善企业软硬件设施，不断提高自身实力，使汤口镇城市化快速发展。例如，1987年成立的翡翠谷旅游公司是汤口镇第一家旅游公司，一度发展迅速，20 世纪 90 年代末期由于经营管理方式束缚出现停滞，为走出发展困境，翡翠谷旅游公司经营者上张村民组决定以现代企业制度取代原有的村民组“大集体”企业性质，于 2007 年底正式成立翡翠谷有限责任公司。汤口镇居民由农民经营者转变为现代企业员工。翡翠谷旅游公司、海州大酒店和海州娱乐城等均由汤口镇城市化进程中第一代人的子辈经营管理，他们逐渐抹去父辈经营者们遗留下的“农民”印记，由农民经营者向现代企业家角色的转变，实现旅游城市化进程中第二代人社会角色的转变。

4. 社区功能转变

经过三十多年的发展，汤口镇逐步由传统农业社区向旅游服务社区演变。改革开放前，汤口镇是一个农业乡镇。1979 年随着黄山旅游业的发展，汤口镇开始发展旅游业。1997 年汤口镇将城镇性质确定为：黄山风景区的南大门、主要生活服务基地、旅游接待基地及重要旅游城镇。2007 年汤口镇将城镇性质调整为：黄山风景名胜区的南大门、行政管理中心及旅游服务基地，国际性旅游城镇（表 4－30）。

表 4－30　汤口镇城镇性质和职能演化

规划项目	1997 年	2007 年
城镇性质	黄山的南大门，黄山风景区的主要生活服务基地和旅游接待基地，为黄山服务的重要旅游城镇	黄山风景名胜区的南大门、行政管理中心及旅游服务基地，国际性旅游城镇
城镇职能	黄山市的地方中心城镇和旅游城镇；汤口镇域的政治、经济、文化中心	黄山风景名胜区的重要门户和游客集散地；黄山风景名胜区行政管理中心，主要生活服务基地和旅游接待基地；黄山区的旅游重镇，区域休闲度假中心；汤口镇域的政治、经济、文化中心

资料来源：汤口镇人民政府等，1997、2007

城镇性质变化促进了汤口镇基础设施和旅游服务设施建设。作为黄山风景区重要的生活服务基地和旅游接待基地，通过招商引资、政府投入、银行融资等多种渠道，汤口镇的道路交通、城镇建设、宾馆酒店、旅行社等旅游基础设施大为改善。交通方面，随着黄山旅游业的发展，汤口镇交通条件得到改善，徽（州）杭（州）高速、合（肥）铜（陵）黄（山）高速、沿江高速等高速交通网络建设，以及穿越汤口镇的 205 国道、103 省道等，提高了汤口镇的可进入性。近年来环保建设、道路改造与建设、绿化建设、亮化工程、城市改造和农民新村建设等旅游基础和服务设施建设均有较大改善。为适应旅游业迅速发展的需要，汤口镇新建并升级改造酒店、宾馆等旅游服务设施。截至 2008 年 9 月，汤口镇共有各类宾馆酒店超过 130 家，其中四星级酒店1家，三星级酒店4家，二星级酒店3家，按四星级标准改造和在建的酒店2家，总接待床位7 000余张。另成立有20家较具规模的旅行社，原野旅行社曾获全国百强旅行社，星火旅行社曾获全国十佳旅行社。

（三）汤口镇旅游城市化发展的动力机制

城市化动力机制研究是城市化研究的核心内容之一。城市化理论认为农业现代化、工业化、第三产业发展和经济增长以及相关制度是城市化的动力机制。旅游业是现代服务业的重要组成部分，旅游城市化已成为我国城市化发展的重要路径和模式。旅游城市化发展既有旅游消费拉动和旅游供给推动等旅游业内部的动力作用，又有政策、制度、区位和环境等外部动力推动，与区域其他第三产业发展、经济增长、工业化和农业现代化等经济因素以及非经济因素作用下的城市化发展有关。旅游业发展推动了乡村自身的城市化发展，在实现人与社区性质和功能等城市化方面作用明显。旅游城市化是汤口镇城市化发展最主要的路径，汤口镇旅游城市化发展动力机制主要表现在区位优势、资源禀赋、政府推动和居民的积极参与。

1. 区位优势

汤口镇位于黄山风景区南麓，区位优势明显，距离黄山南大门仅1 km。黄山南大门是黄山风景区最主要的门户。2006年黄山风景区游客量达180万人次，其中85%以上的客流经汤口镇进入黄山风景区，2008年经黄山南大门云谷寺站、云谷寺新站和慈光阁站乘坐索道上黄山的游客约占总乘坐索道上黄山游客的85.7%；经白鹅岭站、白鹅岭新站和玉屏站乘索道下黄山的游客约占总乘坐索道下黄山游客的93.2%。同时，汤口镇距离世界文化遗产地皖南古村落黟县西递、宏村约50 km，是连接黄山风景区与西递、宏村世界遗产地的必经之路；距国家历史文化名城歙县六十多千米；距黄山市政府所在地屯溪67 km，是连接黄山风景区与屯溪的重要集散地。汤口镇交通通达性较好，镇内有205国道、103省道穿过，合铜黄高速设有进出口。独特的区位优势使汤口镇成为黄山风景区、黄山市区和徽文化旅游带的重要交通节点。良好的区位条件对促进汤口镇旅游发展，促进汤口镇旅游城市化发展具有决定性的作用。

2. 良好的旅游资源禀赋

汤口镇内山地与黄山一脉相承，拥有名山、象形山石、风景河段、古树名木和野生动物栖息地等丰富旅游资源，其山林茂密、溪流清澈、空气清新。国家4A级旅游区翡翠谷和九龙瀑，是黄山世界双遗产的组成部分。丰富的旅游资源和优良的生态环境吸引了众多旅游者，推进了汤口镇旅游城市化的发展。

3. 政府的推动作用

政府在城镇建设和旅游发展中扮演着重要角色。各级政府对汤口镇经济社会发展建设都给予了高度重视，在推动汤口镇旅游城市化发展中起到积极作用。例如，2006年黄山市政府提出将汤口镇打造成国际旅游重镇和全国文明重镇，2006年黄山区政府提出进一步完善黄山南大门，建成以汤口为核心的南大门综合旅游接待区，建成中高档旅游接待服务基地等(表4-31)。政府部门通过制定相关政策与规划，引导汤口镇旅游发展，对汤口镇旅游发展目标和旅游功能进行定位，从宏观上引导汤口镇旅游的健康合理发展，并积极建设和完善汤口镇旅游目的地系统等。政府的积极推动是汤口镇旅游城市化发展的重要动力。

表4-31 各级政府促进旅游发展的主要政策措施

年份	政府	政府会议或文件	措施或目标
2006	黄山市政府	黄字35号文件	加快区县城和特色旅游集镇建设，着力把汤口打造成国际旅游重镇、全国文明重镇
2006	汤口镇政府	关于进一步加快旅游产业发展的意见	提出通过实现“六个转变”，加快打造“国际旅游重镇、全国文明重镇”的步伐
2006	黄山区政府	关于加快推进旅游产业转型升级的若干意见	推动黄山区旅游由粗放型、数量型、速度型向集约型、质量型、效益型转变，全面提升旅游产业总体规模和整体素质。进一步完善南大门，形成以汤口为核心的南大门综合旅游接待区，建成中高档旅游接待服务基地
2006	汤口镇政府	黄山区汤口镇国民经济和社会发展第十一个五年规划纲要	坚持生态立镇、旅游强镇，实施“一头两翼”、大黄山、东向发展、项目带动和科教兴镇战略，到“十一五”末，把汤口镇建设成为全市徽派展示精品镇、全省旅游经济首席强镇、社会主义新农村及和谐社会建设示范镇和全国环境优美乡镇、生态建设示范镇，基本建成国际旅游重镇
2007	黄山区政府	关于2007年全区旅游工作的意见	扶持汤口镇“翡翠人家”申报国家级工农业旅游示范点，深化翡翠谷经营管理体制改革，加快九龙瀑景区升级改造；启动浮溪生态旅游基础设施改造，引导发展乡村旅游

资料来源：陆林等，2010

4. 居民积极参与

汤口镇居民积极参与到当地旅游业发展中，依托黄山风景区自办旅游。1987年上张村村民充分发挥资源优势和区位优势开发翡翠谷景区，成立黄山市翡翠谷旅游公司，翡翠谷景区已经获得国家4A级旅游区、安徽省农家乐旅游示范点等称号。在翡翠谷景区发展的带动下，九龙瀑、凤凰源等景区迅速发展，成为汤口镇旅游发展的重要推动力。汤口镇居民已成为景区开发、宾馆饭店建设、客运服务、旅游纪念品开发等方面的主要力量，个体和私营经济已成为汤口镇经济发展的重要力量。

改革开放以来，汤口镇城市化主要走的是旅游城市化的道路，汤口镇旅游业发展对汤口镇城市化进程起着决定性的作用。伴随着汤口镇的旅游城市化进程，汤口镇居民积极从事旅游业，其生产方式、生活方式、社会角色以及汤口镇的社区功能都发生了巨大转变。① 汤口镇的产业结构，基本完成了由以第一产业为主向以旅游业占主导的第三产业为主的产业结构转变，产业结构转变为“三二一”型。居民收入主要来自于旅游业及相关产业。居民就业结构上，也由农业向旅游餐饮与住宿业、旅游零售业、旅行社、旅游产品加工工业和景区服务业等旅游业及相关产业集中。旅游业已经成为汤口镇居民的最主要生计策略。② 居民的居住条件、生活习惯和邻里关系都显现出城市社区的特点；其消费方式、闲暇生活和社会交往等表现出城市居民社会行为方式特征；居民经营理念、教育观念和生活态度等思想观念等都发生了很大变化。③ 居民的社会角色也经历了由农民向经营者、再向现代企业家的转变，实现了旅游城市化进程中第一、二代人社会角色的转变。④ 旅游业的发展，基础设施和旅游服务设施的完善，汤口镇的城镇性质与职能都发生了变化，逐渐由传统的农业社区向旅游社区演变。伴随着这些过程，汤口镇居民基本完成了由农民向市民的转变。旅游城市化中人的转变，是一个自然的过程，是经济增长和人的素质提高相互促进的过程。相对于其他城市化模式，旅游城市化中人的转变更加彻底，影响也更为深远。汤口镇逐渐融入了城市元素，显示出城市社区的特征，使汤口镇经济社会整体发生了意义深远的变化。优越的区位条件、良好的资源禀赋、政府的推动和居民的积极参与等是汤口镇旅游城市化发展的主要动力（陆林等，2010）。

七、人类活动对植被、土壤影响调研实习

（一）人类活动对植被影响调研实习

1. 实习的目的和意义

1）理论联系实际，将课堂上所学到的植物地理学相关理论与野外实践结合起来，巩固与深化课堂教学内容，提高教学质量。

2）了解植被实习的基本方法和操作步骤。

3）验证植被受人类活动的干扰，而产生的结构、功能等方面的变化。

2. 熟悉实习区域背景资料的准备

1）实习区植被分布规律，调查区域的植被情况，包括主要物种、群落和不同生态系统等。

2）调查区域的地形、地貌土壤、水分等自然地理基本概况。

3）调查区域的经济社会环境状况、人类活动现象与规律。

3. 实习工具准备

(1) 实验工具及器材

1）实验工具(按组配备)：皮尺 50 m、钢卷尺、标本夹、标签、剪刀、罗盘、放大镜、望远镜、橡皮、小刀、铅笔等。

2）劳保工具与用品(按组配备)：手套、山袜、草帽、紫药水、驱蚊水、其他药品等。

(2) 相关记录表

样方本、实习地区的植物检索表、野外记录簿、乔木、灌木、草木(种类及个体数量、总覆盖率、相对频度、相对覆盖率、高度)记录表等。

4. 实习内容与安排

(1) 植被调查

在实验区域选择 5～6 条调查路径，沿人类主要活动道路，由道路向内部按 0～5 m、5～10 m、10～15 m、15～20 m 设立 4 个样地进行调查。如果是山区和丘陵地方，样地选择也可考虑选择不同坡度、坡向、林相等。

1）乔木、灌木层次调查。调查内容包括：植被种类、组成、数量；覆盖度、高度、多度、冠幅等。其中乔木样地大小以 10 m×10 m 为一个样地，灌木样地大小以 5 m×5 m 为一个样地。

2）草本植被调查。沿人类活动道路，选择 1 m、2 m、3 m、4 m、…、10 m，设置5～8 个样方，重复做 5～6 条人类活动影响路径。草本样方大小以 1 m×1 m 为一个样方。

(2) 植被受到人类活动影响分析

1）分析统计植被的多度、密度、盖度、频度、优势度、生活力等指标。

2）植被覆盖率、植相变异度(每种植物的相对频度和相对覆盖度表示)、主要标志植被的高度，前三个指标建立冲击指数 IVI，种类变异度、外来种比重。

3）进行不同样方的差异分析，确立人类活动影响的强度和影响力。

(二) 人类活动对土壤影响的调研实习

1. 实习的目的和意义

1）理论联系实际，把课堂上所学到的有关土壤地理的理论与野外实践结合起来，巩固与深化课堂教学内容，提高教学质量。

2）熟悉土壤实习的基本方法和操作步骤。

3）验证土壤受人类活动的干扰而产生的结构、功能等方面的变化。

2. 熟悉实习区域的背景资料

1）实习区的土壤分布规律，调查区域的土壤情况，包括主要土壤类型、肥力状况、土壤结构与质地等。

2）调查区域的地形、地貌、植被等自然地理环境基本概况。

3）调查区域的经济社会环境状况、人类活动现象与规律。

3. 实习工具准备

（1）实习工具（按组配备）

土壤野外速测箱、小卷尺、米尺、剖面刀、溶重器、稀盐酸、pH 试纸、蒸馏水、白瓷板、橡皮筋、罗盘、野外工作包、硬度计、铁锹、铁铲、土钻、土壤盒等。

（2）劳保工具与用品

标准土壤色卡、记录夹、土壤剖面描述手册、橡皮、铅笔、标本记录笔、样方标签等。

（3）生活工具

手套、常备药品。

4. 实习内容与安排

（1）土壤调查采样选择

1）调查路线的选择　在进行一个地区人类活动对土壤的影响调查之前，首先要选择人类活动强度不同的几条主要的调查路线，然后在调查路线上选择剖面点和采样点。

选择调查路线要考虑地形坡度、高度、植被成分等；同时选择的路线要有代表性、典型性，并且具有可比性。确定了调查路线，然后在调查路线上按照一定的距离选择典型的剖面点和采样点。

2）样方的设计选择　受人类活动影响强度不同的道路，在每条道路上选择 4～8 条样带（根据实习分组情况决定），每条样带之间的距离不小于 100 m，并且每条样带的自然环境状况基本相似。在每条样带上由道路边缘垂直向内部分别选择每隔 1 m 设置一个取样样方，可设置 4～6 个样方，分别计为 01、02、03、04……样方。分别在每个样方中分 4～6 层进行取样，第一层为枯枝落叶层、第二层 0～15 cm、第三层 15～30 cm、第四层 30～45 cm……对每个层次分别观察土壤结构、颜色、质地等物理特征，同时进行采样分析其密度、溶重、孔隙度、含水量、有机质、腐殖质等的含量。

3）剖面点的选择　土壤剖面是用来了解调查区内土壤类型的，是观察记载土壤特征的重点。土壤剖面应设置在有代表性的地形部位上，地形和植被常被作为确定土壤位置的依据。主要选择在地形平坦、无强烈侵蚀、无强烈堆积、排水良好、土壤湿度正常的标准地段设置剖面。通过土壤剖面确定土壤的类型，同时比较受人类活动影响的土壤剖面特征的变化情况。

（2）土壤受到人类活动影响分析

1）分析统计各样方和样带的土壤硬度、密度、溶重、孔隙度、含水量、有机质、腐殖质等指标。

2）分析人类活动的强度、土壤各种指标受到的影响程度等，比较同一样带不同位置和深度受到影响的情况。

3）进行不同样带、样方的差异分析，确定人类活动影响的强度和影响力。

主要参考文献

安徽省统计局. 1981(- 2013). 安徽省统计年鉴——1981(- 2013). 北京：中国统计出版社.

毕淑峰. 2004. 黄山风景区的珍稀植物资源. 特种经济动植物,(4)：19 - 20.

戴昌达等. 1958. 黄山土壤的垂直分布和基本性质. 土壤学报,6(1)：54 - 64.

高贤明,马克平,陈灵芝,等. 2002. 旅游对北京东灵山亚高山草甸物种多样性影响的初步研究. 生物多样性, 10(2)：189 - 195.

巩劼,陆林,晋秀龙,等. 2009. 黄山风景区旅游干扰对植物群落及其土壤性质的影响. 生态学报,29(5)：2239 - 2251.

胡嘉琪,梁师文. 1996. 黄山植物. 上海：复旦大学出版社.

黄山风景区管理委员会. 2008. 黄山文化遗产(亭台楼阁桥梁卷). 上海：中华地图学社.

黄山区汤口镇旅游统计办公室. 2007. 汤口统计月报.

黄山市统计局. 2004(- 2013). 黄山市统计年鉴——2004(- 2013). 北京：中国统计出版社.

黄山土壤编委会. 1998. 黄山土壤. 合肥：中国科学技术大学出版社.

黄山志编纂委员会. 2010. 黄山志(—2008). 合肥：黄山书社.

刘鸿雁,张金海. 1997. 旅游干扰对香山黄栌林的影响研究. 植物生态学报,21(2)：191 - 196.

陆林,葛敬炳. 2006. 旅游城市化研究进展及启示. 地理研究,25(4)：741 - 750.

陆林,於冉,朱付彪,等. 2010. 基于社会学视野的黄山市汤口镇旅游城市化特征和机制研究. 人文地理, 25(6)：19 - 24.

秦远好,谢德体,魏朝富,等. 2006. 土壤生态环境对游憩活动冲击的响应研究. 水土保持学报,20(3):61 - 65.

汤口镇人民政府,黄山市规划设计院. 1997. 汤口镇域总体规划.

汤口镇人民政府. 2008. 汤口镇 2008 年政府工作报告. http://www.tangkou.gov.cn/DocHtml/1/2009/8/5/200908052157401533.html[2014 - 6 - 9].

汤口镇志编纂委员会. 2006. 汤口镇志. 北京:方志出版社.

王长荣. 1986. 试论安徽黄山温泉资源及其保护. 安徽师范大学学报(自然科学版),9(1)：88 - 93.

Mullins P. 1991. Tourism Urbanization. International Journal of Urban and Regional Research, 15(3)：326 - 342.

Stohlgren T L, Parsons D J. 1986. Vegetation and soil recovery in wilderness campsites closed to visitor use. Environmental Management, 10(3)：375 - 380.

Young R A, Gilmore R. 1976. Effects of various camping intensities on soil properties in Illinois campgrounds. Soil Science Society of American Proceedings, 40:908 - 911.

附录1

调查记录表

1. 样方位置与道路示意图

道路	A	B	C	D	E	F

2. 植被受人类活动影响调查记录表

样带编号：

地理位置，经纬度位置，坡度坡向

人类活动情况与特征描述：

样方编号	总覆盖度/%	植物种名	数量	相对频度/%	相对覆盖度/%	平均高度	本地/入侵	备注

调查人：　　记录人：　　天气：　　记录时间：

3. 土壤受人类活动影响调查记录表

样带编号：

地理位置，经纬度位置，坡度、坡向

主要植物群落类型：

人类活动情况与特征描述：

样方编号	土壤硬度	枯叶层厚度/cm	腐殖质层厚度/cm	土壤质地	土壤结构	土壤颜色	备注

续 表

样方编号	土壤硬度	枯叶层厚度/cm	腐殖质层厚度/cm	土壤质地	土壤结构	土壤颜色	备注

调查人：　　　　记录人：　　　　天气：　　　　记录时间：

附录2

相关指标说明

多度(abundance)是对物种个体数目多少的一种估测指标，多用于群落野外调查。国内多采用Drude的七级制多度，即极多Soe(sociales)；植物地上部分郁闭、数量很多Cop(Copiosae)3，数量多Cop2，数量尚多Cop1；数量不多而分散Sp(sparsal)；数量很少而稀疏Sol(solitariae)；个别或单株Un(unicum)。

密度(density)是指单位面积或单位空间内的个体数。一般对乔木、灌木和丛生草本以植株或株丛计数，根茎植物以地上枝条计数。样地内某一物种的个体数占全部物种个体数的百分比称作相对密度(relative density)。

盖度(cover degree，或coverage)是指植物地上部分垂直投影面积占样地面积的百分比，即投影盖度。盖度可分为种盖度(分盖度)、层盖度(种组盖度)、总盖度(群落盖度)。林业上常用郁闭度来表示林木层的盖度。通常，分盖度或层盖度之和大于总盖度。群落中某一物种的分盖度占所有分盖度之和的百分比，即相对盖度。某一物种的盖度占盖度最大物种盖度的百分比称为盖度比(cover ratio)。

频度(frequency)是指群落中某种植物出现的样方数占整个样方数的百分比。

优势度(dominance)是表示植物群落内各植物种类处于何种优势或劣势状态的群落测定度。

生活力，又称生活强度(viability)是植物在一定的外界环境条件下所具有的生存能力。植物生活力的判别，在了解各种植物所处的物候期以后，可以观察各种植物在某群落中生活是否正常强壮。

植被覆盖率(vegetation coverage)是指某一地域植物的垂直投影面积与该地域面积之比，用百分数表示。森林覆盖率，亦称森林覆被率，指一个国家或地区森林面积占土地面积的百分比。

植相变异度(floristic dissimilarity)是指受人类活动影响的样方与对照样方之间植被重要值的差异，一般采用$FD(\%) = 0.5\sum \mid P_{i1} - P_{i2} \mid \quad i = 1 \sim I$(植物总数)式中$P_{i1}$为某种植物$i$在受冲击区的数量，$P_{i2}$为该种植物在未受影响(对照)区的数量，用相对频度(relative frequency)及相对覆盖度(relative coverage)所合成的重要值(important value)表示。

土壤硬度又称土壤坚实度、土壤穿透阻力(soil hardness)，是指土粒排列的紧实程度，即土壤抗楔入的阻力。一般用金属柱塞或探针压入土壤时的阻力表示(单位为Pa)。土壤对柱塞压入的阻力由土壤抗剪力、压缩力和摩擦力等构成。是土壤强度的一个合成指标。

土壤密度(soil particle density)又称土壤比重,是指单位体积土壤(不含孔隙)的烘干重量,单位为 g/cm^3。

土壤容重(soil bulk density)也称为干容重,又称土壤假比重,是一定容积的土壤(包括土粒及粒间的孔隙)烘干后的重量与同容积水重的比值。

土壤孔隙度(soil porosity)是指土壤孔隙占土壤总体积的百分比。土壤中各种形状的粗细土粒集合和排列成固相骨架,骨架内部有宽狭和形状不同的孔隙,构成复杂的孔隙系统,全部孔隙容积与土体容积的百分率称为土壤孔隙度。

土壤含水量(water content of soil)是指土壤中所含水分的质量。一般是指土壤绝对含水量,即 100 g 烘干土中含有的水分的质量,也称土壤含水率。

土壤有机质(soil organic matter)是指土壤中含碳的有机化合物,土壤中的有机质主要包括植物残体、动物和微生物残体、排泄物和分泌物、废水废渣等。

土壤腐殖质(soil humus)是指土壤中除未分解的动、植物组织和土壤生命体等以外的土壤中有机化合物的总称。

第5章 九华山实习区实习指导

第一节 实习目的与实习要求

一、实习区范围

九华山实习区范围主要包括九华山风景名胜区。九华山风景名胜区位于安徽省青阳县西南境，北俯长江，南望黄山，东临太平湖，西接贵池，风景名胜区南北长约 40 km，东西宽约 30 km，规划面积 120 km^2，保护面积 174 km^2，由 11 大景区组成中心位置（九华街）的地理坐标为 30°5′N，117°8′E。九华山是首批国家重点风景名胜区、首批中国国家自然与文化双遗产预备名录和首批国家 5A 级旅游区，1992 年，九华山被批准建立国家森林公园，是安徽省“两山一湖”（九华山、太平湖、黄山）旅游开发战略的主景区。

九华山，古属陵阳山区，号九子山，旧称“方圆二百（华）里”。境内有 99 峰，最高峰十王峰海拔 1 342 m。属断块山体结构，主体由花岗岩组成。群峰竞秀、悬崖峭壁、怪石嵯峨、谷幽潭深、流泉飞瀑，绮丽多姿，气候温和，四季更迭，具有“多雾、多雨、多寒”的特征，有日出、云海、佛光、雾凇、雪霰等自然奇观。素有“东南第一山”、“江南第一山”之誉。

唐天宝十三年（754 年）冬，诗人李白来游，睹此山秀异，九峰如莲花，与友人相互吟唱，他吟唱的“妙有分二气，灵山开九华”佳名杰句成了九华山的“定名篇”。唐天宝十四年，李白赠青阳友人“天河挂绿水，秀出九芙蓉”的诗句，又是一曲脍炙人口、名扬千古的九华绝唱。自李白游山留下佳句以来，文人逸士或登山揽胜，或隐卧山林，或设馆讲学，传下大量吟赞九华的诗文书画和众多的文化古迹。

九华山的历史文化与佛教密切相连。据明代嘉靖《池州府志》、《九华山志》等记载，相传东晋隆安五年（401 年）天竺僧人杯渡来九华山，创建茅庵，为开山之祖。

唐开元末，新罗僧金氏、法名乔觉，航海而来，驻锡九华，苦修数十载，贞元十年(794年)九十九岁圆寂后，被僧徒尊为地藏应化，并建肉身塔供奉。从此，九华山成为举世闻名的地藏王道场。历代僧人信士、能工巧匠，披荆斩棘，营造寺院，开发九华，巧夺天工，创造了九华山别具风格的佛教艺术。明清时期，九华享有"香火甲天下"的盛誉，寺宇林立，香烟缭绕，与五台、峨眉、普陀共称中国四大佛山，闻名海内外。

新中国成立后，特别是1979年改革开放以来，九华山佛教宝镜重光、法炬复燃，发扬中国佛教的优良传统，爱国爱教，为世界和平、进步和幸福作出了应有的贡献。吸引了海内外众多的信士、旅游者、科学工作者前来朝山、观光、考察。

二、实习目的

九华山与黄山同处皖南地区，基于比较的观点和方法，考察九华山的地质地貌、气候气象、植被、土壤和水文等自然地理要素和九华山文化景观。

三、实习要求

1）了解九华山自然地理基本特征及其成因，九华山自然景观特色。
2）了解九华山佛教历史和佛教建筑景观的基本特征。
3）了解九华山旅游发展的基本特征。

第二节 实习线路与实习内容

一、主要实习线路与实习内容

主要实习线路：柯村—九华街—闵园—十王峰。
实习内容：了解九华山自然地理环境和自然地理要素垂直变化的特征和规律。

二、主要实习点与实习内容

主要实习点有柯村、九华街、闵园和十王峰。
1. 柯村
1）考察柯村地区的植物和土壤，了解柯村的植物、土壤类型、特征。

2）考察柯村景区，了解柯村景区建设的背景、特征及其影响。

3）考察大悲园佛教文化园，了解大悲园佛教文化园的建设特征。

2. 九华街

1）考察九华街周边山峰的植物、土壤，了解其类型和特征。

2）考察九华街，了解九华街的建筑特征。

3）参观位于九华街的全国重点寺庙，了解其建筑历史、特征和佛教文化。

3. 闵园

1）考察闵园毛竹，了解其生长特征与生长环境。

2）考察闵园地质地貌，了解其特征。

4. 十王峰

1）俯视九华山山体，了解九华山山体的空间分布格局。

2）考察十王峰的地质地貌特征和植物特征，了解十王峰高山草甸的特征。

3）了解柯村—九华街—闵园—十王峰植被、土壤垂直分布特征。

第三节　背景资料与实习指导

一、九华山自然环境

（一）地质

九华山为皖南斜列的三大山系之一。在大地构造上处于扬子准地台的下扬子台坳中部。九华山区的褶皱和断裂构造都十分发育，岩浆活动也很频繁。九华山主体是由花岗岩体组成的强烈断隆带，它的边缘地区除部分为沉积岩外，大部分是由花岗闪长岩组成的褶皱断块轻度隆起带。

分布于九华山区的地层，主要是由古生代寒武纪到志留纪的黑色硅质炭质页岩、灰绿色页岩、泥质灰岩、泥质条带灰岩、灰色厚层灰岩、黄绿色粉砂质页岩、细砂岩等，它们都经褶皱或断块隆起构成九华山外围的低山、丘陵。九华山区的绝大部分地区由侵入岩体构成，主体部分由燕山期的九华山花岗岩体组成，它沿青阳岩体中心部位侵入，近东西向伸展。岩体接触面大多数外倾，倾角为40°～50°，与围岩接触发生接解变质，其宽度为数百米。该岩体根据岩石的结构和成分可划分三个相带。中心相以粗中粒斑状二长花岗岩为主；过渡相绝大部分为中粒花岗岩，构成岩体的主体，分布面积最广；边缘相不发育，一般宽约数米至五百米，以细粒花岗岩为主。主要矿物成分为钾长石、斜长石，还含有少量黑云母和角闪石等。九华山花岗岩体形成了陡悬式中心峡谷区，九华的奇峰、怪石也多分布于此。

青阳岩体分布于九华山的外围，形成于晚三叠纪的印支运动，岩体本身为九华山岩体侵入破坏而不完整，侵入围岩为下古生界，接触面外倾，接触带发生明显的变质现象。根据岩石成分和结构，可分三个岩相带，中心相以二长花岗岩为主；过渡相以中细粒花岗闪长岩为主，占岩体出露面的70%以上；边缘相以细粒花岗岩为主，宽数十厘米至数十米。主要矿物为斜长石、钾长石、石英和少量黑云母及角闪石等。它组成的地貌景观以低缓的丘陵和低山为主，与九华山花岗岩岩体形成的中山地貌构成鲜明的对比。

九华山在漫长的地质长河中，属多旋回构造运动地区。从古生代到中生代早期，九华山与皖南广大地区一样，处于稳定的滨海或浅海环境，海水深度不大，地壳稍有升降就使得海水频繁进退，但基本上没有超越海域环境，这一时期的沉积保持着连续性和呈整合接触关系，沉积岩的总厚度可逾万米。这一阶段没有显著的褶皱运动和岩浆活动，但以沉积岩相和厚度的变化，可反映隆起的和凹陷中心的演变。

中生代早期（三叠纪中、晚期），印支运动对九华山区的影响很大，不仅发生强烈褶皱运动和岩浆活动，而且沧海也随之成为陆地。

中生代中、晚期，九华山又受燕山运动干扰，尤其是燕山运动二期对其影响最大，不仅断块活动显著，而且岩浆活动活跃，导致九华山花岗岩体侵入印支期的青阳岩体之中，发生强烈的穹形断块隆起，奠定了九华山的胚胎。

新生代早、晚期，九华山区再度发生显著的间歇性断块运动。尤其喜马拉雅运动期，九华山发生数度隆起，高度显著增加，使山地具多层状结构。覆盖在九华山花岗岩体上的沉积岩被冲刷殆尽，深处的花岗岩脱颖而出，形成了九华山的雏形。

新生代晚期至今，九华山的新构造运动极为活跃，九华山再度急剧隆起，并促使外力作用沿花岗岩的断裂、节理等薄弱环节加速切割，因此九华山形成了山地错落、险峰插云、怪石嵯峨、幽谷深邃的地貌景观（九华山志编纂委员会，1990）。

（二）地貌

九华山花岗体虽很坚硬，但大小岩隙众多，可说是遍体鳞伤，十分有利于流水冲刷和风化剥蚀作用的进行，巨大山体被离析肢解，形成撑柱凌空的大小石峰、峰上的危崖悬瀑和峰间的深涧幽谷。九华山花岗岩体，形成于8 000万至13 500万年之间，是地下深处温度高达1 000℃以上的熔融岩浆，沿断裂上升入侵至地面以下3 000～4 000 m处凝固，产生热胀冷缩效应，即岩浆外部冷却，内部温高，胀缩不均，形成岩体中的原生裂隙——节理；岩体形成后，历尽大自然的沧桑，受多次构造运动的影响，形成了水平、垂直和斜交的构造节理；岩体经风化作用过程产生一些次生节理，即片状节理。九华山主要节理的组别有近东西向、近南北向、150°～330°、60°～240°、75°～255°和105°～280°等数组。同时，岩体又被北北东向中龙山—九华街断层、铁家冲断层、狮形—窑头断层、北东向陵阳镇—岭上苏断层、五溪桥断层、岔泉岭断层切割。

九华山的隆起幅度从核心部位向边缘逐级下降，外围山地由硬度较花岗岩小的花岗闪长岩和沉积岩组成，易被冲刷蚀低。故整个九华山体由众多高度参差、错落有致、形态万千、大小悬殊的中山、低山和丘陵组成。

中山，位于九华山体的腹地，海拔在1 000 m以上，如十王峰(1 342 m)、七贤峰(1 337 m)、天台峰(1 306 m)、中峰(1 291 m)、罗汉峰(1 280 m)、宝塔峰(1 229 m)、莲台峰(1 218 m)、大古峰(1 136 m)、上莲花峰(1 048 m)等。九华山体的中山，峰形奇峭，多为绝壁危崖环绕，且山巅、坡上多有鬼斧神工的怪石。探其原因，一方面上升幅度大，受外力切割强烈，特别是地势高的地带，霜冻作用显著，花岗岩被破坏程度远较低山丘陵为剧；另一方面节理组别多变、疏密不一，沿节理不断向岩体深处风化剥蚀，形成了多姿怪石。例如，天台峰腰的“老鹰扒壁”和峰巅的“一线天”，莲台峰的“五大盘石”，中峰绝顶的“大钟”，七贤峰端的七个如人石柱和上莲花峰巅的“出水芙蓉”等。

低山，位于九华山体的东部、北部和西南部，海拔500～1 000 m，物质组成多变，形态显著不同。花岗岩组成的低山，山势峭拔，多陡坡险壁。例如，插霄峰(871 m)、纱帽峰(907 m)、中莲花峰(937 m)、翠峰(738 m)、美女尖(590 m)等。与花岗岩组成的中山相比，最大的区别是山体小，山顶和山坡分布的怪石也明显减少。

花岗闪长岩组成的低山，因其岩性软弱，垂直节理组别少且稀疏，故其外形呈岭岗状。个别岭岗顶部宽度窄仄，两侧坡度陡峻，如化城岭(428～580 m)就属此类型。一般岭岗都顶宽坡缓，风化覆盖层厚，如大岭头(646～820 m)、八都岗(663～720 m)、平田岗等。过去登山石级多顺岭沿岗修建。

沉积岩—砂岩、页岩和灰岩等组成的低山，多呈连绵起伏状态，主要分布在山体的西南部和北部。例如，南山(816.8 m)、白家山(751 m)、灰石壁(833 m)、峰尖(589 m)、云双山(565 m)等。其中质纯、厚层灰岩组成的低山，有幽深的溶洞发育，如九华山南麓的神仙洞、鱼龙洞。

丘陵，主要分布在九华山体的南部和西北部，海拔小于500 m，多呈浑圆状态，起伏度不大，风化覆盖层厚达数米，遭地表径流的分割，丘体都很单薄，不像山体具磅礴雄伟之势。它主要由花岗闪长岩和灰岩、页岩、砂岩组成，前者组成的丘陵，抗风化剥蚀最弱，高度更显低下，主要分布在庙前、九华和杜村等地；而由灰岩、页岩和砂岩成互层状共同组成的丘陵，主要分布在南阳、沙济等地。另外，五溪桥和朱备店一带，也有零星丘陵的分布（九华山志编纂委员会，1990）。

九华山的主要山峰有十王峰、钵盂峰、天台峰、蜡烛峰、莲台峰、中峰、七贤峰、化城岭、蜃蟠岭、头陀岭、神光岭和凤凰岭等。

十王峰　位于九华山主干山脉中部，北连天台峰。海拔 1 342 m，为九华最高峰。民国志载“九华主干山脉，南北舒展，横绝天表，天台一峰为统宗”。此峰比天台峰高出 36 m，旧志误。峰顶东、西两面断崖叠嶂，怪石欹嵌狰狞。1986 年由拜经台南新辟登山磴道，游人拾级而上，可直达峰巅。置身其上，放眼众峰俯首，云涛翻卷。

钵盂峰　在十王峰西南，海拔 1 143 m。孤峰独耸，峭壁崔嵬。苍松虬枝怒攫，倚者、挂者、卧者、摩云悬崖，根须盘曲奋爪，深扎壁隙，高傲不凡。峰顶中凹，两崖夹持，形成一条长三十余米的巨壑。登西崖浑圆磐石，上有深 0.7 m、直径 0.6 m 的水凼，极像僧人钵盂。相传逢久旱不雨，“盂”内天然积水未干，必是风行雨播的前兆。

天台峰　在十王峰北，西对南蜡烛峰，海拔 1 306 m。峰顶南北狭长，有青龙背、玉屏台、一线天、大鹏听经、金鸡石、捧日亭、地藏禅林、金仙洞诸景。青龙背与玉屏台之间建有渡仙桥，桥下卷拱石洞成为登峰观景的关隘。峰南崖壁镌有“一览众山小”、“中天世界”、“非人间”等题刻。天台正顶石磴蹑空，地势高峻，耸立着九华最高的寺庙，自古有到九华“不上天台，等于白来”之说。清光绪山志曾列“天台晓日”为“九华十景”之一。

蜡烛峰　有二：位于拜经台南北两侧，东对天台峰，海拔分别为1 261 m和1 258 m。垂直节理极度发育。峰相对高度 30 m，圆直如柱，独立无依。顶有粗壮矮松，形作烛蕊。南蜡烛峰有“童子拜观音”石。

莲台峰　在罗汉峰东北，海拔 1 218 m。五大盘石高叠成峰，悬石错列，中有“四门”可通行峰腰的暗洞幽窟。入内空旷，凉风倒吸，曾为僧人居室，可容百人。峰西摩崖“莲台峰”三字尚可辨。踏握洞内垂直石缝的脚蹬手槽，可攀至峰巅。晴晦变幻，时成云海，只露端倪；时成雾都，画境朦胧，美不胜收。

中峰　在会仙峰北，海拔 1 291 m。登峰四顾，会仙、抚子、天门、石笋、书箱等十余峰各显殊态。古人有诗云：“一峰天半明朱霞，一峰晦黯招云车。一峰晴明一峰雨，一峰崛立一峰舞。如笏如斧如覆钟，如矛如刀如戟丛。突如塔顶摩苍穹，削者如圭锐者笔”。由百岁宫远眺，此峰孤峤凌空，亘天如城；顶西有顽石，形成大钟。中峰与会仙峰盛产兰花和各色杜鹃，故又名大、小花台峰。

七贤峰　在分水岭西、煎茶峰西南，海拔 1 337 m，悬崖千寻，顶有七石，端立如人，宛若贤者集会。四周峰峦错落，森林茂密。

化城岭　在九华街北。岭峻窄，南北走向，长5 km。自大桥庵历一天门、二天门、甘露寺、龙池庵、聚龙寺抵九华街。岭径为宽阔之古石板道，途中时时回首，东北诸峰层出，殊快人心。岭头可望大江如玉带飘拂。

蜃蟠岭　位于九华街西北。走向东偏西南。从东馆村石板道沿岭径而上，岭势萦回若蜃蟠。岭径长6 km，至香炉石为岭头。伫立眺望，肉身塔掩映于绿荫中，芙蓉、天台诸峰跃入眼帘。岭西接九子岭，北汇头陀岭，皆尽于九华街。

头陀岭　在蜃蟠岭北，长5 km，岭北脚起柯村狮形自然村，历无相寺旧址、照山、八都岗往九华街。岭顶圆如头陀，岭侧有头陀石；东北一望，群峰跻身翘首。

九子岭　位于九华街西，东西走向。岭径为古石板道，全长4 km。自九子村盘旋而上，历松树庵、白云观、香炉石，一路松竹夹道，溪喧鸟鸣；两侧山田峻如梯，小如笠。岭西峡谷多盆地，峰峦如林，形成特定小气候，朝暮时有大面积云海。

神光岭　位于九华街西，南北走向。由净土庵西行至肉身殿前转折往南，经芙蓉峰接大岭，全长3 km。传说岭南建肉身殿时，岭空出现神光异彩，故名。沿途楼台高耸，密林藏秀。立岭头可眺天台、十王峰雄姿。

凤凰岭　在下闵园北。南偏东北走向。岭脚始下闵园，尽于大古岭腰并与之连径。长3 km(九华山志编纂委员会，1990)。

除上述山峰外，拜经台、天台等也是九华山重要的地貌景观。

拜经台　在双烛峰之间，大鹏听经石下。旧志记为金地藏拜经留下的一双大脚印，实为好事者凿之。台高旷，西临陡谷，蜡烛峰则耸立左右。环绕四周，仙人击鼓、关刀、木鱼、金龟朝北斗诸怪石纷呈。

天台　在地藏禅林北、一线天西。平台高耸，长7 m，宽3 m，西临深渊，壁挂苍松，南北峰峭，东西极目千里，为观景佳处(九华山志编纂委员会，1990)。

九华街盆地、下闵园盆地和老常住盆地是九华山主要的盆地。

九华街盆地　位于插霄峰西。面积为4 km^2。青山四面，堆绿叠翠；茶园青葱，田地肥美。山田如掌如笠，高峻如梯。盆地内人烟稠密，名胜古迹众多。寺庙密度每平方千米多达6座(全山为0.78座/km^2)，古刹林立，香烟缭绕。商号店铺、老街古朴。碧潭明池。荷莲金鲤，花潭一涧相串；曲桥古树，相映成趣。人称山城佛国。

下闵园盆地　位于插霄峰东。面积为3 km^2。东西高峰屏立，一溪两涧穿插其中。巨岩顽石裸露地表，数以千计，各具异态。尼庵民舍，竹林环抱。闵园，原名茗地源，古代出产上乘香茶。相传金地藏曾引种优质茶树于盆地内。今上、中、下闵园皆产名茶，尤以下闵园盆地所产为贵，其汤色清绿，味甘美悠长，兰花型香气高爽持久，堪为茶中上品。

老常住盆地 海拔800 m，为高山盆地，面积为2.5 km^2。四面水源流入盆地，花草茂盛，松林密集，池、井、泉错落有致。现辟为药材场。漫步其中、清香飘逸。旧有老常住、中常住和正常住三座寺院，现仅存遗址，但九株古老的银杏仍粗壮挺拔。

转身洞盆地 在分水岭北。为九华最大的盆地，面积约8 km^2。土肥水美，中落山田数亩。四周灌木林中，飞禽走兽怡然自乐。古徽歙进山石板道横穿其中，路随溪转，盘石累累。环境宁静优美，并有转身洞、石屋等名胜（九华山志编纂委员会，1990）。

（三）气候

九华山地处亚热带湿润季风气候，同时，受海拔高度、地形地势影响而形成自身的气候特点。

1. 气温

九华山气候凉爽。九华山所在的青阳县城全年平均气温为16.1℃，九华山从山脚到山顶全年平均气温分别是：一天门15.3℃，龙池庵14.4℃，九华街13.4℃，百岁宫12.5℃，拜经台11.5℃，天台10.6℃，十王峰9.9℃。夏凉冬温，年温差不大，宜于人们生活和旅游（表5-1）（九华山志编纂委员会，1990）。

表5-1 九华山代表性地点月平均气温分布

地名	青阳县城	一天门	龙池庵	九华街	百岁宫	拜经台	天台峰	十王峰
气温/℃ 高程/m 月份	31.5	200	400	600	800	1 000	1 200	1 342
1	3.1	2.5	1.7	0.9	0.2	−0.6	−1.3	−1.9
2	4.7	4.1	3.3	2.5	1.8	1.0	0.3	−0.3
3	9.8	9.1	8.2	7.3	6.4	5.5	4.7	4.0
4	16.1	15.4	14.5	13.6	12.7	11.8	11.0	10.3
5	20.8	20.1	19.2	18.3	17.4	16.5	15.7	15.0
6	25.0	24.1	22.9	21.8	20.7	19.6	18.5	17.7
7	28.7	27.8	26.6	25.5	24.4	23.3	22.2	21.4
8	27.9	27.0	25.8	24.7	23.6	22.5	21.4	20.6
9	22.8	22.0	21.0	20.0	19.0	18.1	17.1	16.4
10	17.1	16.3	15.3	14.3	13.3	12.4	11.4	10.7
11	11.1	10.3	9.3	8.3	7.3	6.4	5.4	4.7
12	5.5	4.9	4.1	3.3	2.6	1.8	1.1	0.5
全年平均	16.1	15.3	14.4	13.4	12.5	11.5	10.6	9.9

资料来源：九华山志编纂委员会，1990

九华山气温受下列因素的制约和影响。

1) 随海拔高度的变化而变化,海拔高度增加,气温降低。从青阳县城到九华山天台东坡药材场,气温递减率全年平均为 0.47℃/100 m(表 5-2)。

表 5-2 九华山区不同海拔高度四季气温

项目 测点	海拔高度 /m	四季气温/℃				全年 平均气温/℃
		1月	4月	7月	10月	
青阳县城	31.0	2.6	16.0	28.3	17.4	15.9
桥 庵	350.0	2.4	15.3	27.3	16.6	15.1
九华街	647.3	0.8	13.8	25.4	15.0	13.4
百岁宫	825.0	0.3	13.5	24.7	14.5	12.9
药材场	1137.8	−1.7	11.3	21.8	12.5	10.7

资料来源:九华山志编纂委员会,1990

2) 气温递减率有明显的季节变化,属夏大冬小型。夏季平均气温递减率为 0.59℃/100 m,春、秋为 0.44℃/100 m,冬季仅为 0.39℃/100 m(表 5-3)。

表 5-3 九华山区不同海拔高度气温平均递减率

测点比较	高差 /m	气温递减率/(℃/100 m)				
		1月	4月	7月	10月	全年
青阳 药材场	1 106.0	0.39	0.43	0.59	0.45	0.47
青阳 桥庵	319.0	0.06	0.22	0.31	0.25	0.25
桥庵 百岁宫	475.0	0.44	0.38	0.55	0.44	0.46
百岁宫 药材场	312.8	0.64	0.70	0.93	0.64	0.70

资料来源:九华山志编纂委员会,1990

3) 气温递减率随着坡向不同而有差异。山体南坡接受太阳辐射大,同海拔高度的气温比北坡高,因此气温递减率南坡大于北坡。

4) 山区逆温现象。九华山逆温现象常发生在桥庵附近,即海拔 300~400 m,尤以 11 月、12 月和 1 月最为明显,分别比青阳县城高 2℃、1.2℃和 0.9℃。这是因为冬天冷空气较重,夜晚沿山坡进入山谷底部,使得高处气温反而比谷底高。青阳县城一些难以越冬的植物可以在桥庵附近安全越冬。

九华山冬季大部分地区平均气温为 0℃左右,冰冻时间长。活动积温随海拔高度的升高而减少。稳定通过 10℃的年平均积温,青阳县城为 5 150℃,桥庵为

4 890℃，九华街为 4 300℃，百岁宫为 4 100℃，药材场只有 3 250℃左右(九华山志编纂委员会，1990)。

2. 日照

九华山阴雨天气多，日照时间比山下短。青阳县城全年日照为 2 106. 7 h，日照百分率为 48%；九华街日照为 1 746. 6 h，日照百分率为 40%(表 5-4)。

表 5-4　青阳、九华街日照时数、日照百分比对照表

项目＼月份		1	2	3	4	5	6	7	8	9	10	11	12	全年
日照时数/h	青阳	138	125.9	137.2	154.2	174.3	197.2	259.3	248.2	174.9	186.3	162.4	148.8	2 106.7
	九华街	126.3	94.7	114.5	138.7	137.4	124.9	204.8	204.9	155.7	120.2	160.2	132.5	1 746.6
日照百分比/%	青阳	43	40	37	40	41	47	60	61	47	53	51	47	48
	九华街	39	29	31	36	33	41	52	52	40	42	44	40	40

资料来源：九华山志编纂委员会，1990

3. 湿度

青阳县城全年各月相对湿度变化不大，均在 80%左右。九华山相对湿度高于青阳，为 80. 85%，12 月至次年 2 月相对湿度最小，6 月至 10 月相对湿度最大(表 5-5)(九华山志编纂委员会，1990)。

表 5-5　青阳、九华街相对湿度对照表　(单位：%)

地点＼月份	1	2	3	4	5	6	7	8	9	10	11	12	全年
青阳	78	78	79	80	79	81	79	80	83	80	80	79	79.67
九华街	78	78	79	81	81	83	85	80	83	82	80	79	80.85

资料来源：九华山志编纂委员会，1990

4. 降水

九华山是全省多雨地区之一。九华街从 1956～1987 年记录统计，年平均降水量为 2 167. 8 mm，最大降水量 1983 年达到 2 715. 6 mm；最小降水量 1978 年仅 1 278. 6 mm。

九华山降水量受下列因素的影响而变化。

1) 随海拔高度而变化，海拔越高，降水量越大。青阳县城年平均降水量为 1 721. 3 mm，九华山药材场为 2 247. 4 mm，降水量随高度增长率为 48 mm/100 m (表 5-6 和表 5-7)。

2) 汛期雨量集中。5～9 月，青阳县城降水量为 1 019. 9 mm，九华山药材场为

1 401.7 mm,比山下约多400 mm。

3) 降水的四季分配也受海拔高度的影响。夏季降水量占全年降水量的比重,随海拔升高而增加,其他三季随海拔降低而减小。

4) 局部地形对降水量的影响。百岁宫比九华街位置高,但降水量反而少。这是因为百岁宫地处突出的山脊,风速比低凹处的九华街大,小雨滴被风吹走不易下降,故而九华街的降水量比百岁宫多(九华山志编纂委员会,1990)。

表5-6 九华山不同海拔高度降水情况一览表 (单位:mm)

月季 测点	1月	4月	7月	10月	汛期 (5～9月)	全年 降水量	全年 降水日期	备注
青阳	46.6	157.8	276.4	206.9	1 019.9	1 721.3	177.7	
桥庵	48.9	203.2	313.9	211.6	1 136.5	1 986.4	175.7	
九华街	58.6	206.7	354.2	218.8	1 280.3	2 167.8	182.7	
百岁宫	56.5	193.6	351.6	208.4	1 233.0	2 056.0	171.7	
药材场	59.3	196.2	389.1	218.8	1 407.1	2 247.4	167.7	

资料来源:九华山志编纂委员会,1990

表5-7 九华山不同海拔高度四季降水量占全年总量比例 (单位:%)

月季 测点	四季				
	春(3～5月)	夏(6～8月)	秋(9～11月)	冬(12～2月)	汛期(5～9月)
青阳	24.32	40.13	26.17	9.38	59.3
桥庵	24.9	39.78	25.00	10.31	57.2
九华街	24.13	41.38	24.47	10.03	59.1
百岁宫	23.29	42.35	24.10	9.63	60.00
药材场	21.85	46.21	22.97	8.96	62.6

资料来源:九华山志编纂委员会,1990

5. 风

高度、地形、地势和坡向的不同,九华山区各地的风向多变。青阳县城以东北到东北偏东为主要风向;桥庵多北风到东北风,其次是南风;九华街四面环山,地势低洼,因而风向混乱;百岁宫多东风和西北风;药材场以东北到南风为主,北风的频率也较高。

九华山无风时间很少。风速大于17 m/s的大风年年都有,1987年多达27天,1985年只有11天。大风以5月份出现最多,年均为19.4天。

九华山还经常出现规模较小的地方性山谷风,其风向与山谷走向一致。这主要是由于热力原因,山坡暴露于太阳光下,形成空气的辐合与辐散所致。白天风沿山谷向山顶吹,称为谷风;夜晚风又沿山谷向山下吹,称为山风。一年四季,特别是秋、冬两季，游人在回香阁可以耳闻山谷风所形成的阵阵松涛，目睹竹海翻腾的壮观景象(九华山志编纂委员会，1990)。

6. 云雾

九华山四季多云，尤其是春季，春雨潇潇，云雾迷漫。云层一般为 90～400 m，如果云层厚度在 1 000 m 左右，在天台就可以看到云海。此外，在百岁宫、神光岭、小天台等处有时也能看到云海。

九华山不仅多云，而且多雾。有时雾粒、低云和毛毛细雨，相互交融，能见度极低。有时在风力作用下，云雾时涨时消，山峦时隐时现，犹如蓬莱仙境。九华山常年有雾，1～6 月和 9～10 月尤其多。全年雾天多达 168 天(九华山志编纂委员会，1990)。

7. 霜期

根据山区气温垂直分布的特点，九华山初霜比山下早，终霜比山下迟，霜期比山下长(表 5-8)。

表 5-8 九华山不同海拔高度霜期一览表

测点＼项目	初日	终日	霜期/天	无霜期/天	备注
青阳	11 月 16 日	3 月 28 日	133	232	
桥庵	11 月 16 日	3 月 15 日	120	245	
九华街	10 月 29 日	3 月 28 日	151	229	
百岁宫	11 月 4 日	3 月 19 日	136	229	
药材场	11 月 1 日	3 月 21 日	141	224	

资料来源：九华山志编纂委员会，1990

8. 雪

九华山从山脚到山顶高差近 1 000 m，山上下雪比山下早，而且雪量大。1957 年农历九月初三，天台即下小雪，比山脚早一个多月。九华山初雪日期一般在 11 月下旬，终雪日期多为 3 月底，平均下雪日一个多月，积雪初、终间日数为 110 天，最长可达 146 天。积雪深度一般 20～40 cm，1956 年天台处积雪达 1 m 厚(九华山志编纂委员会，1990)。

9. 冰雹

九华山每年都有冰雹出现，一般是 3～8 月份，尤以 8 月份最多。雹粒大小不一，一般范围较小。主要有四条路线：九华山至杜村，九华山至西洪岭，九华山至沙济，九华山至分水岭。降冰雹时，往往伴随大风、雷雨，但时间短，一般损失不大(九华山志编纂委员会，1990)。

10. 四季

四季划分的标准为：凡候(每五天为一候)均气温在 10℃以下的，就是冬季开始；候均气温在10～22℃的为春秋季节；候均气温高于22℃的为夏季。九华山春来迟，秋偏早，夏短冬长（表5-9），而且海拔越高，这种四季变化的规律就越明显（九华山志编纂委员会，1990）。

表5-9 青阳、九华山四季时段对照表

测点＼项目	春季		夏季		秋季		冬季	
	始日	天数/天	始日	天数/天	始日	天数/天	始日	天数/天
青阳	26/3	56	21/5	128	26/9	56	21/11	125
九华街	6/4	77	22/6	81	11/9	67	17/11	140
药材场	14/4	88	11/7	34	14/8	85	7/11	158

资料来源：九华山志编纂委员会，1990

（四）水文

九华山河溪属长江水系一、二级支流的中、上游段，从山体中心部位呈放射状向外流出，镶嵌在山地、丘陵之间。规模最大的为九华河和青通河，它们均为长江一级支流，沿断层和岩层接触带发育。山南以陵阳河和喇叭河规模最大，均向南汇入太平湖，经青弋江入长江。它们均沿垂直节理发育，汇流区较小。九华河和青通河的支流也多受节理控制，如九华河的支流——缥、双、舒、濂四溪都沿近东西向节理发育。九华山地流出的河流河谷纵剖面呈阶梯状，多裂点、陡坎，形成许多蔚为壮观的飞瀑，如龙池瀑、九子泉、舒姑泉等。河谷横剖面多呈峡谷和谷中谷状态，两岸奇峰夹峙，显得分外险峻。特别是龙溪（九华河的一段），从龙池到二天门，一连作了五次转折，常在端点形成碧水深潭，连贯在一起成晶莹璀璨的串珠，故有"一水自萦绕，五星相贯联"之称。

另外，受构造或岩性因素的影响，在河流的源头，偶有山间盆地的发育。前者如九华盆地，处于中龙山—九华街断层带，又是印支期花岗闪长岩与燕山期花岗岩的接触带，经流水长期作用而形成的侵蚀构造盆地。后者如老常住盆地，位于十王峰和天台峰东南侧，因上升幅度较小，相对地势低，经山坡剥蚀后退和流水冲刷作用形成黄石溪源头之一。

每年雨季，山水迸泄，形成飞瀑，瀑布奔腾，冲激成潭，潭溢而又成溪泉。古人有诗赞曰："一夜风雨过，遍山满飞龙。"九华山溪流以五溪最为著名，五溪是龙溪、舒溪、澜溪、漂溪和双溪的合称，汇流入九华河。汇流处为五溪镇，是出入九华山之门户，青山映绿水，绿水浮青山，一派江南风光。瀑布以碧桃潭最为著名，被誉为九华山第一大瀑。

九华山地下水属于基岩裂隙水类型。地下水补给以大气降水为主，并多以泉水的形式成为九华山涧溪的源头。在山间盆地的周围地带，节理裂隙发育，常有温泉以群带的形式出露，水温一般在 20℃，水质优良。浅层孔隙水主要分布在青通河、九华河、喇叭河的河谷平原中，水量颇丰。

（五）生物

1. 植物与植被

在安徽省植被分区中，九华山植被属安徽南部中亚热带常绿阔叶林带的皖南山地丘陵植被区，黄山、九华山植被片，是我国东南地区植物荟萃之地。据调查，九华山共有植物 1 461 种，隶属 175 科，633 属，其中蕨类植物 103 种，裸子植物 19 种，被子植物 1 215 种。拥有多种国家级保护树种（九华山志编纂委员会，1990）。

(1) 国家二级保护树种

金钱松主要分布于九华山中闵园、小天台、九华街、甘露寺等地，并且多数是胸径在 30 cm 以上，最大胸径达 80 cm 的大乔木。

银杏九华山主要分布于真如庵、太白书堂等地，多数胸径一般在 1 m 左右，最大的胸径达 1.5 m 以上，均为数百年树龄。

香果树为我国特有的单种属濒危植物。九华山有分布，但数量极少，目前仅发现在中闵园去拜经台的沟谷边有一棵胸径近 1 m 的大树。

花榈木在九华街东侧可见，但数量极少，一般树高 10～12 m，胸径 0.5 m 左右。

毛红椿分布于甘露寺和九华街，一般树高 12～15 m，胸径 60～80 cm。

九华山的紫楠木一般散生在海拔 900 m 以下的阴湿山谷中，闵园的龙溪两侧有少数几棵，树高 8～10 m。

鹅掌楸为古老的孑遗植物，对古植物学和植物系统学有重要科研价值。叶形奇特，为世界著名观赏绿化树种。九华山仅在小天台发现有鹅掌楸植株。

杜仲为我国特有的单属科、单种属植物，在研究被子植物系统演化上有重要科学价值。九华山自然分布极少发现，偶见有零星栽培植株。

红豆树分布于天台、蜡烛峰一带。高大乔木，树高一般 12～17 m，树围 2.5 m 左右。其果似鲜艳的红豆，久藏色不变，可做项链、手镯等装饰品。

(2) 国家三级保护树种

天女花为第四纪冰川孑遗植物之一。百岁宫附近有 3 棵，树高 10～12 m。胸径 0.4 m 左右。

短萼黄为我国著名传统中药材。九华山上闵园有小片分布。

明党参为名贵药材。九华山外围丘陵地区有分布。

青檀为我国特有的单种属，对研究榆科系统发育有学术价值。九华山外围偶见。

猬实为忍冬科落叶灌木，高 2～3 m。花大而美丽，园林栽培，供观赏。九华山外围偶有发现。

凹叶厚朴对研究东亚和北美植物区系及木兰科系统分类有科学意义，同时又为我国用材和贵重药用树种。叶大浓荫，花大而美丽，亦为庭园观赏树及行道树。九华山小天台、真如庵附近及中闵园发现有栽培或分布植株。

黄山木兰花果甚美，是城镇园林的优良观赏绿化树种。九华山分布极少。

(3) 安徽省保护树种

三尖杉零散分布在小天台、中闵园、甘露寺等处，但数量极少。三尖杉对某些癌症有疗效而名扬天下，尤其含高三尖杉酯碱，对血癌和淋巴肉瘤有显著疗效。

玉兰九华山有分布，但极少见，目前仅在中闵园莲花庵附近发现有 5 株胸径达 50 cm 以上的大树。

(4) 其他名贵树种

青钱柳分布于九华山小天台、九华街、甘露寺等地，多数胸径为 50 cm 以上，最大胸径达 100 cm 的高大乔木。它与“娃娃鱼”(实为东方蝾螈)、“叮当鸟”并称九华山“三宝”。

黄山松分布于九华山海拔 800 m 以上的闵园、天台、拜金台、真如庵等多处。九华山著名的黄山松有“凤凰松”、“黑虎松”等。

青栲分布在九华山小天台、甘露寺、九华街肉身殿附近等处，有数株胸径为1 m 左右的大树，树冠美丽。

黑壳楠在九华山有极少量分布，目前仅在甘露寺旁发现两株胸径约 70 cm 的大树。

枫香在九华山分布广泛，但仅在甘露寺、九华寺、小天台等处发现胸径在 1 m 以上的大树，最大胸径达 1.5 m。

三角枫在九华山分布广泛，但仅在九华街闵公墓附近发现个别胸径达 1 m 的大树。

紫树在九华山有极少量分布，仅在小天台和九华街大悲楼后发现两株胸径在 70 cm 以上的大树。

檫木为名贵树种。九华街至天台均有分布。是我国特有的珍贵树种之一。

(5) 药用植物

九华山有明党参、鼠曲草、藿香、通泉草、丹参、益母草、五味子、华东驴蹄草、鹅掌草等药用植物 1 000 多种，其中华东驴蹄草为九华山特有的珍稀草药。

6) 观赏花卉

九华山有杜鹃、安徽杜鹃、四照花、圆锥绣球、秋牡丹、木莲、山梅花、独蒜兰、九节菖蒲等观赏花卉100多种，其中安徽杜鹃、秋牡丹、山梅花等分布在九华山海拔800 m以上（九华山志编纂委员会，1990）。

2. *动物*

九华山山高林密，利于野生动物繁衍、栖息，据调查统计，九华山有两栖类动物13种，分2目6科；爬行类动物24种，分3目8科；鸟类168种及3亚种、分15目38科；兽类48种，分8目17科。

九华山禽兽中，列为国家一类保护动物的有梅花鹿、黑鹳；国家二类保护动物有鸳鸯、白颈长尾雉、猕猴、短尾猴、白鹇、黑麂、大灵猫、小灵猫、穿山甲；国家三类保护动物有白尾海雕、金钱豹、獐、苏门羚、青羊、青鹿等。

（六）土壤

九华山土壤分为五个土类，即山地草甸土、棕壤土、褐土、潮土、水稻土。前两类分布于800～1 000 m以上地带，褐土、潮土、水稻土主要分布在低山、丘陵及平原地区。

九华山土壤垂直分布现象比较明显（图5-1）。顾也萍（1987）在20世纪80年代对九华山土壤垂直分布特征和形成条件进行了研究。研究表明：九华山群峰竞秀，其中以十王峰为最高，海拔1 342 m，山麓二圣殿海拔仅100 m，相对高差多于1 200米。九华山为侏罗纪花岗岩侵入体所组成，颜色为深肉红色，主要矿物有钾长石（40%～60%）、斜长石（10%～25%）、石英（20%～35%）及少量黑云母。质地坚硬，节理发达，故地势陡峻，多悬崖峭壁。土壤的成土母质都是花岗岩风化物。

九华山的年平均温度为13.5℃，年降水量为1 964 mm。冬季月均温度都在0℃以上，无霜期为214天。山岭上部，气温较低，植物生长期相应推迟。每当春末夏初，山下的映山红、桃花、油菜花已经凋谢，而山腰的映山红却刚含苞待放；夏季不太炎热，中午温度不超过32℃。冬季寒冷，有些年份，海拔550 m处的最低温度可达－20℃左右。山上多云雾，相对湿度大。

植被类型为落叶阔叶与常绿阔叶混交林。常绿树种仅耐寒种类生长较好。这里的植被受人为影响极为深刻，山麓二圣殿一带破坏最为严重，仅溪沟两旁有高大的乔木，如枫杨（*Pterocarya stenoptera*）等；荒坡上多分布着稀疏的马尾松（*Pinus massaiana*）幼年林；有的已辟为旱地。600 m以下一般为马尾松和杉木（*Cunnighamia lanceolata*）林以及毛竹（*Phyllostachys pubescens*）林。个别地段还生长有较好的常绿阔叶树。

600 m以上落叶树成分逐增加。例如，玉身宝殿的混交林，上层是以喜暖湿的落叶阔叶树占多数，夹杂一些耐寒的常绿阔叶树。主要树种有灯台树（*Cornus cotroversa*）、青栲（*Cyclobalanopsis myrsinaefolia*）、枫香（*Liguidambar*

formosana)等。600～700 m以上直到山顶,黄山松(*Pinus hwangshan ensis*)占显著地位。

1 000 m以上的山坡,因地高峰峭,乔木生长矮小,黄山松较为稀疏,以不同高度的灌丛为主。常见的乔灌木种类有南方六道木(*Abelia dielsii*)、三桠乌药(*Lindera obtusiloba*)、云锦杜鹃花(*Rhododendron fortunei*)等。山地顶部,灌木草本植物生长茂盛,草本植物有五节芒(*Miscanthus flovidulus*)、萱草(*Hemerocallis fulva*)等。

九华山土壤有明显的垂直分布规律。在海拔600(或700)m以下,由于湿润暖热的气候条件,干湿交替明显,植被为常绿落叶阔叶混交林、马尾松林等,因此发育着淋溶作用强、脱硅富铝作用较明显的红壤,都与江西庐山、湖南衡山的基带土壤类似,故属于红壤土类,但其黏粒的硅铝率偏高,游离氧化铁含量偏低,应属红壤土类中的黄红壤亚类。黄红壤在水平分布上是红壤向黄棕壤过渡,在垂直分布上是红壤向山地黄棕壤过渡。

在海拔600(或700)～1 000(或1 100)m,随着海拔升高,落叶树成分增加,植被为常绿落叶阔叶混交林、黄山松林等,发育着脱硅富铝化作用较弱的山地黄棕壤。它不但具有棕壤的性质,而且具有红壤的某些特性,如呈酸性、盐基不饱和等。黏粒硅铝率、氧化钾和氧化镁含量、B层游离铁含量、铁铝水合系数、H/F值以及黏土矿物类型都介于红壤和棕壤之间。因此山地黄棕壤是黄红壤向棕壤过渡的土壤类型。

海拔1 000(或1 100)～1 300 m为山地酸性棕壤,植被为山地矮林灌丛,乔木矮小,黄山松稀疏。有机质含量高,H/F值显著增大,说明随着高度增加,气温变低,湿度变大,生物小循环速度减缓,形成的腐殖质类型与下部的山地黄棕壤、红壤有所不同。土壤性质如黏粒的硅铝率、淀积层的游离铁含量和黏土矿物类型又与山东省的酸性棕壤非常相近。

山地灌丛草甸土分布于海拔1 300 m左右的地形低平处。气候冷湿,植被为茂密的灌木草地,覆盖度达95%。每年遗留在土壤中的有机残体较多,冬季微生物活动受抑制,夏季时间短,虽有较高的温度,但土壤相当潮湿,嫌气微生物活动旺盛,有机质分解缓慢,故积累了大量的有机质,形成深厚的棕黑色的腐殖质层,淋溶作用强,盐基不饱和。这与泰山盐基饱和的山地灌丛草甸土有所不同(顾也萍,1987)。

二、九华山佛教文化及其景观

(一) 九华山佛教沿革

佛教约于公元一世纪,即两汉之际,由印度传入中国。其传播的途径,除了由

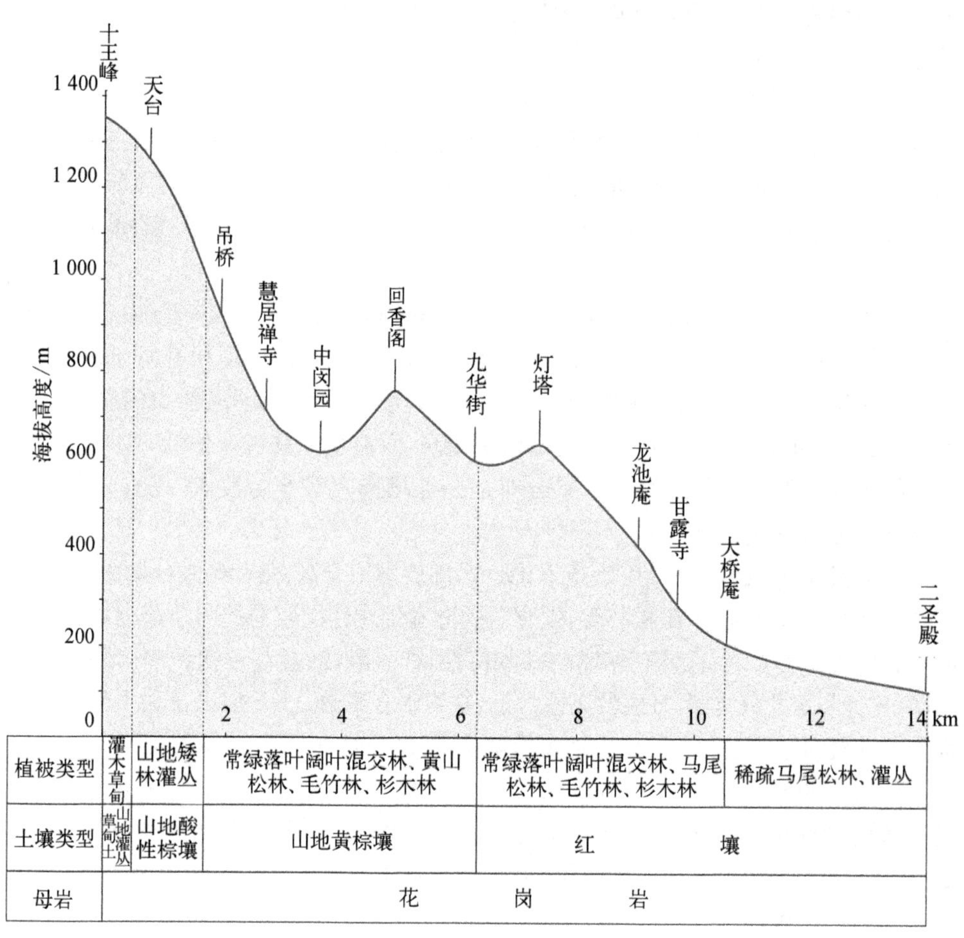

图 5-1　九华山植被和土壤垂直分布图

资料来源：顾也萍，1987

西域而到中原、江南外，还有经过海路到达吴楚的情况。“据史籍的记载看来，当时楚地佛教的传播比起中原，似乎更盛一些”（赵朴初，2011）。

从三国至两晋时期，江南地区的佛教渐有传播，但著名的梵刹除庐山东林寺外，寥寥无几。这时九华山还是一片荒莽的山区，不过，它神采奇异的环境却也吸引着佛教传经布道的开拓者。据明代嘉靖《池州府志》《九华山志》等记载，相传东晋隆安五年（401 年），天竺僧人杯渡来九华山，创建茅庵。

南北朝时期，门阀士族大力提倡佛教。这时，九华山虽比较荒僻，但据旧志记载，相传梁武帝天监二年（503 年），亦有僧人伏虎来山，居拾宝岩，建伏虎庵为道场。

隋文帝杨坚致力于佛教的传播。曾下诏“于诸州名山之下，各置僧寺一所，并赐庄田”（《大正藏》卷49）。到了唐代，中国佛教进入了极盛时期。在这样的大气候下，九华山佛教才得以兴起。据唐隐士费冠卿《九华山化城寺记》所载，九华山佛教圣地的开创者为新罗僧人，世称“金地藏”，俗姓金，名乔觉，系新罗王族近亲。唐开元末（约719年）渡海来华，至九子山（九华山）中，宴然独坐，苦行修持，一方善信，悉皆宗仰。至德初（约757年）山下长老诸葛节等捐款买下“谷中之地”，原为僧人檀号住寺的旧址（即今九华街化城寺），为金乔觉兴建禅居。建中初年（约781年），池州太守张岩，因仰慕金乔觉僧德，施舍甚厚，并奏请朝廷移旧额“化城”，置于该寺。贞元十年（794年）金乔觉圆寂，尸坐石函中，越三年未腐，众僧徒尊为地藏菩萨示现，建肉身塔（即地藏塔）供奉。从此，九华山被称为地藏道场，四方信众纷来朝山，历代香火绵延。

宋代，对佛教采取保护措施，九华山佛教得到发展。据统计，宋代九华山寺院在晚唐和五代的基础上发展到了四十余座。

元代九十余年间，由于朝廷崇奉和支持喇嘛教，除在京城内外建有较多的喇嘛寺外，其他汉族地区的佛教无甚发展。九华山佛教基本保持宋时状况。

元末，长江中下游一带爆发了持续十余年的朱元璋、陈友谅、张士城等多支农民军参加的农民战争。九华山所在的池州全境成为主要战场之一，信众无法朝山，山僧失去了经济来源，生活陷入困境。寺宇长期失修，有的被毁。相传元末明初的三四十年里很多寺院无和尚。

明代鉴于元代崇奉喇嘛教的流弊，转而支持汉地佛教，使其得到恢复和发展。16～17世纪，明皇室对九华山佛教多方支持。崇祯三年（1630年）敕封万年禅寺（即百岁宫）的已故无瑕和尚为“应身菩萨”。

全山范围的寺庵（包括前山和后山的茅棚、精舍）达一百余座。常住山上的僧众日益增多，朝山的信徒岁无虚日。明代九华山已同五台、峨眉、普陀等山共称为中国四大佛教名山，其香火之旺，又为“江表诸山之冠”。

清代帝王崇尚佛教，从康熙（圣祖）南巡时起，就从精神上和物质上给九华山佛教以支持。赐御书“九华圣境”，乾隆三十一年（1766年）赐御书“芬陀普教”。

地方官府也给九华山佛教以支持。由于官绅和信徒的捐助，清代中叶全山新建和扩建了众多的寺院，据初步统计超过150座。化城寺拥有72所寮房，其中一些寮房又自称“禅林”或“禅院”，后相继分衍出祇园寺、百岁宫、东崖寺等丛林。

清代九华山佛教以禅宗为盛，其中临济、曹洞二宗相峙，以临济宗占优势。

辛亥革命后，九华山寺院虽间有兴废，但仍保持着佛教名山的局面。

20世纪二三十年代，随着香火的旺盛和施主的捐输，寺院经济发展较快，九华山佛教曾有短暂的兴隆。全山寺庵多于150座。

1937 年 7 月，抗日战争爆发，江南大部地区沦陷，九华山佛教面临困境。寺院在外地的地租收入锐减，香客稀少，僧人生活窘迫，寺宇失修。1940 年日军进山扫荡，东崖下院、法华寺、九莲庵等 6 座寺庙被炸毁。政局动荡，九华山佛教元气大伤，香烟冷落，僧尼生活清苦异常。

新中国成立初，九华山有寺庙 99 座，僧尼 200 多人。为保护佛教名山，人民政府在九华山建立了管理机构，贯彻执行宗教信仰自由政策，领导和组织广大僧尼参加社会主义改造和建设工作。1966～1976 年“文化大革命”期间，九华山佛教协会停止活动，1978 年以来，经过拨乱反正，九华山佛教出现了新的面貌（九华山志编纂委员会，1990）。

1983 年和 1984 年，国务院和安徽省人民政府分别发文，确定九华山 9 座名刹——化城寺、肉身殿、百岁宫、甘露寺、祇园寺、天台寺、旃檀林、慧居寺、上禅堂等为全国重点寺院，二圣殿等 30 座寺院为省级重点寺院。这些寺院都在政府拨款和佛教信徒的资助下得到了不同程度的维修（九华山志编纂委员会，1990）。2013 年九华山化城寺、祇园寺、月身殿和百岁宫被列为全国重点文物保护单位。

（二）重要寺院及道场

1. 重要寺院

化城寺　位于九华街，四周环山如城。相传晋隆安五年（401 年），天竺僧杯渡于此筑室为庵。据唐隐士费冠卿《九华山化城寺记》载：唐开元间，僧人檀号居之，寺额曰“化城”。至德初年（756 年），乡绅诸葛节买檀公旧地建造寺殿，请新罗僧金乔觉入居。建中初年（780 年），池州郡守张岩奏请朝廷移旧额“化城”于该寺。贞元十年（794 年），金乔觉 99 岁圆寂后，僧众视为地藏菩萨化身，化城寺遂辟为地藏王道场。

南宋末住持僧广宗，后称为冠传禅师。元至治初（约 1321 年）住持僧真观，后称为无像禅师。洪武二十四年（1391 年）住持僧宗琳、法鉴扩建为丛林。宣德十年（1435 年）住持僧福庆重修，扩建东序寮房。正统间住持僧道泰，继后都冈、法演、法广扩建佛阁、方丈廊庑、地藏殿、石阶，组成西序寮房。隆庆六年（1569 年）徽州商人黄龙鼎捐款重修。万历十四年（1586 年）、二十七年（1599 年）朝廷先后颁赐《藏经》。万历三十一年（1603 年）住持僧量远赴京，朝廷赐以紫衣。

清康熙二十年（1681 年）池州知府喻成龙重修并增建“聚华楼”，东西二序（亦称二宫）七十二寮房，化城寺遂为“九华诸寺之冠”，成为总丛林。康熙四十二年至四十四年（1703～1705 年）三次降旨遣内侍来九华进香、赐银并赐额“九华圣境”。乾隆三十一年（1766 年）赐御书匾额“芬陀普教”。咸丰七年（1857 年）寺被毁，唯存藏经楼。光绪十六年（1890 年）住持僧论法与贵池信士刘含芳等募款重建殿宇四进。

1929 年，释容虚在此创办“江南九华山佛学院”。民国期间为九华山佛教会驻地（九华山志编纂委员会，1990）。

1955 年，青阳县人民政府重修寺院。1968 年全寺佛像被砸毁。1981 年寺院重修，辟为“九华山历史文物馆”，展出和馆藏文物 1 800 余件。全寺面积 3 500 m^2；1981 年 9 月 8 日，安徽省人民政府定化城寺为重点文物保护单位；1983 年 4 月 9 日，国务院批准化城寺为汉族地区佛教全国重点寺院（九华山志编纂委员会，1990）。2013 年化城寺被列为全国重点文物保护单位。

肉身殿　在化城寺西，神光岭头。唐贞元十年（794 年）金乔觉 99 岁，忽召众徒告别，跏趺示寂。相传顿时“山鸣谷陨，群鸟哀啼，地出火光”。其肉身置函中经 3 年“颜色如生，兜罗手软，骨节有声，如撼金锁”。僧众视为地藏菩萨示现，即在出现“圆光如火”之地（后人称神光岭），建一石塔，将肉身供于石塔中，尊为金地藏，嗣后配以殿宇，称肉身殿。

明万历间朝廷颁银重修塔殿，赐额“护国肉身宝塔”。清康熙二十二年（1684 年）池州知府喻成龙重修殿宇，正殿大门朝北，建有 84 级台阶。咸丰七年（1857 年）大部分殿宇遭兵燹。同治初山洪冲倒殿宇，继又重建。光绪十二年（1886 年）开肉身塔大规模重修，穆殿门正南向，门额悬挂“东南第一山”横匾。殿南陡悬 81 级石阶。

1914 年殿宇复修。1917 年黎元洪书赠“地藏大愿”匾额。

1955 年青阳县人民政府重修殿宇。1981 年九华山管理处重修殿宇。该寺殿宇宏伟，是塔殿式建筑，上盖铁瓦，四角有宫殿式翘檐。殿内汉白玉铺地，塔基上建有七层八方木塔，每层木塔有佛龛供地藏菩萨佛像。全寺建筑面积 705 m^2。为省重点文物保护单位、全国重点寺院。2013 年肉身殿被列为全国重点文物保护单位。

万年禅寺　坐落东崖之巅。初名“摘星庵”，明末清初俗称“百岁宫”。始建于明代。万历年间，无瑕和尚在此结茅禅修，110 岁圆寂，肉身 3 年不腐，后人装金供于庵中。崇祯三年（1630 年）敕封为“应身菩萨”，赠塔名“莲花宝藏”，赐额“为善最乐”。同年，无瑕徒弟慧广主持造戒堂，立方丈，安单接众，易庵为寺。清康熙五十六年（1717 年）毁于火灾，六十年（1721 年）住持僧三乘重建。乾隆年间传戒。嘉庆十九年（1814 年）住持僧德念重修。道光年间僧宏楞重修，建首师殿。咸丰三年（1853 年）毁于兵燹。光绪五年（1899 年）僧释宝身主持重建并赴京请《藏经》一部。1917 年、1932 年两次传戒。

1982 年九华山管理处重修。1983 年重塑佛像，重新给无瑕和尚肉身上漆、贴金。1987 年住持僧应观塑“弥勒佛”一尊，高宽均达 2 m。今存钟、鼓、碑刻等文物

50余件。建筑面积2 850 m^2。属全国重点寺院。2013年百岁宫被列为全国重点文物保护单位。

祇园寺　坐落东崖西麓、迎仙桥东。始建于明代，称“祇树庵”。清康熙年间为化城寺东序寮房，嘉庆年间诸山长老请禅居伏虎洞二十余年的和尚隆山（即洞山）任住持，香火日盛，遂为丛林。隆山84岁圆寂，3年开函，颜色如生，僧人装金供奉。咸丰年间寺毁于兵燹，唯肉身独存（民国时被毁）。同治年间住持僧大根重建，增设戒棚，安单接众。光绪三十年（1904年）住持僧宽扬募建大雄宝殿，时为九华山四大丛林之首。1925年段祺瑞赠额“慧日常明”。1936年上海高旻寺首座了愿法师于大殿东侧建光明讲堂。

1956年青阳县人民政府重修寺宇。1982年九华山管理处复修。1983年九华山佛教协会重塑部分佛像，并将所有佛像上漆、贴金。1985年在此举办“安徽省佛教九华山僧伽培训班”。1986年9月祇园寺恢复十方丛林，实行选贤制，释仁德为首任方丈。

该寺殿宇层层叠叠，回旋曲折，结构精巧，气势磅礴。佛像和千僧灶等文物保护完好。建筑面积5 157 m^2，为全国重点寺院。2013年祇园寺被列为全国重点文物保护单位。

甘露寺　坐落九华山北路定心石下。原名“甘露庵”，又名“甘露禅林”。清康熙六年（1667年）玉林国师朝礼九华，途经此地，赞曰“此地山水环绕，若构兰若，代有高僧”。时居伏虎洞的洞安和尚闻之旋即离洞，并得青阳老田村吴尔俊等人资助破土建寺。动工前夜，满山松针尽挂甘露，人称奇迹，故得“甘露庵”名。洞安在此两度登坛说戒后，仍归伏虎洞。乾隆间住持僧优昙开坛传戒，成为丛林。道光十六年（1836年）住持僧青莲扩建。咸丰三年（1853年）住持僧圣传，时寺遭兵燹。八年（1858年）住持僧恩浩重修。同治三年（1864年）复遭兵燹，次年住持僧法源等重修。光绪二十年（1894年）住持僧大航募修，入京请回《藏经》一部。寺内曾有装金肉身一尊，系光绪末（1705年）甘露寺都监僧常思，91岁时自以香汤沐浴，更衣礼佛，辞行僧众，端坐蒲团，安详而逝。其肉身在“文化大革命”时被烧毁。

1956年青阳县人民政府重修该寺。1983年九华山管理处再次重修。1985年重塑佛像并上漆、贴金。今存大雄宝殿、配殿、寮房、钟鼓、碑刻等文物。全寺建筑面积3 500 m^2。为全国重点寺院。今九华山佛学院设于该寺。

旃檀林　坐落化城寺西南。背倚“琵琶形”山丘，又称“旃檀禅林”。据说，初建寺时伐琵琶形山丘上古树，见其木质坚硬，纹络纤细，酷具异香，僧人喻之为佛家珍品——旃檀树；谓琵琶形山丘为佛经记述的南印度牛头山（因盛产旃檀树而闻名），因此名为“旃檀林”。清康熙年间旃檀林为化城寺72寮房之一。光绪十二年（1886年）释定禅募化重建。民国初年（1912年）住持僧福星扩修，居士易国干赠额“福慧双修”。继住持僧镇安扩建殿宇，安单接众。1958～1977 年为九华山佛教大队驻地。1978～1985 年为九华山佛教协会驻地。1982 年九华山管理处重修殿宇和佛像，内藏匾额、碑刻、法器、供器、瓷器、木器等文物，建筑面积 2 849 m^2。为全国重点寺院。

上禅堂　原名“景德堂”。坐落神光岭肉身殿下，侧有“金沙泉”，相传李白在此以金钱树叶酿酒。始建于明代。清康熙六年(1667 年)玉林国师徒弟宗衍重建。乾隆二十三年(1758 年)住持僧忝石扩建观音殿。王文僖公赠额“秀冠云林”。咸丰年间毁于兵燹。同治初年(1862 年)住持僧开泰募款重建。光绪年间僧清镛续建。1925 年佳持僧霞光，因其慈善有功，倪前知事赠额“佛国元功”。1928 年住持僧志芳重修大殿，安单接众。1933 年再修大殿。1957 年观音殿部分毁于火灾。1987 年九华山管理处重修。建筑面积 1 280 m^2。为全国重点寺院。

慧居寺　原名“慧庆庵”。坐落天台山西麓、中闵园东。始建于清代，清末住持僧仁琳扩修。1938 年住持僧普明募化重建大殿，扩充寮房，安单接众，始具丛林规模，易名“慧居禅寺”。抗日战争期间青阳中学迁于此地。1982 年重修殿宇。1984 年所有佛像上漆、贴金。该寺背倚高山，面临竹海，环境十分幽美。建筑面积 541 m^2。寺内十八罗汉及菩萨塑像造型优美，神态逼真。为全国重点寺院。

天台寺　即“地藏寺”、“地藏禅寺”。因坐落天台峰顶，故又称“天台寺”。相传金乔觉曾居天台，留有“金仙洞”遗迹。寺始建于宋，后废毁。明洪武元年(1368 年)居士陈履泰捐资，住持僧昭莲重建，遂为丛林。嘉靖年间寺僧玺玉居山护林，享年 110 岁。清康熙五十九年(1720 年)尘尘子重建，称“活埋庵”。至清中叶，天台峰周围 48 座寺庙已形成“八刹”，香火甚旺。咸丰年间毁于兵燹。光绪十六年(1890 年)重建，1920 年住持僧彻德重修“天台正顶”。1921 年住持僧兰田重修天台石板路。1936～1949 年住持僧义方重整仪轨，大振沙门。1936 年大国师章嘉呼图克图赠匾额一块，今已佚。

1955 年青阳县人民政府重修。1982 年九华山管理处重修。1983 年重修佛像，上漆、贴金。建筑面积 1 540 m^2。为全国重点寺院。

二圣殿又名“二神殿”，坐落九华山北麓。据光绪《青阳县志》载，二圣殿，初名“二圣庙”又名“九华庙”。“相传唐时新罗国金地藏飞锡驻扎九华，二臣昭佑、昭普追返国不遂，因筑室在此修炼，后合都立庙塑像，恢其旧址。”又据明弘治元年(1488 年)碑刻《重建九华行祠石壁庙记》载，唐时新罗僧金地藏来九华居化城寺，“后其国使谭、曾二臣取之不归”，“地藏年至九十九，无疾而坐化，寺僧立塔墓，直以奉之。二臣后皆为神，吴氏创庙九华山下”。

此殿明代重建，一直为乡民祭祷之所。清末，比丘尼能芳、有缘相继维修。后易为僧居。1985 年重修殿宇。建筑面积 89 m^2。1984 年 12 月 30 日安徽省人民政府确定为省级重点寺院(九华山志编纂委员会,1990)。

2. 大愿文化园

(1) 大愿文化园建设的缘起

九华山大愿文化园,是一座以弘扬地藏文化为核心的佛教文化道场,是九华山打造世界级旅游景区和国际性佛教圣地的标志性工程。它的建成,对进一步丰富九华山佛教文化内涵,提升景区核心吸引力和推动九华山旅游国际化进程都有着重要意义。

大愿文化园的建设最初缘于 99 m 地藏菩萨露天大铜像的建设,总体规划几经修改和提升,形成了今天由铜像主体和大愿广场两部分组成的大愿文化园。

99 m 地藏菩萨露天铜像由原中国佛教协会咨议委员会副主席、安徽省佛教协会会长、九华山佛教协会会长仁德长老发起筹建。1990 年,中国佛协组织高僧代表团访问香港,参加香港大屿山天坛大佛落成庆典,仁德应邀前往。天坛大佛落成在海内外影响巨大,仁德法师参观瞻礼拜后感触很深,萌发了要在九华山建造巨型地藏菩萨铜像的心愿。1995 年春,安徽组织佛教代表团访问新加坡,仁德任团长。访问期间,仁德同新加坡佛教界同仁提起了拟在九华山建造巨型地藏菩萨铜像的设想,得到了积极响应和支持,新加坡居士还为仁德法师举行万人祈祷和捐赠法会,这更增强了仁德法师建造地藏菩萨铜像的信心。

之后,以仁德会长为首的九华山佛教界提议并发下宏愿,要在九华山建造99 m高的地藏菩萨露天铜像,以弘扬地藏菩萨“众生渡尽,方证菩提;地狱未空,誓不成佛”的大愿精神。

此举得到了当时池州地委、行署和九华山管理处的一致支持,国家宗教局、中国佛协领导也表示支持。时任中国佛协会长赵朴初赞誉“九华山建地藏菩萨铜像是件大好事”,同意担任地藏菩萨铜像筹备委会名誉主任。1998 年 10 月 6 日,国家建设部和国家宗教局批准在九华山建造地藏菩萨露天大铜像。

安徽省建设厅、宗教事务局尊重九华山佛教协会的意愿,同意在九华山大觉寺地段建设大铜像,并于 1999 年 9 月 9 日举行了奠基庆典法会。在场地平整过程中,仁德法师逐步认识到大觉寺地段地形复杂,地质条件较差,活动空间很小,铜像建成后不利于观瞻等因素,提请市政府帮助重新选择适合建造大铜像的地点。2001 年 12 月 25 日,省建设厅、省宗教事务局批复大铜像在九华山狮子峰地段,也就是大铜像现在所在的位置建造。

九华山 99 m 地藏菩萨大铜像自 1995 年动议筹建,到整个大愿文化园蓝图浮出,再到 2012 年 8 月 7 日圆满落成,历经 17 年之久(吴少华,2013)。

(2) 大愿文化园主要建设内容

九华山大愿文化园位于九华山风景区九华新区,园区总规划面积 2 836 亩,分主景区、小西天、佛学院三个功能区。一期建设的主景区分两大区域——外明堂和内明堂。外明堂以“智通”为主题,表达佛教所崇尚的“圆通”、“圆满”之意。弘扬地藏菩萨大愿、孝道、慈悲、救度的核心精神,通过建筑、雕塑、彩绘等艺术语言,结合声、光、电等高科技技术,充分展示博大精深的佛教文化。内明堂以99 m高地藏菩萨大铜像为核心,以“佛性”为主题,通过依山就势的自由布局,展现淳朴、怡然的空灵佛性。内明堂功能上以朝拜、礼佛为主,突出纯静安详、庄严肃穆的气氛。

1) 外明堂。外明堂为整个铜像景区的前半部分,地势平旷,以“地藏菩萨化度往生净土”为主题组织参观线路,从弘愿堂到八功德水,采用框景、借景、对景的手法,让游客在游览过程中能够前后4次观看到地藏菩萨大铜像,具有非常强烈的震撼效果。外明堂主要建筑有以下几个。

莲花净土佛教把莲花视为西方净土象征,净土的圣人以莲花化身,还寓意给烦恼的人间带来清凉、寂静和超脱,表示清净的功德、清凉的智慧。如《华严经》记载:“莲花妙宝为璎珞,处处庄严净无垢,香水澄淳具众色,宝花施布放光明。”“莲花净土”四周还分布着四座莲花池和四座虹桥,寓意地藏菩萨接引信众,通过虹桥进入莲花净土世界。

按照这一意向,大愿文化园在佛光池岸对面正中,布置高9.9 m的汉白玉雕塑喷泉——“莲华净土”。而远处的99 m地藏菩萨大铜像,恰巧完整地站立在巨大洁白的莲花之上,这也是游客进入景区后第一次在室外观看到菩萨铜像,同时也点化出“妙有分二气,灵山开九华”的境界。莲花喷泉内部设置“净土展厅”,气氛静谧、光线柔和,使人体会到净土世界的祥和宁静,突出“人间佛教”的主题。

汉白玉莲花座由134瓣莲花瓣和四座锻铜莲花欢门构成。琉璃浮雕墙雕塑内容取材于《观无量寿经》对莲花净土极乐世界的十六观想,琉璃的澄明特质契合佛教的“明心见性”,在灯光透视下,它吸纳华彩却又纯净透明,美艳惊世却又化身万象。水景也增添了莲花净土灵动与神秘的魅力。

弘愿堂九华山千余年来绵绵不绝的香火造就了地藏道场,也丰富了博大精深的佛教文化。为全方位展示地藏文化精髓,弘扬地藏菩萨精神,园内建造了目前国内规模最大,内涵最丰富的地藏文化专项展馆——弘愿堂。

弘愿堂总建筑面积两万多平方米,造型设计以“根植于大地之中,而非凌驾于大地之上;融于周围环境,而非突兀于整体之外”为原则,南北两侧采用覆土方式处理,东西两侧沿中轴线采用化大为小、化整为零的手法进行烘托;外观上通过错落有致的墙体组合赋予弘愿堂徽派建筑艺术风格;色调上以徽派建筑常用的黑、白、灰色为主,配以金黄色衬托,沉稳低调中透着雍容华贵之气;走近弘愿堂,便见玲珑小巧的单体墙面通过层层叠加,聚积成气势磅礴的敞开墙群,宛如张开的双臂欢迎八方宾客;步入这座神圣的殿堂,领略到的是徽派装饰的典雅之美、佛教造像的庄严之美、九华山水的灵秀之美、民俗风情的人文之美，让人走近地藏、了解地藏、认知地藏、感悟地藏。

弘愿堂是目前国内最大的地藏文化艺术综合性展示馆，珍贵收藏包括：一百多名当代著名工艺美术大师的艺术作品；九华山珍贵历史文物五十余件；中国四大石窟的地藏菩萨造像三十余尊；国内外地藏菩萨壁画、彩绘造像二十余幅等。弘愿堂向世人展示了佛教文化艺术的传承与创新，体现了佛教文化的博大精深，其设计理念与艺术创作将地域文化、佛教文化与时代审美高度融合，是对佛教文化的继承、挖掘、创新、展示与弘扬，成为当代佛教文化的一颗璀璨明珠。

九华飞天。“飞天”在佛教中是指飞行于天空中，用歌舞香花等供养诸佛菩萨的天人。通俗一点说，就是空中飞行的天神。大愿文化园“九华飞天”动态音乐群雕，设有 6 尊飞天雕塑，由仿金铜锻造而成，平时隐于地下，演出时随音乐、喷泉和莲花瓣打开，自下而上缓缓升起，同时向铜像主体旋转，将信众与游客导向超凡入圣的境界。“九华飞天”突破传统“飞天”的表现形式，在三个方面有所创新：一是由平面壁画转换为立体雕塑；二是由静止状态转换为动态演示；三是由单一的雕塑转换为综合场景。

大愿广场以“如意纹”为主题，体现的是地藏菩萨的“大愿”。两边是下沉的弧形浮雕墙，上刻地藏生平故事组图，展示金乔觉于九华山结庐苦修、成就道场的事迹。弧形浮雕下沉广场密植树木，气氛沉静安详，以体现地藏菩萨“安忍不动犹如大地，静虑深密犹如秘藏”的气质修养。雕塑墙上部沿用九华山“莲花”母题的柱廊，造型充分借鉴了唐代佛塔、经幢的造型特点，庄重、古朴又具新意。

2）内明堂。穿过外明堂最后一个节点大愿广场，就进入了内明堂。

内明堂以人人具备的淳朴、自然“佛性”为主题，通过依山就势的自由布局，满足游客和信徒的朝拜礼佛需求，突出纯净安详、庄严肃穆的气氛。内明堂内最为重要的，也是整个大愿文化园最为重要的建筑是 99 m 高的地藏菩萨露天大铜像。

大铜像主体为金地藏比丘像，体现出“佛由人成”的人间佛教主旨。圣像坐东朝西，背面是九华山地标性的笔架山和狮子峰，向西延至狮形山。地藏菩萨慈眉善目，广视众生，面型圆润，神态安详。他右手拿着锡杖，表示爱护众生和持修精严；左手拿着“万方摩尼宝珠”，表示能够满足众生的愿望(吴少华，2013)。

大铜像背依笔架峰和狮子峰，两山的海拔高度分别为 1 074.2 m 和 973.2 m，按照景观建筑学和中国传统风水理论，这里堪称绝佳之地。笔架峰和狮子峰以屏障之势构成地藏菩萨大铜像的背景，更有刘冲、蛇冲两溪环绕，生气充盈。大铜像在选址上背倚绵延山脉，怀拥秀水林木，内外阴阳融凝，可谓仙风道骨、天人合一。每年春、秋分上午 9 点左右，太阳恰从笔架山与狮子峰之间的天空中升起，地藏菩萨大铜像头部将被旭日笼罩，宛如天然佛光，形成妙相庄严的神奇景观。根据佛教教义和仁德法师的遗愿，铜像的朝向为西偏北 918′，即朝“万法归宗”的佛教最大道场须弥山的方向(吴少华，2013)。

99 m 高的大愿圣像，寓意九华山 99 座山峰、金地藏享年 99 岁。大铜像的头部光环设计利用现代光电手段产生背光，夜间熠熠生辉。大愿圣像由裙楼、铜像主体两部分组成。

裙楼为大愿圣像的底座，共三层，面积近 20 000 m^2。第一层，为建筑面积 1 400 m^2 的礼佛堂。在这里，可以举办各种佛事活动；第二层，为展览厅，集中展示中国四大佛教名山的来历，以及四大菩萨的修行等佛教故事；第三层，有地藏菩萨各个时期、世界各地的代表性造型，同时也有为信徒提供的各种型号的大愿圣像的微缩复制品和“功德碑”等(吴少华，2013)。

大愿文化园内种植了银杏、墨西哥落羽杉、天竺桂、红花木莲、竹柏、造型罗汉松、金丝垂柳、红果冬青、朴树、广玉兰、苦槠等名贵树木三百多个树种，树龄都在 50 年以上。

银杏树的叶片洁净素雅，有不受凡尘干扰的佛教意境。大愿文化园内种植了三百多株银杏树，主要分布在“菩提大道”、“莲花广场”和“下沉式广场”一带。如此大面积成排的银杏树，无形中让人产生圣洁静雅的感觉，是十分难得的放松与享受(吴少华，2013)。

(三) 重要佛事活动

地藏法会是九华山重要的佛事活动。佛经记载，夏历七月三十日(月小二十九日)为地藏菩萨圣诞日，传说新罗僧金乔觉亦于此日成道。历年，九华山僧侣都要在这一天举行重大活动，称“地藏法会”，诵《地藏菩萨本愿经》，守地藏肉身塔。法会一般历时七天(夏历七月三十至八月初六日)，圆满之日设斋供众，广结良缘。法会期间，民间有“百子会(团)”等朝山进香。1957 年，前来朝山进香、应供赴斋的善男信女达九千多人次。他们守肉身塔，通宵诵经。1978 年以来，九华山佛教协会每年都举行“地藏法会”或“祈祷世界和平法会”，悬挂“南无大愿地藏王菩萨法会”飘幡。来山参加地藏法会的港澳同胞、海外侨胞、四众弟子及十方善男信女，逐年增多，同时也招引了众多游客(九华山志编纂委员会，1990)。

(四) 重要文物

九华山现存各类历史文物两千余件，重要历史文物多与佛教相关，特别是九华山文物馆珍藏的如贝叶经、明《藏经》、明代血经、谛听等法器和藏经在佛教界具有很大影响。

贝叶经是古印度佛教徒用铁笔在贝多罗(梵文 Pattra 的音译)树叶上刻成的经

文。据史料记载,宋高僧圆道从西域归来,得梵文贝叶经四十札,藏西安大雁塔。九华山所藏贝叶经,大约即源于此。

九华山今存梵文贝叶经二礼。一札内藏 10 叶,每叶长 52.4 cm,宽 6.5 cm,叶片两面均刻梵文 7 行,字迹清楚,墨色未褪。每叶距叶片两端 17 cm 处有装订小孔。夹贝叶经册页上有光绪二十四年四月八日竹禅题跋。此经为画僧竹禅捧呈九华。另一札夹板上画有红黑二色相间的荷花瓣,内藏 73 叶,每叶长 39 cm,宽 5.5 cm,叶片两面均刻梵文 7 行,字迹清楚,墨色未褪。叶片距两端 12 cm 处穿孔处,有线绳贯穿,可系可解。此经始传至九华山年代无考。以上两札《贝叶经》均藏九华山历史文物馆。1988 年 2 月 1 日经国家文物局章津才、台立业鉴定,暂定为二级藏品。

明《藏经》其一,即明万历十四年三月,神宗朱翊均之母慈圣宣文明肃皇太后颁赐的《藏经》。颁经谕文 1 件,始藏拱金阁,清嘉庆二年(1797 年)不慎失于火。万历十四年颁经,为明正统五年(1440 年)刻版,“大明万历二十年七月吉旦,慈圣宣文明肃皇太后印造”。共计 677 函,6 771 卷。经书长 35 cm,宽 13 cm。一律用长 66 cm、宽 35 cm 的白开化纸粘折而成。每版 5 页,每页 5 行,每 17 字。上下印有双边。全部函号编码以《千字文》“天地玄黄,宇宙洪荒……”的顺序排列。

明《藏经》始藏景命阁,后移置化城寺藏经楼,分藏四个大藏柜中,清咸丰七年(1857 年)太平军与清军激战九华山,化城寺前殿、中厅、大雄宝殿均毁于兵燹,唯后殿(即藏经楼)幸存。今全部《藏经》藏于 677 个樟木盒中。1988 年 2 月 1 日经国家文物局章津才、台立业鉴定,定为二级藏品。

明代血经　明代高僧海玉,字无瑕,在九华摘星庵苦修。一共耗去 28 年时间,以指血调研银珠濡笔恭书《大方广佛华严经》一部,故有《血经》和《明代血经》之称。崇祯三年(1630 年),明思宗朱由检派员朝圣并敕封无瑕和尚肉身为“应身菩萨”,装金供奉。这部《血经》保存完好,朱色未褪,今全部藏于九华历史文物馆。全经 81 卷。每卷由 15 张白宣纸黏合,每张纸 60.5 cm×33 cm,上抄经文 20 行,每行 15 字。每卷共折 60 面。1988 年 2 月 1 日,经国家文物局章津才、台立业鉴定为一级藏品(九华山志编纂委员会,1990)。

谛听俗称“独角兽”,传为地藏王坐骑。长 73 cm,高 66 cm,重 250 kg,纯铜铸成,上刻文“姑苏梅诚吾造”。清康熙年间众姓募化冶铸并敬献九华。佛教信徒视为珍宝,香客更尊为吉祥之物。今鉴定为二级藏品,藏文物馆。

九华山的铭刻、佛像也具有较高的艺术价值。碑刻石刻自明朝以后直至民国年间,名人作品达五十余件。现存历代佛像六千三百余尊。

明代高僧无暇的涂金肉身——应身菩萨,置百岁宫楼殿已历三百六十余年,吸引了无数佛教信徒、香客、游客,具有很高的历史和科学研究价值。九华山历代高僧辈出，而最为奇特的是自金地藏起，自然形成了15尊肉身菩萨，现供人朝奉的有5尊。在气候常年湿润的自然环境中，肉身不腐已成为生命科学之谜，世所罕见，具有很高的科研价值。

(五) 九华山建筑景观的特色

九华山寺庙大多位于九华街，九华街历史上和近现代亦有许多商户和山民居住，僧俗杂居，相处融洽。同时，九华山寺庙的建筑也颇具特色，充分吸收了皖南民居的建筑特点，将佛教文化氛围与地方风格相结合，建筑与环境融为一体。形成了具有地方特色的九华山建筑文化景观。九华山建筑文化景观充分体现了九华山文化发展的过程、不同文化之间的融合以及在融合中形成的具有九华山特质的文化特征。同学们在九华山实地考察的过程中要认真观察一些有代表性的建筑。

九华山的建筑，清代晚期作品居多，主要分布在九华街、闵园、天台峰和后山一带。寺庙和民居交织，建筑数量多而规模较小。

寺庙是九华山建筑的精粹，现存庙宇多数是清咸丰、同治年间遭受兵燹后沿袭旧制与序列重建的。规模最大的寺庙为祇园寺，建筑面积5 157 m^2；最小的为朝阳庵，建筑面积只有56 m^2。这些寺庙建筑是设计者与施工者智慧的结晶，具有鲜明的地方特色。

1. 依山就势灵活布局

我国汉族地区传统的寺庙建筑，大都采用中轴线严谨对称的布局，规模恢宏，外观雄伟高大、富丽堂皇。中轴线上的单体建筑排列规律为山门、天王殿、大雄宝殿、藏经楼，中间加弥勒殿或观音殿，两侧为配殿或庑廊。而九华山属花岗岩山地地貌，地形复杂，建筑用地狭窄；山中多雨潮湿，冬季阴冷。因受地理气候等环境因素的制约，山上的寺庙建筑改变了传统形制，因地制宜，布局灵活。这些寺庙以悬崖峭壁、巨岩石洞或自然起伏的台地山坡为基础，巧用不规则的地形，精心构筑：屋宇高低参差，错落有致，富于空间变化，层次分明，外观或峻险，或古朴，而内部则曲折迷离。寺庙与峰、石、崖、洞及其周围环境浑然一体。纵观全山的寺庙，有的高踞峰巅，有的耸立悬崖之上，有的横卧于山谷盆地，有的点缀在岭头山腰，每一座寺庙都以其个性特点成为整个寺院园林的有机组成部分，创造了人工美与自然美的和谐统一。

2. 注重民居格调，实用功能

皖南民居以徽式民居为代表，它的特点是适应皖南山区多雨潮湿而冬季寒冷的气候，用内天井四落水屋面、敞厅堂两厢房、回廊或半廊、楼房、外墙高直、小外窗。内部装修精良，外观褐瓦白墙，朴实无华，防盗贼不露财，且冬暖夏凉，舒适大方。

九华山处在皖南山区北端，它的寺庙正是很好地研究并吸取了富有生活气息的皖南民居的特点，创造出具有浓郁民居风格的宗教建筑。它们的平面布局大多脱胎于皖南民居。小的寺庙仅有一、二进，单门独院成庙舍合一。正堂置佛龛供佛，两侧厢房住宿，有的在楼上留有一、两间客房供云游僧尼和香客驻足。而其外观则是典型的民居，如不在门墙上注明名称，竟分辨不出哪是庵堂，哪是民舍。

中等规模的寺庙一般是数进厅堂式院楼，中设天井、内有落水；主要佛殿多放在后进，有的加大一些进深和高度。白石灰抹光，屋顶都是硬山两落水，铺盖当地烧制的赭黑色陶瓦。山墙端檐口做出挑小马头墙，如生出两翼。甚至一些大型寺庙也是以皖南厅堂式民居组合而成。例如，旃檀林就是以 4 个厅堂组合而成，而仅把主要大殿屋顶改成歇山大顶；通慧庵和龙庵则是两个厅堂并列组成。

大型寺庙内部的装饰较为考究，柱头额枋雕刻狮子、龙首或花鸟云纹；门密、佛龛制作精细，为徽式木雕，内容多为《三国演义》、《西游记》等古戏文中的人物，以及佛事活动场面等，造型生动。

民居格调的寺庙，其使用功能突出。小型寺庙庙舍合一。例如，闵园竹海中的二十余座尼庵，比丘尼起居做佛事寓于一地，生活极为方便。尼庵前后一般都有院落，内为花圃或菜畦，院外清溪潺流，鸟语花香，故有“山间兰若”、“清凉别墅”之美誉，在这里度假或避暑是人间难得的享受。大型寺庙也有异于我国其他地区寺庙的使用功能。例如，旃檀林虽由 4 个单体建筑构成，但它的大殿、佛堂、客房、斋堂布局精巧、紧凑，香客来寺内做佛事，可在大雄宝殿西侧仅隔一条窄弄的“山中天”(即高级客房)内休息。“山中天”用两重墙和两重门将大殿内传出的钟磬念经声隔绝，当需要香客出场时，小沙弥打声招呼，即刻就可走到。

3. 就地取材坚固耐用

九华道路崎岖，运输极为困难，大量的建筑用材难以运上山。寺庙建筑所需的材料，只能就地采制。其基础以花岗岩石铺筑，门、窗以石条为框架，围护墙体用青砖或小块石加糯米灰浆黏合砌筑，屋顶盖陶瓦或铁瓦。木构架用山中所产的松、杉木，重要木构件，用桐油油漆。因而这些建筑大都防风、防冻、防腐蚀，坚固耐用。

除宗教建筑外，其他建筑，包括近期新建的宾馆、山庄等，也都巧妙布局，保持了民居特征；并且与寺庙及山景互相映衬，外观古朴秀美，内部装修又有新的时代风采(九华山志编纂委员会，1990)。

4. 宫殿风格与民居风格相结合

九华山的寺庙建筑主要有 3 种类型，即宫殿式、民居式和组合式。

(1) 宫殿式

肉身殿是此类建筑的典型。它坐落于九华街西神光岭头，周围古木参天，浓荫蔽空。殿宇高 15 m，山门面南，红墙森严，巍峨雄壮。歇山重檐顶，戗角凌空。铁瓦盖顶，四周回廊上方雕栋画梁，立石柱 20 根。殿宇面阔 3 间，进深 16 m，地面铺汉白玉石。中央为 1.8 m 高的汉白玉塔基，上矗七层八方木质宝塔一座，高 17 m。每层每方设有佛龛，供奉着地藏佛像。塔内是地藏肉身所在的 3 级石塔。木塔东西两侧分塑十殿阎罗参拜地藏站像，金碧辉煌。殿基和两侧佛台有 38 幅精美的汉白玉浮雕，图案为净瓶、宝剑、判笔、莲花、牡丹、兰花、石榴等。殿后有半月形拜台，上列铁鼎，香烟缭绕。西有花圃。殿前悬有陡峻的 81 级台阶，上横石桥一座。肉身殿内有塔，构造罕见。现存肉身殿是清光绪年间整修的。1981 年九华山管理处重修，基本上保持了原来面貌。

其他如甘露寺、祇园寺和旃檀禅林中的大雄宝殿，亦为宫殿式建筑。

(2) 民居式

民居式寺庙共有 62 座，占全山总数的 75.6%。例如百岁宫，坐落于海拔 871 m高的插霄峰上，五层高楼融山门、大殿、肉身殿、库院、斋堂、僧舍、客房和东司(厕所)为一整体，没有单体建筑的配置，远观恰似通天拔地的古城堡。这种形制在我国现存寺庙建筑中极为少见。百岁宫的布局，充分利用由南向北下跌的坡势，楼层由低爬高，层层上升，形成曲折幽深、恢宏多变的迷宫。从山门正面看大殿，它只是一层楼，而大殿东侧的厢房是两层楼，通高只有 10 m。但从它的后门看，东侧墙高达 55 m，为五层楼。而屋顶只是一个完整的皖南民居式有天井的四落水顶。大殿宽 19 m，进深 14 m，中有“九龙戏珠”藻井；佛龛则因地势筑在长 4.5 m、高 2 m 的岩石上；由大殿侧门可进入同一楼层的肉身殿，殿前有一天井，下建蓄水池，兼作取水灭火之用途；肉身殿后则为佛堂和僧舍。它的 4 个楼层内有巨岩横陈，有磐石镶嵌，岩石与建筑，建筑与山峰有机结合，巧夺天工，令人叹为观止。百岁宫建于明代，清末民初屡次修葺、扩建。为九华“四大丛林”之一。1982 年由九华山管理处重修。

上禅堂，位于神光岭的半山腰上。云树映带，泉水萦绕。它坐北朝南，其山门开在东山墙，与众不同。前有照壁一道，宛若平台小院隔离市井。山门上接一披间，即为弥勒殿。大殿由两厅堂并连，四落水屋顶，有天井。高 10 m，宽 14 m，进深加大，为 28.5 m。大殿南对韦驮殿，韦驮殿后是 3 层楼阁的客房。虽是同一建筑，但如同布置在 3 级台阶上，第一级大雄宝殿比韦驮殿高 0.7 m，第二级韦驮殿则比客房高出 5.5 m。而客房与韦驮殿同一水平线下为一个楼层，其上两个楼层高 10 m。大殿横梁、额枋，柱头精雕细刻，为八仙人物、鸟兽图案。该寺为砖木结构，系清末建筑，部分楼阁曾遭火毁。1987 年九华山管理处重修。

九华莲社，位于中闵园，坐东朝西。庵后有竹园和泉水井，前有狭长院落。大殿面阔 5 间，进深 4 间，高 12 m。佛龛后用板壁隔成客堂，上为两层楼阁，辟有客房。楼下两侧为比丘尼居室。该庵地处僻静，环境清幽，外观朴实无华，与山村民居无异。庵为小块石墙身，四落水硬山顶。建筑面积为 1 209 m^2。

(3) 组合式

组合式寺庙又分民居与宫殿式组合、民居与民居组合两种形制。前者有甘露寺、祇园寺和旃檀禅林，占寺庙总数的 3.2%。

甘露寺位于化城峰腰，坐南朝北。茂林修竹掩映，盘旋公路环抱。全寺由 3 组民居建筑与宫殿式大雄宝殿组合。该寺为不规整布局，北面的韦驮殿和知客堂两组建筑布置在高 2.5 m 的台基上，3 层楼阁，其中知客堂墙上开 4 层窗户，实际只有 3 层，开设顶层窗户，增加了层次感。韦驮殿南对高 15 m 的大雄宝殿，前有半廊和内落水天井，殿身筑在高 6.8 m 的台基上，宽 17 m，深 15.5 m。大殿东为两层走马通楼，内天井，进深 22 m，宽 15 m，楼层上下分别为祖师殿、方丈寮、禅堂和客房。行者进入大门后，从山门的侧门出外，转向上坡十数级台阶，再从侧面进入大殿，给人以明显的空间层次感和明暗变化的效果。寺内有 3 个天井、上百个外窗，屋面为硬山两落水或四落水，而大殿为歇山顶。甘露寺为清末建筑，九华山“四大丛林”之一。1983 年由九华山管理处重修，殿宇宽宏，楼阁整齐。

旃檀禅林，坐落于九华街西南。砖木结构。由 4 座厅堂式民居和宫殿式大雄宝殿组合而成。东为僧房和斋房，敞厅堂，3 层楼阁，有内落水小天井。西为云水堂，敞厅 4 开间，2 层楼，小天井。僧房和云水堂之间为前厅，内用板壁隔成弥勒殿和韦驮殿，进深 20.5 m，殿两侧是两层楼阁。厅前有狭长形封闭院落，石板铺面，后为四落水天井。其正南对大雄宝殿，殿高 18 m，宽 11.5 m，深 15.5 m，歇山大顶飞檐翘角。大殿西侧是花厅，两层楼，有花院，名“山中天”。寺内梁栋、门窗、佛龛雕刻精美。旃檀禅林系清末建筑，1982 年由九华山管理处重修。

祇园寺，坐落于九华街东北、插霄峰西麓。寺院由灵官殿、弥勒殿、大雄宝殿、客堂、斋堂、库院、退居寮、方丈寮和光明讲堂 9 座单体建筑组成，除弥勒殿和大雄宝殿属宫殿式建筑外，余皆民居式建筑。它们部署在 4 层台基上，第一层台基高 5 m，坐落着灵官殿、弥勒殿、客堂、斋堂和退居寮；第二层台基高 2 m，筑大雄宝殿；第三层台基高 6 m，有方丈寮和库院；第四层台基高 3 m，上筑光明讲堂。该寺院虽按山门、天王殿(即弥勒殿)、一大殿和其他配殿的传统格式来布局，但在手法上曲折多变。首先是它的山门、天王殿偏离大殿的中轴线，因地形而异，转折弯曲，渐次升高；其次是配殿去规整而散置，并且采用民居建筑，设计大胆创新，效果明显。寺院前有数百块金钱、莲花图案的石刻条石甬道为导引，延伸至硬山顶、马头墙身、三层廊檐的山门，进入“祇园境界”。门内正中供奉护法神“灵官”，两边分塑“哼、哈”二将；殿内气氛阴森，给人当头棒喝。由山门穿过一高墙耸起的小庭院，为一座阁式方形重檐天王殿，歇山顶，中央是大肚弥勒佛，两侧以“凶神恶煞”的四大王天为冷衬，气氛更显森严。天王殿和山门建筑在同一水平线的台基上，但前者的殿基被人为抬升了0.5 m，殿后的“入庄严境”院墙基础又自然抬升1 m，由此转折方可从侧面步入再度升高2 m的大殿。这样高低错落，曲线前进，才完成了前导、山门、天王殿到崇拜中心即大雄宝殿的过渡。大殿高35 m，琉璃瓦盖，歇山顶，殿阔25 m，进深19 m。殿中央正面供奉有高约12 m的三尊大佛，其背后有一组群像，高30 m，宽7 m，塑的是起伏的山峦和波涌的大海，称为“海岛”，上有各种人物、动物塑像，神情活现。它的后墙和南墙的佛龛都筑在岩石上，堪为因地制宜的又一杰作。大殿前对两层楼阁的客堂，北对退居寮。楼下为一敞厅，有天井。退居寮西北是知客堂、斋堂和厨房，2层楼，下有地下走廊通往库院和方丈寮。大殿东南坡为敞厅2层楼的光明讲堂。整个建筑依山就势，鳞次栉比，布局紧凑，层次分明。寺院还借松林、溪流布置了天然的优美环境，引人入胜。祇园寺始建于明代，清末和民国期间重修和扩建，规模为九华“四大丛林”之首。1982年由九华山管理处重修。

民居组合式寺庙全山共有16座，占寺庙总数的17%。

坐落于九华街西的化城寺，为四进院落式民居建筑。它的四进殿宇分别部署在三个台基上，层层升高，错落有致。第一进灵官殿进深16.5 m，面阔5间，有两个小天井，两侧为厢房。其台基比平面高出3.7 m。第二进是天王殿，宽20 m，进深20.5 m，敞厅堂，有四落水天井，东、西两侧有半廊。台基比第一进高出1.5 m。第三进是大殿，进深20.5 m。内有藻井3只，中间为浮雕“九龙戏珠”。最后一进为三层藏经楼，高20 m，进深14 m，其台基比大殿高出2.7 m。三、四两进之间夹有长方形院落，种植牡丹、桂花等花木，院墙嵌有明、清以来的石碑八方。全寺对称严整。硬山顶、马头墙、砖木结构。寺背倚虎形山，前有放生池和石板广场。化城寺为九华山的开山寺，历经兴废，前三进殿宇为清末修建，第四进藏经楼仍保持明代建筑风貌。1981年由九华山管理处重修。

又如心安禅寺，坐落于九华后山六亩田，是三合院民居组群建筑，平面呈Ⅱ形。正中为大殿，坐西朝东，两层楼阁，硬山顶。殿宽18 m，进深11 m。殿前南、北对称的是云水堂和禅堂，两层楼阁。在南配殿侧面接有地藏殿，夯土墙身，硬山两落水。其封闭性院落内为花圃和菜畦。院外有7株直径1 m的桂花树。寺周山峦环合，林木如烟，环境十分幽雅。全寺占地4 500 m^2，建筑面积为840 m^2。

通慧庵，坐落于九华街东南，山门面西，占地面积为4 000 m^2。由大小五个民居式殿宇相结合。通高10 m，硬山顶，砖木结构。其殿宇分布在参差不齐的台基上。大殿居中，两层楼阁，宽、深各16 m。内落水天井。大殿后的观音殿筑在高4 m的台基上，面阔16 m，进深9 m。大殿北面是斋堂，南为客堂、僧房。全寺有院落相通。西围墙下有通往天台的石板路，其幽径有高大常绿乔木掩映。全寺建筑面积为 2 580 m^2。

天台寺，位于海拔 1 306 m 的天台峰巅，坐北朝南，块石木结构，硬山顶。全寺由 3 组民居式殿堂组成。该寺横卧岭凹间，东面以峰脊（青龙背）为屏障，南以玉屏台作为墙身，西面和北面以突兀的巨岩为连接点，在凹陷地上筑高 8 m 的石台基，构成平整的平面。殿宇的底部架空，下置蓄水井。整个建筑借高耸的悬崖峭壁来隐蔽，既防风寒，又十分坚固。它的山门在大殿山墙南面，是一直径 3.4 m 的卷拱石洞，进深 4.2 m，其东、北两侧为对峙的悬崖，径直可入大殿 2 楼；转折向东，沿岩石上的台阶而上，再转折向北则进入大殿 3 楼；亦可转折向南，沿墙外过道通往“捧日亭”或“青龙背”。大殿（亦称万佛楼）宽 10 m，深 13 m。殿后有偏门通往观音殿、客房和云水堂。寺周景点众多。该寺是九华山最高的建筑，1982 年由九华山管理处重修（九华山志编纂委员会，1990）。

三、九华山旅游发展状况

（一）旅游发展阶段

九华山风景名胜区旅游发展分为起步阶段、调整发展阶段、加快发展阶段和再发展阶段等四个阶段。自 1979 年正式开放以来，九华山旅游发展进入起步阶段，1982 年被列为全国第一批国家级重点风景名胜区；1992 年，九华山被批准建立国家森林公园，随着开发的逐渐深入，九华山旅游发展进入调整发展阶段；1996～2005 年，九华山进入快速发展阶段，并于 2000 年，成立了九华山旅游集团；2006 年以来，九华山先后被列入首批中国国家自然与文化双遗产预备名录和首批国家 5A 级旅游区，进入“二次开发，二次创业”的关键期，九华山迎来再发展阶段（表5－10）。

表 5－10　九华山风景名胜区旅游发展阶段

阶　段	概　　况
起步阶段 （1978～1987 年）	1979 年正式开放，安徽省重点风景名胜区； 1982 年列为全国首批国家级重点风景名胜区；接待服务设施陆续建设
调整发展阶段 （1988～1995 年）	建设部批复安徽省政府《关于九华山风景名胜区总体规划的报告》；1992 年建立九华山国家森林公园，开发逐渐深入； 至 1995 年初步开发了 5 个游览区 60 多个景点，基础设施和旅游接待服务设施逐渐完善
加快发展阶段 （1996～2005 年）	接待服务机构增加，建成 2 条登山索道，成为全国生态旅游区； 1992 年被授予首批国家 4A 级旅游区，全国文明风景旅游区示范点、全国保护旅游消费者权益示范单位； 2000 年组建九华山旅游发展股份有限公司，成立安徽九华山旅游集团公司

续　表

阶　段	概　　况
再发展阶段 (2006 年至今)	2006 列入首批《国家自然与文化双遗产预备名录》，2007 年列入首批国家 5A 级旅游区； 处于"二次开发，二次创业"关键期，投资和开发力度加大，重点在于九华街区拆迁整治和柯村新区的开发建设； 花台索道、龙溪河、自然与文化双遗产保护工程、数字九华山等项目启动； 大愿文化园 2012 年 8 月 7 日圆满落成

资料来源：洪丹琴，2008

(二) 旅游人数变化状况

九华山风景名胜区优美的自然风光和浓厚的佛教文化氛围吸引着大批旅游者，自 20 世纪 90 年代开始，国内旅游人数、入境旅游人数和旅游总人数稳步增长(图 5-2)。

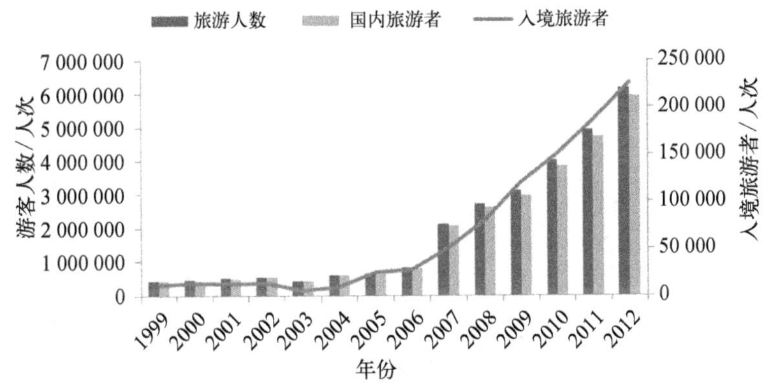

图 5-2　1999～2012 九华山风景名胜区旅游人数

资料来源：安徽省统计局，2013

九华山客流分布具有明显的季节变化。3、4、5、10 月份处于旺季，其中 5 月份为极旺季，游客量占全年的 13.49%；1、2、11、12 月为淡季，其中 1 月为极淡季，游客量仅占全年的 2.63%。可见，九华山旅游存在明显的季节差异，对景区的开发保护和可持续发展不利。可以采取价格手段调节客流季节分布，同时加强冬季旅游营销(图 5-3)。

(三) 旅游收入状况

九华山旅游资源丰富，资源禀赋较高，给当地的旅游经济带来了巨大推动

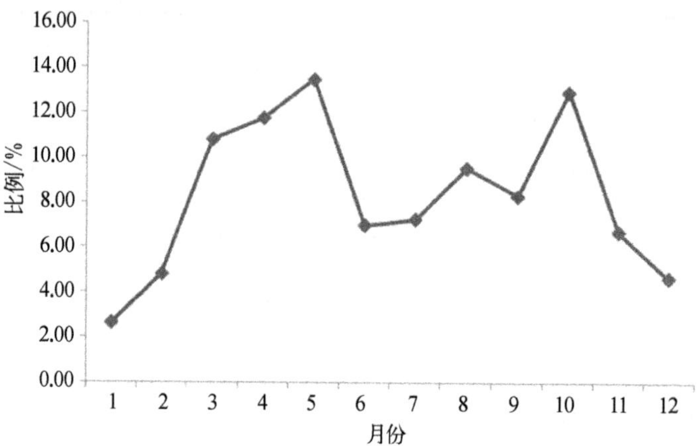

图 5－3　2000～2008 年九华山风景名胜区游客量季节变化

资料来源：池州市旅游局

作用。九华山旅游收入由 1995 年的 1.1 亿元上升到 2012 年的 67.2 亿元(图 5－4)。

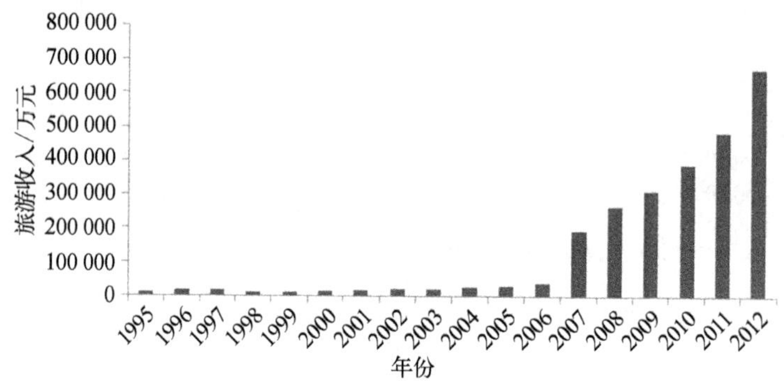

图 5－4　1995～2012 年九华山风景名胜区旅游总收入

资料来源：安徽省统计年鉴(1999～2013 年)

九华山对入境旅游者的吸引力日益增强，旅游外汇收入、利润总额和旅游总收入实现较快增长，2012 年，实现旅游外汇收入 1.55 亿美元，同比增长 81.2%，旅游总收入 67.2 亿元，同比增长 38.6%，完成利润总额 6 268 万元，同比增长 25.0%(图 5－5)。

(四) 旅游服务接待设施建设状况

九华山旅游业快速发展的同时，相关旅游接待设施建设也同步发展，酒店和旅游车辆已具有一定规模，基本满足游客需求(图 5－6，图 5－7)。

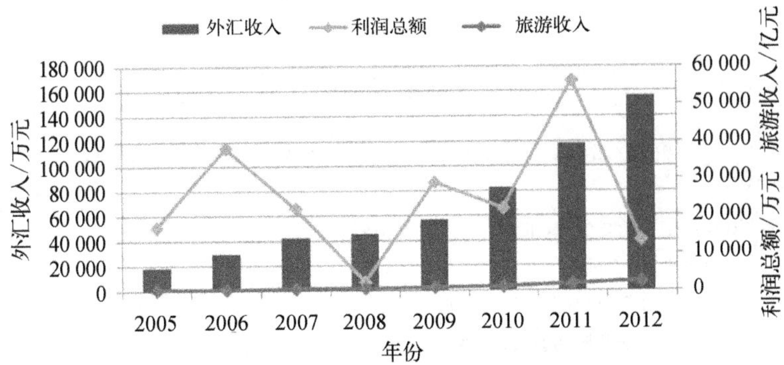

图5-5 2005～2012年九华山风景名胜区旅游外汇收入、利润总额和旅游总收入

资料来源：安徽省统计年鉴(1999～2013年)

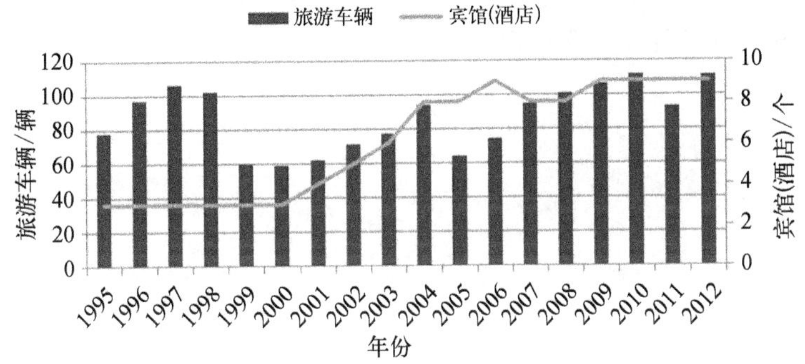

图5-6 1995～2012年九华山风景名胜区旅游车辆和宾馆数量

资料来源：安徽省统计年鉴(1999～2013年)

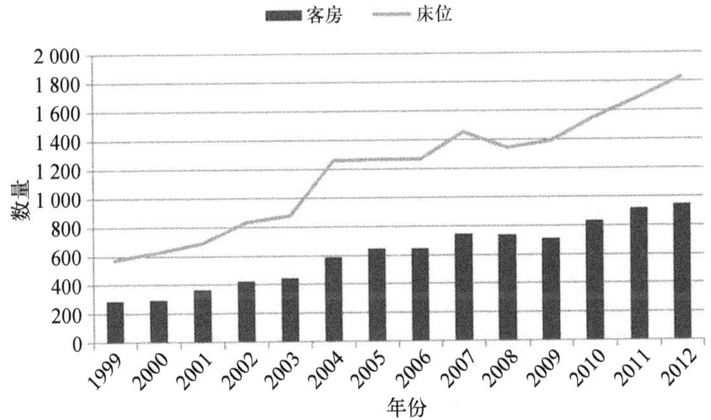

图5-7 1999～2012年九华山宾馆风景名胜区客房和床位数

资料来源：安徽省统计年鉴(2000～2013年)

主要参考文献

安徽省城乡规划设计研究院，九华山风景区管委会. 国家级风景名胜区九华山风景区总体规划（2003－2020）. 2003.

安徽省统计局. 2013. 安徽省统计年鉴. 北京：中国统计出版社.

顾也萍. 1987. 九华山之土壤. 土壤学报，24(4)：378－387.

顾也萍. 1999. 九华山土壤分类研究的新进展. 土壤通报，30(3)：97－100.

洪丹琴. 2008. 九华山风景区景观格局研究. 芜湖：安徽师范大学.

九华山志编纂委员会. 1990. 九华山志. 合肥：黄山书社.

吴少华. 2013－8－19. 九华山大愿文化园解读(一). 中国旅游报，04.

吴少华. 2013－8－21. 九华山大愿文化园解读(二). 中国旅游报，10.

吴少华. 2013－8－23. 九华山大愿文化园解读(三). 中国旅游报，08.

赵朴初. 2011. 佛教常识问答. 北京：华文出版社.

第6章 齐云山实习区实习指导

第一节 实习目的与实习要求

一、实习区范围

实习区包括齐云山国家重点风景名胜区范围。齐云山又名白岳，是我国四大道教名山之一，国家重点风景名胜区和国家地质公园，位于安徽省休宁县城以西 15 km 的岩前镇附近，地处 29°47′～29°50′N，117°57′～118°7′E。风景名胜区东起蓝渡石桥，西至黟县渔亭万寿山；北临岩前白茅山，南倚渠口乡公路，面积 110 km^2，划为横江、月华街、楼上楼、南山、云岩湖五个游览区。是安徽省境内集丹霞地貌、摩崖石刻、道教文化、山光水色为一体的山岳风景名胜区。齐云山因“一石插天，直入云端，与碧云齐”，故谓之“齐云”。它由白岳、齐云、狮山、象山、太山、南山、茅山、岐山和万寿山等 9 座峰峦组成，齐云山水土丰润，深林苍蔚，古木参天，植物种类繁多，属北亚热带常绿阔叶林。齐云山群峰矗立，岩洞毗连，更有石殿、石窟、石像、石刻遍布山中。洞、涧、池、泉缀落崖间，可谓“天开图画、神奇秀丽”，故曾被乾隆誉为：“天下无双胜境，江南第一名山”。明代徐霞客曾两次巡游齐云山，著有《游白岳日记》。在历史上，朱熹、王守仁、海瑞、唐寅、戚继光、袁枚和郁达夫等名人雅士都曾登临齐云山，为齐云山留下了许多珍贵的历史文化遗产。齐云山与黄山、九华山并列为皖南三大名山（齐云山志编纂办公室，1990）。

二、实习目的

齐云山是典型的丹霞地貌，全国四大道教名山之一，通过实习了解丹霞地貌发生发展的地质基础和地质过程；了解齐云山地质地貌形成过程与休屯盆地地质地貌形成过程的联系；了解齐云山道教的发生发展过程和特征；了解丹霞地貌的景观特色。

三、实习要求

1）了解齐云山丹霞地貌典型特征和发生发展的地质地貌过程。
2）了解齐云山道教的发生发展过程；
3）了解齐云山旅游发展特征和过程。

第二节　实习线路与实习内容

一、主要实习线路与实习内容

主要实习线路：登封桥—天开神秀—月华街—主峰—楼上楼—天生桥、云岩湖。

了解齐云山自然地理景观和人文地理景观的特征和变化过程。

二、主要实习点与实习内容

主要实习点有：登封桥、天开神秀、月华街、主峰、楼上楼和天生桥、云岩湖。

（一）登封桥

1）考察登封桥，了解登封桥的历史文化和建筑特征。
2）考察横江，了解新安江上游河流的水文特征。

（二）天开神秀

1）考察天开神秀景区，了解丹霞地貌断层、断崖和洞穴等典型的地貌特征，体验丹霞地貌的景观意境。

2）考察齐云山的摩崖石刻，通过摩崖石刻了解齐云山的文化历史，欣赏石刻的书法美。

(三) 月华街

1) 考察月华街,了解齐云山山上居民主要生产生活方式。

2) 考察齐云山主要寺庙建筑,了解主要寺庙建筑的特征及寺庙遗迹特征,体验寺庙建筑的氛围。

(四) 齐云山主峰

1) 考察主峰,了解主峰地质地貌特征。

2) 考察主峰,了解主峰土壤植被特征。

3) 登上主峰一览周边景观。

(五) 楼外楼

考察楼外楼的丹霞地貌,了解楼外楼丹霞地貌的特征,欣赏此处的神奇景观。

(六) 天生桥、云岩湖

考察天生桥的丹霞地貌,了解天生桥丹霞地貌的特征,欣赏此处的神奇景观。

第三节　背景资料与实习指导

一、齐云山地质地貌特征

(一) 地质

齐云山大地构造位置,处于六亿年前的元古代"江南古陆"的东北端,历史上长期以来地壳运动相对稳定,基本上处于古陆的剥蚀环境。进入古生代和中生代早期,皖南地壳仍处于相对稳定状态。中生代中期以来,中国大陆东部地质进入一个新的阶段,地史上称为"燕山运动"时期。根据李四光地质力学理论,把中生代屯溪、休宁一带盆地视为"山字形构造",齐云山则位于"山字形构造"前弧的西翼,由于齐云山山体受燕山运动的剧烈影响,不仅造成地层之间的不整合接触,而且形成褶皱和断裂构造。齐云山一带的白垩纪红层形成的两翼较陡,中部平缓开阔的向斜构造,向斜轴大致为130°～310°方向。在地貌上也有明显反映,组成齐云山山体的岩层,产状平缓,倾角为5°～10°。岩层中还发育了两组垂直节理,走向为140°～

320°和40°～220°，而且沿部分节理受力发育成断裂构造，对齐云山地貌的基本轮廓起了控制作用。尤其是140°～320°方向的一组张扭断裂，由于多次地质活动的结果，使齐云山的山势呈岭、谷相间，走向为东北—西南的阶梯状展布特点。

由于太平洋板块和亚欧板块产生相互碰撞，在北西—南东方向区域挤压应力作用下，导致皖南一些古老的断裂构造"活化"。侏罗纪开始发育了屯溪、休宁一带断陷盆地，白垩纪进一步扩大，同时地表流水携带着大量泥、沙、砾石到湖盆中沉积下来，经成岩作用，形成砾岩、砂砾岩和砂岩。因入湖水流动态的变化，故岩层中常出现交错层理；当时气温又十分炎热干燥，导致沉积物经受了强烈的氧化作用，大量红色高价铁离子富集在岩层中，故岩层多呈紫红色。

古近—新近纪，齐云山受喜马拉雅山造山运动影响，湖水干涸，山体逐渐隆起，有时快，有时却保持相对稳定。在稳定时期，山体被风化剥蚀，形成夷平面。

第四纪以来的新构造运动，齐云山仍有继续上升的迹象。主要依据是山上冲沟发育，山麓地带河流两侧发育有良好的多级阶地；山体受各种外营力的作用，尤其是在遭受强烈切割的条件下，流水沿着地壳运动所形成的深大垂直裂隙，进行着反复的侵蚀作用，导致完整的山体不断崩塌解体，逐渐形成今天这种丹崖绝壁、沟壑纵横、秀峰林立的自然景观(齐云山志编纂办公室，1990)。

(二) 地貌

1. 齐云山的丹霞地貌

齐云山　山体是由中生代晚白垩纪的陆相红色岩系组成的。它们堆积在断陷盆地中，岩性强弱相间，岩层倾角不大，富有垂直节理。由于地处北亚热带气候环境，高温多雨，直接出露地面的红岩，在风化和流水切割与散流冲蚀作用下，形成了形态奇特的"丹霞地貌"(齐云山志编纂办公室，1990)。岗丘，岭、台、峰，摩崖峭壁，幽谷和岩洞构成了齐云山主要的地貌。

岗丘　以风化剥蚀作用为主而形成的地貌。主要分布于齐云山主体外围，由紫灰色、深红色钙质粉砂岩、细砂岩及泥岩组成。属山间盆地湖泊相沉积，称为"桂林组"。由于岩层性松软，在风化剥蚀作用下，侵蚀量相当大，因此形成了比较低矮而起伏的岗丘形态。

岭、台、峰　以流水下切侵蚀作用而形成的地貌。由砂岩和砾岩构成的岩层，下部为紫红色、由厚层至巨厚层砾岩、厚层钙质砂岩组成，称为"齐云山组"；上部为暗红色、由紫灰色厚层硬砂岩和砾岩组成。砾岩往往呈透镜体产状以及层理不发育。具大型交错层理，称为"小岩组"。这组岩层岩性固结、坚硬，大部分呈水平产状以及垂直节理和断层发育。横江和资河及其支流分别经北部和南部，它们以嵌入曲流的方式，切割着岩层，形成低山。山体多次间歇性断块抬升，加之流水侵蚀作用，因而构成齐云山的主要山体——“岭、台、峰”。齐云山的“岭”：山体因受北西—南东方向断层构造发育的峡谷所控制，故山岭也多呈北西—南东方向延伸，如观音岭、白岳岭等。“台”：指山顶平坦四壁陡峭的一种地貌形态。由于顶部受水平岩层层面控制而其陡坡受垂直节理制约，流水侵蚀和风化剥蚀最为剧烈，直至形成平台地形，面积大多在三十余平方米，如望仙台、七星台、凌虚台等，最大的有独耸峰巅达四百余平方米。“峰”：它们都是一些体积较小的直立岩层，秀丽挺拔。由于地表水沿垂直节理裂隙向下渗流，逐渐形成凹沟，将岭切割成波状起伏的形态，如岐山“灯笼峰”，犹似悬挂崖顶的一排巨大的灯笼。水流切割加深，上部则进一步分割成为峰，下部仍联结一体，形似刀砍斧劈。例如，蹒跚龙钟的“五老峰”、亭亭玉立的“三姑峰”等。再进一步切割，将下部联结的山体最后分离开来，则形成孤立无群的“独耸峰”、抚云摩天的“最高峰”、秀丽挺拔的“香炉峰”和顶天立地的“天柱峰”等岩峰。

摩崖峭壁　以崩落作用为主形成的地貌，是齐云山丹霞地貌一个十分显著的特点。垂直节理的岩壁，倾斜坡度一般都在80°～90°，甚至成为向内凹的负坡；这些崖壁相对高度多达百余米，巍峨壮观，气势雄伟。它最初是经流水沿垂直节理切割而逐渐形成，在流水下切过程中，使谷坡扩展，发生岩石块崩落，故摩崖多呈峭壁，有的则形成向内倾斜的负坡，如隐佛崖、紫霄崖等，最高峰的南坡“廓崖”，尤为突出。

怪岩　软硬相间的岩石，通过风化剥蚀，往往形成奇形怪状的岩块。例如，白岳峰下的金鸡石，炼丹峰上的虎头岩、最高峰下的中立石等，形态奇特，惟妙惟肖。

幽谷　流水下切侵蚀形成的负地貌形态。由于红层中发育的垂直节理和断层是地表水和地下水集中活动的场所，长期的机械侵蚀，加之溶蚀作用，沿断裂节理不断扩大和加深，逐渐形成沟谷。在沟谷的发展过程中，下切加深的速度大于展宽的速度，于是形成了幽深的“巷谷”，深近百米，宽仅数米，如楠木涧；幽谷的初期阶段形成岩隙，由于它们的发育，受到断层和节理构造方向所控制，逐渐拓宽，形成如“一线天”、“一线地”的巷谷特征。

岩洞　在红层的崖壁上，除崩落形成的凹入负坡外，还出现多种溶蚀作用形成的岩洞、石窖，大小悬殊、深浅不等、形态各异。例如，小壶天石室、观音洞、罗汉洞、八仙洞、白云岩洞、楼上楼、方腊洞等，不可胜计。这些岩洞大都产生在含钙质的细砂岩层中，大致沿平行岩层面方向延伸，其上下全是坚固的砾岩。由于砂岩岩性松软，而且多为钙质胶结。在高温多雨的条件下，溶蚀作用比较强烈而发育成许多岩洞。裸露在崖壁外发育的垂直节理，崖上的地表水和冲刷崖面的雨水，每沿崖壁的节理向下渗流，对崖层进行不断的溶蚀作用，起初形成溜线，逐渐扩大演变为溶沟，多平行排列，直立分布在崖壁上(齐云山志编纂办公室，1990)。

2. 齐云山主要的景观地貌

齐云山奇峰峥嵘，怪岩嶙峋，峭崖危立，重峦叠嶂，大自然的鬼斧神工造就了无可胜计的奇妙的地貌景观，如香炉、五老、玉屏、天柱等奇峰；紫霄、齐云、石桥、象鼻等象形岩体；真仙、雨君、沉香、驯鹿等洞穴。人们或依神话传说，或依其形象，或根据传说故事，给予命名。其中已经开发供游人览胜的有 50 峰，49 岩，16 洞。在峰林岩群之中，峰峦连属，冈岭纵横。有的蜿蜒曲折，曲径通幽；有的重岭狭脊，陡峭峻险。形成一线天、一线地、百步楼等岭隘奇观。主要的地貌景观如表 6 - 1～表 6 -4 所示(齐云山志编纂办公室，1990)。

表 6 - 1　齐云山的主要观赏山峰

山峰名	所在位置及重要特征
白岳峰	位于玉屏峰、齐云岩东北，凌风亭南侧，为白岳山主峰，因“白云长向岳中生，此岳因之以白名”。海拔 413 m，形如莲座。沿峻崖小道凭梯而上，倚栏眺望，状如楼台在云中
照壁峰	位于玉屏峰东北，白岳峰西，海拔 410 m，摩崖峭壁、五彩斑斓，阳光照射，晶莹闪耀，绚丽夺目
望仙峰	位于玉屏峰东北，炼丹峰东，望仙亭北；海拔 435 m，峰巅平展若台，俗传灵乙老道为八大洞仙之一的李铁拐超度，于此乘云登仙，道徒求仙急切，彻夜盼望，故名望仙峰
中和峰	位于玉屏峰东北，白岳峰西南，与望仙峰相对，海拔 445 m，峰巅苍松蔚翠
炼丹峰	位于玉屏峰东北，望仙峰西，北临横江，海拔 420 m，昔有天灯柱、炼丹台等，今圮
展诰峰	位于玉屏峰东北，洞天福地祠后，海拔 460 m。丹崖环绕堆叠如船，宛如宝诰展瑶台，又似云船出东海，是观云海日出理想之所
拱日峰	位于玉屏峰东北，钟峰东侧，正北昔有玉皇殿，今圮，海拔 520 m，一丹台面东南斜拱而出，如双臂托日
石柱峰	位于玉屏峰东北，拱日峰西，海拔 570 m。立石如柱，隐于参天古树间
钟　峰	位于玉屏峰东，太素宫南，海拔 583 m，因峰形如钟故名
玉屏峰	位于太素宫南，月华街景区的中心，海拔 580 m。西有鼓峰东有钟峰，峰巅巨岩(齐云岩)扩展如屏，形如古代帝王乘坐的辇车，旧志称辇辂峰。早在南宋宝庆三年(公元 1227 年)，吏部尚书程珌“云岩”二字镌于岩壁，今圮
鼓　峰	位于玉屏峰西，海拔 584 m。因形如庙堂大鼓故名，峰巅昔有亭，今圮
香炉峰	齐云山最有特色的奇峰之一。位于玉屏峰之北，太素宫正北的深壑中，海拔 440 m；奇特独拔，卓然挺立，俨然天造地设的一只巨型香炉，明正德(公元 1506～1521 年)间置铁香炉、铁亭于峰巅，垂铁索供人攀登。1958 年铁亭、铁香炉均毁，1983 年重置铁亭于原处。每当晨曦初露或雨后新霁，香炉峰浮沉于茫茫云海中，岚烟缥缈。诗曰：“山作香炉云作烟”，蔚为奇观
最高峰	位于玉屏峰之南。“一石插天，直入云端，与碧云齐”，绝壁如削，抚云摩天，海拔 585 m，齐云山因此峰而得名，为齐云山第一高峰，登其巅一览众山小，极目远眺：青山幽谷、祥云缭绕；正东休城、屯溪隐约在目；正北可眺黄山天都、莲花诸峰。明嘉靖年间曾建碧霄庵于峰巅，今圮
白象峰	位于玉屏峰东北、展诰峰西北，峰形酷似巨象，其前身俯首垂鼻处即象鼻岩
浮云峰	位于玉屏峰西南，与鼓峰相邻，海拔 580 m，峰巅留云岩，乌云滚滚时，隐现于云层中，故又称“隐云峰”。旧时，道人观察峰云于此，以验晴雨

续 表

山峰名	所在位置及重要特征
鹊桥峰	位于玉屏峰西南，浮云峰西，海拔579 m，峰巅一石横坦如虹，形如鹊桥，故名
紫屏峰	位于玉屏峰西南，紫霄峰东，与鹊桥峰邻，海拔570 m，下临洗药池，峰巅石展如屏，明万历年间，峰下筑有玉屏仙馆、无量殿，今圮
紫霄峰	紫霄峰，即紫霄崖，位于玉屏崖西南，海拔高于570米，巨石危立，气势磅礴
插剑峰	位于玉屏峰西南，紫霄峰西，峰高578 m，峻而险，形似宝剑入鞘，故名
展旗峰	位于玉屏峰西南，紫霄峰西，插剑峰北，海拔487 m。游人沿百步云梯上，至毓秀亭小憩；西南即见三姑、五老、仙桃诸峰，东北可观齐云、白象诸岩
紫驼峰	位于玉屏峰之西，紫霄峰正北，海拔370 m，峰奇岩怪，远看形似蹒跚缓行的“骆驼”，近视又如摇撼难覆的“不倒翁”。峰北腹部处有一巨大洞穴——沉香洞，明代道士徐秘无曾在此洞结“八卦庵”以居，今圮
三姑峰	位于玉屏峰西南，亦即插剑、展旗、紫霄三峰。从文昌阁向东仰望，迎面奇峰似巨斧劈而为三，俨然三个窈窕修丽、亭亭玉立、螺髻堆翠的村姑
五老峰	又称“五指峰”。位于玉屏峰、紫霄峰西南，与独耸峰对峙，海拔560 m。五峰参差为群，形如五位躬身面北、拱揖参谒的老者
独耸峰	位于玉屏峰南，五老峰东，巨峰峭拔天险，独峦不群，海拔566 m，峰巅巨岩，三面绝壁悬空，唯有一陡峭石阶可攀
仙桃峰	位于玉屏峰西南、五老峰西，与三姑峰隔涧相望，明《齐云山志》称“五凤峰”。五峰并峙，中有一峰较昂，海拔540 m。峰皆古松苍翠，毛竹青幽。立峰巅呼喊，隐隐有应声
青狮峰	位于玉屏峰西北，紫霄峰西南，五老峰北，海拔526 m。巨峰昂首匍匐，颇似凶猛的雄狮注视横江碧流。立东亭桥向南遥望、则青狮又化作悠闲高卧的巨猿
石螺峰	位于玉屏峰正西，齐云岩西3 km的楼上楼景区内，耸立于深壑中。由于长期的风侵雨蚀，形成一环环层层连贯、水迹斑斑的海螺状，故名
玉台峰	位于玉屏峰正西，楼上楼景区观音岩西侧，海拔475 m。峰呈圆台形，如髻又如台，传说为观音菩萨的梳妆台
柱笏峰	位于玉屏峰正西，楼上楼景区与玉台峰毗邻。因形似宫廷朝臣使用的笏板，故名
西瀛峰	位于玉屏峰以西，楼上楼景区。数峰竞秀，浮沉于缥缈的云海之中，犹似瀛洲琼岛
巨门峰	又名“飞天蜈蚣”。位于玉屏峰以西，楼上楼景区观音洞南，海拔530 m。数峰连列如屏障。由于峰尖高低参差，形似一条弓背曲腰，飞跃而起的蜈蚣
万寿峰	位于玉屏峰西去8 km、楼上楼景区西陲，海拔535 m。峰北悬崖陡峭，明万历间有僧建延庆寺于峰南，民国初年圮毁；只有石阶可攀峰巅；北眺黟城，可俯瞰渔亭全貌。南望群山叠翠，云岩湖微波荡漾，风景如画。下山行至渔亭火车站，举目南望，则又似稳健驯和的骆驼，故又名“骆驼峰”
蜡烛峰	亦称“拇指峰”，位于玉屏峰西南，五老峰南；俗称“仙人指迷峰”，海拔410 m，孤峰独拔，不与诸峰连属，峻险不可攀。立紫云关西南遥望，仿佛一位身披袈裟的老衲，手持锡杖，注目东方，若有所示，又因有关故事流传民间，名为“和尚望天光”
天柱峰	位于玉屏峰西南6 km的云岩湖景区，俗名“洪坑尖”，海拔570 m。峰中叠峰，冲云而上，酷似顶天立地的柱石，四周山峦层层，秀峰罗列
石笋峰	位于玉屏峰西南，蜡烛峰西北，五丁峰正北，海拔560 m。双峰屹立，粗圆锥尖如出土竹笋，故名
五丁峰	位于玉屏峰西南，海拔570 m。五峰并峙，气势巍峨，形似雄壮勇猛的武士

续 表

山峰名	所在位置及重要特征
巨龙峰	位于玉屏峰南，距紫云关西南 2 km，数峰蜿蜒相连，伸曲起伏，形似巨龙飞跃
牛首峰	位于玉屏峰西南的云岩湖景区紫溪南侧，海拔 440 m。峰巅巨岩，酷似耕牛引颈蹲卧，相传齐云山真仙洞府圆通岩前，有一犀牛成精常出来挡人道路，行者为阻
弥陀峰	位于班屏峰西南，云岩湖景区五丁峰西，海拔 525 m。峰南有巨石，岿然如座，自西向东观望，形似盘膝打坐、神态安详的弥陀佛；由东向西观看，又如面目狰狞的古猿人
钵盂峰	位于玉屏峰西南，五丁峰西，弥陀峰南，海拔 370 m。峰形如覆钵。与弥陀峰组合，恰似弥陀击木鱼，形态毕肖
仙人峰	位于玉屏峰西南，蜡烛峰南，海拔 380 m。孤峰独耸，形似仙人云游；登其巅，西南诸峰历历在目
草帽峰	位于玉屏峰西南，云岩湖大坝东，海拔 420 m。因形似“飞碟”，故又名“飞碟峰”
玉兔峰	位于玉屏峰南，云岩湖景区的石桥岩西，海拔 460 m。于石桥岩东向西望，一峰孤耸恰立桥孔中，酷似月宫的玉兔捣臼；于石桥岩西向东望，又似“石猴揖月”
青莲峰	位于玉屏峰西南，云岩湖景区的石桥岩西，与玉兔峰邻，形如“出水莲蓬”
灯笼峰	位于玉屏峰南，云岩湖东侧。数峰相连，因长期的风雨侵蚀，形成块块独立若断若连的石礅，俨似宫廷的灯笼
袈裟峰	位于玉屏西南，云岩湖畔，海拔 380 m。游客泛舟湖中，远望似行僧身披袈裟，合十含笑相迎
独秀峰	位于齐云岩西南，与三教峰隔涧相望，海拔 370 m。孤峰耸立，峻秀挺拔
五雷峰	位于齐云岩西南，海拔 485 m。峰南崖怪岩纷呈，俗称“群仙楼”，道家命其名“五雷”
三教峰	位于齐云西南，通天洞北。三峰挺然分立，远望如儒、释、道三教之冠戴

资料来源：齐云山志编纂办公室，1990

表 6－2　齐云山主要的观赏岩体

岩体名	所在位置及重要特征
孔雀开屏	齐云岩东北方，白岳峰北崖，一石突地而起，仰头欲鸣，俗称“金鸡报晓”。峰北崖多呈五彩状，伸展如屏障，立凌风亭仰观，似孔雀开屏。峰南崖下，宋祥符元年（公元 1008 年）建有蜜多院，此刹颇庄严，后毁
车盘岩	齐云岩东，在凌风亭与中和亭之间，巨岩自白岳峰崩落，形圆若车盘
乌纱帽	齐云岩东，在凌风亭与松月亭间通道旁，岩自照壁峰崩裂坠落，伫立坦坡间，古藤回绕，苔藓茸茸，形如古代官帽
金蟾岩	齐云岩东北，白岳峰北，巨岩崩落，自然形成如蹲伏鼓舌的金蟾。俗传为刘海所饲养戏耍，偶自白岳峰逃逸，不慎跌落峰下，化作石蟾
仙人靴	齐云岩正东，海天一望亭东侧，岩石崩落而成，其形似靴
桃花岩	齐云岩东，炼丹峰西崖，下临桃花坞，绝壁数丈，崖壁多呈粉红色斑痕，形似瓣瓣桃花，落英缤纷
虎头岩	齐云岩东北侧，炼丹峰北，一岩突踞峰巅，形似猛虎昂头啸吼
仙人床	齐云岩东，洞天福地祠后，邋遢仙墓两侧各一。昔为邋遢仙卧床，游人多卧床小睡，俗传可治腰痛
栖真岩	齐云岩东北侧，象鼻岩东，明嘉靖年间建有兴圣祠、初仙馆
忠烈岩	齐云岩东北侧，石门岩东。岩下筑石坊，供祀关圣帝君

续 表

岩体名	所在位置及重要特征
寿岩	齐云岩东北侧，石门岩东，摩崖形似一尊倒挂的金钟。因岩壁镌一巨大的“寿”字，故名
楠岩	齐云岩东北侧，石门岩东。明正德年间植石楠一株于岩下，遂称“江南第一楠”。清康熙年间遭雷击枯萎
天门岩	齐云岩东北侧，真仙洞府右上角。由于岩石滑坡崩离，其缝隙处久经山洪冲击而脱体坠落，自然形成一石梁横嵌巨岩间，下空以通行人，长 13 m，宽 3 m，高 6 m，方广若室，称“一天门”
圆通岩	齐云岩东北，真仙洞府右侧。岩下奉观音神像。郁达夫《白岳山纪游》载：“圆通岩前有清顺治三年(公元 1646 年)置青石碑两块于洞口两旁，碑身薄而石刻颇深，字迹秀丽非凡，拾小石击碑，一似钟声，一似鼓声”，今圮
黑虎岩	齐云岩东北，真仙洞府西侧，因岩壁间现有老虎行走于泥淖中的印模，脚迹分明，故名
白岳山房	齐云岩东北，二天门下，岩内石榻平夷，传说昔为全真派道人卧床
齐云岩	齐云山月华街所在地中部，太素宫后，岩展如屏，南宋少师程珌“云岩”二字镌于壁，齐云岩因此而得名
退思岩	齐云岩西北，小壶天石室旁，壁间刻“退思岩”三字
舍身崖	齐云岩西北，小壶天石室内，一丹台紧贴于绝壁间，下临深涧，岚烟缥缈，清静幽雅
廓崖	齐云岩正南，最高峰南崖，一石插天，直入云端，是齐云山最高处。岩下有巨石崩落，巧立于丹台之上，方正突兀，不偏不倚，中立不阿，故名“中立石”；明嘉靖间，邹守益撰《中立石铭》刻于石上
神仙廊	齐云岩西，沿此径可从最高峰达方腊寨；径上巨岩倾覆，石阶穿其下而过，蜿蜒曲折如长廊
丹岩	齐云岩西南，隐云峰下。丹泉飞洒
紫霄崖	齐云山西南。岩东西长 174 m，上下高 90 m，南北深 17 m。明《齐云山志》载：“足未涉而势已夺”。悬壁危立，倾覆于前，气势磅礴。春季暴雨时节飞泉下注，如银河泻碧，蔚为壮观。岩上历代达官文人题刻甚多。岩下斜壁深窟，依势砌筑为玉虚宫，治世仁威宫、天乙真庆宫，外隔内连
千佛岩	齐云岩西南，独耸峰北。巨岩崩落，秃净无草木，凹凸联列如佛像，日光斜照，犹似群僧献艺图，栩栩如生
鹊桥	齐云岩西南，鹊桥峰北，一石横卧，酷似神话中鹊桥为七月七夕，牛郎织女相会于天河而展翅搭成的仙桥
石龟探海	齐云岩西北，舍身崖绝壁间，一石悬突横伸，下临深涧。每于雨过初霁，云雾浮沉缥缈于山谷间，立三天门遥观，恍若石龟伸首望月，探路山海
御印岩	齐云岩东南，拱日峰东，落石端平方正，形似皇朝玉玺
隐佛岩	齐云岩西南，独耸峰北。巨岩壁面内凹，隐约如老佛身披袈裟，肃然端坐，颔首笑容相迎
仙人挂画	齐云岩西 3 km，一山岿然屹立，岩壁中悬崖陡峭，额头兀起宽约 2 m，流水自两侧下泻，下方岩石因高处突崖遮挡，无水蚀苔藓，红紫缤斑的丹岩，犹如一幅灿烂绮丽的天然图画
楼上楼	齐云岩西 3 km，北对秀丽如障的巨门峰，前临深谷，青松参天，是一处清净幽雅的胜境。巨岩垂直高三十余米，长七十余米；由于造化的成分不同，抗风化的能力各异，形成上下两层的天然石室，道家凭其才智，在上下两层石室分别独创了幽美、奇特的楼阁，题名为第十三楼
白云岩	齐云岩西北 3 km，北临横江。岩石高突，中有幽洞，清朝末年，黟县斋姑募花巨资，在此兴建大雄宝殿、观音阁、精舍等，成为一方佛家净土
棋盘石	齐云岩西 6 km，沿岐山石桥小径向东北行可达。立石上圆而平，宽广约 6 m，形如棋盘。明徐霞客《游白岳日记》载：“……转而上跻，行山脊二里，则棋盘石高峙山巅，形如擎菌，大且数围”

续 表

岩体名	所在位置及重要特征
风岩	齐云岩西 8 km,万寿峰南坡,峭崖千仞,五彩斑斓,岩壁怪石嶙峋,一石高踞如鼠做拱揖状,名为“金鼠拜寿”;另一石形如鞋靴,名为“仙人晒鞋”
仙人轿	齐云岩西 2 km,经长期风雨侵蚀,岩顶隆起座座石墩,花团锦簇,色彩秀丽,形似古代迎娶的花轿
九龙岩	齐云岩西南 5 km,与群仙楼南北相望。岩呈东西走向,长达三百余米,高九十余米。春夏多雨,山泉长涌,九条飞瀑如银龙下跃,气势壮观
童子拜观音	齐云岩西南 6 km,洪坑村南。两岩合成“童子拜观音”一景
烂锦岩	齐云岩西南,岐山石桥岩东。峭壁千尺,古藤缠绕,蔓络叠翠,花时似锦,下有石室,东西绵亘数百米。唐元和四年(公元 809 年),歙州刺史韦绶,建石门寺于岩下,今圮
石桥岩	又称天桥岩,距齐云岩西南 13 km,于岐山云岩湖畔。一山横跨而中空,如彩虹凌云飞渡;桥长九十余米,桥穹跨度 32 拱,宽 8 m,穹高 26 m,自东向西观望若半月。桥西,一孤峰卓立,恰似一幅“玉兔捣月”的月宫图。明代旅行家徐霞客在《游白岳日记》中赞曰:“岩之右,一山横跨而中空,即石桥也。下空,恰如半月,坐其下,隔山一岫峙立,拱对其上,众峰环侍,较胜齐云天门,即天台石梁,止一石架两山间,此一册高架而中空其半,更灵幻矣”
天泉岩	齐云岩西南 13 km,云岩湖畔。昔有天泉书院建于岩下,故名

资料来源:齐云山志编纂办公室,1990

表 6-3　齐云山主要的岩洞

岩洞名	所在位置及重要特征
真仙洞	亦称罗汉洞。洞深 31 m,宽 9.4 m,分内外两洞。外洞清净幽雅,香烟缭绕,供奉玄天上帝塑像,龟、蛇二将侍侧,岩壁十八罗汉分立左右,犹似护卫;观音大士像嵌于岩壁中上,仪态端详庄严
珠帘洞	雨君洞下,上有天池之水,淅淅飘洒,自高排列而下,如挂珍珠之帘于洞前路外
方腊洞	独耸峰东。上覆下嵌,三面绝壁,只依崖凿狭径以通,地势险要。洞内颇宽敞,可容数百人,层层而入,洞中隐洞。相传方腊曾于此筑寨,古名为方腊洞
白云洞	齐云岩西行 3 km 达白云岩。有洞,深数丈,初入较宽敞,进渐狭,愈狭愈险,愈险愈奇,洞尽山穿,豁然开朗
观音洞	齐云岩西 3 km,巨岩纵横,一洞纵深 4 m,横宽三十余米。苍然峭壁,泉水叮咚,怪石凌空,撑如殿阁;低处弯弯曲曲,形同回廊
通天洞	齐云岩西南,九龙岩北壁,与八戒岩相邻。巨岩崩落而成,历经山洪雨水冲击,形成洞顶坍塌一穴如井口,下可窥天,故名

资料来源:齐云山志编纂办公室,1990

表 6-4　齐云山的水体景观

水体名	所在位置及重要特征
横江	旧称黟川、吉阳江。上溯至渔亭镇,萦绕齐云山北麓,东下至屯溪汇率水入新安江。横江旧为黟县至杭州货运交通的大动脉。入春水涨,为商贾的活跃季节,民谣云:“忙不忙,三日至余杭。”自从公路修通后,河道失浚。新中国成立后,历经地方政府整治,而今江水清澈,姗静温润,鱼游藻丛、卵石、苔藓之间,历历在目。两岸翠荫夹道,如烟如织;田园农舍,绿白错落;登封古桥,卧波如龙;构成一幅秀丽的新安山水画卷

续　表

水体名	所在位置及重要特征
资河	位于齐云山南，沟涧涓涓，汇流成河，绕山麓蜿蜒东行，注入渭河
云岩湖	人工湖，即岩坑水库，距齐云岩西南 13 km。拦截岐山诸溪涧水源，蓄流造湖，始建于 1966 年，十易寒暑，于 1975 年告竣，坝高 26 m，宽 90 m，水面达 180 万 m^2，湖面主航道 4 km，湖汊纵横，既利灌溉、发电、养殖，亦为水上游览、游泳、垂钓佳境。湖水清澈如镜，四岸峰峦峭崖，蓝天白云，尽收湖底，反映其绚丽的倒影，清风徐来，微波涟漪，水鸟掠湖穿云，鱼儿悠游浮沉
放生池	在洞天福地祠右旁。昔为道人凿岩蓄水以饮用，池水清澈见底
碧莲池	在真仙洞府前。珠帘泉水飞洒入池，久旱不涸，久雨不溢，长年晶莹碧透，清晰如镜，瑰丽的真仙洞府全景，倒映池中
月华池	位于月华街榔梅庵遗址前，池呈弯月形，故名月华池，街亦因池而名
紫溪	位于齐云岩西南岐山之麓。承云岩湖水下流，萦绕齐云山南麓，俗称“十里紫溪园”，达渠口，汇资河
洪坑溪	位于太山下，聚太山之水，经洪坑村入珰金，汇紫溪
南溪	位于五老峰南。汇南涧为溪，经里渠口，流入资河
坞溪	位于齐云岩西 6 km，聚涧水汇流，经坞溪入横江
凤岩溪	位于齐云岩西 8 km，万寿峰北麓。溪水流淌入横江
青狮瀑	位于齐云岩西，文昌阁北的青狮峰。逢雨季，独耸塘满溢，顺崖下泻成瀑布。落水击岩，发出轰鸣声
珠帘泉	位于真仙洞府雨君洞上。一股清流自突兀的危崖飞洒列注，在雨君洞口形成一道雨帘，点点紧接，滴滴续连。明代旅行家徐霞客赞曰：“珠帘飞洒，奇为第一”
一线泉	位于小壶天石室内。凿岩引泉，道士称为“元液”，供游人品茗
龙涎泉	岐山石桥大龙宫石室内。明代旅行家徐霞客《游白岳日记》载：“岩下具因岩为殿，山石皆紫，独有一青石龙蜿蜒于内，头垂空尺余，水自龙口下滴，故曰龙涎泉，颇似雁荡龙鼻水”

资料来源：齐云山志编纂办公室，1990

二、齐云山植被

(一) 植物种类

齐云山水土丰润，深林苍蔚，古木参天，植物种类繁多。从现有调查资料分析，木本植物有 503 种，隶属 81 科。其中裸子植物有 6 科，被子植物有 75 科以上。其中国家一级保护珍稀树种有银杏、南方红豆杉、杜仲、香果树；二级保护珍稀树种有榉树、鹅掌楸、凹叶厚朴、花榈木、刺楸等；省级珍稀树种有三尖杉、青钱柳、短穗竹、银鹊树、长筒娲等。此外还有一大批古树木，如古银杏、古桦树、古木瓜、古榔梅、古紫薇、古拐枣、古皂荚、古黄连木等。它们构成了齐云山植被的精华（吴跃珍，2005）。

(二) 齐云山植被类型

1. 常绿落叶阔叶混交林

常绿落叶阔叶混交林是齐云山区典型的地带性植被类型，主要分布在海拔400 m高的“洞天福地”和中殿两处的山坳里，因为人为影响较强，次生性质明显，土壤为中性至酸性紫色土，土层较深，土质肥沃，pH在5.5～6.5。常绿树种主要由青冈栎、豺皮樟、柞木、紫楠、小叶青冈栎等组成；落叶阔叶树种主要由锥栗、化香、枫香、紫薇、银鹊树、玉兰、榉树、拟赤杨、小叶栎、皂荚、黄连木等组成。

常绿落叶阔叶混交林中，乔木层多为参天古木，有芳香扑鼻、材质坚硬的木瓜，有树姿婆娑、花色洁白的玉兰，有树形优美的三尖杉，还有青冈栎、榉树、朴树、黄连木、皂荚树等。灌木层种类主要有山胡椒、省沽油、拎木、乌饭、映山红、野山茶、柳叶腊梅、冬青、卫矛等。草木层较为稀疏，多为菊科及禾本科的低矮草丛(吴跃珍，2005)。

2. 竹林

竹林以毛竹林为主，呈块状分布，面积近2万亩，主要分布在齐云山西南洪坑一带，海拔300 m左右的山坳及山坡上，如洪坑、半岭等处，土壤多为红沙土、棕色土。群落结构简单，多呈小块状纯林，但也有的呈不规则状与杉、松及灌木成混交林状态。在海拔300 m以下的地段，如河滩、灌丛木地和荒山荒坡有零星分布的早元竹，其中有经济价值较高的竹种——苦竹。苦竹，又名伞柄竹、笔管竹，竹竿直立，高3～5 m，胸径1.5～4.5 cm，节间长一般在20～35 cm，节间圆筒形，大者可作伞柄、帐竿，小者可作毛笔管等(吴跃珍，2005)。

3. 针叶林

针叶林大多为马尾松林、杉木林、松杉天然混交林以及散生于山坡沟谷的其他针叶林。马尾松林，分布较广。受人为影响，多为散生，少有成片，多与灌丛混生，成为马尾松疏林。在海拔450 m以下，人工松林多与茶园、杉木等交叉分布。杉木林在海拔450 m以下，分布状况与松林大致相同。散生针叶林还有刺柏、三尖杉等，形质不佳，多属于次生。

4. 灌丛

次生灌丛几乎都分布在450 m以下的地方，因常绿阔叶林或常绿落叶混交林及马尾松林过度樵采或毁林耕作而成。种类组成有常绿落叶乔木树种的次生萌丛，还有乌药、映山红、冬青、荆条、元竹类等。草本主要有铁芒箕等，藤本植物有大血藤、紫藤等。这种类型的灌丛，其土壤多较贫瘠。毁林耕作2～3年后，玉米、芝麻等农作物难以生长，人工造林短时难以成林，或只造不管，由于地表径流的缓慢侵蚀，再加上反复的暴雨侵袭，地表土壤常常被严重冲刷。但在山腰的凹处，山体的中下部坡度较平缓处，其土壤较为深厚，肥力尚可，成为植被优先恢复的地方（吴跃珍，2005）。

5. 人工植被

人类活动长期作用，齐云山地带性植被正逐渐地为人工植被所取代，其中现有人工植被主要有：粮食作物群落、蔬菜作物群落、人工用材林和经济林、茶园等（吴跃珍，2005）。

（三）重要观赏植物

1. 观赏花卉

齐云山花卉共有29科51种。其中以南天竹、石楠、万年松、兰草为著，储量丰富，为徽派盆景艺术的制作提供了取之不尽的材料。

南天竹　小檗科，俗名“摇钱树”，常绿灌木。基干直立，幼枝常为红色；叶对生椭圆披针形，老枝叶为绿或深绿色，冬多红色；花小，白或黄色，结紫、红、黄各色球状累累小果。分布于紫霄崖、白云岩一带。

红花油茶　山茶科，常绿小乔木。枝小无毛，叶草质椭圆形、每年4～5月开红色单瓣花，秋后果熟呈球状，分布于齐云山楼上楼景区。

兰花　兰科，多年生草本。春兰，春季开花，清香浓郁；蕙兰，又名九节兰，初夏开淡黄色花，一茎8～10朵；孔雀兰，又名“多花兰”，叶丛生，4～5月开紫红色花，一茎4～16朵，无香气，极耐阴，观赏价值高，多分布于观音岩、白云岩等处。

卷柏　卷柏科，俗名“万年松”。高一般10 cm左右，多年生草本，喜繁殖于阴湿崖壁，长势极缓，性耐干旱，久枯不死，遇水返青，故又名“九死还魂草”。

石楠　蔷薇科，俗名“千年红”、“扇骨木”，常绿灌木或小乔木。四季嫩叶鲜红，颇美观，花色白，秋后结红色或紫色圆形果（齐云山编纂办公室，1990）。

2. 观赏树木

榔梅　腊梅科。明《齐云山志》载：嘉靖五年（公元1526年）道士方琼真访武当山携回苗木二株，植于洞天福地，现存一株，已有四百多年树龄；干围1.5 m，高12 m，苍劲古朴，斜枝横空，每当瑞雪纷飞，这株梅树更显得铁骨刚毅，傲霜斗雪，散发阵阵清香。

榉树　榆科，植于洞天福地梦真桥畔，树龄三百五十余年，干基围4.2 m，高28 m，枝叶繁茂如盖，绿荫蔽日，盛夏憩息其下，凉风习习。

木瓜　八角枫科，落叶小乔木。植于洞天福地，为安徽省古老木瓜树之一，树龄已四百余岁；基围1.3 m，高12 m，木质贤韧，枝繁叶浓，初春开淡红色花，深秋结黄色果，香气浓郁。

紫楠　樟科，分布于齐云山月华街、山南洪坑一带，为砍伐后再生林，直径多在15 cm左右，沿山谷呈带状分布，冠覆绵连，密林深邃。楠树木质坚韧，纹理细致，是建筑、制作家具的优质木材。

银杏　银杏科，俗名“白果树”。叶形如扇，新叶色绿，秋后金黄，本山庙前宇旁，多有种植，以洞天福地一株为最，浑圆如冠盖，约有百余岁树龄。

三尖杉　粗榧科。系我国特种树种，国家一级保护植物，亦是齐云山林木中的珍品，多生长于海拔300 m以上的山坳里。三尖杉的根、茎、干、皮中可提取具有抑制肿瘤作用的药物，其科研成果已引起医药界的重视。

枫杨　胡桃科，分布于齐云山北麓，横江畔有十余株。其中最大一株干围6.5 m，冠覆四十余米，干枝间多寄生植物。隔岸远眺，青峦绿树，水色山光，相映生辉。

紫薇　落叶乔木。茎皮光滑，花呈紫红色，植于洞天福地；树基围约2 m，高6 m。树龄在三百余年左右。

枫香　金缕梅科。分布遍于全山，其中真仙洞府4株，太素宫侧一株为最，树干笔直冲天，高达28 m，深秋叶色金黄灿烂。

迎宾松　松科，植于一天门侧，属黄山松一类，径围60 cm，高23 m，孤傲挺立，苍然蔚翠，其中一枝特长舒展外伸，如长揖恭迎，故称为“迎宾松”。

五老松　松科，生长于五老峰巅。据明《齐云山志》载，原有古松8株。现尚存5株，其树龄约500年以上，依然干挺叶茂，苍翠葱茏。另有4株，虽然小亦非百年可成(齐云山编纂办公室，1990)。

三、齐云山道教文化及其景观

(一) 齐云山道教文化

齐云山作为道教圣地，始于唐代。据史料记载，唐朝乾元年间(公元758～760年)，道士龚栖霞，云游至齐云山，隐居于天门岩；虽无遗迹，却留下道教遗踪。

南宋宝庆年间(公元1225～1227年)，方士余道元自黟北(黄山)游至齐云山天门岩，得潜师天谷子印记“宜我室此”，遂拜请于居士金安礼、金士龙，建佑圣真武祠于齐云岩。崇拜道教的居士信徒，纷纷献地输财，筑祠建观，香火日盛，道士渐增，从而创立齐云山道教基业。元朝九十余年中，本山道教发展迟缓，宫观庙宇勉力维持，道士多倚岩洞筑室苦练清修。

明朝，“山岳效灵”，道教活动日趋兴盛，永乐十年(公元1412年)以后，宫观道房，次第落成；十八年(公元1420年)，辟齐云观于齐云岩；宣德四年(公元1429年)建三清殿于拱日峰下。道士频繁往来于武当山，间或去武夷等山访师求学，以致齐云山宫殿建筑、道规道制，亦多仿效武当。正德十五年（公元1515年）养素道人汪泰元仿武当山建玉虚宫于紫霄崖，建静乐宫于桃花涧；其门徒方琼真继师志建榔梅庵，并往武当取榔梅树植之。武当亦名太和，齐云亦名中和，齐云山道教渐具规模，并成为武当山全真派的一个门派，故古人称之为“江南小武当”。

明嘉靖元年（公元1522年）世宗继承帝位，笃信仙术，诏宣天下名道，出入宫禁，建坛祈祷。嘉靖二年（公元1523年），敕令江西龙虎山正一派第四十八代天师张彦頨入觐，世宗问道家不老之法，以“清心寡欲”四字对，颇合上意，遂加封为“正一嗣教真人”。《御碑记》：“朕于壬辰年（公元1532年），因正一嗣教真人张彦頨，奏令道众诣齐云山建醮祈嗣，果获灵应，自时设官焚修，赐建玄天太素宫于齐云岩……”（佑圣真武祠旧址），规模宏伟，更赐山名为“齐云山”。现山名自此始。后第四十九代天师张永绪袭爵，朝恩不减。万历七年（公元1579年）第五十代天师张国祥入觐还，御赐彩旌香帛，授命再谒齐云。自嘉靖、万历两朝，龙虎山嗣汉天师祖孙三代先后留驻齐云山，建醮祈祀，宣扬秘典，宫殿祠观亦具大成。以此，天师道正一派得以立足于齐云，稳步发展，原来的全真派因势利导，自然地服从于天师道转为正一派。但在执行道教规制方面，仍以“全真”为宗，部分道士亦坚持全真派，形成全真与正一两派并存的格局。以月华街太素宫为中心，属正一派；而玉虚宫、洞天福地等处仍保持全真派。正一派以符箓科教为主，主张祛魔祈福，以天师道为代表，可以有家室；虽也斋戒，但非斋期不忌酒肉，授徒传教，父不传子，俗称“火居道士”。全真派崇信炼丹清修，遵守戒律，须出家，禁荤酒，授徒传教，俗称清修道士。两派以正一派为主，统领全山。

清朝乾隆三十一年（公元1766年），嗣汉第五十七代天师张宜亭，年十五袭爵人觐，祷雨立应，晋秩正三品，换给爵印，御赐“灵岳司枢”匾额；四十一年（公元1776年），复奉旨朝圣，赐银千两，敕赴齐云山。

咸丰末至同治初（公元1858～1864年）的数年中，因湘军与太平军争战，江南各县兵祸绵连，致使齐云山香火冷落，宫观院房失时整修，静乐宫、无量寿佛宫、三清殿等自行坍颓，复因朝廷废除道官，道教规制相继松懈。

民国中期沿有道士82人，道观、院房36座。国民党休宁县政府成立齐云山管理委员会，恢复道长制，整修主要的宫观道院和登山石阶，发布山林管理条例，一度安定了山间秩序，维持了道教正常活动（齐云山编纂办公室，1990）。

新中国成立以后，在党和政府的领导下，遵守党的宗教政策，自觉废除寺院宫观的封建土地所有制，组织生产自救。按照土改政策，分得田、地、山场。从此，根本上改变了以往单一靠香火钱收入维持生计的状况。形成以从事农业生产为主，宗教活动为辅的生产形式。齐云山有了健全的道教组织，促进了道教活动的正常开展，游人、香客亦逐年增加（齐云山编纂办公室，1990）。“文化大革命”期间，道教活动被迫中止。中共十一届三中全会以后，党的宗教政策得以恢复和落实。1984年6月，安徽省宗教事务处批准成立“休宁县齐云山道教协会”组织，统一管理本山道教事务，恢复道教正常活动。同年，齐云山山道教协会重新被接纳为全国道教协会成员(齐云山编纂办公室，1990)。

(二) 齐云山重要的文化遗产和文化景观

齐云山为道家洞天福地。历代文人雅士，多有登临，他们触景生情，挥毫题咏，留下了众多的摩崖石刻和碑刻。这些石刻和碑刻主要分布在天门岩、真仙洞府、三天门侧、玉虚宫，岐山石桥等处。其中年代最久远者为北宋大中祥符年间的崖刻；数量最多的是明、清两朝石刻。石刻内容有赞颂齐云胜景的，有褒扬开山有功者的，有记述游山观感的，也有介绍名胜古迹的；这些石刻和碑刻流派纷呈，风格各异；正、草、隶、篆、行书各体兼备；其笔法，或丰润饱和，或云拥风削，或潇洒豪放，或柔婉秀逸，或刚劲傲骨，或飞龙走蛇；刻工精练娴熟，不失原作神韵。1984年，经安徽省文物部门普查，全山尚存崖刻305处，碑刻232块，古石坊7座，修复石雕造像200余尊(齐云山编纂办公室，1990)。摩崖石刻和碑刻成为齐云山重要的文化遗产和文化景观。具体详见表6-5至表6-7。

表6-5 齐云山的摩崖石刻

摩崖石刻	简况
栖真岩	明嘉靖年间(公元1522～1566年)题，楷书，字径32 cm。镌于忠烈坊右
人近云天	明嘉靖年间题，楷书，字径32 cm。镌于忠烈岩
寿	镌于天门岩右。字径230 cm，楷书；民国三十七年(1948年)，里人程敦裕重刻
楠岩	行书，字径21 cm，镌于天门岩右。此处昔有楠树一株，粗大数围，传称“江南第一楠”。清初，遭雷击枯死，现无存
南无无量寿佛	行书，字径18 cm。明万历十三年(公元1585年)，钱塘东佐家人，金氏，男、希贤立。刻于天门岩岩外崖壁
复返生口	草书。字径15 cm，末一字风化剥落。镌于天门岩外
洞门玉树	崇祯十二年(公元1639年)，佛俗临川陈志忠题。楷书，字径30 cm
第一蓬莱	明万历年间，白岳山人朱素和立，行书，字径60 cm；刻于天门岩
石户	方豪题，道士汪唏和执笔，行书，字径40 cm。刻于天门岩
云天一啸	明万历二十九年(公元1601年)，范懈学书，正楷，字径53 cm。镌于一天门内
复还天巧	楷书，字径110 cm，笔力苍劲刚利。镌于天门岩
近蓬莱	明嘉靖三十六年(公元1557年)，方历有书，正楷，字径98 cm。镌于真仙洞府圆通岩绝壁
攀云捧日	行书。镌于真仙洞府弥陀岩上
人世蓬瀛	清康熙六年(公元1667年)仲夏，刘芳洪题，楷书，字径42 cm。镌于真仙洞府圆通岩
飞举冲霄	明万历二十八年(公元1600年)菊月，大城岳村居士刘朝用书，正楷，字径26 cm，镌于真仙洞府危崖

续 表

摩崖石刻	简　　况
新安胜境	行书，字径 60 cm。明万历年间，镌于真仙洞府龙王岩
面壁云垂膜，晴听天雨珠，水中食爆米，图像许谁知	草书。刻壁面积：高 120 cm、宽 66 cm，太子少保、礼部尚书昆陵卢崖题。镌于真仙洞府龙王岩
雨君洞	明嘉靖三十四年(公元 1555 年)季冬五日，湖岭通史方豪书，白岳山人朱素和立。隶体，字径 50 cm，笔锋遒劲。镌于真仙洞府龙王岩
珠泉	万元焕题，楷书，字径 47 cm。镌于真仙洞府雨君洞
玄芝洞	朱麟题。隶书，字径 56 cm。镌于真仙洞府龙王岩
太液玄精	祁门衡山叶正荣题。行书，字径 28 cm。本山朱斋宁刻于真仙洞文昌岩
入图画	明嘉靖二十七年(公元 1548 年)，祁门叶宗昌题，楷书，字径 32 cm。镌于真仙洞府
珍珠帘	草书，字径 20 cm。镌于真仙洞府雨君洞岩壁
冰崖	明万历年间，杨建宁题，行书，字径 38 cm。镌于真仙洞府
雪泥	明嘉靖四年(公元 1525 年)，汪景清题，行书，字径 37 cm。镌于真仙洞府
悦山	古杭(州)徐佐写，行书，字径 16 cm。镌于真仙洞府圆通岩左
半天晴雨	行书，字径 20 cm，镌于文昌岩
友泉	明嘉靖二十八年(公元 1549 年)，程丁良题，楷书，字径 26 cm。镌于真仙洞府黑虎岩
天开神秀	明嘉靖二十八年(公元 1549 年)，吴蕃伯书，正楷，字径 120 cm，四字幅宽 850 cm，高 205 cm；笔法刚劲浑厚，神逸洒脱。镌于真仙洞府黑虎岩
南无阿弥陀佛	行书，字径 12 cm。明万历年间镌于真仙洞府黑虎岩
天池	草书，字径 20 cm。明隆庆三年(公元 1569 年)，镌于真仙洞府
别有天地	隶书，字径 13 cm。镌于真仙洞府黑虎岩
玄天妙境	行书，四字横宽 260 cm，高 53 cm。明万历年间俞华书，镌于真仙洞府黑虎岩
天开图画	清康熙五年(公元 1666 年)春日，燕山龚蕃锡题，行书，四字横幅宽 560 cm，高 132 cm，刻石深约 6 cm。镌于真仙洞府黑虎岩
齐云胜景	行草，字径 120 cm，横幅宽 470 cm，高 210 cm，为齐云山崖刻之最。明隆庆元年(公元 1567 年)秋月，镌于真仙洞府黑虎岩
法霖玉界	紫郝君书，行楷，字径 24 cm。镌于真仙洞府黑虎岩
仲止仰止	楷书，字径 48 cm，镌于真仙洞府圆通岩
云深处	草书，字径 20 cm。镌于真仙洞府黑虎岩
白岳山房	明万历年间，岭南方豪题，行书，字径 17 cm。镌于二天门下
退思岩	楷书，字径 23 cm。镌于小壶天石室外
通生	紫郝君题。楷书，字径 32 cm。镌于小壶天石室内
蓬壶深处	明万历九年(公元 1581 年)，浙江嘉兴周履靖书，篆体，幅宽 213 cm，高 57 cm。镌于小壶天石室
无量寿佛	万历九年中秋，詹东镜、瞿用建题书，字径 12 cm，行书体。竖刻于小壶天石室
源液	万历四年(公元 1576 年)，修吾道人题，行草，笔锋遒劲。字径 23 cm。竖刻于小壶天石室
石上流泉	楷书。竖刻于小壶天石室
飞身所	明万历十八年(公元 1590 年)十月，镌于小壶天石室舍身崖
万山拱圣	楷书。四字宽 51 cm，高 19 cm。万历四十四年(公元 1616 年)，镌于小壶天石室舍身崖

续 表

摩崖石刻	简 况
白云深处	行书,四字幅宽达 670 cm,高 127 cm;字体刚股秀逸,润笔苍劲洒脱。万历年间镌于楠木谷东岳庙右
最高峰	明嘉靖三十六年(公元 1557 年)中秋,南阳方万有题,楷书,字径 60 cm。镌于最高峰廓崖
廓崖	耿随卿题,楷书,字径 113 cm。刻于最高峰廓崖
思耻台	嘉靖四十三年(公元 1564 年),耿楚侗登云岩,为诸生讲学,题“思耻台”三字楷书,字径均为 42 cm。刻于中立石
能者从之	嘉靖间,右侍郎邹东廓游齐云岩,讲学于廓崖时题,楷书,字径 63 cm。刻于中立石
霞外奇观	明万历九年(公元 1581 年),浙江嘉兴周履靖楷书,四字幅宽 210 cm,高 51 cm,笔法丰润。镌于浮云岭巅
万峰晴雪	明万历年间,三石山人楷书,字径 50 cm。镌于隐云峰
紫玉屏	行书,幅宽 230 cm,高 60 cm。镌于鹊桥峰左
飞雨	草书,字径 63 cm。岭南方豪题,镌于郎灵院
飞雨	楷书,字径 27 cm。正德年间刻于紫霄崖
霞光月色	明嘉靖四年(公元 1525 年),方万有题,隶书,四字幅宽 210 cm,高 40 cm。镌于紫霄崖
银河泻碧	明万历年间,桐城游元浮题,行书,四字幅宽 180 cm,高 42 cm。镌于紫霄崖
秀拔诸峰	楷书,字径 120 cm,笔法刚正遒劲,洒丽夺目。明嘉靖四年(公元 1525 年)夏镌于紫霄崖
天下奇观	姑苏徐敦题,行书。四字幅宽 270 cm,高 45 cm,镌于紫霄崖
具瞻	楷书,字径 45 cm。镌于紫霄崖
东南名岳	明万历九年(公元 1581 年),楚龙德题,楷书,四字幅宽 360 cm,高 47 cm,笔法苍劲丰润。镌于紫霄崖
第一洞天	明正德年间,雪崖道人方琼真题,行书,四字幅宽 147 cm,高 37 cm。镌于紫霄崖
壁立万仞	明嘉靖三十六年(公元 1557 年),卢俊书,正楷,四字幅宽 290 cm,高 47 cm。镌于紫霄崖
凝霞	明嘉靖三年(公元 1524 年),镌于玉虚宫。楷书,字径 28 cm
紫霄崖	明正德八年(公元 1513 年),养素道人汪泰元题。字径 98 cm,三字幅宽 370 cm,高 100 cm。镌于紫霄崖
天造名山	明嘉靖四十三年(公元 1564 年),彭惟亨题,行书,四字幅宽 180 cm,高 40 cm。镌于插剑峰东壁
象气岩	楷书。三字幅宽 124 cm,高 32 cm。明正德年间,镌于插剑峰东壁
奇峰独拔	明万历八年(公元 1580 年),胡宥书,正楷,笔画苍劲丰润。镌于插剑峰北
文昌正路	明万历年间,刘守复题,楷书,结构丰润严谨,字径 135 cm。镌于三姑峰西
古洞天	楷书,字径 8 cm。镌于展旗峰北
方腊寨	1979 年秋,赖少其书。字体独具一格,字径 45 cm。镌于独耸峰北
南无阿弥陀佛	行书,南宋年代石刻,字径 32 cm。镌于石桥岩右
亘古奇观	楷书,字径 120 cm。明正德三年(公元 1508 年),镌于石桥岩左侧危崖
龙涎池	楷书,字径约 18 cm。镌于石桥大龙宫崖壁
詹东图读书台	明万历年间,詹东图自题,行书。镌于天泉书院左
晞阳岩	明湛甘泉题,行书,字径 20 cm,镌于天泉书院左
寿富康宁	字径 115 cm,字体别具风格。镌于石桥岩

续　表

摩崖石刻	简　　况
德政碑	明万历年间，新都汪道昆撰，玉山程福生书，正楷，刻石全文幅宽 320 cm，高 570 cm。镌于天门岩外崖壁，字迹部分剥落
慈雨谣碑	明万历年间，江西玉山程福生书，隶体，全文占岩面宽 310 cm，高 560 cm。镌于天门岩外，字迹大多剥落
中立石铭	明嘉靖年间，邹守益撰，字体行草，刻石面积高 82 cm，宽 63 cm。刘师泉、王一峰等镌于中立石，文字部分剥落
廓崖诗	吴宗儒题，行书，刻石幅宽 113 cm，高 50 cm。镌于最高峰廓崖
最高峰诗	胡文孚题，草书。刻石面积高 112 cm，宽 53 cm。镌于最高峰廓崖
紫霄道人传	楷书，刻石面积高 250 cm，宽 110 cm。镌于朗灵院(风虎关旧址)
紫霄崖诗	明正德年间，三石道人题，草书。刻石幅宽 88 cm，高 122 cm。镌于朗灵院侧
赞我中颂碑	明万历年间，汪道昆、丁应泰等撰写，全文幅宽 400 cm，高达 470 cm，镌于展旗峰东。因风雨侵蚀，部分字迹不清
登齐云山诗	明嘉请十五年(公元 1536 年)春三月，进士、光禄大夫、柱国、太子太保、吏部尚书兼兵部尚书汪鋐题，草书，字体潇洒。镌于展旗峰东侧。崖刻面积高 140 cm，宽 260 m
紫霄崖诗	明嘉靖二十九年(公元 1550 年)三月三日，进士、太子少保、礼部尚书庐陵顾学题，行草。诗五首，镌于展旗峰北侧，幅宽 280 cm，高 120 cm
游齐云岩偈诗四首	明嘉靖十五年(公元 1536 年)正月二十六日，古杭祝继龙、知府武昌冯世雍、御史方远宜、歙人郑佐、婺人汪玄锡合题。草书，幅宽 520 cm，高 130 cm，镌于插剑峰
游人题名	明万历年间，岭南方豪书，隶体。幅宽 20 cm，高 58 cm。镌于展旗峰
齐云岩诗	明万历年间，程大宾题，刻石面积宽 120 cm，高 48 cm。镌于三姑峰北
紫霄崖诗	镌于三姑峰西，草书，字迹部分剥落
石桥岩铭	明隆庆二年(公元 1568 年)，侍郎汪道昆撰，万历元年(公元 1573 年)夏，詹景凤书，张试刻于石桥岩，刻石面积高 157 cm，宽 194 cm
石桥岩记	明万历十二年(公元 1584 年)春月，大鄣山吴子玉撰，楷书。镌于石桥岩。刻石全文面积高 110 cm，宽 84 cm
齐云岩诗	民国二十年(1931 年)，曹熙守题，楷书。镌于插剑峰东

资料来源：齐云山志编纂办公室，1990

表 6-6　齐云山的碑刻

碑　刻	简　　况
紫霄宫玄帝碑铭	坐落在齐云山紫霄崖下，玉虚宫西侧。碑高 760 cm，宽 140 cm，厚 20 m；用整块红色砂石琢成，下雕龟贝承托；面对北方，巍然屹立。碑的正面刻玄帝碑铭全文，系江南才子唐寅于明弘治十三年(公元 1500 年)，登游齐云山，后应道长汪泰元之请所作骈体文，收尾共计1 028 字；延新安名家汪钊篆额，戴炼书丹，歙休名匠刻手朱云亮、汪阳熙执錾主镘，费时二年竣工。碑的背面刻《紫霄崖兴建记》，叙述正德初玉虚宫修建始末
齐云山谣	坐落在望仙亭内。碑高 257 cm，宽 89 cm，厚 18 cm。用黟县青石琢磨而成。明万历二十二年(公元 1594 年)，休宁程时言撰写，楷书，字径 5 cm，全文 266 字
监司袁使君平寇碑	在天门岩内。碑高 320 cm，宽 118 cm，厚 16 cm，黟县青石琢成。明万历十七年(公元 1589 年)，兵部左侍郎汪道昆撰文，罗应鹤篆额，许立功楷书，知县丁应泰立

续 表

碑 刻	简 况
三十六洞天碑记	竖嵌于真仙洞府八仙洞内。碑高 37 cm，宽 110 cm，红色砂石琢成，刻道教十大洞天三十六小洞天及海中五岳洞天所在与诸仙名号
新安仙释碑记	嵌于八仙洞内，碑高 37 cm，宽 100 cm，红色砂石琢成，刻徽郡前代仙姑 1 人，佛家禅师 3 人，道家真人 11 人的法名道号
重修齐云山玄君殿记碑	树立于太微楼侧。碑高 220 cm，宽 100 cm，厚 18 cm，黟县西递青石琢成，镌万历十二年(公元 1584 年)重修玄君殿始末，由詹景凤撰文并书
重修太素宫捐助名氏碑	树立于太微楼侧。碑高 203 cm，宽 98 cm，厚 16 cm，红色砂石琢成，刊刻重修太素宫捐输乐助的善士芳名及银数
静乐宫兴建记碑	树立于三天门太微楼侧。碑高 220 cm，宽 100 cm，厚 20 cm，红色砂石琢成，碑镌明正德十五年(公元 1520 年)兴修静乐善圣宫始末，由周史纂、儒林郎唐皋撰文，汪洞书，道会徐秘元立
白岳山人传碑	嵌于真仙洞府黑虎岩。碑高 47 cm，宽 10 cm，厚 16 cm，红色砂石琢成，刻记白岳山人朱素和潜心修道的平生事迹。明嘉靖四年(公元 1525 年)由岭南通史方豪撰文并作楷书，字径 4 cm
飞升台藏经楼碑记	树立于齐云岩宜男宫前原藏经阁内。碑高 141 cm，宽 53 cm，厚 8 cm，黟西递青石琢成，记述清顺治年间(公元 1644～1661 年)，兴建飞升台藏经楼实况

资料来源：齐云山志编纂办公室，1990

表 6-7 齐云山的石坊与桥梁

石坊与桥梁	简 况
登封桥坊	始建于明万历十五年(公元 1587 年)，登封桥南、北各一座，为二柱楼阁式，青瓦飞檐。清乾隆五十三年(公元 1788 年)，此桥被山洪冲毁，五十六年(公元 1791 年)，由黟县西递村富商胡学梓父子重修四柱冲天式石坊二座，立于桥之南北两端，坊高 9 m，用黟县西递青石筑成。现存桥南石坊一座
忠烈坊	立于忠烈岩下，为二柱楼阁式；坊上石雕精细，所镌物像，栩栩如生。坊高约 4 m，均用红色砂石筑成
众妙之门坊	立于真仙洞前，为二柱楼阁式；高约 7 m，石檐飘角，外观秀丽。明正德年间由汪泰元募建，迄今四百余年，巍然如故
玉虚坊	立于玉虚宫前，为四柱三层楼阁式；高约 7 m，均为红色砂石岩筑成，石瓦飞檐，巍峨壮观，坊脊梁柱，拱托，雕刻精细，所琢物像玲珑剔透。此坊建于明正德十年(公元 1515 年)，羽士汪泰元募建，迄今四百七十余年，保存完好
治世仁威坊	立于玉虚坊右。由道会汪泰元、道士方琼真、汪相和募建，明正德十五年(公元 1520 年)仲秋立。为四柱二层楼阁式，坊高 15 m，红石镌筑，雕刻精湛
天乙真庆坊	立于玉虚宫左，明正德十二年(公元 1517 年)，道会汪泰元募建；四柱二层楼阁式，坊高 15 m
小壶天坊	立于小壶天石室前。道士壶公，别出心裁，用红色砂岩筑成如壶形的门坊，故名“小壶天”。石室内“岩岩紫石悬，漠漠清溪绕”。内有一线泉，涓涓不息，注入石臼，清水且甘，昔为道士沏茗待客所用
忠孝坊	立于岐山云岩湖东南 4 km 处，坊高 19 m，为四柱冲天式；坊梁镌有：“旌表崇祀孝子朱俨”的朝廷敕旨。石坊建筑宏丽，飞龙走兽，镌于梁柱之中，4 对石狮雄踞石础之上，玲珑剔透，威武庄严

续　表

石坊与桥梁	简　况
风虎关	立于玉虚宫西，坊为二柱门楼式，高 4 m，坊梁镌有“真境”
紫云关	立于五老峰东侧，夹于五峰与独耸峰间，坊为半圆形城楼式，均用红色石块砌成
登封桥	位于齐云山北麓，横跨横江之上；北岸为皖赣公路，南岸有路连接齐云山登山步道，始建于明万历十五年（公元 1587 年），清乾隆五十三年（公元 1788 年）被山洪冲毁，五十六年（公元 1791 年）重修。桥为青石十墩九孔拱形结构，长 148 m，宽 8 m，高 12 m。迄今近二百年，依然如故
双松桥	位于齐云山海天一望亭南，为登山跨涧通道；始建于明末崇祯年间，系单孔石拱桥，长 8 m，宽 3 m；两侧条石栏杆已圮
梦真桥	位于洞天福地外侧，横跨桃花涧之上；明嘉靖三十四年（公元 1555 年）建，长 18 m，宽 3 m，石柱栏杆
迎仙桥	位于太素宫二进殿门前，跨架虚危池上；明嘉靖十一年（公元 1532 年）建，为单孔石拱桥，长 7 m，宽 2 m，雕石栏杆

资料来源：齐云山志编纂办公室，1990

四、齐云山丹霞地貌过程

朱诚、彭华、李世成等深入研究了齐云山丹霞地貌特征和成因，研究认为齐云山丹霞地貌主要发育于中白垩统小岩组 K_2x^1 红色砂砾岩层中，该区地貌发育主要受景德镇—祁门断裂带、江湾—街口挤压破裂带和开化—淳安褶断带三大断裂带控制。在白垩世该区经历了地块沉降，成为陆上的断陷湖盆，由此接受了巨厚的白垩系红层堆积。在新构造运动中，该区经历了隆升过程，巨厚的白垩系沉积物变成了海拔 500～600 m 的山体。白垩系红色砂砾岩在经历了垂直节理发育、风化破坏阶段及剥蚀搬运阶段后，同时受岩性本身砂岩与砾岩在组分和结构上的影响，差异性风化剥蚀显著，因此形成了壮观的峰林、崖、洞、方山、城堡及天生桥景观（图 6-1）。该区 585 m、400 m 和 150 m 处的三级裂点，大致反映了该区新构造运动中三次主要的抬升过程（朱诚等，2005）。

丹霞地貌是地质构造内动力和风化剥蚀外营力长期共同作用的结果。齐云山地区中生代断陷湖盆的巨厚沉积形成，以及新生代以来湖盆抬升为山地是丹霞地貌形成的两个初始阶段。当白垩系红层脱离湖盆环境以后，丹霞地貌的发育还经历了以下三个阶段。

1. 垂直节理发育阶段

齐云山巨厚的白垩系红色砂砾岩形成后，在区域构造应力作用下，产生了两组走向不同的垂直节理，前者比较稀疏，走向在 NW290°～310°，可称其为纵节理；后者比较密集，走向在 SW230°～250°，可称其为横节理。这样，原来完整的巨厚层砂

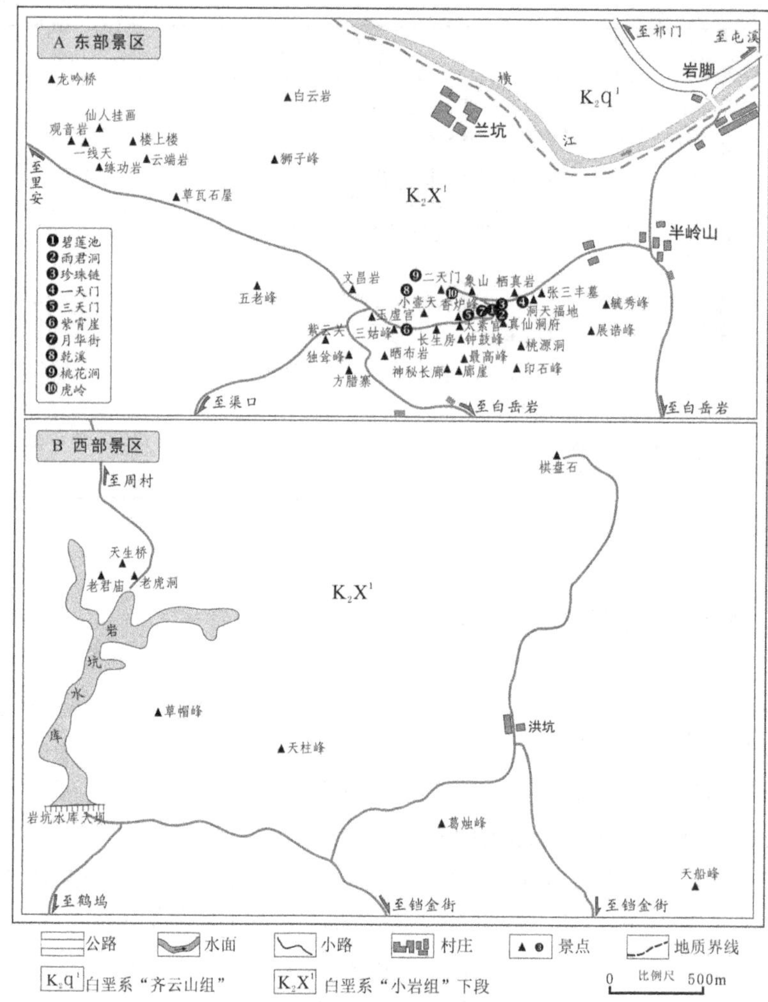

图 6-1　齐云山主要丹霞地貌和景点以及岩性分布图

资料来源：朱诚等，2005

砾岩受垂直节理的分割，形成了许多呈方块状或棱块状明显的巨型岩块，但它们仍然是一个整体，彼此并没有分离和孤立出来。

2. 风化破坏阶段

纵横交错的节理为球状风化提供了方便，节理裂隙面是地表流水下渗的最好通道，植物、流水、冰等常沿节理进行风化或侵蚀，特定的地理位置和水热条件更加剧了风化作用的强度。齐云山地处我国中亚热带北缘，季风气候显著，多变的气候可以使得：温暖多雨的季节，地表水沿节理裂隙大量下渗，节理也逐渐受到侵蚀而加宽拓长；严寒霜冻季节，储积在节理中的水固结成冰，冰冻体积膨胀使裂隙扩大，更利于地表水下渗。在漫长的地质年代中这种冻融作用不断地进行，致使完整的岩石被破坏崩解，尤其在节理密集的地方破坏更为严重，这便是丹霞林地貌发育的重要原因之一。风化作用对垂直节理的影响是：首先形成狭长而窄深的一线天式的深沟，沟壁平直陡峭，其走向与该组垂直节理走向相同，其陡壁坡度也与垂直节理相似。在一线天式的深沟发育后，流水会继续下切侵蚀，而陡壁则沿垂直节理发生崩塌，使深沟进一步加深拓宽形成巷谷，巷谷进一步发展便成为较大的山涧。太素宫前的深涧—乾溪、独耸峰旁的饮鹿涧、望仙台下的桃花涧、碧莲池下的云龙涧、天生桥西部的碧莲涧等就是发育在走向为NW290°～310°垂直理(纵节理)处的。崖壁的崩塌与山涧的形成往往有共生联系，上述深涧旁的崖壁有多处崩塌便是例证：如天生桥的桥孔下、最高峰廓崖的崖壁下、独耸崖崖壁下均有巨大崩落石，说明了深涧是在巷谷不断崩塌的前提下形成的，明万历刻本《齐云山志》亦有关于崩塌的记载："宋淳祐己酉大水，石崩瓦解，真武像如故。庚午叶介夫、程大有、胡大祥建立清阁、四聚楼。侍郎程元岳题水位之精于殿前壬癸方石池以镇本山午火也。"当崩塌作用继续进行，水流来不及把这些崩积物搬走时，则会在陡壁的麓部形成崩积缓坡。由于沿垂直节理的崩塌作用不断进行、陡崖坡不断平行后退，崩积缓坡便不断加高加宽，这种过程若发生在山体内部，就会使山体逐渐遭受切割、破坏，使局部山体的面积和体积逐渐变小(如方腊寨、五老峰等)。若这种过程发生在山体外缘，则会使整个山体逐渐缩小，而崩积缓坡则会逐渐增大。

齐云山走向为SW230°～250°的垂直节理(横节理)比较密集，但影响的深度不及纵节理，故横节理密集处有峰林和"城堡"发育(如五老峰、钟鼓峰和山南的棺材岭等)，但无深切的沟壑，因此从宏观上看，齐云山地貌亦有"横看成岭侧成峰"的特色。

软硬互层的岩性与崩塌的形成有重要关系。齐云山"小岩组"中的砂岩孔隙度大于砾岩，硬度却小于砾岩，较大的孔隙和较软的岩性使得空气和水更易于对其侵蚀，从而加快了岩石的风化过程。当砂岩和砾岩互层出露时，砂岩风化速率快，当其风化崩落后，其上部的砾岩会失去支撑亦逐渐随之崩落，造成山体后退和内凹洞穴发育。由于砾岩的抗风化强度比砂岩要大，所以齐云山的洞穴多发育在砂岩中(朱诚等，2005)。

3. 剥蚀搬运阶段

风化作用使得山体不断崩塌成崖，并在崖麓形成崩积缓坡，但随着时间推移，流水作用又会将这些崩积物荡涤殆尽，由此使得在节理密集的地区，一些"岩核"和"岩髓"脱颖而出、拔地而起，成为峋嶙突兀的石峰、石柱和峰林地貌(如香炉峰、五老峰等)。在节理稀疏处，岩石被破坏程度较轻，保存下来的是方山式的地貌类型，如展浩峰、印石峰、天船峰和最高峰等。

丹霞地貌形成中的剥蚀搬运主要靠流水的机械侵蚀和溶蚀进行。丹霞地貌的洞穴形成，除了崩塌和流水机械侵蚀外，溶蚀也起了相当重要的作用。雨水和空气中的 CO_2 有一定量的混合，落到地面的雨水往往含有 CO_3^{2-} 成分，而齐云山“小岩组”砂砾岩又多为钙质胶结，含 CO_3^{2-} 的雨水对钙质胶结的岩层易产生溶蚀作用，大量钙离子被流水带走后，丹霞崖壁上便会留下无数的洞穴。由于“小岩组”砂砾岩透水性强，故由孔隙水、裂隙水形成的泉非常多。当崖壁处的岩层层面向崖内倾斜时，有利于崖上流水顺层面掏蚀和溶蚀，久而久之便形成了诸如真仙洞府、玉虚宫和楼上楼等大型洞穴。但当崖壁处的岩层面向崖外倾斜时，因为流水不易顺层面侵蚀，故很少有洞穴发育，如最高峰虽有高大壮观的陡崖，但因岩层面外倾，故无洞穴发育。当悬崖顶部植被茂密，且有汇水小谷地时，崖上便有小瀑布形成；而此处崖壁若后退成内凹的弧面时便形成类似“飞雨”、“珍珠帘”等奇妙的跌水景观。

4. 构造隆升与三级剥蚀面的关系

纵览齐云山，可以发现其山体大致可分为三个不同的高度等级：第一级海拔500～600 m左右，如钟鼓峰、独耸峰、万寿山、狮子头、凉伞峰、袈裟峰等；第二级海拔350～400 m左右，如玉女峰、骆驼峰、隐云峰、石桥崖等；第三级海拔150～200 m左右，主要是山麓地带的缓丘。这三个不同的高度等级便代表了齐云山在时代不同的三次主要构造运动中所形成的三级剥蚀面。从分析看，齐云山缺少古近—新近系沉积物，但有白垩系红层，由此推断第一级剥蚀面形成于渐新世末（即喜马拉雅运动后幕）；第二级剥蚀面形成于第四纪早期；第三级剥蚀面（山麓面）形成于第四纪中期（中更新世—晚更新世期间）。

齐云山丹霞地貌中被分割的峰林大都坐落在海拔400 m以上的山体部分，其下限大致与第二级剥蚀面高度相同，这说明像五老峰、香炉峰这样奇特的丹霞山峰景观至少在第四纪以前便已初步形成。

齐云山的三次主要构造抬升还可以从裂点和沟谷横剖面形状上得到佐证。调查发现，如果在太素宫沿SW240°走向作一剖面，可看出齐云山共有三级裂点：太素宫后方的山顶钟鼓峰（海拔585 m）为第一级裂点；太素宫前的陡坎为第二级裂点（海拔约400 m）；其下方的乾溪海拔150 m左右的陡坎为第三极裂点。这表明上述裂点与剥蚀面高度大致相同。调查还发现，第二级裂点以上的峡谷、汇水谷地多呈“U”字形（如桃花涧的源头、雨君洞处的汇水谷地、处于分水岭旁的天生桥谷地等），而在第二级裂点以下的峡谷多呈“V”字形（如乾溪、桃花洞、碧莲涧和饮鹿涧等）。这说明第一期构造抬升后齐云山地区有一个相当长的稳定时期，使得河流侧旁侵蚀作用加强，致使原来的“V”形谷拓宽成“U”形谷，第二级裂点以下的V形谷说明河流的现代溯源侵蚀已达400 m左右的高度，因山麓地带无“U”形谷发育，说明目前齐云山仍可能处于上升阶段（图6-2）（朱诚等，2005）。

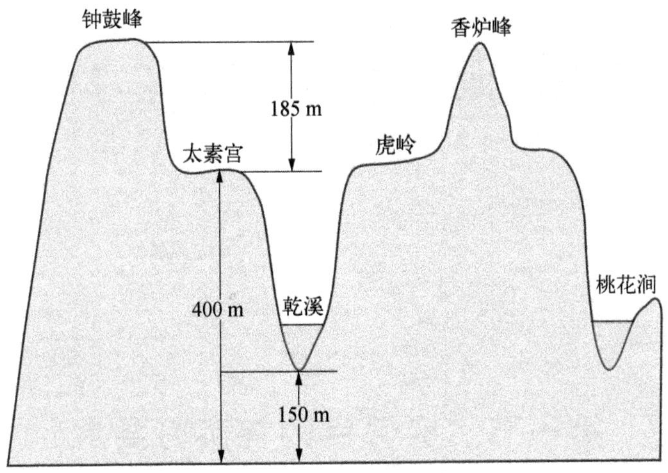

图6-2　齐云山三级裂点示意图

资料来源：朱诚等,2005

主要参考文献

黄明.2000.安徽齐云山地区地质构造环境与可持续发展研究.合肥：合肥工业大学.

齐云山志编纂办公室.1990.齐云山志.合肥：黄山书社.

吴跃珍.2005.齐云山植被类型及其保护.安徽林业科技,(1)：20-34.

朱诚,彭华,李世成,等.2005.安徽齐云山丹霞地貌成因.地理学报,60(3)：445-455.

第 7 章　太平湖实习区实习指导

第一节　实习目的与实习要求

一、实习区范围

太平湖实习区系指太平湖及其周边地区。与太平湖大坝紧密相连的桃花潭，虽然在行政区划上属于宣城市泾县，但由于其特有的地理特征、地理实习意义，在考察太平湖，特别是考察太平湖大坝和陈村水电站时可以将其作为实习点。

二、实习目的

太平湖是安徽省最大的人工湖，了解太平湖修建的意义和目的，建成以来发挥的水利、经济、社会和生态效益；了解湖区居民的生产生活活动；了解太平湖旅游发展情况；了解太平湖湿地生态特征及过程。

三、实习要求

1）了解太平湖（陈村水库）建设的背景、过程；了解太平湖的水利、经济、社会、生态价值和效益。

2）考察太平湖风景旅游区，了解太平湖旅游发展过程及特征。

3）考察太平湖国家湿地公园，了解太平湖湿地草本植物的多样性特征。

第二节　实习线路与实习内容

一、主要实习线路与实习内容

实习区线路：太平湖主坝、陈村水电站—桃花潭—太平湖风景旅游区主景区、太平湖镇—太平湖湿地生态保育区。

了解太平湖及其周边地区的景观特征和变化，及旅游发展状况。

二、主要实习点与实习内容

太平湖主坝、陈村水电站、桃花潭、太平湖风景旅游区主景区、太平湖镇和太平湖湿地生态保育区。

1. 太平湖主坝、陈村水电站

1）考察太平湖主坝、了解主坝建设的背景、意义、过程和特征，欣赏大坝景观。

2）考察陈村水电站，了解陈村水电站及水力发电的基本情况。

3）了解水库在蓄水、调水、生态、防洪、抗旱、养殖等方面发挥的作用。

2. 桃花潭

1）考察桃花潭，了解桃花潭水文特征。

2）考察桃花潭，体验李白“赠汪伦”的词诗意境。

3. 太平湖风景旅游区主景区、太平湖镇

考察太平湖旅游基础设施建设，了解旅游发展过程、特征及趋势。

4. 太平湖湿地生态保育区

考察湿地生态保育区，了解保育区地理特征；了解保育区基本植物区系及其在不同受干扰区的多样性动态。

第三节　背景资料和实习指导

一、太平湖

1. 建设背景

太平湖属于长江一级支流青弋江流域范围。1957 年，原苏联援助我国修筑 100 个水利工程，陈村水库是其中之一。陈村水库位于黄山区（原太平县）与宣城市泾县交界处。同期，设计修建的还有浙江的新安江水库，新安江水库后改称千岛湖，陈村水库后改称太平湖。太平湖 1970 年建成蓄水，为了太平湖建设，搬迁了两座县城，一座是太平县城，一座是石台县城，古老的县城和村镇淹没水底，成了水下古城。

2. 建设过程

1958 年 4 月，中共安徽省委佛子岭会议决定兴建陈村水电站，由省水电勘察设计院负责勘察设计，计划建 150 m 高的砼重力拱坝，并拦截舒溪河和麻川河的河水形成陈村水库。同年 7 月 14 日破土动工，1962 年 5 月大坝建至 105 m 高时，因原苏联专家的撤离而停建。1962 年 9 月，修改坝高为 135 m。10 月，工程项目和施工力量收归国家水电部管辖。1968 年 10 月，国家计委同意陈村水电站续建。1969 年 8 月 29 日，由水电部十二局、十四局共同施工，并调整坝高为 126 m。1970 年 7 月 29 日，大坝建成并关闸蓄水。同年 10 月 1 日、1971 年 7 月 1 日、1975 年 7 月 1 日，第一台、第二台和第三台机组相继投入发电，总装机容量 15 万 kW · h，年平均发电量 3.16 亿 kW · h。1982 年 3 月 1 日电站通过竣工验收，竣工后的电站大坝高 126.3 m，最大坝宽 53.25 m，坝顶宽 7.6 m，坝顶长 419 m，总投资 1.57 亿元。

库区正常水位 117 m，水面面积 88.6 km^2，东西长约 60 km，控制流域面积 280 km^2。由于电站大坝在泾县陈村，故电站名为“陈村水电站”、水库名为“陈村水库”。1979 年 11 月，为发展旅游，安徽省革命委员会决定将陈村水库更名为“太平湖”。

3. 地理概况及旅游功能

太平湖地处黄山市黄山区西北部，介于黄山、九华山之间，是安徽省实施“两山一湖”（黄山、九华山、太平湖）旅游发展战略的重点发展地区。1987 年 8 月安徽省首批省级风景名胜区、2006 年 11 月太平湖列为国家 4A 级旅游区，总面积 312.9 km^2，水域面积 88.6 km^2，最大蓄水量为 24 亿 m^3。太平湖举办过全国竞走冠军赛、全国铁人三项赛、中国国际健走节等赛事活动。太平湖旅游景区先后获得中国最美的地方、国家湿地公园、国家水利风景区、中国热点湖泊旅游胜地、全省文明旅游景区等称号，太平湖镇被评为全国环境优美乡镇和全省最佳旅游乡镇，是电视剧《红楼梦》的拍摄地之一。

太平湖风景区管理委员会成立于1999年，代表中共黄山区委和黄山区人民政府，负责太平湖风景区开发、建设、管理和保护的工作。太平湖镇是2006年2月由原太平湖镇与广阳乡合并而成的，位于湖区的核心位置，全镇面积164 km^2，辖7个村、62个村民组，总人口近万人。2006年3月，太平湖管委会与太平湖镇合署办公，整合了太平湖资源，优化区域管理。

太平湖旅游景区森林覆盖率高，空气负氧离子浓度长期稳定在每立方厘米20 000个以上，空气质量优良率达100%，是名副其实的天然氧吧。太平湖以水见长，水体常年达国家一级标准，被誉为江南翡翠、黄山情侣和“东方日内瓦湖”。

太平湖物产丰富、特产闻名。现已查明野生植物580多种、动物240多种、鱼类40多种，盛产稻、茶、木、竹、鱼、西瓜等农副产品，特产水果、苗木、灵芝、木耳、香菇、药材等产品，拥有丰富的钼、砂等矿产资源和水力资源。尤其是湖岸的绿茶闻名遐迩，是中国十大名茶太平猴魁的原产地和黄山毛峰的主产地，其出产的太平猴魁继1915年万国博览会夺金后，2007年又被前国家主席胡锦涛作为国礼茶赠与俄罗斯总统普京。

太平湖人文荟萃、历史悠久。湖畔曾发现距今7 500万年的白垩纪恐龙蛋化石和新石器时代的众家山遗址，湖底“蕴藏”着千年古城——广阳城、“三里秦淮”——龙门街等一大批文物古迹。汉代窦子明在陵阳山修道、钓得白鱼升仙之说，引发了李白“杜鹃花开春已阑，归去陵阳钓鱼晚”的诗篇。后人追踪“屈原流放陵阳”至此，唐朝诗人李白、罗隐、杜荀鹤等在此留有游踪，南宋理学家朱熹题词石刻的“秀荫”两字仍静卧在湖畔。

太平湖交通便利、区位优越。地处皖南旅游区“一湖担两山”的中心位置，距黄山北大门、九华山南大门均30 km左右，距周边的世界文化遗产西递宏村、道教圣地齐云山、历史古城歙县、绩溪县等精品景区100 km左右，距上海、南京、杭州等长三角大中城市400 km左右。合(肥)铜(陵)黄(山)高速穿湖而过，太平湖到“两山”的车程在半小时左右，到周边景区的车程在一个半小时左右，到合肥车程在两个半小时左右。随着(北)京福(州)高铁和宁(南京)宜(安庆)城际铁路建成通车，太平湖旅游景区的可进性将大大改善。

太平湖分为共幸、广阳、黄荆、龙门、三门五大景区，主要景点有西山观鱼、平龙山采茶、三峡水趣、桂林小景、鳄鱼戏水、蘑菇松、眉毛峰和樵山神仙洞等，以及白鹭洲乐园、黄金岛植物园、八卦岛、猴岛、龙窑寨、鹿岛、蛇岛和金盆湾旅游度假区。

共幸景区：共幸景区为太平湖的开发区，担负着太平湖旅游接待中心的功能。

广阳景区：出共幸湾不远，就是广阳景区。广阳景区湖面宽广，山水相映，绿如翡翠。景区内树绿水绿，碧蓝纯净；湖岸山舍村舍倒映水中，犹如水中楼阁，自然水墨画。新建的太平湖大桥即在湖区西侧。

黄荆景区：为太平湖的精华景区。景区青山绿水相映，群岛错落有致，星罗棋布，妩媚娇柔。目前有鹿岛、猴岛、蛇岛、鳄鱼池、黄金岛等景点。在此能品尝到太平湖的各种湖鲜。

三门景区："水似绿罗带，山如碧玉簪"，且有"平湖三峡"等景观。景区山环水绕。游船斗折蛇行，有"山重水复疑无路，柳暗花明又一村"之感。景区麻川河一带就是当年皖南新四军后勤机关的驻地。

樵山神仙洞：位于太平湖东岸，全长 3 200 m，为石灰岩溶洞。洞呈 S 形，有南北两个洞口，分前后中三部分。现已开发一百多个景点。

二、桃花潭

桃花潭位于泾县城西南 40 km 的陈村镇境内，南临黄山、西接九华山，距黄山、九华山均在 90 km 左右，与太平湖紧紧相连。青弋江水流至此，不断冲击而形成一个大涡旋，状如桃花，故称桃花潭。旧志《桃花潭记》称其地"层岩衍曲，回湍清深"，水"清冷皎洁，烟波无际"。潭岸怪石耸立，江面常年水雾弥漫；阳春季节沿岸绿草如毡，桃花似火如霞，景色尤其优美。

桃花潭不仅自然景观迷人，而且具有深厚的文化底蕴。唐天宝十四年（公元 755 年）诗仙李太白应名士汪伦之邀，畅游桃花潭，豪饮于"万家酒店"，临别留下了"桃花潭水深千尺，不及汪伦送我情"的千古绝唱，从此，桃花潭声名鹊起，文人侠士游踵不绝。后人陆续兴建了太白楼、义门、怀仙阁、踏歌岸阁、梦潭轩、翟氏宗祠、文昌阁、万村和水东老街、南阳镇门楼等古建筑群。

2008 年，桃花潭被批准为国家水利风景区。

三、太平湖旅游发展过程及机制

我国湖泊资源丰富，面积 1 km^2 以上的天然湖泊有两千七百多个，总面积约 9 万km^2，还有 86 353 座水库（人工湖泊），其中大中型水库 3 700 座（截至 2008 年末）。然而湖泊旅游开发总体上还处于初级阶段，大多数湖泊旅游地以自然观光和水上娱乐等资源型旅游产品为主，旅游发展水平不高。随着时代发展，人民生活水平不断提高，以度假休闲、观光游览、水上运动等为代表的休闲度假旅游成为湖泊旅游的发展方向，湖泊旅游地发展正面临转型的挑战。目前，对湖泊旅游的研究主要集中在湖泊旅游资源、湖泊旅游开发、湖泊旅游规划与管理、湖泊旅游利益相关者等方面，而湖泊旅游地发展过程及机制的研究较少。

太平湖位于安徽省黄山市黄山区境内，地处世界文化自然遗产黄山和佛教圣地九华山之间(图 7－1)。太平湖以深水湖泊为主体的地貌与其自然河流系统组合而成的湿地景观而著称，在我国长江中下游具有一定的特殊性和代表性，经过 30 年的发展，太平湖从一个人工水库逐步发展成为知名的国家 4A 级旅游区。在此，以巴特勒(R. W. Butler)旅游地生命周期理论为指导，研究太平湖旅游地的发展过程、特征和机制。

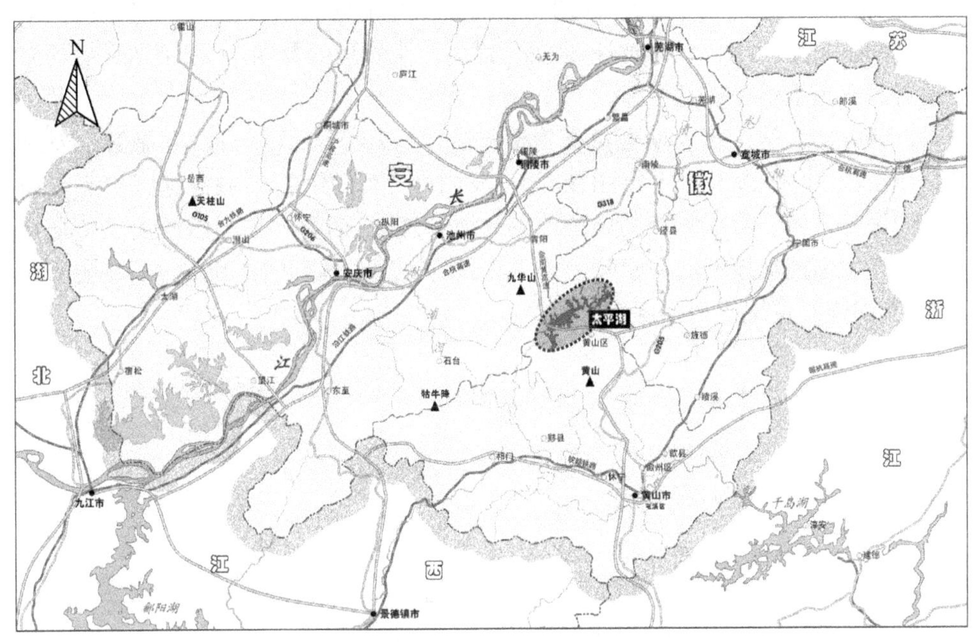

图 7－1　太平湖位置示意图

(一) 太平湖旅游发展的过程及特征

旅游地生命周期理论是研究旅游地演进过程的重要理论，最早由 Christaller (1963)提出，目前广泛应用的是由加拿大学者 Butler(1980)提出的旅游地生命周期理论。以 Butler 旅游地生命周期理论为基础，根据太平湖旅游发展过程和特征可将太平湖旅游发展分为三个阶段：探索阶段(1970～1978 年)、参与阶段(1979～2001 年)和发展阶段(2002 年至今)。

1. 探索阶段

1970～1978 年为太平湖旅游发展的探索阶段。1970 年建成的太平湖(旧称陈村水库)是目前安徽省最大的人工湖泊。太平湖四周果林、竹林、茶林等植被茂密，森林覆盖率达80%以上，水体清澈，水质达国家Ⅰ类水体、二级饮用水标准。太平湖远离大城市和大型工业区，境内少有工业废气污染源，空气质量一直保持优良水平。优质的生态环境为太平湖旅游发展奠定了坚实的基础。

太平湖修建的最初目的主要是防洪、灌溉和水产养殖。太平湖建成后，沿岸自然环境发生了变化，由之前以陆地为主的自然景观转变为以水域为主的自然景观。沿岸居民的生产生活也发生了变化，由原先从事种植业的农民转变成半渔民半农民。为了充分利用水面，发展水产养殖，1978年10月，安徽省革命委员会颁布了《关于调整陈村水库水面及行政区划问题的通知》[革秘(1978)74号]，将库区全部水面划归黄山区(原太平县)管辖，避免了库区多头管理的弊端，为太平湖日后的旅游发展和管理提供了制度保障。

巴特勒旅游地生命周期理论认为探索阶段(exploration stage)是旅游地发展的初始阶段，自然、文化吸引物招徕少量"异向中心型"旅游者，旅游地很少有专门的旅游服务设施。对照巴特勒旅游地生命周期理论，期间太平湖旅游发展特征符合巴特勒生命周期模型的探索阶段特征，旅游者较少(图7-2)，几乎没有旅游服务设施，湖泊生态系统得到了良好的保护。

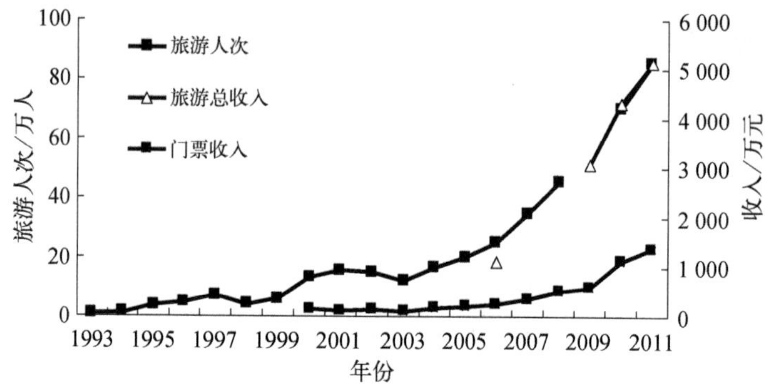

图7-2 太平湖旅游人次与旅游收入变化情况(1993～2011年)

资料来源：太平湖风景区管理委员会

2. 参与阶段

1979～2001年为太平湖旅游发展的参与阶段。1978年国家实施改革开放政策，旅游业迎来了发展机遇。1979年11月，安徽省委、省政府为了发展旅游，将陈村水库更名为太平湖。

20世纪80年代初期，太平湖开始接待社会知名人士。1979年邓小平视察黄山后，黄山旅游发展迅速，同时带动了太平湖旅游发展，使之成为黄山旅游目的地的延伸。期间,沿湖的居民积极参与旅游活动,从事旅游接待等工作。当地政府出台了旅游发展促进政策,建设旅游服务设施。

总体上看,20世纪80年代太平湖的招待所、宾馆等基础服务设施规模较小,投资来自当地,太平湖旅游发展规划和旅游项目建设滞后,缺乏专门的旅游管理机构(表7-1)。

表7-1 1979~1989年太平湖旅游设施

单位名称	床位数	建成时间/年	主管单位
太平湖旅游公司接待部	100	1985	黄山市(县级)旅游局
安徽省交通厅黄山疗养院	193	1986	安徽省交通厅
太平湖水产山庄	100	1987	黄山市(县级)水产局
省航太平湖招待所	100	1986	安徽省航运公司

资料来源:太平湖风景区管理委员会

20世纪90年代,太平湖旅游发展经历了调整期。这一时期,太平湖以观光旅游为主,旅游者人数规模较小,旅游收入较低,旅游设施建设缓慢(表7-2)。太平湖旅游接待人数和旅游收入远远落后于黄山和九华山,旅游发展水平远低于政府和社会的预期。因此,当地政府在太平湖生态环境保护的前提下,寻求太平湖综合利用的途径。水产养殖是太平湖综合利用的主要产业。1994年、1998年黄山区两次被列入安徽省"渔业致富"工程重点渔业县(区),太平湖是黄山区渔业致富工程的重点。20世纪90年代,太平湖水产养殖业得到了较快发展,成为太平湖湖区经济的重要产业(表7-3)。

表7-2 1990~2000年太平湖建成的旅游设施

项目名称	建设单位	年份
安庆石化太平湖宾馆	安庆石化集团	1995
白鹭洲宾馆	华东民航	1995
秀湖山庄	安徽外贸	1996

资料来源:太平湖风景区管理委员会

表7-3 太平湖水产养殖业发展情况

年份	实际养殖面积/亩	鱼产量/t
1994	1 780	154
1995	2 800	652
1996	3 600	500
1997	4 200	716.8
1998	4 200	720

续 表

年　份	实际养殖面积/亩	鱼产量/t
1999	5 000	810
2000	5 000	815
2001	5 000	830

资料来源：太平湖风景区管理委员会

巴特勒旅游地生命周期理论认为，参与阶段(involvement stage)的特征主要表现为旅游人数增长、当地为旅游者提供简便的旅游服务、旅游业投资主要来自本地区，公共投资开始注意旅游基础设施建设等。对照巴特勒旅游地生命周期理论，期间太平湖旅游发展特征与其参与阶段特征相近。旅游者人数增长，建设旅游设施，探索观光旅游与水产养殖等产业相结合的湖区综合利用的发展模式。太平湖旅游发展参与阶段经历了较长的时间。

3. 发展阶段

2002 年至今是太平湖旅游的发展阶段。2002 年《安徽省“两山一湖”地区旅游发展总体规划(2002～2020)》颁布，将“两山一湖”旅游发展提升为全省社会经济发展的重要战略。《安徽省“两山一湖”地区旅游发展总体规划(2002～2020)》要求整合“两山一湖”区域的旅游资源，实现区域联动、共同发展，指出休闲度假旅游是太平湖旅游发展的方向。2003 年《太平湖旅游度假区总体规划(2003～2015)》颁布，进一步明确了太平湖旅游发展思路和方向。《安徽省“两山一湖”地区旅游发展总体规划》的颁布，标志着太平湖进入了由观光型旅游地向观光—休闲度假型旅游地的转型发展期。

从 2002～2007 年太平湖旅游发展来看，旅游者人数、旅游收入呈上升趋势。但从旅游客流季节变化曲线来看，近年来太平湖旅游客流、旅游收入季节变化均呈较为明显的“三峰三谷”特征(图 7-3 和图 7-4)。“三峰”分别落在 5 月、8 月和 10 月，“三谷”分别落在 6 月、9 月和年末来年初，与黄山旅游客流季节性变化特征非常相似(图 7-5 和图 7-6)。这在很大程度上表明，期间太平湖旅游发展仍然受黄山影响，观光旅游仍是其主体。

近年，太平湖在旅游转型发展中取得了重要进展。2007 年 9 月，合(肥)铜(陵)黄(山)高速公路建成通车，大大地提高了太平湖的可进入性。标志性的五星级皇冠假日酒店和高尔夫球场项目成为太平湖旅游项目建设的重点。同期，太平湖还建成了 11 个旅游项目，另有 18 个旅游项目正在建设(表 7-4)。进入太平湖旅游的转型发展期，太平湖举办了一些有影响的节事活动，提高了太平湖的知名度(表 7-5)。2008 年是太平湖从观光型旅游地向休闲度假型旅游地转型发展的重要年

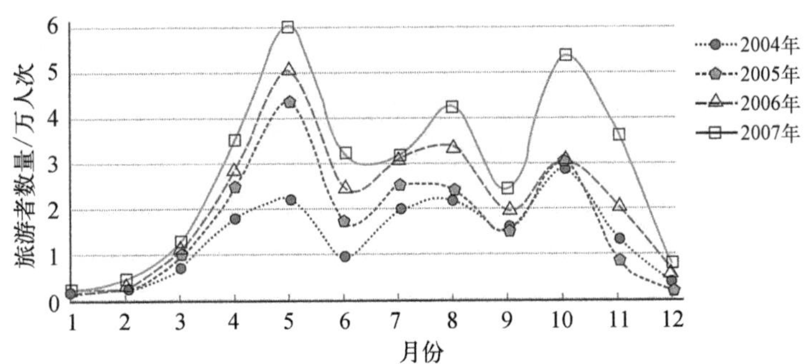

图 7-3　太平湖客流季节分布曲线

资料来源：太平湖风景区管理委员会

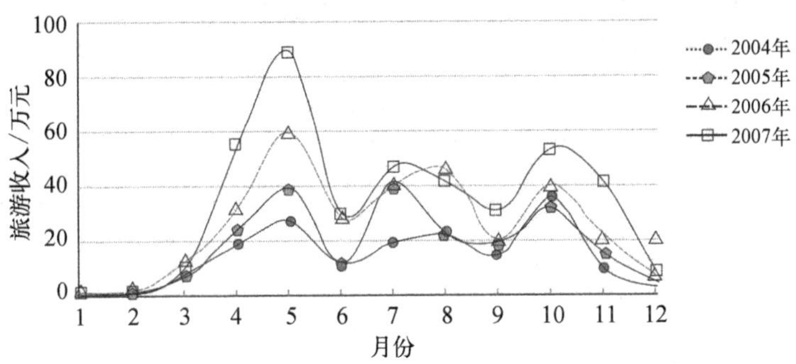

图 7-4　太平湖旅游收入季节分布曲线

资料来源：太平湖风景区管理委员会

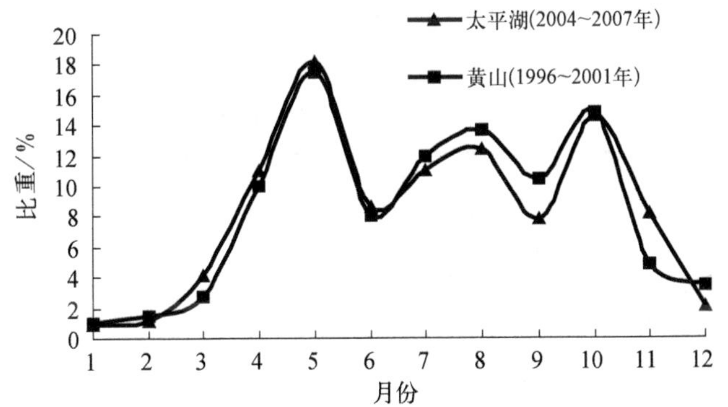

图 7-5　太平湖和黄山旅游者人数季节分布曲线(1996～2007 年)

资料来源：太平湖风景区管理委员会

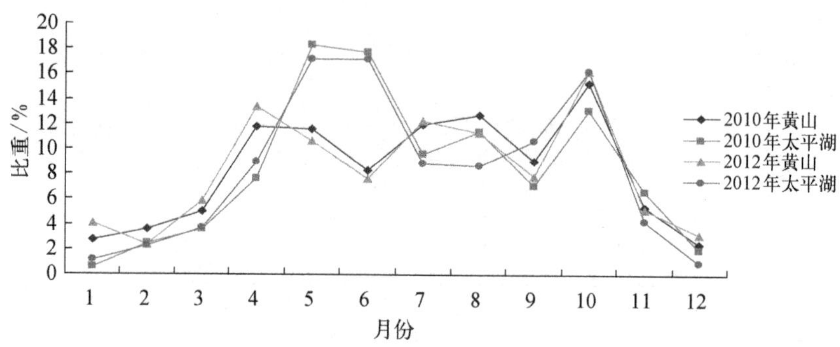

图 7-6 太平湖和黄山旅游者人数季节分布曲线(2010 年和 2012 年)

资料来源：黄山市旅游委员会，2013

份，虽然 2008 年下半年开始的全球金融危机一定程度上影响了太平湖转型发展的速度，但不会改变其发展方向。

表 7-4 太平湖近期建成及在建旅游项目

序号	项目名称	序号	项目名称
1	黄山国际艺术庄园	10	金鼎太平湖度假村
2	太平湖绿岛度假村	11	游艇俱乐部名人会馆
3	太平湖许氏度假村	12	台州湾娱乐城
4	国龙宾馆项目	13	成平度假村
5	旅欧油画家太平湖创作基地	14	太平湖高尔夫度假酒店
6	黄山徽州人家游艇俱乐部	15	太平湖塔岭半岛庄园
7	金盆湾旅游综合开发项目	16	太平湖国际旅游度假村
8	太平湖旅游码头改造项目	17	太平湖中外企业俱乐部
9	太平湖外商俱乐部	18	黄山洲际酒店度假村

资料来源：太平湖风景区管理委员会

表 7-5 太平湖旅游节事活动

序号	节事活动	年份
1	皇轩 2005 第 34 届环球洲际小姐总决赛	2005
2	太平湖“水之韵”国际弦乐节演奏会	2006
3	全国摩托艇锦标赛	2006
4	第二届中国国际健走节	2006
5	第三届中国国际健走节	2007
6	北京燕宝 2008 中国(太平湖)BMW 骑士大会暨首届华东地区边车文化交流会	2008
7	2008“太平湖杯”全国竞走冠军赛	2008

资料来源：太平湖风景区管理委员会

巴特勒旅游地生命周期理论认为，在发展阶段(development stage)旅游人数增长迅速，形成较为成熟的旅游市场。外来资本、外来旅游企业的大量进入为旅游者带来了大量先进的旅游设施和服务，大量的旅游宣传吸引着更多的旅游者。太平湖旅游发展特征基本符合巴特勒旅游地生命周期理论，旅游者总数、旅游收入明显增长，建设旅游交通设施和大型旅游项目。

在巴特勒旅游地生命周期理论中，旅游者人数和旅游收入是阶段划分的重要指标和依据。但在划分湖泊旅游发展阶段时，除了关注旅游者人数和旅游收入指标外，标志性的旅游基础设施和服务设施的建设是划分阶段的重要指标。太平湖旅游发展的三个阶段特征明显，图7-7较清晰地描述了太平湖旅游地40年的发展轨迹。

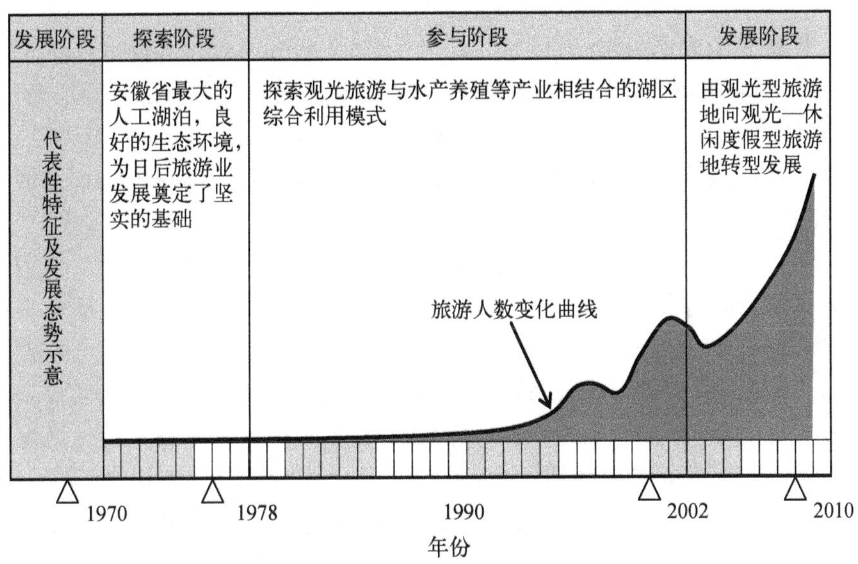

图7-7 太平湖旅游地40年的演化轨迹

(二) 太平湖旅游发展的战略

1. “两山一湖”联动发展战略

在太平湖旅游发展演化过程中，太平湖作为“两山一湖”重要组成部分与黄山、九华山有着密不可分的联系。首先，从资源类型看，“两山一湖”地区旅游资源密度大、品位高、内涵丰富。据统计，“两山一湖”地区共有世界遗产2处，国家重点风景名胜区4处，国家级自然保护区3处，国家历史文化名城2座。太平湖生态环境优良、文化底蕴深厚，2006年被批准为国家4A级旅游区，与黄山、九华山形成了旅游资源优势上的互补。其次，从旅游产品类型看，太平湖以湖泊休闲度假为特色与山岳旅游、古村落旅游、生态旅游等产品优势互补，形成“名山秀水风情游”、“皖南古民居民俗游”、“徽州文化考察游”等特色主题旅游产品。最后，从空间位置看，“两山一湖”旅游区位于安徽省东南部，靠近长江三角洲经济发达地区，客源市场丰富。太平湖地处黄山、九华山之间，地理位置优越，黄山、九华山客源可延伸为太平湖旅游客源。2002 年安徽省“两山一湖”地区旅游发展总体规划颁布，明确了“两山一湖”地区区域旅游发展目标及各重点区开发方向，休闲度假、特色风光成为太平湖旅游发展的主题。2003 年《太平湖旅游度假区总体规划(2003～2015)》颁布，同年，当地政府出台了《太平湖旅游度假区鼓励外来投资暂行规定》。通过招商引资，成功引进了太平湖许氏度假村、太平湖国际旅游度假村等旅游休闲度假项目。项目的建设加强了太平湖与“两山”的合作关系，提升了太平湖旅游形象，开拓了太平湖旅游市场。

2. 顺应市场需求战略

旅游者需求是旅游业发展的方向标。进入 20 世纪 90 年代后期，特别是 21 世纪，旅游者需求发生了变化。旅游者不仅仅满足于观光旅游产品，参与体验式的、运动式的休闲度假旅游产品逐渐成为旅游者新的选择。旅游需求的多样性促进了太平湖旅游的转型发展。

太平湖客源主要集中在省内经济较发达城市以及长三角地区城市。省内客源方面，太平湖周边的省内城市合肥、芜湖、马鞍山等市，近年来，居民生活水平有了很大的提高。2008 年，合肥、芜湖、马鞍山等省内主要城市的人均可支配收入达 10 000 元，2013 年，合肥、芜湖、马鞍山人均可支配收入突破了 25 000 元，安庆人均可支配收入也突破了 20 000 元。省外客源方面，太平湖临近的长三角地区城市密集，是中国城市化程度最高的地区。2007 年上海、杭州、宁波、苏州和无锡等市人均可支配收入达 20 000 元，2013 年，上海、杭州、宁波、苏州和无锡人均可支配收入突破了 35 000 元。社会经济的发展、生活水平的提高催生了休闲度假旅游市场，太平湖旅游转型发展顺应了市场需求(图 7-8 和图 7-9)。

3. 项目推动战略

项目建设是旅游发展的主要推动力，是旅游地转型发展的物质支撑。在太平湖旅游发展的初期，在对旅游资源初级利用基础上，形成了游船、垂钓、特色岛屿等观光旅游产品，缺少一些高质量、有影响力的旅游设施。近年来，多家有影响力的企业落户太平湖。由澳大利亚 SPG 集团投资的太平湖旅游度假区(B 区)项目是落实安徽省委、省政府“两山一湖”旅游战略的核心项目，也是安徽省最大的外商项目之一。其中，太平湖洲际酒店度假村(B 区)项目占地 2 000 亩，总投资 15 亿元人民币，是太平湖旅游度假区的启动区。同时，环球洲际小姐总决赛、全国摩托艇锦标赛、中国国际健走节等赛事节庆活动为太平湖提供了对外展示的平台。大型旅

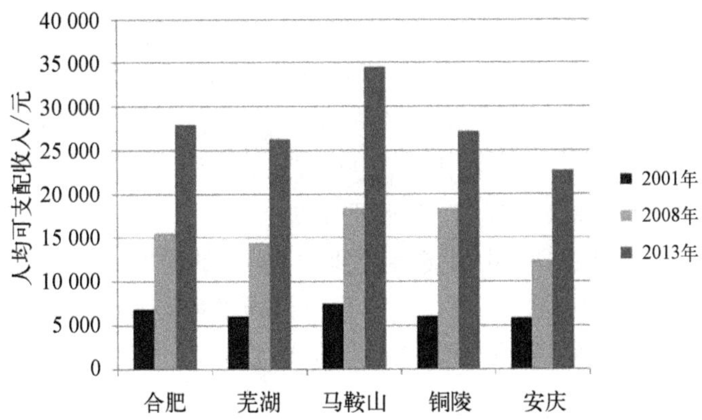

图7-8　太平湖周边部分城市人均可支配收入情况

资料来源：安徽省统计局，2013

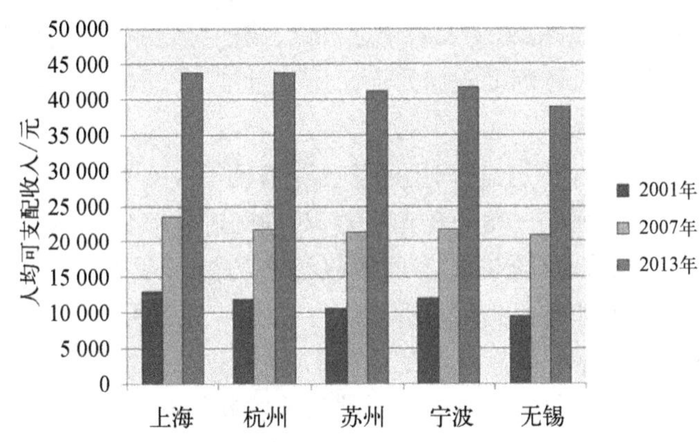

图7-9　长三角部分城市人均可支配收入情况

资料来源：江苏省统计局等，2013；浙江省统计局，2013；上海省统计局等，2013

游度假设施、重大赛事活动提升了太平湖的整体形象和影响力，推动着太平湖由观光型旅游地向观光—休闲度假型旅游地的转型发展。

4. *交通基础设施支持战略*

交通基础设施是城市发展的保障，同时为旅游地发展提供了有力的支持。太平湖凭借地理位置优势，近年来在公路、铁路、航空等方面都有较快的发展。公路建设方面，2004年徽（州）杭（州）高速公路通车，方便了长三角游客由杭州方向进入太平湖；2007年9月通车的合（肥）铜（陵）黄（山）高速公路成为合肥等城市至太平湖的主要交通通道；2008年建成的沿江高速公路完善了安徽省高速公路网，密切了太平湖与省内主要城市及长三角城市的联系。

铁路建设方面，太平湖邻近南京—铜陵—九江铁路，目前周边快速铁路迅速发展。正在建设的宁宜(南京—安庆)城际铁路和途经合肥市、黄山市的(北)京福(州)高速铁路将进一步密切太平湖与安徽省内城市、长三角城市的联系。

机场建设方面，按照4E级标准建设的合肥新桥国际机场2013年5月建成通航，可供世界上目前已投入商务运营的所有飞机起降。2009年底，黄山机场第五次扩建项目动工，扩建后的黄山机场将达到4D机场的标准。同年，国务院批复同意黄山航空口岸扩大对外国籍飞机开放，黄山机场将有望开通长期固定国际航班。2013年7月九华山机场建成通航。周边机场的建设提升了太平湖对远距离旅游市场的吸引力。

回顾40年的发展，太平湖从一个人工水库发展为国家4A级风景旅游区，并逐步成为“两山一湖”地区旅游发展的重要增长点，开始由观光型旅游地向观光—休闲度假型旅游地转型发展。研究太平湖旅游演化过程，可以形成以下认识。

湖泊旅游资源能较好地满足人们亲近自然、放松身心的需求，便于形成休闲度假旅游产品。一般而言，休闲度假旅游产品应该是湖泊旅游的成熟产品，观光旅游是湖泊旅游的初级产品。

培育湖泊旅游市场，特别是休闲度假旅游市场有一个较长的过程，在此过程中，在保护生态环境的前提下发展观光旅游，对湖区进行综合利用是可行的。在太平湖旅游发展的参与阶段，国内休闲度假旅游市场尚未形成，太平湖对外交通不便，优质的旅游资源没能充分利用，旅游业发展缓慢。为了更好地发挥太平湖的效益，当地政府在保护太平湖生态环境的前提下，对其进行了综合利用。综合利用是太平湖开发的一种实践，但并不代表太平湖旅游发展的方向。

青山秀水是湖泊旅游地发展的基础，旅游服务设施和交通等基础设施的建设和完善是湖泊旅游发展的关键。在太平湖旅游发展的参与阶段，旅游项目和交通设施建设缓慢，制约了旅游业的发展。2002年《安徽省“两山一湖”地区旅游发展总体规划》颁布，近年来逐步完善太平湖周边的公路、铁路、航空交通网络，建设度假村等休闲度假旅游设施，太平湖进入转型发展期。重要的旅游服务设施、交通等基础设施成为太平湖旅游发展阶段划分的重要指标和依据。

四、人类活动对太平湖湿地生态系统的干扰

湿地与森林、海洋一起并称为全球三大生态系统，它广泛分布于世界各地，是地球上最富生物多样性的生态景观和人类最重要的生存环境之一，而植物既是湿地的重要组成部分，更是湿地生态系统稳定和可持续发展的基础，其中，草本植物对湿地生态系统稳定和可持续发展的贡献大。目前对专题研究湿地公园内草本植

物区系及其在不同干扰类型下的多样性动态少见报道。笔者在前期研究积累的基础上对太平湖国家湿地公园生态保育区不同干扰类型下的典型河口湿地草本植物进行了样方调查，分析了不同干扰对湿地公园生态保育区河口湿地草本植物多样性的影响，结合不同干扰类型下所在样地微环境的变化，提出了湿地公园生态保育区修复和建设的若干建议，为湿地公园的生态管理提供参考（王立龙等，2010）。

（一）研究区域自然概况

太平湖湿地为国家重要湿地，由上游麻川河、蒲溪河等六条河流汇入，在保证了太平湖主要湖面常年水位不变的基础上，也形成了类型多样、风景绝佳的湿地景观，每年约有2万只鹭鸟，近万只雁鸭在此栖息，越冬水禽总数达四万余只，湖区整体于2007年被批准为国家湿地公园试点建设。公园内河溪纵横、水草丰茂、具有浓郁的江南水乡风光，拥有优美的湿地自然景观和深厚的徽文化积淀，具备开展湿地生态旅游的良好条件。

湿地公园生态保育区位于湿地公园的西南部，为太平湖的上游区域，佘溪河、清溪河、王村河三条河流分别从本区西南部、南部汇入太平湖。这里荟萃了太平湖湿地的精华，保留了包括入河口滩涂、草本沼泽等多种类型的典型湿地景观，是鸟类主要的栖息地。地理坐标为30°16′～30°20′N，117°55′～117°58′E，面积约为10.24 km^2，属亚热带湿润季风气候，四季分明，雨量充沛，日照充足，年平均气温为15.5℃，极端最高气温为40.3℃，极端最低气温为－13.5℃。年平均降雨量为1 253.9 mm，土壤主要为黄棕壤。目前湿地公园生态保育区基本保持了原生态的景观特点，具有调蓄防洪、维护生物多样性、调节气候、提供水资源、渔业生产等多种功能，是当地区域经济可持续发展的根本保证。亦因其自然资源丰富、区位条件良好而具有很高的保护和科研价值。目前，该公园生态保育区湿地虽禁止人为活动，但生态系统还是受到了当地农业、畜牧业、渔业和相关旅游等活动的干扰。

（二）研究方法

1. *草本植物调查方法*

2009年7月于植物最佳生长季节，深入湿地公园生态保育区进行湿地植物调查，因太平湖水位较深，水生植物匮乏，水中仅部分区段岸边可见菱（*Trapa bispinosa*）、金鱼藻（*Ceratophyllum demersum*）、菹草（*Potamogeton crispus*）等零星分布，滩地偶见乔木和灌木，故调查组只对河口滩地草本植物进行调查研究，高度低于50 cm的灌木乔木统一按草本统计。考虑到不同干扰类型和环境梯度，选取样地5个，分别为大湖冲、营盘山、吴家洲、石壁陈和乌里村，各样地基本状况见

表 7-6 和图 7-10，群落类型采取优势种命名的原则。参照吴统贵等(2008)对滩涂湿地取样的方法，根据河口滩地的具体环境和岸线情况，在每个样地靠近河口岸线的草本群落内平行于岸线设置 6 条 300 m 样线，间隔 100 m(靠近岸线的 2 条间隔 50 m)，在每条样线上间隔 25 m 设置 1 m×1 m 的样方，共 360 个样方，调查内容包括草本植物的种类、数量、盖度、多度和平均高度等，同时测定、记录各样地的生境因子(包括地势、土壤类型等)。

表 7-6　各样地基本概况

样地序号	样地名	人类活动状况	群落类型
Ⅰ	大湖冲	农业	狗牙根+双穗雀稗+水蜈蚣群落 *Cynodon dactylon* + *Paspalum paspaloides Kyllinga brevifolia comm*
Ⅱ	营盘山	游憩活动	狗牙根+知风草+苍耳群落 *Cynodon dactylon* + *Eragrostis ferruginea* + *Xanthium sibiricum comm*
Ⅲ	吴家洲	无人区	狗牙根+半边莲群落 *Cynodon dactylon*+*Lobelia chinensis comm*
Ⅳ	石壁陈	放牧	苍耳+狗牙根+水蜈蚣群落 *Xanthium sibiricum* + *Cynodon dactylon* + *Kyllinga brevifolia comm*
Ⅴ	乌里村	渔业	狗牙根+蓼子草群落 *Cynodon dactylon*+ *Polygonum criopolitanum comm*

* 以下各表样地序号不变

2. 区系分析和群落学研究方法

植物分类、鉴定及生态类型划分以《安徽植植物志》、《中国湿地植物》为标准。区系成分分析以《中国种子植物属的分布区类型》为依据，参照潘云芬等(2007)的草本植物区系研究方法进行分析(王立龙等，2010)。

3. 草本植物多样性指标的测定方法

参考方精云等(2004)、娄彦景等(2007)和刘琪等(2008)、吴统贵等(2008)的物种多样性的测度方法，对样地草本植物多样性的测定采用以下指数和方法。

1) 草本植物重要值Ⅳ。

重要值(Ⅳ)=(相对高度+相对盖度+相对密度)/3

2) 丰富度指数(S)以样地中的物种数表示。

3) Shannon-Wiener 多样性指数(H)：

$$H=-\sum_{i=1}^{s} P_i \ln P_i ,\ P_i \text{ 为种 } i \text{ 的重要值。}$$

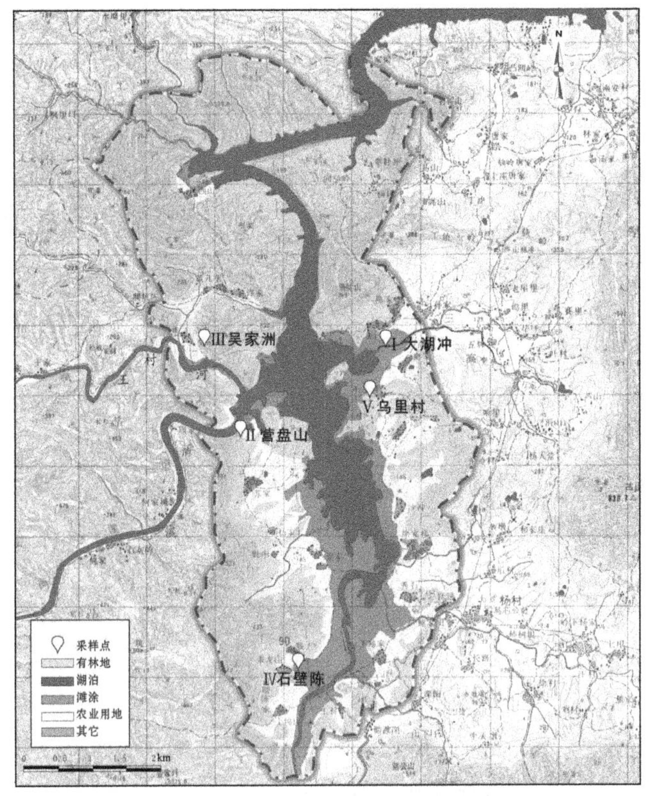

图 7-10 太平湖湿地公园生态保育区采样点示意图

资料来源：王立龙等，2010

4）Simpson 多样性指数(DS)：

$$\mathrm{DS} = 1 - \sum_{i=1}^{s} P_i^2\text{，} P_i \text{ 同上。}$$

5）Pielou 均匀度指数(JP)：

$$\mathrm{JP} = H/\ln S$$

式中，H 即 Shannon-Wiener 多样性指数；S 为样地中物种数。

6）样地间的 β 多样性指数选用 Jaccard 相似性系数：

$$C_\mathrm{s} = \frac{c}{a+b-c}$$

式中，C_s 为样地间相似性系数；a、b 分别为两样地所含物种数；c 为样地共有物种数(王立龙等，2010)。

(三) 结果与分析

1. 草本植被基本概况及区系分析

(1) 基本特征

根据本次群落调查和初步统计,太平湖湿地公园生态保育区河口湿地共有草本植物25科,56属,68种,其中双子叶植物6科29种,单子叶植物17科37种,蕨类植物2科2种(表7-7)。有中国特有植物长萼鸡眼草(*Kummerowia stipulacea*)、鸡眼草(*Kummerowia striata*)、石胡荽(*Centipeda minima*)和慈姑(*Sagittaria trifolia*),且全为野生种,属国家二级保护的有野大豆(*Glycine soja*)。狗牙根(*Cynodon dactylon*)、苍耳(*Xanthium sibiricum*)、水蜈蚣(*Kyllinga brevifolia*)、半边莲(*Lobelia chinensis*)和丁香蓼(*Ludwigia prostrata*)为5个样地共有种,其中狗牙根、水蜈蚣、苍耳为主要优势种。由于太平湖水库建设时间短,湿地公园生态保育区受复杂多变的水动力环境和独特的地貌类型影响,野生植被区系简单,植被演替还处在初始阶段,其中,优势种狗牙根、苍耳均为陆生植物,在物种组成上以耐湿草本植被为主,如丁香蓼(*Ludwigia prostrata*)、半边莲、蓼子草(*Polygonum criopolitanum*)、华东藨草(*Scirpus karuizawensis*)和水蜈蚣(*Kyllinga brevifolia*)等。水生植物偶见,有芦苇(*Phragmites australis*)、香蒲(*Typha orientalis*)、水葱(*Scirpus validus*)、水毛花(*Scirpus triangulatus*)和慈姑(*Sagittaria trifolia*)等,数量相对较为匮乏。

表7-7 太平湖生态保育区草本植物所属科类型

序 号	科 名	种 数	所在百分比/%
1	禾本科 Gramineae	14	20.6
2	莎草科 Cyperaceae	11	16.2
3	菊科 Asteraceae	10	14.7
4	豆科 Leguminosae	5	7.4
5	大戟科 Euphorbiaceae	3	4.4
6	蓼科 Polygonaceae	3	4.4
7	报春花科 Primulaceae	2	2.9
8	石竹科 Caryophyllaceae	2	2.9
9	玄参科 Scrophulariaceae	2	2.9
10	唇形科 Lamiaceae	1	1.5
11	酢浆草科 Oxalidaceae	1	1.5
12	灯心草科 Juncaceae	1	1.5
13	防己科 Menispermaceae	1	1.5
14	海金沙科 Lygodiaceae	1	1.5
15	桔梗科 Campanulaceae	1	1.5

续 表

序 号	科 名	种 数	所在百分比/%
16	柳叶菜科 Onagraceae	1	1.5
17	木贼科 Equisetaceae	1	1.5
18	蔷薇科 Rosaceae	1	1.5
19	伞形科 Umbelliferae	1	1.5
20	藤黄科 Guttiferae	1	1.5
21	苋科 Amaranthaceae	1	1.5
22	香蒲科 Typhaceae	1	1.5
23	旋花科 Convolvulaceae	1	1.5
24	雨久花科 Pontederiaceae	1	1.5
25	泽泻科 Alismataceae	1	1.5

(2) 科的分析

含9种以上的科有3科(35种),占总科数(种数)的12%(51.5%),含3～5个种的有3科(11种),占总科数(种数)的12%(16.2%)。太平湖湿地公园生态保育区滩地草本植被含3种以上的仅有6科(46种),占总科数(种数)的24%(67.7%)。其中禾本科(Gramineae)、莎草科(Cyperaceae)和菊科(Compositae)的物种为草本群落的建群种和优势种,表明该区域草本植被区系中优势科明显。含2种的小科有19科,占总科数的64%;含1种的小种有22种,占总种数的32.4%,少种科和单种科较多。

(3) 属的区系分析

表7-8 太平湖生态保育区河口湿地草本植物区系

分布区类型	物种数	百分比/%	属 数	百分比/%
1. 世界分布	27	39.7	19	33.9
2. 泛热带分布	20	29.4	18	32.1
3. 旧世界热带分布	1	1.5	1	1.8
4. 热带亚洲至热带大洋洲分布	2	2.9	2	3.6
5. 热带亚洲至热带非洲分布	2	2.9	2	3.6
6. 北温带分布	7	10.3	6	10.7
7. 东亚和北美间断分布	2	2.9	2	3.6
8. 旧世界温带分布	2	2.9	2	3.6
9. 温带亚洲分布	1	1.5	1	1.8
10. 中国特有分布	4	5.9	3	5.4
合计	68	100	56	100

分析湿地草本植物的区系组成对湿地保护,特别是水资源的保护和湿地鸟类多样性保护和研究具有重要的意义,也可为受损湿地植物恢复提供可靠的依据。

太平湖湿地生态保育区草本植物共56个属，分布区类型有10个(表7-8)，世界分布的有19个属，27个种，主要有藨草属、莎草属等。热带分布的有23属，25种，主要有雀稗属、狗牙根属等。温带分布的有11属，12种，主要有稗属。中国特有植物3属，4种。从整体上看，以世界分布属(3.39%)和泛热带分布属(32.1%)最多，说明该区草本植物大多具备世界广布和热带亲缘。其次为北温带分布类型(10.7%)，大的分布类型与潘云芬等(2007)对安徽升金湖国家级自然保护区湿地草本植物区系研究一致，但在温带和热带属的比例上与潘云芬等(2007)的研究结果不同。此研究总体上温带属和热带属比例分别为19.7%和41.1%。热带属远高于温带属的比例，而潘云芬等(2007)的比例为38.7%和34.1%，温带属高于热带属。这表明本地区具有明显的亚热带、温带特征，但以亚热带为主，向温带的过渡性没有升金湖国家级自然保护区明显。与升金湖国家级自然保护区类似，该区长期受相对稳定的亚热带气候影响，保留的全部是单种属(47属)和寡种(2～5种)属(9属)，说明本区系历史悠久，起源古老。其与升金湖国家级自然保护区草本植物区系的地带性差异有待于进一步研究，开展此研究对湿地公园生态系统动态研究具有重要意义。

2. 不同干扰类型对五样地草本植物多样性的影响

不同干扰类型下的样地中主要物种的重要值有所变化(表7-9)。通过5个样地的草本植物多样性指数分析发现，不同干扰下的样地草本植物多样性指数差别较大，各样地的多样性指数基本上和物种丰富度指数趋势一致，但石壁陈和乌里村的草本植物Pielou均匀度指数未体现这一变化趋势。

(1) 吴家洲湿地草本植物多样性

表7-9 5个样地中重要值排前6位的植物种

Ⅰ	Ⅱ	Ⅲ	Ⅳ	Ⅴ
狗牙根 *Cynodon dactylon* 0.224 5	狗牙根 *Cynodon dactylon* 0.304 5	狗牙根 *Cynodon dactylon* 0.572 5	苍耳 *Xanthium sibiricum* 0.440 2	狗牙根 *Cynodon dactylon* 0.245 0
双穗雀稗 *Paspalum paspaloides* 0.075 6	知风草 *Eragrostis ferruginea* 0.044 5	半边莲 *Lobelia chinensis* 0.102 4	狗牙根 *Cynodon dactylon* 0.104 2	蓼子草 *Polygonum criopolitanum* 0.234 1
水蜈蚣 *Kyllinga brevifolia* 0.072 1	苍耳 *Xanthium sibiricum* 0.041 4	水蜈蚣 *Kyllinga brevifolia* 0.042 1	水蜈蚣 *Kyllinga brevifolia* 0.061 1	双穗雀稗 *Paspalum paspaloides* 0.076 2
半边莲 *Lobelia chinensis* 0.042 5	半边莲 *Lobelia chinensis* 0.032 5	苍耳 *Xanthium sibiricum* 0.035 6	水毛花 *Scirpus triangulatus* 0.035 1	水蜈蚣 *Kyllinga brevifolia* 0.073 2

续 表

Ⅰ	Ⅱ	Ⅲ	Ⅳ	Ⅴ
扁穗莎草 *Cyperus compressus* 0.040 1	雀稗 *Paspalum thunbergii* 0.024 5	灯心草 *Juncus effusus* 0.035 3	丁香蓼 *Ludwigia prostrata* 0.031 2	水毛花 *Scirpus triangulates* 0.072 1
丁香蓼 *Ludwigia prostrata* 0.035 6	石胡荽 *Centipeda minima* 0.024 3	斑地锦 *Euphorbia maculata* 0.023 0	水葱 *Scirpus validus* 0.029 1	稗 *Echinochloa crusgali* 0.052 3

吴家洲湿地为无人干扰区域(附图 1d),可视为原生湿地,在雨季常被暂时性淹没,湿地植物群落为狗牙根+半边莲群落,狗牙根为绝对优势种,其重要值为 0.572 5,在 5 个样地中为最高值,草本植物类型少,相对于其他四个样地,Shannon-Wiener 多样性指数处于中间数值,主要种的 Simpson 优势度相对不明显,物种均匀度不高,显示该地段草本植物处于演替阶段,未形成相对稳定的群落。

(2) 农业对大湖冲湿地草本植物多样性的影响

大湖冲河口湿地为农田退耕区(附图 1a),外围至今有大面积农田,受农业干扰较大,农田杂草向河口湿地演替推进,群落类型为狗牙根+双穗雀稗+水蜈蚣群落,狗牙根的重要值为 0.224 5,为 5 个样地中的最小值。双穗雀稗和水蜈蚣等农田杂草所占的重要值较高,分别为 0.075 6 和 0.072 1,分析显示,大湖冲湿地草本植物的丰富度指数以及 α 多样性指数均为 5 个样地中最高的(图 7-11),野外调查结合查询当地资料发现,大湖冲河口湿地由于退耕还田时间较长(28 年),草本植物演替时间久远,农田杂草类型多样,所占比重较大,优势度明显,分布相对均匀,故相关 α 多样性指数均较高,整体上,大湖冲湿地受到的农业干扰时间长,草本植物群落演替趋缓。

虽然太平湖主要湖段的湖水检测显示达到国家一级水体标准,但由于农业的发展以及周围村落生活污水的排放,造成了大湖冲局部水体受到污染,本次调查发现部分水段出现蓝藻(附图 1b),在一定程度上不仅破坏了景观协调性,在生态保育区发现蓝藻,影响了国家湿地公园形象,为防止大湖冲区段水质进一步恶化,需加强对该区段的水质监测与调控,未来应加以重点整治和恢复。

(3) 游憩对营盘山滩地草本植物多样性的影响

营盘山为湿地公园生态保育区的景色最佳观测地段,虽然湿地公园生态保育区禁止游览,但自 2007 年太平湖被批准为国家湿地公园试点建设以来,由于湿地公园建设的滞后和相关政策法规执行的不力,目前营盘山为游客游憩的集中地,旅游废弃物、篝火场地和不符合生态要求的临时休憩设施等对营盘山的湿地环境造成了一定的冲击,据湿地公园管理部门提供数据,目前营盘山周末和黄金周等节假日游客量约 25 人/天，平时约 10 人/天，整体上还处于轻微游憩阶段。

营盘山的湿地群落为狗牙根＋知风草＋苍耳群落，狗牙根的重要值为 0.304 5，调查中发现，随着距游径距离的增加，样方内植物总盖度增加，但植物丰富度、均匀度、伴人植物数量相反，这与张桂萍等(2008)对历山的旅游干扰亚高山草甸研究结果一致。整体上物种丰富度指数和 α 多样性指数相对于吴家洲湿地有所升高，知风草(*Eragrostis ferruginea*)等伴人草本优势度较高，该区域无明确的景观观测区域和明确的游径，游人活动分散，物种均匀度相对于吴家洲高，显示旅游活动已经对该区域的草本植物多样性动态产生了较大影响，尤其是近期修建的临时水泥游憩设施(附图 1c)严重影响了湿地的原生态景观。

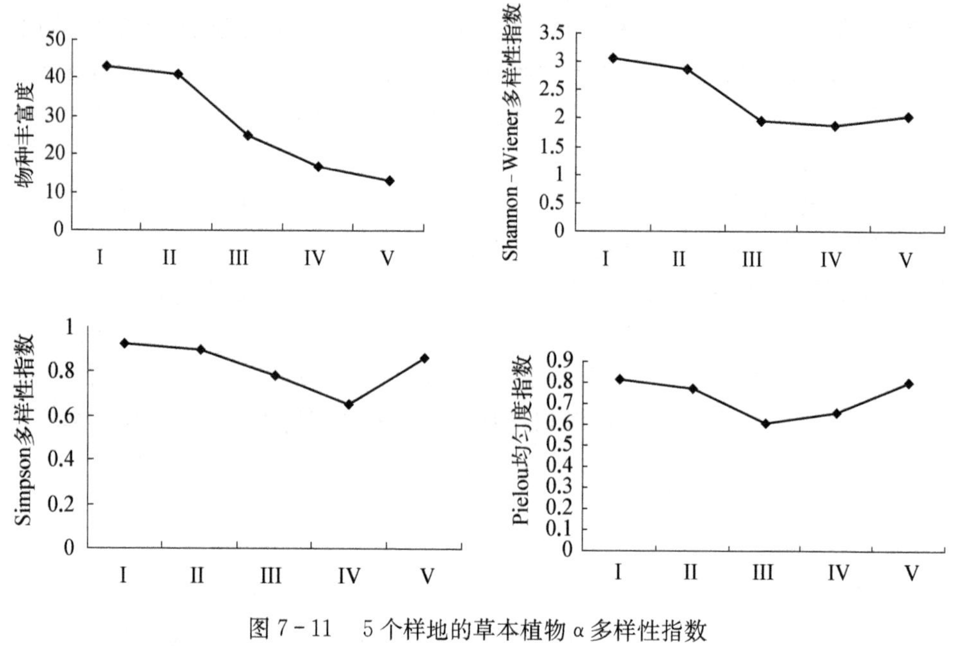

图 7-11　5 个样地的草本植物 α 多样性指数

(4) 过度放牧对石壁陈家滩地草本植物多样性的影响

相对于无人干扰区吴家洲，石壁陈的物种丰富度指数较低，仅调查到草本植物 17 种，Shannon-Wiener 多样性指数和 Simpson 多样性指数最低，物种均匀度指数也较低。石壁陈湿地位于河口湿地上游区域，原属于水草丰茂区域，是当地农民放牧的重要区域，在湿地区域进行适量牛羊等家畜放牧，增加了湿地生态保育区的生物多样性美感，营造了一种人与自然和谐共存的景观效果。但近几年，随着放牧强度的加大，该区域草本植物动态变化较大，狗牙根、白茅等适口性较好的草本，在放牧胁迫下虽然具有一定补偿能力，但随着放牧强度的增加，牧草类草本生物多样性骤减，放牧对植物种群的影响最终都将反映在植物的构件和种群结构上，植物对适度放牧具备一定的再生恢复能力，但超过了一定限度，植物将大幅度减少，不再具备恢复能力。调查中发现，目前石壁陈苍耳取代狗牙根成为群落优势种，虽然苍耳重要值较大，但狗牙根的重要值与其他 4 个样地相比，减少幅度较大，仅为大湖冲的 46.4%（大湖冲狗牙根重要值数排 5 个样地中第 4），吴家洲的 18.2%（吴家洲狗牙根重要值为 5 个样地中的第 1），因为家畜不食苍耳，而苍耳与一年生植物竞争激烈，狗牙根因被家畜严重啃食失去了与苍耳的竞争优势，另外，苍耳可长期忍受盐碱以及频繁的水涝环境，造成石壁陈苍耳泛滥成灾（附图 1e），不仅影响了植物景观多样性，也降低了当地居民放牧的效率，形成了恶性循环，很多居民已另择他地进行放牧。苍耳全身均可作为中药材，建议对石壁陈滩涂湿地的苍耳及时进行人工刈除，变废为宝，加强社区参与治理，以增加湿地生物多样性。

(5) 渔业对乌里村滩地草本植物多样性的影响

乌里村湿地为太平湖上游较大的水湾滩地，形成的大面积水域是进行渔业活动的良好场所，围网捕鱼和网箱养育是当地居民重要的经济来源，渔业活动和对湿地的践踏使得乌里村滩地植物多样性和总盖度较小（附图 1f），这与朱伟等（2006）对长江淡水潮汐湿地围网捕鱼对植物多样性的影响研究结果一致。在乌里村仅调查到草本植物 13 种，Shannon-Wiener 多样性指数偏低（5 个样地排第 4），Simpson 多样性指数排第 3，虽然乌里村草本植物丰富度不高，狗牙根、蓼子草、双穗雀稗（*Paspalum paspaloides*）、水蜈蚣和水毛花几个物种耐践踏，在群落中的重要值均较高，故物种 Simpson 多样性指数相对较高，渔业活动区域的偶然性较大，对滩地草本植物的破坏未出现在大面积集中区域，物种在群落中分布相对均匀，故 Pielou 均匀度指数较大。

通过对样地间 β 多样性分析（表 7－10）发现，β 多样性数值最高的前 2 位为吴家洲与石壁陈间（0.448 3）和石壁陈与乌里村间（0.428 6）。石壁陈与吴家洲间的草本植物群落相似性系数较大主要是两地共有种较多，两样地除具有 5 样地共有的 5 个种之外，另外共有 8 个种，共有种占石壁陈草本植物种的 76.5%，占吴家洲的 52%，同样石壁陈与乌里村间的草本植物群落相似性系数也较大，一方面因为两样地除具有 5 样地共有的 5 个种之外，另外还共有 5 个种，共有种占石壁陈草本植物种的 58.9%，占乌里村草本植物的 76.9%。放牧干扰地石壁陈和游憩干扰地营盘山间的 β 多样性最小，这两样地除具有 5 样地共有的 5 个种之外，另外仅共有 2 个种，共有种虽占石壁陈的 41.2%，但仅占营盘山的 17.1%。同样营盘山和乌里村共有草本种 4 种，共有种占乌里村的 69.2%，仅占营盘山的 22.0%。β 多样性是对物种沿着环境梯度替代过程的一种度量。可见，不同干扰类型已经对河口滩地的环境造成了影响，其具体环境指标影响还有待于进一步研究。

表 7-10　样地间的 β 多样性指数

样地	Ⅰ	Ⅱ	Ⅲ	Ⅳ	Ⅴ
Ⅰ	1	0.312 5	0.193 0	0.224 5	0.217 4
Ⅱ		1	0.294 1	0.137 3	0.2
Ⅲ			1	0.448 3	0.266 7
Ⅳ				1	0.428 6
Ⅴ					1

通过对太平湖生态保育区河口湿地草本植物在不同干扰类型下的动态进行研究发现，不同干扰下河口湿地草本植物多样性动态变化较大，适度干扰下的样地物种丰富度指数升高，相关多样性指数显示草本植物演替趋于多样化。而过度干扰下的样地物种丰富度指数降低较为明显，相关多样性指数显示草本植物演替受到干扰，这与杨殿林等（2006）的研究结果一致，支持 Connell 的中度干扰理论（intermediate disturbance hypothesis），即对资源和环境的中度干扰能增加环境的物种多样性，而超过一定阈值的干扰又会降低物种多样性。太平湖生态保育区河口湿地部分样地的植物多样性已经遭到破坏，严重影响了湿地公园生态保育区的生物多样性景观和微生态系统。据此得到以下结论。

1）太平湖国家湿地公园河口湿地水源来自山上流下来的雨水，贫营养化，滩地草本植物多样性低，植物区系简单，植物群落演替还处于初始阶段，湿地植物区系简单，水生植物匮乏，湿地植物景观多样性不明显。

2）各类活动已经对太平湖湿地公园生态保育区草本植物的多样性造成了强烈干扰。不符合生态要求的游憩设施破坏了湿地公园生态保育区的自然环境和景观美感，大湖冲湿地水域受人类活动干扰出现了蓝藻，严重影响了国家湿地公园形象。

3）国家湿地公园生态保育区禁止人类活动，该公园自建设 2 年来，未能很好地执行建设标准，建设缓慢，湿地公园管理部门对社区居民参与湿地公园建设无相关政策措施，使得农业、渔业和畜牧业的无节制发展破坏了湿地公园的生态环境。

4）湿地公园本是开展生态旅游的最佳场所，在湿地公园开展生态教育的好坏直接影响到湿地公园建设是否能良性运行，对游客开展生态教育干预具有实际意义和应用价值，但目前，太平湖国家湿地公园生态保育区的建设和相关配套措施未体现这些要求；游憩活动已经对生态保育区湿地植物多样性动态产生了影响，不符生态要求的水泥等游憩设施不仅破坏了湿地景观，而且也未体现国家湿地公园的生态旅游标准。

维护湿地生态系统平衡和湿地功能，保护湿地生物多样性是前提，太平湖湿地公园生态保育区部分区段的草本植物多样性已遭到人类活动的影响甚至破坏。湿地公园生态保育区的生物多样性保护应以湿地资源的可持续利用为根本出发点，坚持“保护优先、科学修复、适度开发、合理利用”的方针；太平湖国家湿地公园应逐步禁止生态保育区的人为活动，要让居民了解国家湿地公园建设的意义，了解无节制的农业、渔业和畜牧业对湿地公园生态系统造成的影响。贯彻生态旅游的理念，同时强调社区参与，充分考虑沿湖居民的利益，创造多种形式的社区参与途径，改变居民经济来源方式，使沿湖居民在湿地生态旅游的开展中得到实惠。除了防止周边生活污水排放到生态保育区，还要控制农业污水、工业污水、水上交通污染等对生态保育区水环境造成影响。

太平湖的旅游开发还处于初级阶段，但不少项目的建设已经对生态环境造成了一定的破坏。虽然《国家湿地公园建设规范》和《国家城市湿地公园技术导则》规定在湿地公园生态保育区不能进行游憩活动和相关人类活动，但目前国内大部分湿地公园的生态保育区未达到这一要求，受到了不同程度的游憩和相关人类活动的干扰。排除干扰，使生态保育区名副其实是目前湿地公园建设的一个重要问题。未来生态保育区范围应逐步严禁开展旅游活动，并禁止游人进入；外围区域可适当设置一些观测站点和科研设施；严禁破坏湿地植物、土壤等自然资源的建设项目和活动；禁止机动车辆进入；在本区内建设湿地研究中心，引进先进的技术和吸引一些专业人才，形成比较完善的湿地研究、湿地保护和湿地监测系统。鉴于该区域水生植物匮乏，应建设多类型湿地园，引入湿生植物，充分发挥水生植物的自净能力。提倡优先选用当地乡土物种，慎重选用外来物种（王立龙等，2010）。

主要参考文献

安徽植物志编委会. 1986. 安徽植物志. 合肥：安徽科学技术出版社.

安徽省统计局. 2013. 安徽省统计年鉴. 北京：中国统计出版社.

安渊，李博，杨持，等. 2002. 不同放牧率对大针茅种群结构的影响. 植物生态学报，26(2)：163－169.

方精云，沈泽昊，唐志尧，等. 2004. “中国山地植物物种多样性调查计划”及若干技术规范. 生物多样性，12：5－9.

黄山区地方志编纂委员会. 2008. 黄山区志.

黄山市(县级)地方志编纂委员会. 1992. 黄山市志.

江苏省统计局，国家统计局江苏调查总队. 2013. 江苏省统计年鉴. 北京：中国统计出版社.

郎惠卿，赵魁义，陈克林. 1999. 中国湿地植物. 北京：科学出版社.

娄彦景，赵魁义，马克平. 2007. 洪河自然保护区典型湿地植物群落组成及物种多样性梯度变化. 生态学报，27(9)：3883－3891.

卢涛，马克平，倪红伟，等. 2008. 三江平原不同强度干扰下湿地植物群落的物种组成和多样性变化. 生态学报，28(5)：1893－1900.

陆林，宣国富，章锦河，等. 2002. 海滨型与山岳型旅游地客流季节性比较——以三亚、北海、普陀山、黄山、九华山为例. 地理学报,57(6): 731－740.
陆林,虞虎. 2014. 湖泊旅游研究进展及启示. 自然资源学报,29(1): 177－188.
吕宪国,刘红玉. 2004. 湿地生态系统保护与管理. 北京: 化学工业出版社.
潘声旺,王海洋,杜国祯,等. 2008. 补偿能力和适口性对放牧群落植物优势度的影响. 应用生态学报,19(8): 1682－1687.
潘云芬,徐庆,程元启,等. 2008. 安徽升金湖自然保护区湿草本种子植物区系研究. 湿地科学,6(2): 304－309.
潘云芬,徐庆,于英茹. 2007. 淡水森林湿地植物恢复研究进展. 世界林业研究,20(6): 29－35.
上海省统计局. 国家统计局上海调查总队. 2013. 上海省统计年鉴. 北京: 中国统计出版社.
沈琪,刘珂,李世玉,等. 2008. 杭州西溪湿地植物组成及其与水位光照的关系. 植物生态学报,32(1): 114－122.
孙永涛. 2008. 长江口北支湿地植物多样性研究. 华东森林经理,22(4): 26－30.
太平湖风景区管理委员会. 1993～2012. 旅游统计资料.
太平湖镇志编纂委员会. 2006. 太平湖镇志.
万里强,李向林,苏加楷,等. 2002. 不同放牧强度对三峡地区灌丛草地植物产量的影响. 草业学报,11(2): 51－58.
王立龙,陆林,戴建生. 2010. 太平湖国家湿地公园生态保育区草本植物区系及其在不同干扰下的多样性动态. 自然资源学报,25(8): 1306－1317.
王立龙,陆林. 2009. 湿地生态旅游研究进展. 应用生态学报,20(6): 1517－1524.
文首文,吴章义. 2009. 生态教育对游憩冲击的影响. 生态学报,29(2): 768－775.
吴统贵,吴明,萧江华. 2008. 杭州湾滩涂湿地植物群落演替与物种多样性动态. 生态学杂志,27(8): 1284－1289.
吴征镒. 1991. 中国种子植物属的分布区类型. 云南植物研究,12(增刊Ⅳ): 1－139.
邢福,吕宪国,倪红伟,等. 2008. 三江平原沼泽湿地群落演替系列 β 多样性. 应用生态学报,19(1): 2455－2459.
杨殿林,韩国栋,胡跃高,等. 2006. 放牧对贝加尔针茅草原群落植物多样性和生产力的影响. 生态学杂志,25(12): 1470－1475.
张桂萍,张峰,茹文明. 2008. 旅游干扰对历山亚高山草甸植物多样性的影响. 生态学报,28(1): 407－415.
浙江省统计局. 2013. 浙江省统计年鉴. 北京: 中国统计出版社,北京数通电子出版社.
朱伟,李国卿,赵联芳. 2006. 长江淡水潮汐湿地植物特性和植物群落演替研究——以镇江北固山湿地为例. 长江流域资源与环境,15(5): 608－613.
Butler R W. 1980. The concept of a tourist area cycle of evolution: implications for management of resources. Canadian Geographer, 24(1): 5－12.
Christaller W. 1963. Some consideration of tourism location in Europe: the peripheral region—underdeveloped countries-recreation areas. Reqional Science Association Papers, 12: 103.
Connell J H. 1978. Diversity in tropical rain forests and coralreefs. Science, 199(4335): 1302－1310.
Wall G. 1998. Implications of global climate change for tourism and recreation in wetland areas. Climatic Change, 40: 371－389.
Whittaker R H. 1972. Evolution and measurement of species diversity. Taxon,21: 213－251.

附录 1

5个样地调查到的主要草本植物种

植物种类	样地				
	Ⅰ	Ⅱ	Ⅲ	Ⅳ	Ⅴ
狗牙根 *Cynodon dactylon*	*	*	*	*	*
半边莲 *Lobelia chinensis*	*	*	*	*	*
苍耳 *Xanthium sibiricum*	*	*	*	*	*
丁香蓼 *Ludwigia prostrata*	*	*	*	*	*
水蜈蚣 *Kyllinga brevifolia*	*	*	*	*	*
两歧飘拂草 *Fimbristylis dichotoma*		*			
橘草 *Cymbopogon goeringii*		*			
假俭草 *Eremochloa ophiuroides*	*	*			
黄花蒿 *Artemisia annua*	*	*			
通泉草 *Mazus japonicus*		*			
芦苇 *Phragmites australis*		*			
喜旱莲子草 *Alternanthera philoxeroides*	*	*			
母草 *Lindernia crustacea*	*	*			
蜜甘草 *Phyllanthus ussuriensis*	*	*			
光头稗 *Echinochloa colonum*	*			*	
香蒲 *Typha orientalis*		*			
灯心草 *Juncus effusus*		*	*	*	*
荆三棱 *Scirpus yagara*	*	*			
扁穗莎草 *Cyperus compressus*	*			*	*
垂穗莎草 *Cyperus nutans*		*			
蓼子草 *Polygonum criopolitanum*	*	*			*
苏门白酒草 *Conyza sumatrensis*	*				
天胡荽 *Hydrocotyle sibthorpioides*		*			
田菁 *Sesbania cannabina*	*	*			
野大豆 *Glycine soja*		*	*		
蛇含委陵菜 *Potentilla kleiniana*	*				
漆姑草 *Sagina japonica*		*			
稗 *Echinochloa crusgali*	*		*	*	*
狗尾草 *Setaria viridis*	*				
马兰 *Kalimeris indica*	*				
节节草 *Equisetum ramosissimum*			*	*	
木防己 *Cocculus orbiculatus*	*				
鸡眼草 *Kummerowia stipulacea*	*				
球穗莎草 *Cyperus globosus*			*	*	
鼠麴草 *Gnaphalium affine*	*				
垂穗苔草 *Carex melanostachya*		*			
知风草 *Eragrostis ferruginea*	*	*			*
鸭舌草 *Monochoria vaginalis*	*		*	*	
马唐 *Digitaria sanguinalis*		*			

续 表

植物种类	样地				
	Ⅰ	Ⅱ	Ⅲ	Ⅳ	Ⅴ
截叶铁扫帚 *Lespedeza cuneata*	*				
小鱼仙草 *Mosla dianthera*	*	*			
菟丝子 *Cuscuta chinensis*	*	*	*		
水蓼 *Polygonum hydropiper*		*	*		
水葱 *Scirpus validus*			*	*	
大狼把草 *Bidens frondosa*	*			*	
酢浆草 *Oxalis corniculata*	*				
地耳草 *Hypericum japonicum*	*	*			
牛毛毡 *Heleocharis yokoscensis*	*		*		*
石胡荽 *Centipeda minima*	*	*	*		
水毛花 *Scirpus triangulatus*		*	*	*	*
长萼鸡眼草 *Kummerowia stipulacea*	*				
小飞蓬 *Erigeron canadensis*	*				
鬼针草 *Bidens pilosa*		*	*		
牛筋草 *Eleusine indica*	*				
泽珍珠菜 *Lysimachia candida*		*	*		
羊蹄 *Rumex japonicus*	*		*		
白茅 *Imperata cylindrica*	*				
叶下珠 *Phyllanthus urinaria*		*			
乱子草 *Muhlenbergia hugelii*		*			
慈姑 *Sagittaria trifolia*			*	*	
海金沙 *Lygodium japonicum*	*				
斑地锦 *Euphorbia maculata*		*	*		
牛繁缕 *Malachium aquaticum*	*		*		
黄鹌菜 *Youngia japonica*		*			
雀稗 *Paspalum thunbergii*	*	*			
红根草 *Lysimachia fortunei*		*	*		
华东藨草 *Scirpus karuizawensis*	*	*	*		
双穗雀稗 *Paspalum paspaloides*	*			*	*

a. 大湖冲滩地

b. 大湖冲局部水段出现蓝藻

c. 营盘山滩地上修建的水泥游憩设施

d. 吴家洲滩地

e. 石壁陈过度放牧滩地

f. 渔业干扰下的乌里村滩地

附图 1　太平湖湿地公园生态保育区河口滩地实地调查图片

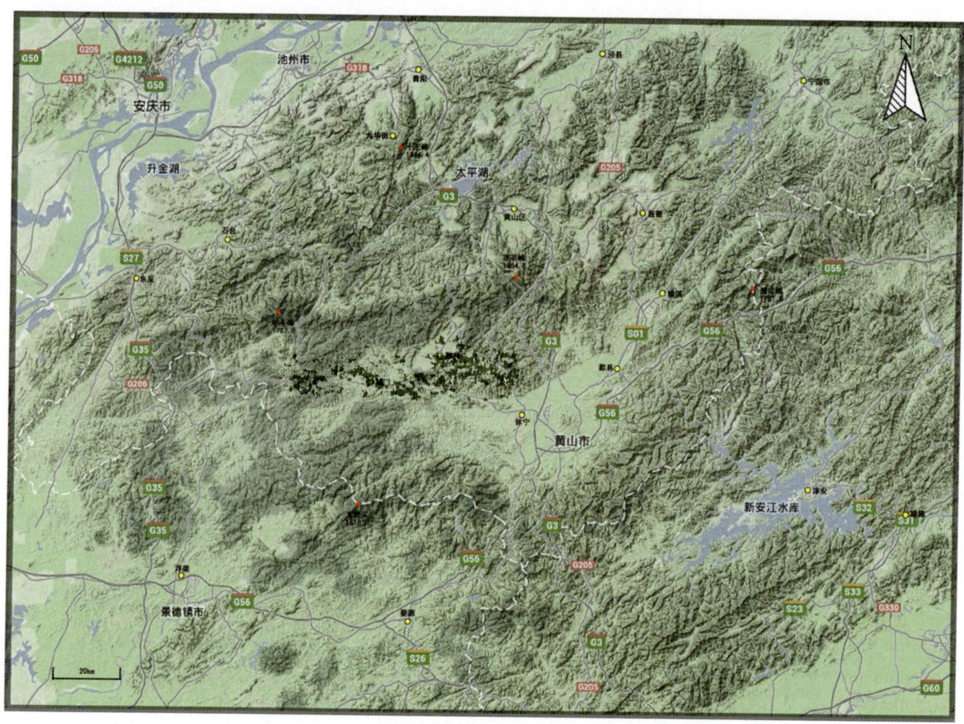

附图 2　黄山地区综合地理实习区及周边地形图